特 殊 教 育

郝德元　郝天慈　编著

首都师范大学出版社

CAPITAL NORMAL UNIVERSITY PRESS

图书在版编目(CIP)数据

特殊教育/郝德元，郝天慈编著. —北京：首都师范大学出版社，
2010.11

ISBN 978-7-5656-0223-8

Ⅰ.①特… Ⅱ.①郝… ②郝… Ⅲ.①特殊教育－研究－美国
Ⅳ.①G769.712

中国版本图书馆 CIP 数据核字(2010)第 228110 号

TESHU JIAOYU

特殊教育

郝德元　　郝天慈　　编著

责任编辑　张成水
首都师范大学出版社出版发行
地　址　北京西三环北路 105 号
邮　编　100048
电　话　68418523(总编室)　68982468(发行部)
网　址　www.cnupn.com
北京嘉实印刷有限公司印刷
全国新华书店发行
版　次　2010 年 11 月第 1 版
印　次　2010 年 11 月第 1 次印刷
开　本　787mm×1092mm　1/16
印　张　21.5
字　数　367 千
定　价　48.00 元

编者说明

听闻北京市教育委员会于 2000 年 9 月成立了北京联合大学特殊教育学院，这使我感到又喜、又惊、又内疚：

喜的是，在新中国成立 50 周年之后，这一崭新的教育体系既符合中国传统的"苟日新、日日新、又日新"的创新意识，也符合当代"科技原始创新"的规律。[1]使我国的教育在"文化大革命"后的巨大变化中又得到了一次升华。

惊的是，新的教育体系面临着新的挑战——哪里去找新教科书、新教学大纲?! 尽管本人已经从事高等师范教育 50 年并有一些经验，但却终究不知该如何给"特殊教育"下定义，也不知道特殊教育应包括哪些教育对象，更谈不到如何进行特殊教育的教学工作了!

内疚的是，在"文化大革命"结束之后，当编者正忙于编写《教育与心理统计》时，突然发现在桌案上有一本名为《特殊儿童》的英文书（1980 年第一版），急忙翻到扉页，上面签着作者的姓名与赠言。[2]在将全书浏览一遍以后，我既欣赏美国教育家们的友谊与热情，更深感发展特殊教育的重要意义；由于当时弥补正规教育的空白尚缺少时间，哪有时间分神旁顾，于是便将这件珍贵的礼品束之高阁了。

随着改革开放大潮的到来与我国教育体系的逐渐完善，这本《特殊教育》才得到了发挥作用的机遇。在编写的过程中，我已感觉书中所列的参考材料已失掉了新颖性，于是便找到美国另一本新出版的《特殊教育》，恰好是原书 1992年重印的第四版。前后间隔 12 年之久，两版内容基本相同。在此两本书的基础上，同时查阅了大量相关文献，编著了本书。

本书可供教育科学研究人员、师范院校与特殊教育学院教育专业和心理专业的师生及中小学教师参考。

由于时间仓促，书中纰漏在所难免，敬请读者赐教。

[1]《北京晚报》2001 年 3 月 10 日（18 版）。
[2]William L. Heward and Michael D. Orlansky，*Exceptional Children*，1980.

前　言

　　特殊教育是与全体社会成员有关系的学科。它不是枯燥乏味的、单调空谈的或卖弄文章的学问，而是与儿童、父母、教师乃至公众有关系的一门学科。

　　我们写这本书的动机和主要目标是向读者呈现一个栩栩如生的教育领域。这是一项艰巨的工作。因为我们在这本介绍入门的教科书中，必须要提供有关特殊儿童和特殊教育方法的大量信息，所以我们在每章中提供若干可完成的研究课题，描述社会对特殊人群转变的态度，而最重要的是允许读者接触特殊人群，他们的父母和教师以及其他为他们工作的专家们。我们认为他们的故事将有助于读者开始研究特殊儿童，使读者可以把理论与实践相结合。

　　特殊教育是一门年轻的、激动人心的学科。我们希望这本介绍特殊教育入门的教科书能鼓励这些准备或已成为特殊儿童教师的人继续对特殊儿童的研究工作，并把你们的经验延伸到基础课程和介绍入门的课本之外。更重要的是，我们希望这本书有助于读者超越书中的内容，进一步认识到特殊儿童也是社会中的成员。

名师风范：大德曰生

——记恩师郝德元先生

方　平

"教育已成终身事业。自学与做人是学生的基本素质。尽管面临知识经济的挑战，教育终于要循序渐进，走教、学、做合一的途径。"这是我的恩师郝德元先生的执教名言。

2005 年是郝老先生 90 华诞之年，值此之际，师恩难忘，感悟先生之教诲，犹如昨日。

先生深受其父著名京剧表演艺术家、教育家郝寿臣老先生之影响，一生致力于教育事业，呕心沥血、孜孜不倦。1948 年留学美国纽约大学学习"教育与心理测量统计"，1956 年回国效力，倾注毕生之心血，为国内高等教育无私奉献 50 个春秋。先生品性豁达、治学严谨、精益求精、工作极有章法，每以学生的专业发展为己任，强调教学为学生服务的意识，注重理论在实践中所起的作用以及心理研究方法的操作性和实用性。1978 至 1989 年期间在其身体健康状况欠佳的情况下，仍根据古今中外各派心理学理论与方法，进行全面阐释和分析评价，独自开创国内心理学界的丰碑之作——《教育与心理统计》等四部巨著，共计 300 余万字，充分体现了先生博大精深的理论素养与勇攀高峰的科研精神。

工善其事利其器　启之辟之立丰碑

先生生于 1915 年 7 月，祖籍北京，毕业于北平辅仁大学教育学院教育系。原任北京师范学院教育学科学研究所教授，曾兼任全国高等教育自学考试指导委员会考试研究委员、北京人才评价与考试中心专家委员。

从 1956 年到北京师范学院任教以来，与林传鼎教授共创了首都师范大学心理学学科，为日后心理学专业成为北京市"发展与教育心理学"重点学科建立了卓越的功勋。先生出版专著、教材、译著 5 部，1982 年撰写了国内心理学界的丰碑之作《教育与心理统计》；之后又撰写了《教育科学研究法》（教育科学出版社 1989 年版）、《心理研究实验设计统计原理》（主编，北京师范学院出版社 1989 年版）。1989 年被国家人事部授予"早期归国有突出贡献专家"称号。自 1994 年始，被美国传记所研究评议委员会邀为"终身评议和委员"；授予 20 世纪成就奖，载入《500 有影响的领导者》；当选为 1994 年杰出人物，并授予国际社会作出杰出贡献的成就金奖；同年获英国剑桥国际传记中心"杰出教育业绩奖"，载入《国际传记辞典》第 23 卷；1996 年获英国剑桥国际传记中心"杰出教育业绩奖"，载入《国际业绩领袖》第 3 卷。

爱国忧民志高远　君子风范德艺馨

先生一生以教为乐，爱国忧民，七七事变后，参加英千里为首的以辅仁师生为中心的京津两地的秘密文化团体、抗日地下组织"华北文化教育协会"。先生时任"华北文化教育协会"总干事、教师，力尽已能抗日爱国，尽显一代文人尽心国家之衷肠。先生每每谈及此事，记忆犹新。在白色恐怖之下，不顾个人安危，接受任务发展民间知名人士、北平鼎鼎大名的说书家连阔如为会员。领命后，先生好生斟酌，回家动员父亲郝寿臣老先生亲自出马。郝寿臣老先生爽快地答应前去拜见连阔如。经郝寿臣老先生引见，先生择一吉日径直来到连阔如家，与连阔如交谈。连阔如也是爱国志士，虽然时局动荡，生命危危，也是爽快答应，加入华北文化教育协会。许是受慈父影响之故，先生爱国之情居增未减，以至于学生骨子里也浸透着先生感触深厚的爱国意识。

子曰："志于道，据于法，依于仁，游于艺。"先生自幼承欢父亲膝下，耳濡目染，懂事就爱唱戏，着意模仿，父亲希望先生弃艺从文，数番劝教，先生生性孝顺，谨遵严命，从此饮读诗书。但课余不离父亲左右，暇时随从父亲演出，偷学技艺。先生天资聪颖，至 1938 年辅仁大学毕业时，父亲的唱、念、做、表，模仿得惟妙惟肖，还能自我操琴，俨然一个行家里手。

1948 年，先生取得美国纽约州立大学入学许可书和助学金，郝寿臣先生亲自送子登机，叮嘱儿子学成早日回国效力。先生在美期间，一边工作一边学习，不负父亲厚望，先后获得文学硕士和教育学博士学位。由于极爱京剧之故，先生于 1951 年创办了美国第一家京剧票房，取名"国剧雅集"。"雅集"积极发展，1953 年第一次公演。在"雅集"影响下，国粹京剧票房，在美国各地的华人社会已有几十家之多，而且越办越火。"雅集"创办活动至今，已有 40 余年历史，每年都有多次公演。先生在美首创京剧票房之功，至今令雅集同仁念念不忘而致函称颂。也表明先生对世族艺术、传统文化的毕生喜爱。

1950 年新春佳节，北京市委主办一场盛大招待会，郝寿臣老先生应邀剃须与萧长华合作演出《醉打山门》，戏毕，二老被市委书记、市长彭真请到前台看戏，受到毛主席和周总理接见。毛主席说："听说你儿子在美国留学，叫他回国工作吧！"郝寿臣老先生欣然领命。先生学成后欣然奉父命归国，执教北京师范学院，讲授《教育与心理统计学》。

匹夫而为百世师　寓教而为天下人

先生 1956 年归国执教以来，博采众长，每与学生谈及做人与做学问之道理，恳切之情令人油然而生敬意。先生常要求学生做人正直，坚持原则，并身体力行。解放前，先生出任北平国立高工教导处主任时，由于这个学校对学生待遇优厚，常有高级官员希望走关系送其子女入校，但每每都被先生婉言拒绝，坚持入学一律平等。后来在北京师范学院招考研究生时，先生也一直恪守着这个原则。

先生豪迈爽直，治学严谨，工作、教学极其讲究章法。治学要循序渐进，走教、学、做合一的途径是先生一生追求的至点。先生从来最为关注学生的个性与专业发展，由此倍添了先生力排众议，突破讲授为主的传统教学模式的勇气与信心，时时体现了为学生服务的意识。先生的可贵之处，在于根据学生的个性差异进行启发式教学，权衡着用研讨的方式来着意培养学生独立分析与解决问题的能力，尤其是磨炼学生论文研究方法与思路上的严谨性，先生总是言辞恳切地告诫学生：论文最忌讳的就是雷同，做论文的过程就意味着对自己学习的一次检验，重要的是善于把握研究问题的历史脉络、对其背景进行深入挖掘；学习的目的不是为学而学，更多的是通过学习来掌握一套适合自己解决、处理问题的方法，以使自己在未来专业发展上受益。先生讲至此时，总会谈及在美留学期间所听到的一件事：有个学生做论文，论文即将完稿时才发现与人雷同，但还是忍痛割爱放弃了。以此为鉴，学生时时牢记先生之教诲，行中庸之道，反躬修己而感慨万千。

中庸庭堂，博大精深。先生执教于教育科学研究所，创立心理学学科之艰辛历历在目。先生当时身体欠佳，但一心念着心理学，倾全力立志于改善研究生课程的散乱状态，数千个晚上呕心沥血，从晚 6 点到 12 点进行写作，十几年如一日，条件之艰辛难以想象。1989 年，手写稿、国内心理学界的四部巨著（《教育与心理统计》、《教育统计学》、《教育科学研究法》、《心理研究实验设计原理》等研究成果(1978～1989 年期间进行研究与写作的)终于问世，共计约300 万字。其理论的构建，完善了对国内心理学方法学的研究、改进、发展与革新；为有效地进行科学理论和应用的研究，提供了正确的指导思想、科学的方法和最佳的手段；建构了国内心理学方法学从抽象到具体的完整理论体系，对国内心理学及其研究方法的演变与发展以及在科学研究实践中的选择与应用奠定了深厚的基础；开辟了前所未有的崭新的科学领域，对后期心理学方法学的发现与发展提供了重要的参考价值。

大德曰生中庸道　人间至善悟众生

子曰："勿以恶小而为之，勿以善小而不为；苟志于仁矣，无恶也。"师德至上，感悟众生。1989 年先生在美国纽约州立大学担任客座教授时，慷慨解囊，用个人经费购置了大量的专业图书和相关的专业软件，赠送给教科院心理系，为简陋之教学条件尽个人微薄之力，尽显人师之风范。先生乐善好施，每每致力于公益事业，不惜为失学儿童倾囊相助。2004 年第三届"中国儿童慈善日活动"启动仪式上，先生将父亲的遗款和自己毕生积累共 10 万元全部捐出，接受采访时，先生写下《易经》中"大德曰生"四个字，说："帮助他人是人间最高的美德。"

先生载誉一身，低调处事，莫不令德，堪称后辈楷模。念先生 90 高龄，忆往昔先生教诲，感触颇深，今绕膝先生跟前，为先生之博大胸怀、才高八斗而折服！期颐在即，人间祥瑞。西汉王褒在《四子讲德论》中曰："今海内乐业，朝廷淑清，天符既章，人瑞又明。"衷心祝福先生乐融融也！您开创的学业正由我们这些弟子继承发扬，您昭示的人格魅力将在一代代后学中生根开花！您当年企盼富强的现代化中国正在一天天强大！

（方平　为首都师范大学教育科学学院心理学系教授）

目　录

目　录

第一部分 导 言

我们对特殊教育的认识

我们写此书的目的是对特殊教育的历史和实践等问题予以清晰而客观地解释。我们承认，在我们对这个范畴和特殊儿童的个人认识上，我们的语言是含蓄的。但我们相信我们应该向读者表达清晰的观点，因为这些会影响全书的思想与实质。下面我们将概括地陈述我们对于特殊教育的个人认识。

我们相信残疾人在其生活环境中（如：学校、家庭、工作场所和社区等）具有基本的生存权利和参与社会活动的权利。也就是说，残疾人的学习、生活、工作和休闲环境要在最大限度上和健全人保持一致。我们相信，这样的环境可以更好地将残疾人与健全人融合在一起。

我们相信残疾人拥有通过健全人帮助他们而学会独立生存的权利。特殊教育的最终效果就是要教会残疾儿童在这个社会中独立生存的能力和自我保护的技能。这也是特殊教育最重要的教学任务。

我们相信当特殊教育有着极其广阔的发展空间，并要尽一切努力去承认并对所有有特殊需要教育者给予正常的态度。它包括未来有学习障碍的婴儿，有残疾的学龄前儿童，聪明的天才儿童，以及来自不同文化背景的特殊儿童和丧失能力的成年人。为了支持这种观点，我们在书中分章对特殊教育的每一个重要领域进行了讨论。

我们相信，从事特殊教育的专职人员长期以来都忽略了特殊儿童的父母和家庭的重要性，从不认为他们是我们最好的合作者，通常会把他们当做病人甚至是敌手。我们相信会有一些特殊教育专家把这些残疾儿童的父母当做是为自己专职服务的人，而这种做法却是完全错误的。长期以来，我们从不承认父母是孩子的第一任老师，并且在许多情况下父母是孩子最好的教师。我们相信鼓励专职教师学习如何与残疾儿童父母亲有效地合作是特殊教育专家们最为重要的任务。我们将会用一整章来讨论父母与专职教员伙伴式关系的重要性。

我们相信特殊教育专家把纳入到辅助专业中的所有学科和现实服务结合在

一起时，他们的努力才会产生最大的效果。作为教育专家，我们了解自己最重要的责任是为个人的、社会的、职业的和文学的技能设计并进行有效的教学。当我们的心理学、医药学、社会服务学等相关专业中工作的同事共同工作而取得更大成绩的时候，我们认为争论哪个学科更有价值是件很愚蠢的事情。

我们认为，教师必须重视他们教学方法的有效性。特殊教育专家提出恒久忍耐的观点，对特殊儿童以及帮助他们学习的教师都会有很大的伤害。特殊教育专家不应守株待兔地等待特殊儿童去学习，或把他们的止步不前归之于智力落后、丧失学习能力或是其他的原因。相反，特殊教育教师应运用对儿童学习技能作业的直接观察修改教学方案、促进教学方法的有效性。

我们并不要求读者在读完这本入门教科书之后学会怎样去教特殊儿童，我们只是希望读者对直接的、系统的教学方法有所认识，并了解特殊教育专家必须掌握的教学技能。

最后，对于特殊儿童的未来，我们基本上持乐观态度，也就是说，我们对于他们的潜能具有十足的信心。我们相信，他们能在社区中取得成功的人际关系，并且能取得更为完满更独立的生活。我们相信改善教学方法，增加学习效率，阻止缺陷发生，补偿能力缺失，发展专业技术的工作才刚刚开始。当然，我们对未来不做预示，然而我们相信在帮助特殊儿童的工作中还没有发挥出我们全部的力量。

第一章 特殊教育的基本原理

◇什么时候需要特殊教育?
我们怎样才能知道?

◇在执行特殊教育服务中不能给学生贴标签,将学生分类的利弊是什么?

◇既然类型标签无助于教师决定教什么和怎样教,为什么他们还经常使用
类型标签?

◇特殊教育专家能否为个别儿童提供三种干预——预防措施,补习措施和
补偿措施?

◇你对今天特殊教育面临的三种最重要的挑战有什么想法?为什么?

读完本教科书后得出你的答案。

特殊儿童的教育是一项令人兴奋的，也是颇有争议和瞬息万变的事业。在这本介绍入门的教科书中，我们试图将特殊教育所起的作用及引发的效果提供给读者，在描述特殊教育计划和教学技术、有关缺陷儿童形象的事实以及专家和父母合作时取得可喜的教育成果之前，我们需要介绍若干特殊教育的基本原理。

谁是特殊儿童？

在列举接受特殊教育儿童的特征之前，我们必须限定和识别两个名词：特殊和缺陷。

特殊是广义的名词，指的是任何低于或高于一般成就而达到必须接受特殊教育的程度。因此，特殊儿童一词包括超常聪明的儿童和严重迟钝的两种儿童。

缺陷指的是由于身体残障或行为异常使他们面临问题和困难这一情况。缺陷者是较为特殊且较为狭义的名词，其中并不包括天才者。

特殊儿童可以归入下列一种或多种类别之中：

1. 智力落后。
2. 学习无能。
3. 行为异常（情绪干扰）。
4. 交往（说话和语言）异常。
5. 听觉损伤。
6. 视觉损伤。
7. 身体或其他部分损伤。
8. 严重或多重缺陷。
9. 天才。

特殊儿童有多少？

确切地列出美国有多少特殊儿童是困难的。因为对于许多特殊类型来说，哪些儿童应当或不应当列为特殊儿童，还没有准确的限定和普遍公认的定义。1977 年美国教育局估计从出生到 19 岁的人口当中大约有 12%（也就是

8 000 000人)是缺陷者(表1-1)。1979年3—21岁之间,约有5 800 000名缺陷者。然而,1978年12月政府仅确认了3 700 000名缺陷儿童。

为了执行联邦提供的资金计划,表1-1指出目前政府估计的0—19岁的缺陷者数目与学校确认学龄的缺陷者数目。随着识别缺陷者程序的逐渐系统化,表中的数目未来将更为精确。

表1-1 特殊的缺陷儿童数目

	0—19岁缺陷儿童的估计数目[1]	0—19岁全体美国儿童百分数比[1](%)	1977—1978 年3—21岁确认的缺陷儿童数[2]	1977—1978 年3—21岁全美儿童百分比(%)[2]
智力落后	1 507 000	2.3	944 980	1.84
听力困难	377 000	0.575	87 146	0.17
言语损伤	2 293 000	3.5	1 226 961	2.39
视觉损伤	66 000	0.1	35 717	0.07
情绪失调	1 310 000	2.0	288 634	0.57
矫形和其他				
健康损伤	328 000	0.5	224 237	0.43
学习无能	1 966 000	3.0	969 423	1.89
总　数	7 887 000	11.975	3 777 098	7.36

1. 教育局对于缺陷者估计数目,1977。

2. 教育局缺陷处1979年按 P. L. 94—142 和 P. L. 89—313 规定确认的数目,为方便比较,将某些个案合并为以上的类别。

社会对特殊性的态度——排斥或一体化

在历史上,社会对缺陷者的反应实际上涵盖了全部的人类情绪和态度——从根除、怀疑、嘲笑、怜悯和排斥到服务,科学研究;先按普通人对待,再按缺陷人处理。特殊教育的发展是漫长而复杂的,一直对人类的精神构成巨大的挑战(Hewett 和 Forness,1977)。下一章,我们将探索特殊教育在不同领域的历史发展。在本章中,我们先观察社会对特殊性反应的两个重要问题:对特殊儿童描述和分类的方法以及缺陷者的合法权利。

给特殊儿童分类和贴标签的问题

几个世纪之前,人们并不重视对人进行分类和贴标签,生存才是焦点问题。人们阻止缺陷者参加生存活动，并任凭他们自生自灭，有时甚至将他们根除。近年来，智力落后和情绪异常者被贴上贬义的标签，如："笨蛋"、"傻子"和"白痴"。对其他缺乏能力或身体畸形的人则经常加以鄙视的字眼。然而，在每一情况中，分类的宗旨都相同——把有缺陷的人排除于正常社会的活动、特权和便利设施之外。

　　某些教育家认为今天对特殊儿童进行分类，目的也在把有缺陷的人排除于正常社会之外，因此这些教育家反对这种教育方法。其他教育家则争辩：如果让特殊儿童进入正常社会的学校之中，按可行系统（或按他们特殊的学习需要）将特殊儿童分类，是给他们提供特殊教育计划的先决条件。在过去的几年中，没有比给特殊儿童分类和贴标签引起争议更多的问题了。把儿童分类分组是一种复杂和容易引起争议的事。除去科学的和教育的问题之外，还要考虑到情感的、政治的和人权方面的因素。迄今，尚没有一项健全的科学研究把这一问题弄明白；那些研究分类和标签作用的文章经常产生自相矛盾的结论，而被普遍认为研究方法不当（Macmillan）。

　　和任何复杂重要的问题一样，对于是否给特殊儿童分类贴标签，辩证双方各有貌似充分的理由。

　　标签可能具有的优点：
1. 分出类组能根据诊断实施具体的治疗。
2. 标签有助于专家互相沟通以便分类和估计研究成果。
3. 特殊教育计划的资助往往依据特殊性的类别而定。
4. 标签可促进具有特殊兴趣的研究集体进行专门研究计划，并鼓励相关的立法活动。
5. 标签有助于广大群众更清楚地了解特殊儿童的具体需要。

　　标签可能具有的缺点：
1. 标签使他人集中注视儿童的不利方面，把儿童仅看成官能不全或有缺陷。
2. 标签可使他人依据标签对待特殊儿童并期待他未来的发展，并对特殊儿童造成自我心理暗示。
3. 被贴标签的儿童可能发展不良的自我概念。
4. 标签可能导致伙伴排斥或嘲弄被贴标签的儿童。
5. 特殊教育的标签对儿童有某种持久的影响，一旦儿童被标上"落后的"、"缺乏学习能力的"等等标签后很难使儿童获得和其他儿童一样的学习水平。
6. 标签往往提供了儿童被拒之于正常课堂之外的依据。
7. 常常有一定比例的少数民族儿童被标称"缺陷者"，特别是容易成为被标上智力落后标签的受教育者。

据此，不难看出支持和反对把特殊儿童贴标签和分类的两者的正当理由。20 世纪 70 年代初期，美国健康、教育和福利部长 Elliot Richardson 下令对特殊儿童的分类进行全面研究。93 位心理学家，教育家和律师在 31 个不同的工作队伍中进行了两年深入而严谨的研究，其成果由主编 Nicholas Hobbs 于 1976 年分别出版 A 版和 B 版，并定名为《儿童的分类第 1 卷》和《儿童的分类第 2 卷》。名为《儿童的未来》(Hobbs，1975)的第三本书对研究的成果和建议做了总结。这几本重要的著作对任何有志于全面了解有关这一复杂问题的学者都是必读之物。其他对于特殊儿童贴标签和分类持有正确观点的著作可参考 Mac Millan(1977)和 Gmith 与 Neisworth(1975)。

关于给特殊儿童分类具有的优点我们所能说的是：受益人不仅是那些置身其中的个别儿童，而且是与该类别相关的儿童、家长与专家的群体。但是另一方面，标签的消极作用也影响了每个被贴标签的儿童。对于标签可能具有优点，我们仅列出第一位——得到正确处理和相关的诊断——可以说是受益的个别儿童。但这顶多是一个微妙的论点，尤其是当你用目前特殊教育所用的标签来进行分类的时候。

儿童被贴上不同的标签，其中包括聋、盲，发音缺陷者，可训练的智力落后者，可教育的心智迟钝者，孤僻与周围环境失去沟通者，知觉缺陷者，脑损伤者，情绪异常缺陷者以及那些缺乏学习能力者。众多标签无足轻重。它们并不能为教师指明谁能接受教育或怎样进行教育。对同一儿童可以加上五六种标签，但教育者仍不知道教他什么或怎样教他(Becker，Engleman 和 Thomas，1971，p435.6)。

特殊教育的选择分类系统

实际上，各行各业都需要分类活动，特殊教育也不例外。在众多事实与事件之中，分类有助于产生秩序，使交流与研究更为系统化。绝大部分特殊教育的分类系统以儿童真实或假设的生理和心理缺陷的医学模型为基础，其结果如前面所述，用以识别特殊儿童的标签却往往事与愿违，产生不少弊端。对这些分类系统同样强烈的批评是：它们与教育无关，知道某一儿童被列为"可以训练的心智落后者"，并未指明他需要学习什么具体技能或如何教他学好那些技能。

目前，某些研究设计并运用与教育有关的变量为基础的特殊教育分类系统(Iscoe 和 Payne，1972；Quay，1968；Stevens，1962)。例如，在 Iscoe 和 Payne(1972)书中建议的系统，按照儿童如何在三方面有别于"一般"来评价和分类，每一方面再进一步分为三个子成分：

1. 身体情况

    a. 身体外形的差异

    b. 移动能力和限度

    c. 交往能力

2. 适应情况

    a. 伙伴认可

    b. 家庭反应

    c. 自我评价

3. 教育情况

    a. 动机

    b. 学业成绩

    c. 教育潜力

使用 Iscoe 和 Payne 系统，儿童的情况可在上列 9 种范围的每一领域中评价和记录。每一领域都与教育息息相关，都提供按该儿童个别需要所规定的教育策略。传统分类系统或以儿童如何异于一般，或以假设一般的儿童问题起因为依据。Iscoe 和 Payne 的系统是以客观评价儿童具有教育特征的当前作业为依据的。

目前，在备选的分类系统尚未广泛采用之时，对特殊儿童依据教育特征分类系统的发展可以提供适当的儿童教育计划，并可推动专家之间的客观研究而不致对儿童产生标签的消极影响。

立法对特殊儿童的影响

美国宪法第 14 次修正案保证全体公民享受平等保障。然而为了给该国 8 000 000 特殊儿童教育落实"平等保障"，经过了漫长的一系列法院争辩与联邦立法手续。它与 1950 年和 1960 年公民权运动密切关联。"特殊缺陷者的民权运动"产生了保证不再摒弃特殊儿童接受合法的教育服务的立法法规。

讨论众多与特殊儿童有关的法院辩论和法律条文远非本书的范围与意图 (Lavoy, 1976)，在报告的影响下，关于缺陷和天才儿童的 36 项联邦议案于 1974 年的国会一次通过。（关于若干影响特殊儿童教育的主要法院议案和立法的大纲请参见表 1-2。）此外，我们注意到 1975 年全体特殊儿童教育法成为公法 (94－142)。该法往往被称为立法的里程碑。它把众多教育家、家长和立法委员的智慧和心血凝聚成为美国关于特殊儿童教育的综合议案。这条法律使美国把缺陷者——包括儿童——当做公民看待，和其他公民享有同等的权利。

对于公法(94－142)的基本认识是了解目前特殊教育变化和趋势的核心。

该法的主要特点如下：（1）必须为全体缺陷儿童提供自由、适当的公众教育；（2）学校系统必须为缺陷儿童和他们的家长提供维护其权利的安全保证；（3）必须尽可能地使缺陷儿童与非缺陷儿童一起接受教育；（4）对每一缺陷儿童必须贯彻实行个别教育计划（IEP）；（5）在制定教育决策过程中，特殊儿童的家长占主导地位。

自由适当的教育

公法 94－142 指出：从 1978 年 9 月 1 日起，所有 3～18 岁的缺陷儿童，不论缺陷的种类与程度，接受按他们具体需要制定的特殊教育和有关服务即"自由而适当的公众教育"，到 1980 年 9 月，3～21 岁的儿童都将获得法律的保障。这类教育开支由国家承担，与家长无关。

此外，公法 94－142 规定，拨用联邦专款协助各州教育局和当地学校、专区补偿特殊儿童教育额外开支，并给所有缺陷儿童提供特殊教育服务。联邦资助的数量由内部规定，在未来数年之内递增，到 1982 年几乎增加到 3.5 亿美元。州和当地教育专区至少担负教育该州一名缺陷儿童的开支，把教育所有缺陷儿童全部开支的 40％留给联邦资金担负。此外，为所有学前儿童提供 300 美金。在指定的州内，申请接受联邦资助的缺陷儿童不超过学龄儿童的 12％。

公法 94－142 颁布使用资金的两个优先权。第一个优先权给予那些当前尚未接受任何教育计划的缺陷儿童；第二个优先权给予那些当前接受不适宜服务的儿童。1976 年，全国缺陷者顾问委员会估计未能接受服务的 6～19 岁缺陷儿童约有 2 840 000 之多。大量此类儿童普遍地被排除于公立学校计划之外，困在家中或福利机构中，他们是最严重的或完全的多重缺陷者。在那些接受不适宜服务的儿童之中，第一优先权给予那些最严重的缺陷者。

表 1-2 法院案件和立法对缺陷者教育的影响

法院案件

1954 Brown 和 Topeka 教育董事会（堪萨斯）规定所有儿童接受同等教育机会的权利

1968 Hobson 和 Hansen（华盛顿 D. C.）声明追踪系统以标准测验为安置特殊教育的依据违反宪法，因它对黑人和穷苦儿童区别对待

1970 Diana 和州教育董事会（加州）声明儿童不能根据有文化偏见的测验或非儿童所用语言的测验归入特殊教育

1971 Mills 和哥伦比亚地区教育董事会规定每个儿童有接受同等教育机会的权利。声明不应借口缺乏资金而减少儿童受教育的机会。

1971 宾夕法尼亚缺陷公民协会和宾夕法尼亚福利会声明班级活动适合所有落后学生。确立特殊儿童接受自由公共教育的权利

1972 Wyatt 和 Stickney（阿拉巴马）为在州立机构的人们有在本机构之中分享待遇的权利

立法

1958　公法 85—926 国防教育法为训练智力落后者的专职教师提供资金

1961　公法 87—276 特殊教育法为训练耳聋的专职教师提供资金

1963　公法 88—164 建造智力落后设备与公共会堂法，延长公法 85—926 对培训缺陷者和智力落后者提供的支援

1965　公法 89—10 初等和中等教育法给各州和地区为经济困难和缺陷者发展计划提供资金

1966　公法 89—313 初等和中等教育法第一款修正案在缺陷儿童机构和单位中，为州支援计划提供资金

1966　公法 89—750 初等和中等教育法修正案为缺陷者成立教育局

1969　公法 91—320 缺乏学习能力法限定缺乏学习能力者；为缺乏学习能力者的各州计划提供资金

1970　公法 91—230 初等和中等教育法的修正案承认缺陷和特殊儿童是具有特殊需要的群体

1973　公法 93—112，504 节复原法声明有缺陷者不可因缺陷被任何接受联邦资助的计划或活动排除在外

1974　公法 93—380 教育修正案延长以前的立法；首次为州和地区天才儿童的计划提供资金，此外，保障缺陷儿童和家长的安静权利

1975　公法 94—103 发展援助缺乏能力和权利法案法确认为智力落后者以及缺乏发展能力的人群必须提供服务地区的权力

1975　公法 94—142 全体缺陷儿童的教育法把各种缺陷程度的儿童置于自由、适当的公众教育管理之下；保障缺陷儿童和家长制定教育决策的权利

适当的手续

当阅读公法 94—142 的条款或聆听学校职员讨论时，读者会发现许多法院和司法系统惯用的名词——适当的进程，听某人申诉、申诉权力等等。有人质疑，既然书上已注明全体公民适合某些法律和适当的手续，为什么对缺陷儿童的权利还要给予如此高度的重视和具体的立法保证。只要考察一下一般学校系统和社会如何对待特殊儿童，就会清楚地看到过去规定的法律手续并未平等地用于缺陷儿童，Meyen(1978)列出五条对缺陷儿童的具体立法保证：

1. 许多缺陷儿童一经列入特殊教育计划之中，他们其余的教育就停滞了。这类系统把许多儿童排除于正规课堂之外。

2. 把学生列入特殊教育计划的决策，往往主要由教师推荐或依据一次测验结果而定。

3. 严重的和各方面均有缺陷的儿童按规定不得接受公立学校教育。他们要接受任何教育，家长都得交学费。

4. 一些少数民族的子女被列入特殊教育计划之中。

5. 为住校生提供的教育服务水平往往很低甚至没有。

公法 94—142 试图抵制这些弊病，提出要求如下：

1. 学校关于儿童的所有记录必须对家长公开。

2. 对认为应接受特殊教育儿童的评价必须尽可能地"毫无偏见"。要用儿童本国（或主要）语言予以测验。必须用包含多重因素的测验来决定儿童是否接受专门的教育计划。决不能再用单一的测验结果把儿童分配到特殊教育计划之中。

3. 家长有权在学校系统之外为他们的子女取得专家的独立鉴定，独立鉴定必须与学校的评定共同予以考虑。

4. 每当学校建议改动儿童的鉴定、评价或教育分配时，必须用儿童的本国语言通知家长。

5. 当缺陷儿童的教育服务或分配发生争议时，家长（或学校专区）可请求公平的申诉。这些申诉必须由非儿童学校专区雇佣的人员来主持。申诉手续也不例外。

6. 如果儿童家长或保护人不在身边，必须为儿童指定代理家长为辩护人。代理家长不应由州教育局或当地学校地区雇佣人员来充当。（摘自 Meyen(1978)研究报告）

最小限制的环境

公法 94—142 要求"缺陷儿童要最大限度地与非缺陷儿童共同接受教育"，这就导出了最小限度的备选或最小限制环境的概念。当比较教育环境时，正规课堂受到最小的限制，因为它是常态的教育设施。学校设置的独立的特殊班级比常态课堂受到更多限制，因为特殊班级的分配限制了儿童参加常态儿童正规活动的机会。

不过，为特殊儿童设置最小限制环境是相对的概念，它必须以每一儿童个别学习需要为依据。对严重落后的儿童来说，在正规学校中的特殊班可能是限制最小的环境，他能在班中取得最大的教育成果。儿童自正规班升级只能表明，为了使儿童接受适当的教育服务，升级是必要的，以便尽早使他们回到正规课堂。最小限度环境的规定意味着缺陷儿童的教育环境是依据他们个别教育需要来安排的，而不应是像分类标签上所说的，他们属"智力落后"类别。

个别教育计划(IEP)

公法 94—142 最显著的组成部分是要求为每一缺陷儿童发展并保持个别教育计划。这条法律的特点在于阐明个别教育计划必须包括哪些要素和由谁来制定。每一 IEP 必须是儿童研究组全体成员共同研究的结果。其中至少包括：(1)儿童的教师们；(2)当地学校专区的代表；(3)儿童的家长或监护人；(4)适当的时候，要儿童自己参加。协助人员如体育教师或语言医护人员亦可参加

IEP 会议。

尽管各州实际计划组织有所不同，绝大多数 IEP 包括要素如下：

1. 关于儿童家长教育成就水平，包括学历，社会适应能力，就业前后技能，精神活动技能和自理能力的说明。

2. 关于学年终了时儿童个别教育计划所要完成的教育成绩年终目标的说明。

3. 关于必须测量的当前教育作业水平和年终目标之间的短期教学目标和步骤的说明。

4. 关于儿童所需要的特殊教育服务（不计服务项目可用性如何）的说明，包括以下两点：

a. 满足儿童独特需要的全部特殊教育和有关的服务，包括儿童的体育教育方案的类型。

b. 任何所需要的特殊教学手段和教材。

5. 服务项目开始的日期和服务时间的长短。

6. 关于儿童参加正规教育计划范围的说明。

7. 关于决定短期教学目标每年是否能达到的客观标准、评价程序和教学课表的说明。

8. 儿童应有的教育分配类型的正当理由。

9. 负责落实个别教育计划人员的名单。

当 IEP 用以衡量学校专区是否能达到公法 94—142 的标准时，它负有更重要的责任。IEP 的实际效益在于为每一儿童的教育制订更完整的计划，不断地提供方法、正规的评价和畅通的经验交流渠道。

家长的参与

联邦立法承认特殊儿童的父母应当在他们的教育中起重要的作用。公法 94—142 要求把所有关于儿童的教育计划以及制订计划的原因通知他们的家长——除非他们放弃这样的权利。在制定决策时家长也是主要的角色。此外，学校专区要为缺陷儿童的家长提供信息或训练，协调家长与学校人员的密切接触和信息的沟通。

干预

干预是我们对缺陷者所做的一切工作的一般概念。干预的全面目标是消除或最大限度地缩小把有缺陷的人拒之于社会之外的可能性。

干预工作的基本类别有三种：预防（把可能成为缺陷者变成严重的缺陷者），补救（通过训练或教育克服缺陷），补偿（给予有缺陷的人以新方法去对付他或她的缺陷）。

最有效的预防工作应当在他们开始生活之时——在许多案例中甚至在他们

降生之前。在以下几章中，我们探讨预防缺陷流行的新方法——如遗传咨询和对婴儿早期新陈代谢失调以及产生缺陷的其他情况的检测。我们还要探讨在社会和教育计划中刺激婴儿和低幼儿童学习众多儿童正常学习而不需特殊帮助的技能。

令人遗憾的是，对本国众多严重缺陷者有重大影响的预防计划才刚刚开始。有些研究人员估计，即使我们想减少缺陷儿童的出生率也要有很长一段时间（Hayden 和 Pious，1979）。同时，我们还要考虑到协助缺陷者完成独立生活的工作。

补救计划大部分由教育院所和社会机构来承担。实际上，补救一词主要是教育名词；康复一词往往由社会服务机构所使用。二者有一个共同目标——教授缺陷者独立生活所需要的基本技能。在学校中，那些技能可能属于教学性的（阅读、写字、讲话、计算等等），社会性的（与其他儿童共处，遵守教导、课表和其他日常例行工作等等），甚至是日常起居方面的（不需帮忙的就餐，穿衣和如厕等等）。越来越多的学校也教职业和干活的技能，为有缺陷的青年像成年人一样准备谋生的工作。这样一来，这些学校分担了社会服务机构历来担当的许多责任。职业训练或职业复原包括发展工作习惯和工作态度的准备工作，社会上还有像汽车修理工，木工或装线工等特殊技能的专门培训。（Flexer Mantin，1978）。

补救和康复的基本假设是，有缺陷的人想要在"正常"世界中取得成功，必须要有专门的帮助。每当可能的时候，这种专门的帮助仅仅通过比非缺陷者用的不同或更精细的方法，即可按非缺陷者所用的同样技能设计的方案去教有缺陷的人。

然而，还有其他的方法给缺陷者一种代替的技能，就是依靠背景去补偿缺陷者的丧失或无能。这类补偿工作可由听力损伤儿童的例子看到，听力损伤的儿童仍可经过训练得到他可以有的好的听力，甚至只要把一个小扩音器放在他耳中（助听器）就可以有效地补偿他所失的听力。（当然，方法的本身也包含所需要的训练——他必须学习如何去插助听器，如何调整它，如何检查电池等等。）补偿工作的目的是给予缺陷者某些正常人所不需要的帮助，即不管是使用助听器还是对盲人的灵活性教导的专门训练。

专家的作用

当我们发现某些可能干预缺陷者的方式方法时，某些人物是不容忽视的。干预的成功就离不开许多专门训练的专家。缺乏医师或医药研究人员，就谈不上发现缺陷的起因以及预防。再者，医师是早期和持续与缺陷婴儿和家属打交道的专职人员。家属和医师必须尽早指出缺陷者的情况与病征。此外，医院里有为缺陷者服务的各科医师，其中有生理医师、职业医师、说话和语言医师以及精神病医师和心理学者等。

在后面的几章中，我们将讨论贫困和非贫困环境对儿童成长和学习的严重影响。因此，采访缺陷儿童家庭的社会工作者，在识别缺陷儿童并向家长介绍适合儿童的专门护理处所以及肯定经济困难并不妨碍家长得到帮助等方面起着决定性的作用。在有关的工作中，还有能够观察学龄前儿童的其他人员——日托工作者，学前教师，护士等等——对有特殊需要的儿童都能起到监护的作用。

除了社会福利部门提供的帮助以外，社会服务机构还为缺陷者提供职业培训和各种工作介绍。此外，社会福利部门往往支援特殊工作环境，称为掩护车间，患有严重缺陷者能在要求较低又能生产的环境中工作。再者，各州职业复原机构为培训中的缺陷者提供生活费，为某些工作准备工具，支援医药开支，并在缺陷者就业后提供持续的咨询和辅导。

教育的作用

本书除向读者介绍特殊儿童和他们的特殊需要之外，主要目的在于为那些儿童提供可行的教育计划和课堂策略。在缺陷者一生之中，没有比在学习时期有更多的人力、机遇和物力来干预他们的生活，受到管理人员、学校心理学者、语言专家、课堂助理和学校教职员工支持的正规课堂和特殊课堂教师负有指导特殊儿童学习的首要责任，不管他们的差别与特殊需要是什么，在他们所指导的儿童眼里，这些教师和指导其他儿童的教师没有什么区别。但对于家长和学校其他人员来说，指导缺陷儿童的专职人员应该是"特殊教育家"。

什么是特殊教育？

多年来，特殊教育的概念在学校中间，起码有一种普遍的意义。不管儿童的缺陷情况如何，特殊就意味着"隔离"。特殊教育的早期历史大部分是隔离学校的历史，是特别为盲童（在盲人学校中）或为聋童（仍在其他学校中）而设的。在公立学校，成绩不及格的儿童从一班降到另一班中。或者儿童的学业成绩明显地低于班中同学，或者他非常"淘气"以致干扰班级活动的正常进行，不管问题是什么，解决的办法往往是将他分到校中有同样问题儿童的班中去（实际上，这样的学生大多是男孩）。

这不是说隔离这些儿童的唯一原因是他们扰乱全班或伤了教师的面子。如果想要他们的学业成绩多少有些起色，就要为他们制定显著不同的解决办法，这是很重要的。有时，这些所谓"特殊"班级的教师比隔离儿童的原班教师更缺乏经验与能力。但如果丢了面子的教师仍不放弃的话，这些教师往往成为具有特殊方法协助儿童学习的专业教师。

回溯既往，不难看出对特殊儿童的这种隔离手段与把有缺陷者赶出社会主流的做法异曲同工。但这样做也不是毫无益处的，首先，校中大多数人承认教这些儿童需要附加要求，而一般愿维持小班的较少人数，不是 25 名或 30 名儿童，而是它的一半。其次（肯定与小班的容量有关），特殊班的教学趋向于更加个别化。不同班级的儿童通常集中于一间教室之中；尽管其中无一人在原教室学习成功，有的水平却明显地提高了。这些有附加要求儿童的实际问题，意味着教学方法多少要量体裁衣，适合每一儿童学业的当前水平和预测的潜力。

于是，"隔离"成为与特殊教育密切关联的唯一含义。实际上，与分配儿童进入指定教室同样重要的理想是，在该教室中，他可以接受一系列特殊安排和个别计划的学习活动（有时独自学习，有时与其他儿童共同学习）。那些活动使他比在原教室进步更快些，这就成为特殊教育的一种理想，尽管不一定每个特殊教室的实际情况都是这样。

但是，当社会对缺陷者的态度开始逐渐由排除转向接受和包容时，对特殊课堂的评论家们开始怀疑隔离是否具有特别的优势（Connor，1968；Dunn，1968；Johnson，1969）。如 Lloyd Dunn 对专业人员所讲：

> 无可否认的证据是，我们现在和过去（创造隔离的特殊班）解除对正规教师和学生的压力而不惜牺牲学习缓慢学生本身的学校实践确有其正当理由。（Dunn，1968）

当我们更仔细地考察学校实践时，正如在第十二章中所注意的，这样态度的转变使我们相信隔离班中的儿童应重新与正规班中非缺陷的同学整合在一起。这个重新整合，或被称为主流，借着群众运动的力量以及众多主流畅言无忌的支持者的努力，宣读公法 94－142，意味着主流已经成为本土的法律。当然，法律的条款把有缺陷的儿童安置在"最小限制的环境"之中，并不是要把每一个有缺陷的儿童重新安置在正规教室之中。但它明显地支持不能仅因缺陷儿童有缺陷就把他们摒弃于正规学校之外的理想。

那么，什么是特殊教育？从某种意义来看它是一种专业，有它自己的工具、技术和研究工作，为评估和满足特殊儿童和成人的学习需要，集中全力改进教学计划和程序。从比较实际的水平来看，特殊教育是为了协助特殊儿童取得个人最大限度的自我满足和学业成就而安排的自然环境、特殊的设施和教材、教学程序以及其他干预手段。

我们对特殊教育的个人观点

我们试图在全章向读者介绍关于组成缺陷者的特殊教育若干最重要概念的

15

清晰和客观的解释。当然，我们承认像人们所说的，我们对于本学科和缺陷儿童的个人观点在字里行间肯定是有欠缺的。但我们相信关于我们所暗示的还未向读者明朗的说明。虽然我们并不期待读者同意我们的看法，我们奉告读者这种观点影响你们将要阅读的其余各章。

1. 我们相信有缺陷的人有权在正常人的环境中生活和参加活动，有权像我们正常人一样在各方面独立，而我们国家当前应对缺陷者的支援继续增加。

2. 我们相信教育和其他辅导专业必须承认所有缺陷者的需要，其中包括未成年人和成人。为此，我们为这些年龄的每一阶段列出专职人员开始适应该组缺陷者需要的途径。

3. 我们相信，对缺陷者有效的干预只有通过专业辅导的努力——并深入社会之中，才能取得进展。作为教育工作者，我们认为我们的主要责任是在私人的、社会的、职业的和教学的各方面改善教学方法，当我们与医药、心理和社会服务其他专业合作而取得更丰硕成果时，我们认为闭门造车太愚蠢了！

4. 我们相信，很长时间以来专业人员忽略了缺陷儿童家长和家庭的需要，待他们如病人或对手，忽略他们是求助者、服务的顾客和合作者。我们相信我们时常认为家长要听专业人员的调遣，事实上，有时家长的意见更正确。我们一向承认家长是儿童的第一位最好的教师(在很多方面是最好的教师)。我们相信如果没有家长干预我们的计划，那么我们的计划是不会成功的。

5. 我们相信，教师必须要求他们的教学方法产生效果，而评估教学方法的最好途径是对每一位受教育儿童当堂所学的技能作业进行直接观察和测量。

6. 最后，我们对于缺陷儿童的未来基本上保持乐观的态度。就是说，我们对于他们的潜力有充分的信心，从而断言他们在社会中能成功地建立更丰富、更独立的生活。我们相信我们刚刚开始改善教学、增加学习、预防缺陷条件和发展补偿缺陷技术的途径。当我们对未来不作预言的同时，我们确信我们还没有发挥全力帮助特殊人员去帮助他们自己。

第二部分 特殊儿童

第二章 智力落后

◇智力落后的定义多年来为何屡加修改？

◇IQ 或适当的行为：你认为哪一个更为重要？

◇社会应怎样解释智力落后这一现象？

◇对智力落后的学生，学校的教学大纲应当注重什么？

◇独立活动与正常化原则的关系是怎样的？

关于什么是智力落后和智力落后的人是怎样的，一直众说纷纭。人们听到"特殊教育"这个词，就会想到智力落后。1896年，第一所公立学校特殊教育班就是为智力落后的人开办的。当然时过境迁，过去20年间，关于智力落后儿童和成人发展的教育、照顾和管理有了长足的进步，这是有目共睹的。同时，人们对智力落后的认识也与日俱增。遗憾的是，那种认识多由迷信、半真半假或过于简单的传闻所组成。本章介绍若干智力落后这个非常复杂概念的基本原理。我们还要观察若干曾有助于改善智力落后儿童(除去学习无能和语言受损)的特殊类别——未来的当代教育实践。

限定智力落后的意义

首先，智力落后是一个标签。它是一个用以识别观察作业缺陷——但不能表示适当年龄行为的名词。众多智力落后的定义已经成文，可以说见仁见智，各有千秋。由于智力落后是被各行各业所影响的概念，它已被众多观点限定意义。由某一学科内部的专业人员提供的定义，只有在该特殊学科里才发挥作用。例如，仅由生物或医药学科给智力落后下的定义，对医生或护士有用，却不见得对教师或心理学者发生作用。我们将从教育的观点来探讨智力落后的定义。

1959年，美国心理缺陷协会(AAMD)出版了一本有关智力落后的名词和分类手册，1961年和1973年两次修订。1961年AAMD的定义如下：

智力落后指起源于发展时期伴随着不顺应行为的低于一般水平的智力机能(Haber，1961，p.3)。

12年后，AAMD定义修订如下：

与不顺应行为并存的显著低于一般水平的智力机能，并于发展时期显示出来(Grossman，1973，p.11)。

一瞥之下，两个定义似乎一样：它们采用同样的术语和类似的措词。不过，二者之间有重要差别：(1)从1961年的定义来看，智力落后等同"低于一般水平的智力机能"，伴随着不顺应的行为。从修订后的定义来看，一个人的智力机能和顺应行为必须都在一般水平之下。这就是说，智力机能不再是唯一的限定标准。(2)第二个重要差别是低于一般智力水平机能的程度，必须在某人被称为智力落后之前就显示出来。在 1973 年的定义中，"显著地"一词悉指两个或更多的低于标准化智力测验平均数之下的标准差分数而言(我们将在后面予以解释)；1961 年的定义要求仅一个低于平均数之下的标准差分数。(3)第三个差别尽管不如前两个重要，但也包括在修订的定义之中。发展期从出生到 16 岁延长到从出生到 18 岁，恰与一般公立教育时期相吻合。这个定义明确说明智力机能的缺陷与不顺应的行为在发展期同时发生，以便将智力落后与其他障碍加以区别(例如，严重的身体损伤导致他的作业突然受到挫折)。

智力机能的测量

用于智力落后领域的智力机能，是由标准智力测验(IQ)的分数来测量的。IQ 测验由一系列假设问题和解决方案组合而成。因此，一个 IQ 测验从某人的技术和能力的整个范围中抽取一小部分来检测。由那个被观察的作业样本得出一个代表测验全部智力的分数。

当我们说 IQ 测验是"标准化"时，我们指的是同样的问题和工作是在确定的、指明的方式中实施的，而每个做测验人的反应是用每次执行测验的同样程序记分的。标准测验也是"常态"的，就是说，为人的总体设计的测验，交给随机选自该总体的大量样本去做。然后把随机样本中人们测验的分数当作"常模"，或人们如何在测验上完成的平均分数。在两个最广泛使用的智力测验上，斯坦福—比内(Stanford-Binet，Terman 和 Meuill，1973)和为儿童修订的韦斯勒智力量表上 (Revised Wechsler lntelligence Scalefor Children，WISC-R) (Wechsler，1974)，常模或平均分数都是 100 分。

标准差(Q)是个数字概念。它指的是一个特定分数在正态样本中，偏离所有分数的平均数($\overline{x}$)或某一测验的平均分数的距离。从图 2-1 可以看出关于标准差更多的信息。该图指出，被称为正态曲线的现象，IQ 分数可以分布于遍及总体的任何地方。要描述一个特殊分数如何偏离平均数(平均分数)，总体分隔于称为"标准差"的单位之中。每一标准差包含总体的一个固定的部分。例如，我们知道总体的 34.13% 落于平均数上一个标准差之内，而另一个 34.13% 在正态曲线下一个标准差之中。对由测验的正态样本取得的分数运用代数公式，我们能说出测验的一个标准差等于什么值。于是，我们能按平均数上下各有多少标准差来描述一个人的 IQ 测验分数。

从图形来看，我们发现总体中正好有 3% 落后于平均数下两个或更多个标准差之中，AAMD 称之为"显著地低于平均数"。这就是说，如果我们把 IQ 分数当作唯一的标准，总体中约有 3% 的人被认为是"落后者"。在斯坦福—比内

19

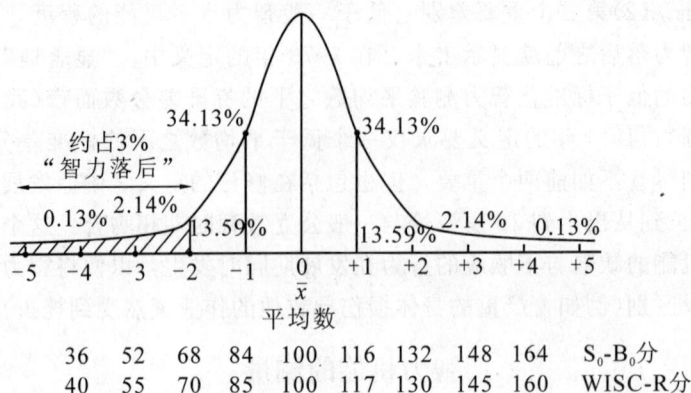

34.13%　　34.13%

约占3%
"智力落后"
2.14%
0.13%　　13.59%　　13.59%　　2.14%　　0.13%

-5　-4　-3　-2　-1　　0　　+1　+2　+3　+4　+5
$\bar{x}$
平均数

| 36 | 52 | 68 | 84 | 100 | 116 | 132 | 148 | 164 | S_0-B_0分 |
| 40 | 55 | 70 | 85 | 100 | 117 | 130 | 145 | 160 | WISC-R分 |

图 2-1

测验上的标准差是 16 分；在 WISC-R 上是 15 个分点（差别由用以计算两个测验常模的儿童样本分数的分布差异而来）。因此，按照 1961 年 AAMD 的智力落后的定义，儿童 IQ 分是 83 或 84 即可列为智力落后。1973 年 AAMD 的智力落后的定义要求 IQ 分要在平均数下两个标准差之中（顺应行为有缺陷者也包括在内），在这两个测验上，分别是 67 分和 69 分。

可以想见，智力落后的定义降到 15 个 IQ 分点影响了许多儿童。加里费尼亚州通过一条州立法律：儿童在 WISC-R 的言语和操作两项测验的成绩必须都在满两个标准差之下才能列为智力落后者。这样一来，20000 名已列入智力落后的儿童；一夜之间摘了落后的帽子。自然，这些原被列入智力落后边缘的在校学生，由于定义的修改不再标为智力落后，但要取得学业成功，还需要特殊教育的服务。

关于谁被列为智力落后的问题，为什么有些教育家和从事智力落后工作的专家们拥护新定义（1973 年 AAMD）？原因如下：

1. 给一个落后儿童贴标签可能产生副作用。教育家们感到儿童一旦被"正式"列为落后儿童，标签本身所造成的伤害远远超过他以后接受特殊教育和处理的正面影响。（Kugel 和 Wolfensberger，1969；Smith 和 Neiswoyth，1975）。

2. 智力测验的文化偏见。由于 Binet 和 Wechsler 的 IQ 测验有文化偏见，二者都受过严厉的批判。也就是说，他们的测验偏袒列为常模总体的儿童——主要是白人和中等阶级的儿童。测验上的某些问题只挑选那些只有中等阶级儿童才能学过的问题。以言语为主的测验特别不宜于那些把英语作为第二语言的儿童。Mercer(1973a)指出用 IQ 测验把儿童分配到特殊班时，被列为智力落后的黑人、美籍墨西哥人和贫穷儿童比白人、中等阶级的儿童要多得多。

3. IQ分数能显著地变化。若干研究已指出IQ分可以改变,特别在构成临界智力迟钝的全距时(AAMD,1961年定义),而且智力迟钝虽然往往被当作儿童永久的标签来使用,实际上它只描述目前的成绩。教育家注意到许多儿童在临时被列为智力落后,通过一段有效的教导之后,测验分数可以增加15至20分之多。

4. 智力测验不是一门精确的科学,虽然主要的智力测验是最高度标准化的心理测验,但是它们远不是那种笨人也会干的十分简单明了的工作。影响儿童IQ测验最终分数的变量有动机、何时何地执行测验、以及测验执行者对那些测验手册中未确切指出的儿童反应如何记分的偏见,甚至选用哪种测验也是关键性的变量。例如,Weschler(1974)指出WISC-R和修订的Stanford-Binet给同一儿童列为智力落后者仅有样本的70%。因此,两个测验必须把同一儿童都列为智力落后才是确切的科学。

Robinson和Robinson(1976)在他们对智力和IQ测验概念的详尽讨论中,得出如下结论:

IQ的发展及被广泛应用为评价智力发展速度的唯一、简单和客观的指标,既有其利,也有其弊。当理解正确而运用周密时,IQ测验在评估儿童进展的速率中有一定价值,但它只适用于特殊测验引导出来的那些智力能力。它的测量易受来自各方面错误的影响,有些可能严重地影响分数。毫无疑问,由于不断地误以为它可能预测未来成绩的持久性以及它具有不可思议的力量,IQ分数确实被误用了。像IQ这样简单的当前行为指标,怎么可能全面反映像智力这样复杂的现象呢?

没有比考虑智力落后儿童的福利事业更能证明IQ是个喜忧参半的事业了。诚然,智力测验的发展为许多客观评价提供了平均数。在协助机构识别需要特殊训练的儿童和为入学手续制定方法都是受益匪浅的。由于很早就认识到他们的问题,许多落后儿童过上了更丰富的生活。其他非由全面智力缺陷而学业失败的儿童也相应地得到识别和处理。

在另一方面,IQ的简易性把儿童根本上按他们测验的分数加以标签和分类,从而导致热烈但有误导的运动。对智力缺陷的正确分类只认为是对落后儿童正被严重低估的个别特征取得理解而已。此外,对IQ一贯的过分信赖导致研究和治疗日渐匮乏。对许多复杂问题的专门研究长期以来无人问津。这种状况直到20世纪60年代中期尚未复原。所幸目前流行的是一种更为实际的观点。

显然,智力测验既有优点也有缺点。下面是一些比较重要的、应该记住的观点。

智力的概念是假设的，从来没有一个人见过称为"智力"的东西；它不是一定的实体，而是我们从观察作业推论出来的东西。我们假设它需要更多的智力去学习以便完成其他更需要智力的作业。

智力测验，并没有什么东西是神秘的或有力的。智力测验仅是一系列问题和解决问题的作业之一。

智力测验只测量儿童在测验包含的项目中如何及时完成项目中的一点。从这个作业我们推论儿童在其他情况中如何进行作业。

智力测验已经证明是学业成绩最好的单一的预测者。由于 IQ 测验大部分是言语的和学习的作业——为了在校取得成功，儿童必须完成同样的作业。IQ 测验在客观地鉴定一个全面作业缺陷时尤其能提供有用的信息。

IQ 测验的结果在为儿童设计个别的教育目标和教学策略方面用处不大。用直接的、教师主持的和标准参照对儿童需要学习的特殊技能作业的评价，对计划教学是很有用处的。

永远不应单独使用 IQ 测验的结果去给儿童分类贴标签，或将儿童安排到落后儿童的特殊教育计划中。

测量顺应行为

许多过去常常被称为"落后"的儿童在校外完全不是落后者：他们实际上对家庭的要求，对邻居和对朋友的关系都处理得非常妥当。关于智力落后的校长委员会对于"六小时的落后儿童"描述如下：许多儿童只有每天在校的 6 小时才被当作智力落后者；但据和他们有来往的人反映，每天其他的 18 小时内，他们活动正常而并非是落后者。从这种意义来看，学校的要求可以说是引起智力落后的实际"起因"。为了调和这个问题和其他对于运用 IQ 测验作为智力落后唯一标准的批评，定义被改为儿童的顺应行为和智力机能二者都有缺陷时才能列入智力落后的类别。

Grossman(1973)限定顺应行为的意义为"个人按自己的年龄和社会的期待达到自力更生和服务社会标准的能力或程序"，AAMD 进一步限定在不同年龄组别中发现的顺应行为缺陷的领域。

在婴儿和儿童早期：

1. 第二运动技能。

2. 交往技能（说话和语言）。

3. 自助技能。

4. 相互作用技能（相互作用和融洽共处）。

在儿童期和青年早期：

5. 在日常生活中基础学业技能的应用。

6. 在掌握环境中适当理解和判断的应用。

7. 社交技能(参加集体活动和人际关系)。

在青年晚期和成人期:

8. 职业和社会的责任心与成就(Grosman 1973，p.11—12)。

AAMD 手册提到两个测验顺应行为的量表——AAMD 顺应行为量表(Nvinira，Eoster，Shellhas 和 Leland，1974)和 Vineland 社会成熟量表(Doll，1965)，其他顺应行为量表已经在编制。所有这些量表开列许多期待不同年龄人表现的行为，并已分入上述的领域之中。为了测量顺应行为，测验者必须在正常出现量表上行为的环境中直接观察被测验者如何完成这些行为。因此，测量顺应行为要费许多人力和物力。(当然，引人入胜的是，IQ 测验在心理学家办公室里，约一小时即可完成。)

把顺应行为的概念包含在智力落后定义之中，虽然有所裨益，但它的测量却给人带来麻烦。无法找到一个人人同意的清单能确切描述所有我们应表现的顺应行为。与 IQ 测验相同，顺应行为量表也不可避免地带有文化偏见。例如，某些量表上的一个题目要求儿童去系鞋带，但有些儿童从未穿过有鞋带的鞋。今天关于顺应行为测量问题正在进行的研究可能会解决这些问题。

定义未解决的问题

当智力落后的定义(1973 年 AAMD)支配该领域时，并不能让所有人满意。Sidney Bijou(1966)更喜欢严格的行为定义，如"落后的人具有一整套由他的历史组成的事件形成有限制的行为方式"，这种观点指出，如果环境适当，人的行为可能不再落后。而且，事实开始表明，众多智力落后者的许多"落后行为"实际上可以转换为更正常的行为。

社会学家 Jene Mercer 相信智力落后的概念主要是社会学范畴的问题。也就是说，决定一个人是否被认为落后是社会系统的问题(Mercer，1973a)。因此，在美国被认为落后的儿童，在不同文化中可能被认为完全"正常"。

著名的特殊教育家 Loyd Dunn 建议由于所有这些否定的涵义与智力落后一词联系在一起，应当把它们通通抛掉而代之以一般的学习无能(Dunn，1973)。

关于智力落后定义的辩论似乎还要继续进行。与此同时，所有主要致力于落后者的专门机构采用 AAMD 定义并主张继续使用，因为它较其他定义能更大程度地促进普遍标准和交流。

智力落后严重性的等级

AAMD 和 IQ 测验都把智力落后按程度或者说严重性的水平来分类。表2-1 列出 AAMD 的智力落后水平和与每一水平相应的两个最广泛使用的 IQ 智力测验分数。

表 2-1　智力落后的等级

水平	智力测验	
	Stanford-Binet	Weschler
轻微的	52—68	55—69
中等的	36—51	40—54
严重的	20—35	25—39
极度的	—19	—24

轻微落后者

教育工作者往往把轻微的智力落后者看做是可教育的智力落后者（EMR）。这些儿童一般在公立学校的独立教室中上课。目前，许多轻微落后的小学儿童在正规课堂中上课，由一位特殊教育家协助课堂教师给儿童进行个别教学，并按需要在娱乐室中进行附加的私人指导。众多轻微落后者往往进入校直到二年级或三年级，当面对更难的学习任务时，才被列为落后儿童。

对轻微落后者的学校计划通常在小学里强调基本学科——阅读、写作和数学等等。到初中和高中阶段，学校工作重点转到职业训练和工作研究计划中。众多轻微落后儿童既掌握第六级学术技能，也能操作半技术工作，足以支撑他们自己独立或半独立的生活。轻微落后者一般能和他们那些正常同学一样发展社会和交流的技能；许多人在校外和课后并不被认为是落后者。

中等落后者

教育工作者有时把中等落后儿童看做是可训练的智力落后者（TMR）。之所以用"可训练"这个词是因为相信众多中等落后者从传统的特定的学校课程中受益不多。他们需要生活自理、交往和社会技能等专门训练的计划。和一般不被认为需要特殊教育因而不入学校的轻微落后者不同，众多中等落后者在入学前就表现出显著的发展迟缓现象。随着年龄的增长，中等落后者和他们同龄的非落后同学，在整体的、智力的、社会的和运动发展方面的差距越来越大。在那些被认为中等落后者中，约有 30％ 的儿童患有唐氏综合征。约有 50％ 的中等落后者显示某些脑损伤的迹象（Neisworth 和 Smith，1978），其他有缺陷迹象和生理变态性的中等落后者比非落后的群众更为广泛。

在年级里，中等落后者通常在独立的课堂中学习日常生活技能。言语学习通常限制于基本当场能认识的生词(例如：生存的言语如"出口"，"禁止通行"，"停止")和简单的数目概念。有些中等落后的成人在社会里做非技术性的工作，但大多数干这种活儿的人是在有保护的车间里工作。在往日，许多中等落后者由社会安排到机构之中，缺少发展与学习如何在社会中生活的机会。今天的趋势是让中等落后者离开机构的安置处所。尽管中等落后者似乎终生需要监管，但小规模的、基于社会的住所和邻近街坊的家庭正在证明可以代替失去人性的机构而大有可为。

严重和极度严重的落后者

严重和极度严重的落后者几乎在降生或稍迟些时即可识别出来。大多这类婴儿患有中枢神经系统损伤，或有其他缺陷情况。虽然 AAMD 用 IQ 分数来区别严重和极度严重的落后者，但主要的区别在于机能的损伤。对严重落后者的训练典型地由自理技能——去卫生间、穿衣服、吃喝和语言发展组成。极度落后者可能不会照顾个人的需要，被限制于床榻或轮椅之上，可能需要 24 小时的护理。不过，最近关于教学技术的发展表明，许多严重和极度严重的落后者能学习早期认为超过他们能力的技能——甚至能达到在社会中生活和工作中半独立或独立的程度。

严重和极度严重的落后者实际上为美国教育系统所忽视。值得庆幸的是，这种情况正在改变。诉讼和立法确保落后儿童的权利，不计缺陷的类型和程度。另外，教育方法的改进也对这种改变作出了贡献。公法 94－142 命令所有儿童必须接受适当的教育。此外，使用联邦特殊教育费的第一优先权是那些目前尚未接受教育服务的儿童。"尚未接受服务者"大多是最严重和极度严重的落后儿童。严重和极度严重落后者的前景正在改善之中。一个新的组织，由研究人员、教师、家长和其他有兴趣的人员组成的美国严重和极度严重落后者的教育协会(AAESPH)正在协助改善那个前景。

智力落后者分类的问题

与智力落后的定义问题相似，对于智力落后者的分类曾有众多建议和方案。也与定义问题一样，大多分类方案是为了满足他们的开发者的需要而设计的。不幸的是，教育家们迄今尚未为发展落后者提供有效的分类系统。1978年 Salvia 描述这种情况如下：

教育学曾从生物学、心理学和社会学角度借用了定义和分类方法。遗憾的是，这些定义在儿童教育中用途有限。过去，智力落后的标签可以将儿童从公立学校赶出门外。现在，按各州和联邦所定的法律(如公法 94－142)，所有缺陷儿童与其他全体儿童一样，享有由公家开销的自由和适当教育。智力落后的分类以及它的众多子分类在育人工作上，远不如表示儿童在各种教育方案中的作业水平和预期进展的备选分类。应当知道，一个初小二年级的学生却有青年应付社会的成熟能力比知道他或她在 Stanford-Binet 测验上只得 70 分的事实对于计划和落实教育方案更能起作用。因此，学校必须不计他们是否为落后儿童而加以教育。当前，可能有教育家们正在对发展与教育处理密切关联的有效分类系统进行研究。

普遍形势

智力落后定义在全国范围内统一的改变，由于缺乏有规律的系统报告和中等落后在校学生相对不稳定的状态（他们离校后是否还落后？）给估计智力落后人数带来困难。当普遍数字仅以 IQ 分数为依据时，在理论上，3％的总体要划入落后分数全距之中——平均数下两个标准差之内（见图 2-1）。这个 3％就是普遍应用的数字。

然而，仅依据 IQ 分数进行普遍估计忽略了估计智力落后另一个必需的标准——顺应行为。就目前形势来说，由于对顺应行为尚无普遍承认的量度，尚无主要的流行的研究工作以它为依据。某些专业人员认为，当估计普遍形势时，如将顺应行为与智力能力包容在一起，估计数字将降至 1％（Mercer，1973b；Tarjan，Wright，Eyman 和 Keeran，1973）。

Macmillan（1977）和 Nesworth 与 Smith（1978）提出这个 3％可能比较准确地反映了发生率——被诊断的人在他们生活的某些阶段才被列为智力落后的百分数——落后者的人数在任何一段时间，或在将来某段时间很可能接近 1％。在事件发生率和普遍形势之间引起偏差的两个因素，是严重和极度严重的落后婴儿的高度死亡率和众多中等落后学生离校后不再列为落后儿童的事实。

根据 1974 年 7 月美国人口普查局关于落后儿童的准确数目的统计报告，从出生到 19 岁之间，有 1 507 000 的智力落后者，约占其全体儿童的 2.3％。

智力落后者的起因

在被鉴别为落后的人口中，中等落后者约占 80％到 85％，而在这些病例中，绝大部分的病因（起因）不明。这些人口没有可表明的机体病理原因——没有脑损伤或其他生理问题。一般说来，当找不到真实的机体损伤时，我们称这种落后原因是文化—家庭因素。

文化—家庭因素一词暗示儿童早期生活中，贫苦社会和文化结合的环境导致落后的发展。虽然关于社会和文化交互作用导致智力落后尚无直接证明，但普遍相信这些影响导致了众多中等落后的病例。

在全体智力落后病例中，我们能确定病理起因的约有 6％到 15％——通常在不太普遍的全体中，如中等的、严重的和极度严重的病例中（Dunn，1973；Kolstoe，1972）。所有落后者的已知病因是生物学的或医药学的，它们归属于临床的或病理学的（脑损伤）。有许多中等的、严重的和极度严重的落后者的病因已经知晓，AAMD 把这些起因归类如下：

1. 感染和中毒（如风疹、梅毒、脑炎、脑膜炎）。
2. 外伤或生理动因（如产前、产期或产后的意外事故；缺氧症）。
3. 新陈代谢和营养（如苯酮尿或 Pku）。
4. 严重的脑病（如肿瘤）。
5. 胎儿期的影响（如脑积水、畸形小头）。
6. 染色体变态性（如唐氏综合征）。
7. 怀孕期失调（如早产）。
8. 精神错乱（目前很少引用为病因）。

对智力落后者处理和服务的历史

智力落后的历史源远流长。从人一生下来，就有学习快慢的差别。公元前1552 年的希腊人和公元前 449 年的罗马人就是最初官方辨认记录智力落后者的地方。《圣经》中也有涉及智力落后的章节（Barr，1913；Lindman 和 Mcln-tyre，1961）。多年来，很多特殊教育专家和历史专家对智力落后者的变迁、哲学、信仰和处理撰写了详细的和引人入胜的报道。例如，Hewett 和 For-ness（1974）描述对于不同历史时代落后者处理的遗物、迷信、科学和服务的作用和重要性。Kolstoe 和 Frey（1965）描述人类对待特殊群体的态度有五个阶段：根除、嘲弄、收容、教育和适当地介绍职业。Gearheart 和 Litton（1975）描述早期（1800 年前）智力落后历史特征由迷信和根除组成；19 世纪其给智力落后者建立研究所的年代；20 世纪为其成立公立学校的年代；1950 年到 1960年为其立法和国家支援年代；1970 年为正常对待、拥护智力落后儿童和诉讼年代。关于智力落后者的关怀和处理，以上每一历史年代的报道，对致力于研究智力落后因素和那些要了解今天对智力落后者众多反应变量的人们来说，都是珍贵的资料。在本章中只能言简意赅地介绍某些影响智力落后者的态度变化和重大事件。

在原始社会中，人类的主要目标就是生存。病人、生理缺陷者和长者往往被抛弃甚至被杀死以增加他人生存的机遇。希腊人和罗马人往往把身心双残的儿童送到远离社会的处所，任凭他们自生自灭。后来，当幸存者成为不能整天被照顾而社会又分出许多等级时，嘲弄智力落后者之风盛行。对于落后者的迷信和神话应运而生。白痴、笨蛋和傻蛋一类的字眼到处使用，有些帝后把"傻子"或"笨蛋"当作小丑或宫廷弄臣。

中世纪,当宗教成为统治力量时,慈善观念广为宣扬。照顾智力落后者的收容所和修道院应运而生。然而,无人认为落后者的行为可以变更。

19世纪初期,最初企图教育落后者的事迹有所记载。1798年,三个猎人在法国Aveyron森林中发现并擒获一个11岁或12岁的男孩,后来男孩得名Victor(Itard,1894/1962)。两版《Aveyron的野男孩》中描述其不会说话并完全不适应过社会生活,他以"不能医治的白痴"而闻名。Jean Marc Gaspard Itard,在聋人医院工作的一位医生,不相信Victor不能医治。他开始给Victor施以细致的训练方案。约5年后,由于未能达到他对Victor的原定目标,他认为他的工作惨遭失败。然而,在Victor身上发生的变化是显著的:他很适应社会生活并能阅读和书写少量文字。人们第一次认识到深入细致的训练可以产生重要的成果。

Itard的一名学生Edward Seguin,1837年在巴黎为智力落后者建立一所学校。法国革命年代,他离开巴黎来到美国,晚年他在那里建立了宾夕法尼亚训练学校。为美国落后者提倡教育计划的第一人是Samuel Gridley Howe,他已将大半生贡献给盲人、聋人和孤儿的教育事业。1848年,他为一个民主党社会中的智力落后者写了争取权利的一封有力的书信。马萨诸塞立法机关压倒州长的否决权而为Howe提供2500美元建立该州第一所智力落后者的研究所。在19世纪里,为智力落后者和精神病患者(往往他们被看成同样的病人)成立的大型州立研究所成为对落后者服务的主要机构。当研究所变得病人超额而职工不敷时,由ltard和Seguin的教育成果激发出来的乐观主义开始消逝。州立研究所被看成是"看守所"而非"教育所",多年努力形成的观点开始变化。

智力落后者的第一个公立学校班是1896年在罗得岛的普罗维登斯港成立的,从而开始了特殊班的运动。特殊班注册儿童1948年有87 030人,1969年有703 800人,1974年有1 305 000人。1950年和1960年联邦对教育,特别对特殊教育进行资助。

今天,我们目睹全盘依赖大型州立研究所的情况逐渐消失,而自给自足的特殊班已成为照顾和教育智力落后者的唯一途径。到目前,这种运动趋向于为落后者准备更正规化的公共设备并为某些落后儿童准备正规教室——限制最低的环境——进行教育。

当代的管理和教育

备选的居住安置

在美国约有200 000人住在150多所为智力落后者设立的公共机构之中。

Scheerenberger(1976)估计住在机构中的智力落后者约有 90％是严重的或极度严重的落后者。美国大多州立机构始建于 19 世纪或 20 世纪初期，那时的支配思想是智力落后者不能从教育和训练中受益。大型看守所曾把落后者从社会其他地方分割出来，而他们从未设计训练这些人过正常社会生活。由于他们普遍地缺乏能力为落后者提供个别化的服务，使他们住进舒适的、人道的和正规化的环境之中。近些年来，公共机构曾受到严肃的批评（例如：Blatt，1976；Blatt 和 Kaplan，1966；Kugel 和 Wolfensberger，1969；Wolfensberger 1969）。这些怨言并非针对居住设备的思想，而是针对只能为严重和极度严重缺陷者提供全天（24 小时）照顾和看管的居住设备而言。问题在于既要有大型机构能提供的人权待遇标准又要有正常化的思想。值得庆幸的是，目前在图纸上尚无为落后者建筑的大型州立公共机构，而各类备选的居住安排即将成为现实。兹将某些安排简述如下。

不过，在简述之前，有一点要讲清楚。有许多在公共机构工作的专职人员，既细心又有能力，他们已将自己的事业贡献给在这里居住的落后者，为他们提供最好的教育和居住条件。但我们有把握地说，这些专职人员的绝大多数自己并不相信大型公共机构是照顾严重和极度严重的落后公民的最好途径。但他们试图在现有的条件下恪尽厥职。可喜的是，使落后者离开专门机构的运动已经把某些公共机构中的人口减少到更易管理的数目，从而某些计划方案能为他们的居民提供更适宜的服务项目。

地区设备

地区设备类似大型州立机构提供全面的照顾，24 小时的居住方案，但规模较小，仅为那些住在国内指定地理区域的人士服务。由于它恰好靠近家庭和公社，使较为正常的和个别的处理方案得以实行。

单元宿舍的生活

各种居住的备选方案为落后者包括居住单元的生活，从最低的监管、到单元群聚、到合居的安排（一个落后的居民与一个非落后的室友）。

集体家庭

集体家庭通常由 6 到 12 个落后者组成，在居住的街坊之中，住在一个大型的、家庭类别的寓所里。被称为管家的父母、专业职员，负责监管并为居民安排全部节目。这里的居民往往在有保护的车间里工作并参加公社里的社交和娱乐活动。

有保护的车间

有保护的车间为智力落后者提供有管理的就业机遇。有保护的车间一般雇用干零活儿的劳工，或按小时或按产量发薪。有些有保护的车间，指过渡车间，为那些能走到公社里工作的人提供短期训练。

备选的教育安排

许多州、乡镇和大型学校专区为落后者开办特殊学校。这些特殊学校为他们的学生，通常是中等的（可训练的）智力落后者，专门设计教育和训练课程。这些学生通常和他们的家庭住在一起。虽然，过去许多这类计划完全由州心理健康和智力落后部来执行，但公法94－142要求州教育部负起所有儿童教育的责任来。有时，若干小型邻近学校区调动他们的资源为可训练的智力落后者提供特殊学校计划。

公立学校

现在担负所有缺陷儿童教育的公立学校，正在改变为落后者提供服务的方式方法。在传统上，中等落后的学生（EMR）与其他12～18名EMR学生在独立的（自给自足的）教室中共同接受教育。落后更严重的学生通常被安置在特殊学校或公共机构之中。到今天，公法94－142命令缺陷儿童尽可能地与他们非缺陷伙伴共同接受教育。因此，许多EMR学生现在用全部或部分在校时间，在正规课堂里学习由资深教师提供的补充教材。

有些过去不给中等落后儿童提供教育措施的学校区，目前开始为这些落后的学员提供教室和教员。

教育方法

当Itard对Victor（Aveyron的野孩子）展开工作时，关于智力落后者的特殊教育技术的研究工作也同时开始了。但直到前20年，在试图为落后者探讨有效和可靠的教学方法时，才系统地运用科学的方法。当这种研究远远谈不到结束时——诚然，我们必须锲而不舍地探讨更好的教学方法——一种方法已显示出来它的效果。作为研究的结果，对于教育落后者，它是最著名、最广泛使用的方法。这种方法从行为入门，通常称为行为矫正或实用行为分析。

行为矫正可以解释为系统地安排环境事件以产生所期待的行为变化。它并非单一的技术，而是全面的处理。在教育中，行为矫正是在描述环境如何影响行为的科学证明原则基础上进行教学的技术，用于智力落后者的行为矫正，已有效地增加他们完成改善行为的速度，减低他们表现不相宜或适应不良的行为的比率，以及教导新的、复杂的行为等等（Kazdin，1978）。

行为入门教学的第一步是向学生确切说明要学的技能或行为是什么。任务分析，把大型技能分成或按顺序排成一系列子技能的方法，可以使教师把一种工作分成小的、容易教的子工作。这些子工作而后从最容易到最难按顺序排好（Gold，1976；Moyer和Dardig，1978），按任务分析的子技能的顺序估价一个儿童的作业，有助于精确定位教学应自何处开始。

行为方法的另一个特征是直接的和持续的测量。学业成绩测量一向是评估教育计划所用的主要资料来源。尽管这些资料有些用处，但对每日教学计划并无用处。成绩测量经常每年只做一次或二次，而且它们提供的信息过于笼统。系统的教学要求直接的和持续的测量。当测量的宗旨是促进日常教学计划时，对既是直接的又是持续的测量技术必须加以选择。在教学过程中向学生提供他对教材反应的资料时，测量必然是直接的；通过教育过程向学生提供他屡次作业的样本时，测量必然是持续的。

只有对学生的学业进行直接的和不断的测验，教师才能为落后儿童提供生动、活泼的个别教学，从而促进他们的成长与进步。

此外，大多以生活为基础的教学技术具有共同的特征：

1. 除创始人之外，他们可由旁人复制；
2. 与复杂的相反，他们一般是简单的；
3. 在每节课中，他们要求学生反复完成目标行为；
4. 通常在阳性强化的形式中，给学生提供即时的反馈；
5. 自上课伊始，帮助学生提供正确反应的线索和提示有系统地撤下来；
6. 努力帮助学生把新学到的技能概括到不同的、非训练的环境中去。

阳性强化

阳性强化是在任何刺激和事件的表现之后紧接着呈现，以使那种表现再现的行为。当按儿童行为选择的强化物是真实的刺激物或事件时，强化一词指的是程序和基本原则。对一定的儿童在一定的时期用什么样的强化物才能有效，要看儿童对可能用的强化物适应范围而定。

例如，教师决定要训练儿童如何上厕所。当儿童在厕所中适当地小便后，教师马上提供一件强化物以训练他增加适当小便的可能性。第一步，教师必须为那个儿童选择一件强化物，对某些儿童来说，一件儿童喜爱的玩具可以具有强化作用；对其他儿童来说，教师抱他一下就能生效。

有四种主要的方法教师可用以选择作为可能的强化物：（1）询问儿童他喜欢用什么样的东西和活动去工作；（2）给儿童提供几种事物看他选择哪种（强化物抽选）；（3）当儿童自由玩耍时看他选择什么样的活动和材料（观察）；（4）临时合同。

临时合同

临时合同详细指定任务、任务完成的标准和完成任务时获得的奖品，临时合同的应用在学校（Homme Csanyi，Gonzale 和 Richs，1970）和家庭环境（Dardig 和 Heward，1976）都取得了成功。有时合同可有助于儿童学习独立和自我管理的技能。儿童逐渐地把合同上的进程一点一点地完成，最后从备选的清单上选择任务和奖品并写出他自己的合同。

象征经济

象征经济是学生完成指定的学习和社会行为时获得"标志"的系统（例如，纸牌片儿、检查号、星号）。于是，学生可用他们的标志从一张支持强化物的名单上去"买"项目或活动。象征经济有若干优点：（1）由于各式各样的支持强化物随时可以得到，学生未必在任何时间对它们全都感觉厌烦。因此，标志几乎随时可以当作有效的强化物。（2）标志的直接传递有助于连接教师企图加固的行为与支持强化物之间的时间和空间的差距。这样做，大型和有力的强化事件，如去动物园的旅行，可以分成许多单位，用以强化许多个别的反应。（3）当相同的基本系统用于全班时，目标行为和每人所获得的标志数可使每人适应个别需要。

象征经济对落后的学习者来说可以成为强有力的形成动机的系统，而且对广泛的特殊儿童已经证明行之有效。不过，它们确实要求大量的精密设计和系统的执行（Kazdin，1977）。

流行的问题与未来的趋势

1961 年，关于智力落后的第一次总统委员会是由 Gohn F. Kennedy 创立的。委员会负责指导关于智力落后的细致研究，并在他们研究结果的基础上为国家政策制定提供建议。一年后，许多工作组的结果，公众意见听取会，对落后者设备的参观，与专家、家长和落后人士的广泛会谈被一一汇编入委员会的报告之中——《为全国抵制智力落后行动建议的纲领》。报告包括人权和立法权、干预、研究、教育、医药和其他为智力落后者服务有关的具体推荐事项。许多委员会的推荐划定进展的年代，大多涉及 20 世纪 60 年代和 70 年代初期，特别在研究领域和批准落后公民权利的立法中都举行了什么活动。

为了追踪早期成果的目标并企图预测落后者未来的需要，随后的总统重新召集组成关于智力落后研究的委员会。在委员会给总统的报告中，关于智力落后，1975 年总统的委员会企图罗列智力落后领域为从 1975 年直到 2000 年全国的主要目标，兹将七大主要目标陈述如下：

目标 1：为美国全体智力落后者在法律上和在事实上取得公民身份，在无能的条件下尽可能地充分执行法律。

目标 2：到 2000 年，至少为 50％的智力落后者减少由生物学和医药学为起因的发生率。

目标 3：到 20 世纪末，把与社会条件不足有关的智力落后的发生率和流行尽可能地减至最低水平。

目标 4：我们要满足所有落后人士的人权服务的需要。

目标 5：关于防止和改善智力落后者普遍的问题，在高级和稳定的国际关系中，取得合作的决议。

目标 6：对智力落后者按社会团体普通成员和他们本身的公民权利严格地、深切地公开接待。

目标 7：在所有智力落后的计划方案中，要公平地、同等地、能胜任地和有效地使用公众资源。

委员会继续列出他们认为可以达到的详细目标。尽管大部分仍在进行时，在七个目标的每一领域中，已取得若干成绩。我们在三个有关领域中：人权和立法权，预防和正常化以及解除把落后者送进公共机构的概念上，简略地描述最近的成就和流行的活动。

智力落后者的权利

从智力落后者被根除，嘲弄或被作为朝廷弄臣以来，我们经过了漫长的道路——但我们还有漫长的道路要走。关于智力落后的第一个总统委员会的所有目标，我们对于落后者立法权利的目标具有最具体的成果证明。尽管一方面有一条法律尚待通过，而另一方面按编写法律的精神来看它尚未彻底落实，至少第一步已经迈出去了。通过漫长（不断）系列的法院案件和立法保证，这个国家在第 14 次宪法修正案之下，正在按授予每个公民的权利一样批准智力落后者的公民权。

公法 94—103"发展无能的援助"和"权利法案"和公法 94—142"为全体缺陷儿童的教育法令"二者都是批准智力落后者权利的联邦立法。公法 94—103 提出必须为智力落后者和其他无能发展人士提供服务的若干领域。这些领域包括：

1. 发展计划（年龄适宜并与个人能力相关的教育与训练）。

2. 居住服务（居住备选的范围必须起作用）。

3. 职业服务（重申，从管理的到竞争的，到就业环境和就业机遇的范围）。

4. 识别服务（对计划服务需要的诊断与评估）。

5. 其他促进服务（咨询，工作分派，立法等等）。

6. 处理服务（医药和牙疾）。

7. 运输。

8. 休闲和娱乐。

并非所有智力落后的人都需要上述每一项服务，但如果他们需要时，他们有合法的权利去得到那些服务。其他正引起注意的法定权利的问题包括不应剥夺智力落后者的权利，如结婚的权利，生儿育女的权利和有保险费的权利。然而，尽管大多数州在法律上肯定智力落后者和任何其他公民一样具有同样权利，落后者——特别是比较严重的和极度严重的落后者——仍然需要其他的人去代表他们。1973 年，总统委员会阐述关于智力落后这一问题如下：

> 众多智力落后的公民不能管理他们自己。他们需要有人替他们讲话并代他们辩护。必须按他们意愿起诉和立法。我们绝不应等待他们去要求他们的权利，因为他们诚然是默默无闻的少数公民。（Weinberger，1973，p. 111）

许多州为智力落后者组织了"拥护公民"方案。拥护者就是亲自献身于智力落后者福利事业的志愿者，并熟悉为落后者提供的服务项目，从某种意义上谈，拥护者是一位熟悉情况的朋友，站在法律的立场上，监护他的患者的权利不致被滥用以及确保他或她应得到的教育和其他服务落实了。充当一名拥护者是对智力落后公民服务的高尚方式，并且在此过程中学习很多特殊教育的知识。

预防智力落后

在美国，每周约有 2100 位出生婴儿不是智力落后者就是要在他们生活的某一时期变为落后者。随着科学研究——医药学和心理学两门科学——对于智力落后的起因的认识增加，为了预防它的发生而设计的程序与方案也与日俱增。

抵制智力落后（以及许多其他缺陷情况，包括盲和聋）最大的预防措施，很可能是在 1962 年，一种有效的风疹疫苗的发现。当母亲在孕期前三个月得了风疹（德国麻疹），对 10％到 40％的未生儿童就要引起严重的伤害（Krim，1969）。值得庆幸的是这种智力落后的起因实际上已经减少了。

苯铜尿（PKU）在遗传学上是儿童出生时缺少一种重要的能打破在许多普通食品中发现的氨基酸（苯基丙氨酸）所必需的酶，不能打破这种氨基酸就引起脑损伤，从而造成严重的智力落后。医生在新生婴儿血浆中对苯基丙氨酸的浓度进行分析就能诊断 PKU，从而用一种特殊饮食就能对它进行治疗。大多患 PKU 的儿童，如能尽早服用限制苯基丙氨酸的饮食就能得到正常的智力发展（Berman 和 Ford，1970）。

医药科学的进步曾使医生们能识别某些与智力落后紧密联系的遗传影响——遗传学研讨会的成立。一位特殊训练的医学顾问和未来的父母之间，基于父母的遗传背景对他们可能生出缺陷儿童的可能性的讨论，是目前由许多健康服务组织提供的一条预防途径。

Amniocentesis 氨基分析法是从孕期 6 个月左右的胎儿周围提取氨基囊中的液体样本进行分析的过程，对氨基酸液体的染色体分析，可使医生识别生产前的 29 种特殊遗传失调病。许多这类失调症如唐氏综合征(Q'Brien，1971)与智力落后息息相关。如果发现胎儿有其中一种欠缺，父母可选择堕胎。

像这些医学进展已显著地减少由某些已知的生物学原因引出的智力落后的发生率，但要到 2000 年把智力落后的发生率减少 50％的目标，尚需增加大量的研究工作。

如我们早期见到的，绝大多数标签为智力落后的儿童位于中级范围之内，而且没有明确的病理原因。这些儿童属于文化—家庭落后者，或他们的落后发展被认为是他们早年生活中贫困环境影响的结果。贫困的环境可能是文化、父母的忽略、贫穷、疾病、父母对教育缺少兴趣、饮食和其他因素等等的结果——许多都是儿童的父母无能为力的结果。在前十几年，旨在为"高风险"学前儿童服务的大量研究计划和他们的家长人数与日俱增。其中一个方案是米尔沃基设计(Garber，1975；Garber 和 Heber，1973)，试图研究预防由文化—家庭原因引起智力落后思想的变量。这个设计方案包括早期识别婴儿要成为"高风险"儿童——那些生活在与文化—家庭落后联系的环境中的儿童。对"高风险"儿童识别之后，相继对儿童施以系统的感觉刺激，进行家长训练，并在家中和在执行方案的机构中给儿童进行直接教育服务。尽管测量像米尔沃基设计一类的预防计划的效果比测量像患 PKU 一类儿童减少人数要难得多，这个设计的早期结果和其他与之相仿的结果还是令人鼓舞的。

规范化

规范化的原则意指"为了建立和保持尽可能地合乎规范文化的个人生活，对逐渐接近更规范的环境和程序的运用"(Wolfen Sberger，1972，p.28)。规范化并不是给人做出单纯技术或成套的程序，而是压倒一切的哲学。这种哲学倡言，不计无能的程度或类型，必须尽最大限度地可能把智力落后者在生理上和社会上与主流结合起来。

Madle(1978)说：

> 当所有的人在文化上住进普通社会房舍的正规环境中，能按适合年龄的方式活动并与社会交往，并能使用典型的社会服务项目如学校、商店、教堂和医生时，这种结合才能达到最高限度(p.469)。

对规范化的信仰在专业人员与广大群众中共同增长之际，时代也就接近于所有智力落后的人士能享受人权和有效的处理教育的时光了。

减少把落后者送入公共机构的运动

尽管"主流"一词往往用以描述使规范化在学校环境中生效，减少把落后者送入公共机构——把智力落后者自大型的、非个人的机构搬到较小的、以团体为基础的生活环境中去，如养育院或集体家庭——进一步增加了。关于曾住过公共机构的智力落后人士的规范化程度，减少把落后者送入公共机构的运动对于有关人员来说并不是一种哲学或目标；它是，并且曾经是 20 年前一个实际的运动。如 Tetferd 和 Sawrey(1977)的报告：尽管 1955 年到 1973 年之间，美国人口增加 40％之多，与此同时，公共精神病院的人数却减少了一半（自 500，000 减到 250，000）。

美国国立的智力落后者和严重失调者的居住机构，最近受到专家（如 Blatt，1976；Blatt 和 Kaplan，1966）和法院（如 Wyatt 和 Stickney，1972）双方面的批评：未能按居住人的需要提供照顾和教育服务。即使所有公共机构提供人权关怀和良好的教育方案，在规范化的策略下，大型居住机构不是安置我们落后公民的适当场所。

然而，减少把落后者送入公共机构的运动必须审慎施行，Scharr(1976)指出：

> 减少设立公共机构的运动往往被过于频繁地解释为把过去的病人不拘形式地抛弃到敌意的团体之中，他们在那里漫无目的地在街头徘徊或住在降级的福利旅馆或廉价住所之中——得不到一点诚意的跟踪照顾或待遇。

当我们开始为有缺陷者提供更接近困难的生活备选条件时，协助公共机构居住人过渡到那些有条件学习更多的准备知识时，减少送落后者到公共机构的运动有助于我们众多的落后公民拥有更加规范的存身之所。

第三章　学习无能

（丧失学习能力）

◇为什么难于给学习无能的真实性质下定义？

◇学习无能真是缺陷的特殊类型或学校规定的现象吗？

◇评价与教学方法如何关联？

◇什么是学习无能学生掌握的最重要的技能？

◇为什么学习无能的领域仍然遭受粗鲁笨拙治疗方案的损害？

在特殊教育中——甚或可能在全部教育中，就此而言——没有任何领域的经历像学习无能这样突飞猛进了。学习无能是群众注意和关注的中心，就如同关于"你的孩子学习无能吗？"这个题目往往成为报纸上的故事、杂志中的文章和电视上的节目。这个领域曾经成为滋生一时风尚和"神仙一把抓的医疗奇迹"的场所。许多家长喜爱"学习无能"这个名词，有些家长听到这个评语感觉宽慰（哦！谢天谢地！至少他还不是"智力落后"），学习无能比特殊教育任何其他领域似乎更容易产生误会并引起争论。不过，我们在本章也将看到学习无能这个领域也曾是有益于全部特殊教育的教育技术产生与发展的诞生之地。

学习无能领域的历史

在 20 世纪 50 年代里，大多数公立学校为智力落后者、盲人、聋人、生理缺陷者和情绪失控者建立了特殊教育方案（或至少提供若干类型的特殊服务），然而仍有一组具有在校学习无能问题的学生，尚不能适应任何传统的特殊类型。他们"显出"有缺陷的样子。就是说，这些儿童似乎生理完整，然而他们不能学习学校中的基础技能和学科。家长们在寻求鉴别他们儿童问题的来源中和试图寻找帮助他们的人选时（记得公立学校对这些儿童并无教育计划），不得不转求其他专业人员——大多为名医、心理学家和语言专家等等。不幸的是，这些专家光从各自专业的观点出发。结果是，他们往往用脑损伤、神经系统损伤、知觉缺陷、诵读困难和失语症一类的名词来形容儿童，许多这样的名词今天仍在沿用。种种专业在学习无能的领域中曾施予影响，这种情况仍将继续下去。

当塞缪尔·柯克博士对一组家长讲演时认为，大多特殊教育历史学家把学习无能运动的开始定在 1963 年，他们是学习阅读遇到严重困难的、活动过度的和不能解答数学问题的儿童父母，这些父母既不认为他们子女的学习问题是智力落后和情绪失调的结果，也不喜欢用以评价他们小孩的标签。柯克说："最近，我曾用'学习无能'这个名词来描述一组在语言、讲话、阅读和交际技能发展中失调的儿童"（柯克，1963），父母们欣赏这个名词并进一步形成"学习无能儿童协会"（ACLD）。今天，在近 50 个州设立分会的 ACLD 就是献身支援学习无能儿童服务和计划的强大拥护集团。大多数 ACLD 会员是父母，还有许多教师和其他与学习无能有关的专家。

1968 年又产生了两座里程碑。第一座，美国全国缺陷儿童顾问委员会起草并向国会递交学习无能的定义，迄今仍用为管理支援学习无能儿童服务的联邦基金分配的基础定义。第二座，为儿童服务的教育家和其他专家的最大组织，特殊儿童的理事会（CEC）建立了学习无能儿童部（DCLD）。到今天，拥有 10，000 多名会员的 DCLD 是 CEC 的最大部。而且，1968 年是 Dunn 发表他的文章《中等落后者的特殊教育——它的许多做法都可证明是合理的吗?》的纪念年（Dunn，1968）。Dunn 提出那时自给自足课堂的增加缺乏有效的研究的支援，而当时用的典型评价和安置程序在许多科目上有问题。这篇文章导致许多特殊教育专家对他们的全部实践做了更精密的自我检查，其中也包括了学习无能的领域。

由于 ACLD 和 DCLD 的努力，立法委员们认识了学习无能的儿童确实存在，而且他们并未包括在以前为缺陷者提供教育支援的任何立法之下。通过细微的疏通（特别经过 ACLD 的努力），缺乏学习能力的儿童法于 1969 年递交国会，并于 1970 年初期签字批准法案成为（公法 91－230）法律，这条法律为学习无能者的科研、教师训练和建立模范教育中心批准了一条使用联邦基金的五年计划。时至今日，学习无能是列入公法 94－142 的缺陷情况之一，有权使用联邦特殊基金。

限定学习无能的意义

在学习无能的领域中，最大争论之一就是限定条件的意义。在学习无能领域比较短的历史过程中，许多定义无一不受到批判。不过，今天最广泛接受的定义是在 1968 年第一次成文的。在那一年，美国教育办公处关于缺陷者的全国顾问委员会为学习无能草拟了一个定义，由第 91 次国会采用为 1969 年学习无能法。这个定义在文字方面稍为润色即包括在 1975 年为所有缺陷儿童的教育法令之中。原文如下：

> "特殊的学习无能"意指与理解或与在有缺陷的聆听、思想、讲话、阅读、写作、拼写或算术等能力中表现出来的口头或书面语言含在一起的一个或多个心理过程的失调。这个名词包括知觉缺陷、脑损伤、最小的脑机能障碍、诵读困难和发展的失语区一类的情况。这个名词并不包括主要由视觉、听觉或运动缺陷、智力落后，或环境、文化、经济困难等引起有学习问题的儿童（公法 94－142 第五部分（b）（4））。

Kirk 和 Gallagher（1979）建议：儿童被认为是学习无能之前，有三个标准

39

必须达到。这三条标准在大多学习无能的定义中，或以文字表明或蕴含其中，这三条标准是：(1)儿童潜在的能力和真实的作业之间的差异，(2)排除的标准，(3)对特殊教育服务的需要。

差 异

学习无能这个名词并不是针对那些具有较小的和临时的学习困难的儿童而言。这个名词意味着用能力与作业之间严格的差异来识别儿童。尽管这是一个众所周知的标准，关于什么原因组成严格的差异仍有异议和混淆。Johnson和Myklebust(1967)发现低于作业期待的水平一年或二年是最广泛使用的差异量度。但是他们采用这种量度时又指出一个严肃的问题，因为：

> 在8岁小孩期待值下面的一年与低于16岁小孩期待值的一年是无法比拟的。或就此而言，低于3岁或4岁(p.16)。

为了决定儿童的能力与他的作业之间，是否存在着一个严格的差异，有一个数学公式。这个公式包括儿童的实际年龄、IQ和若干预定的常数。这个公式计算的结果应该是儿童必须达到的学业成绩(年级)水平，以便鉴定低于水平时严格的差异是否存在。根据若干争论，这个公式被否决了。首先，它没有把学前儿童包括在内；其次，儿童是否有资格申请特殊教育服务的决定不应该只基于一般的量度如IQ和年级水平之上，因为它们不能反映儿童的个别需要。

当差异的概念似乎仍为有效的标准之时，是否有任何实践可以广泛用于对它进行识别和测量的目标和可靠的方法之中。这仍须拭目以待。

排 除

学习无能意味着用显著的学习问题来识别儿童，而不能用智力落后、感觉损伤、情绪失控或缺乏学习机会予以说明。Kirk(1978b)采用特殊学习无能这个名词，试图将真正学习无能者与具有种种学习问题的较大儿童集体加以区别。

若干著名的特殊教育家曾批评学习无能的联邦定义中的排除条款。因为它说有其他缺陷情况的儿童也不能认为是学习无能者。例如，有些儿童最初的诊断是智力落后并未达到他们的期待潜力(Wallance和Mcloughlin，1979)，Hammill(1976)对只有儿童的IQ分数在正态分布之中才能被鉴定为学习无能的概念表示怀疑。他的批评以两个论点为依据：(1)IQ测验由测量过去学习的项目组成。如果学习无能的儿童对IQ测验所包括的信息尚未学足，他的分数将落后于全体。(2)包含于智力测验中的测量错误的来源过多以致不能做出轮廓鲜明的诊断评语，如"这个儿童是中等落后者，而那一个是学习无能者"。

特殊教育

学习无能的学生需要"包括独特的、不平常的、非凡质量的以及特别能补充大多数儿童所用的有组织的和教学的程序"的特殊教育(Ames，1977)。这个标准意味着把尚无机会学习的与已被识别为学习无能的儿童分别对待。那些儿童一旦置于发展适宜的正规教育计划之中，应当正常地向前发展。学习无能的儿童是那些不论正规教育如何努力也表现为有特殊和严重的学习问题的儿童。因此，必须用特殊教育的服务协助他们补救他们成绩上的缺陷。

澄清问题的努力与将学习无能的定义付诸实施仍将继续。不过，像 Little (1978)所陈述的，目前的定义：

> 确为专业人员提供一个共同立场去开始测验关于学习无能性质的假设的有效性。和建设任何知识本体一样，发展和测验新的假说有助于产生新的理论。当更多的理论产生时，还有补习教学的原则。这个定义也将有所扩展。(p. 274)

我们相信问题的焦点不应当是一个儿童是否缺乏能力去学习，而应当是在儿童的学习日程中如何评估和补救特殊技能的缺陷。

缺乏能力去学习的儿童的特征

描述特殊性的不同种类时，把在组成集体的儿童中普遍发现的生理和心理特征列出来往往是有益的。这些特征名单遗留的危险是在所有的儿童中假设，或至少寻找那些认为属于这一类特征的倾向。这种危险在学习无能的情况下特别突出。试按这个问题的范围——学习无能儿童彼此之间究竟有多大区别——请考虑这个答案：在 Clemants(1966)文章中描述"一个国家任务团队发现学习无能儿童有 99 种别的特征"。

从生理的观点来看，学习无能是一种"隐患"。学习无能不是青年人明显的生理现象。他可以有健壮有力的体格、良好的眼睛，健全的耳朵和正常的智力。不过，他的机能是无能力的，就像他有一条跛腿一样。

按 Tarrer 和 Hallchan(1976)的观点，在他们的文章里最常引述的学习无能儿童的十大特征如下：

1. 活动过度。
2. 知觉运动损伤。
3. 情绪不稳定(忽上忽下、喜怒无常、忧虑焦急)。
4. 一般协调缺陷。
5. 注意分散(精神涣散、持续言语症)。
6. 冲动。
7. 记忆和思维的失调。
8. 阅读、写作、拼写和算术中的特殊学业问题。

9. 语言和听觉失调(语言问题)。

10. 模棱两可的精神病症候。

在评论任何特征的项目时,你必须记住学习无能儿童的唯一的、普遍的特征是在拥有适当而全面智力的情况下,一种特别而显著的学业缺陷。有些学习无能儿童也会有多动症(或表现出上述其他任何特征),有些则不这样。你还应注意没有学业缺陷而有任何这样特征的儿童不应认为是学习无能的儿童。

普遍形势

由于学习无能定义的解释途径多样,诊断和识别学习无能儿童的方法在国内各地有许多种、更由于用以诊断学习无能的评估工具的不可靠性,陈述到底有多少学习无能儿童实不可能。估计在学龄总体中约有1%到30%的儿童列入学习无能的范围。Buyant(1972)检查21份不同的学校总体的调查报告时发现,学习无能儿童约占一个学校注册总数的3%到28%。到1978年,美国关于缺陷者的教育局鉴定,全国3岁到21岁的人口约有1.89%的儿童为学习无能者。这些国家普遍估计数值主要用于计划未来筹建基金和服务需要,当用于国家个别团体或地区时,务宜谨慎行事。

学习无能的起因

几乎在每一个个案中,儿童到底如何发生学习的问题无人知晓。不过,对种种学习无能的起因已经有一些猜测。这些病源因素一般分为三大类别——脑损伤、生物化学的不平衡和环境因素。

脑损伤

有人相信所有学习无能儿童从脑损伤的某些形式而来。可疑的是脑损伤在整个智力发展中并不能引起一般的和严重的学习问题(如:智力落后),所以,往往认为学习无能的儿童是由最轻的脑损伤引起的。在许多找不到脑损伤真实病症的个案中(而且,像我们即将看到的,大多数学习无能儿童的情况就是如此),最轻的脑机能障碍这个名词常被使用。这个词语含有说明这个孩子的脑子不太好使的意思。在学习无能的领域中,这个名词仍在广泛地使用。

关于现代基于脑损伤的学习无能的病源理论,有两个主要问题。第一个问题是缺乏病症。所有学习无能儿童并未展示脑损伤的临床(医药)证据,而且并非所有脑损伤儿童都是学习无能者。Boshes 和 Myklebust(1964)报告测验200名正常和200名学习无能儿童的 EEG 阅读结果,有29%的正常儿童和42%的学习无能的儿童显示不正常的脑电波模式。虽然被评为不正常的儿童学习无能的多于正常的,但结果肯定地说明在脑损伤与学习无能之间并没有一个直接的一对一的关系。

第二个问题和脑损伤有关的假设是：对于教育儿童的失败，它是一个有力的、固有的借口。（嗯！怪不得我教不好他。他是一个脑损伤者！）如果孩子不学习，那不是任何人的错误；他的脑子损伤了，妨碍他的学习。不幸的是，知道了学习无能这个名词与脑损伤观点的传统联系，有些教师也照猫画虎地作出反应（"怪不得我不能教他；原来他学习无能！"）。

另一方面，有些学习无能儿童确实显示脑损伤明确的症状成为他们学习问题的真正起因。

生物化学的失调

有些研究人员声称儿童体内生物化学的干扰是学习无能的起因。Feingold（1975a，b）声称儿童吃的多种带人造色素和香味的食品能引起学习无能和多动症。这种论断曾引起广大群众的注意。他为学习无能儿童建议一种处理方案：由不带有人造色素和香味的食品构成的食谱。

若干研究曾指导测验这种理论，有些结果支持 Feingold 的主张。不过，在有关食谱研究的综合考察中，Spring 和 Sanchval（1976）总结说：支持 Feingold 的理论证据非常稀少。许多研究指导有错，而若干在科学上完整无瑕的实验总结说：只有一小部分动作过繁的儿童可以从特殊食谱获益。

Cott（1972）假设学习无能可能由于儿童的血流不能整合正常数量的维生素。根据他的假设，若干医师开始对学习无能儿童实施"强大维生素疗法"。强大维生素疗法由日常大剂量维生素构成，企图克服可疑的维生素缺陷。Kershner，Hawks 和 Grekin（1977）做实验对学习无能儿童测验强大维生素疗法的效果，结果表明大剂量的维生素并不能改善学习无能儿童的学业。

有一个研究甚至建议探索在学习无能儿童头发中发现的金属，比如铅和钙，可能是一个起因（Pihl 和 Parke，1978），这些实验声称分析在儿童头发中发现的化学元素，就可有 98% 的把握鉴别儿童是否为学习无能者。不过，这个研究的科学精确性是大大地令人怀疑的。例如：从实验（学习无能）组采取头发样本到从控制（非学习无能）组采取样本的两个半月之间给其他变量（季节，空气污染等等）介入实验造成机会。

环境因素

Lovitt（1978）声称他认为有三种影响环境的因素与儿童学习问题有关：情绪干扰，缺乏学习动机和不良的教学方法，使许多学习有问题的儿童行为异常。是否一个因素引起其他因素，或二者都由其他因素所引起，在此时尚不能确定。此外，对某些学习无能的学生，很难鉴定强化活动的影响；他们可能对"常态"学生喜欢的活动不感兴趣。有些研究结果表示，找出儿童学习动机问题的关键，有时也能解决他的学习问题(Lovitt，1976)。

一个很可能对儿童学习问题起主要作用的变量是他们接受的教学方法的质量。Lovitt(1978)对这一论点是这样阐述的：

[A]可能对学习无能起作用的条件是不良的教学方法。尽管许多儿童不顾不合格的教师和不适当的教学方法也能学习，其他的学生就不是这样幸运。有些在低年级经历了不良的教学方法的小孩一辈子也赶不上他的同班学友。

Englemamm(1977)甚至更为直率：

大约90%或更多一些被标以"学习无能"的儿童，并不是因为他们知觉、视觉或记忆有毛病而表现学习无能的样子，而是因为他们曾经受过不良教学的严重影响。学习无能是人造出来的，不是天生的。(p.46—47)

越来越多的教育家，比如 Lovitt 和 Englemann 认为帮助学习有问题儿童最好的方法和方式是对那些令特殊儿童烦恼的特殊行为加强评估和训练(例如：阅读和算术技能)。越来越多的证据指出，许多学生的学习问题可以由直接的、有系统的教学来补救。不过，如果认为所有儿童的学习问题全由不良教学造成，那可能就太天真了。Englemann 认为另外的10%儿童大概是那些机能有障碍的中枢神经系统引起的学习无能。无论如何，从教育远景来看，良好、有系统的教学方法应当仍为处理问题的首要选择。

对儿童学习问题的真实起因的探讨，还须进一步发展。目前想法多，确凿的证据少。只有对学习无能的起因积极认证，预防才能成为现实的备选。

评　价

在教育领域中，评价一词与测验同义。在文字上，已有大量的测验已经发展起来去测量儿童对每一运动、社会或学术所作的反应(Buros，1978)。遗憾的是，许多教育测验主要是为了鉴别儿童属于某些特殊教育类别和分配而执行的。尽管识别和分配是教育测验适宜的、重要的功能，但评价更重要的宗旨是为儿童设计和贯彻教学计划提供有用的信息。

评价是学习无能领域中对所有特殊教育发生巨大影响的范畴，而且日甚一日，对正规教育也是如此。这种情况来源于在学习无能领域广泛相信评价是一种诊断的指示方法。这就是说即使学习无能专家们对于评价和教学应当如何进行的意见不同，他们全都同意任何评价的结果应当直接作为课堂教学的计划或"指令"。我们相信，这样可以对所有教育评价应当与课堂教学密切相关的认识和关注更加清楚。

种种测验和程序在学习无能的评价中广泛实行。Hallanan 和 Kauffman

(1978)在广泛使用的学习无能的评价中鉴定了五种不同类型的测验，常模参照测验，过程测验，非正式的阅读调查表，标准参照测验和日常直接测量。五种类型中，常模参照测验和过程测验是间接的评价方法。也就是说：测量儿童不同范围的普通能力。非正式阅读调查表，标准参照测验和日常直接测量全都可以列为直接评价技术。在直接评价中，测量了儿童要学的特殊技能和行为。下面我们即将看到，直接和间接评价之间的选择，大部分取决于某一指定学校计划采取的矫正教学方法。

常模参照测验

常模参照测验是为了与其他做同样测验的同龄儿童比较分数而设计的。由于学业成绩的缺陷是学习无能儿童的主要特征，通常使用标准成绩测验。有些标准成绩测验，如基本技能的依阿华测验（Hieronymus 和 Lindquist，1978），Peabody 个别成绩测验（Dunn 和 Markwardt，1970)或广泛成绩测验（Jastak 和 Jastak，1965），都是为了测量儿童全面学业成绩而设计的。测验分数是按年级水平而计算的，3—5 分指的是儿童完成了三年级上学期的平均水平。其他常模参照测验测量儿童在一定的学业范围中的成绩。有些经常使用的阅读成绩测验是测量阅读困难水平的。Durrel 分析（Durrel，1955)，Gates-Mekillop 阅读诊断测验（Gates 和 Mckillop，1962)，Gray 口语阅读测验（Gray，1963），Spache 诊断阅读量表（Spache，1963)和 Woodcock 阅读掌握测验（Woodcock，1974)，Key Math 诊断算术测验（Connolly，Natchman 和 Pritchett，1973)和斯坦福诊断算术测验（Beatty，Madden 和 Gardner，1966)是经常使用的算术成绩测验。

过程测验

过程的概念或能力测验，是由学习无能领域创造出来的。它由相信学习无能因儿童存在处理或运用常态儿童在同一方式中所处理或运用环境刺激的基本的、潜在困难而产生。这些普通的"能力"可以分为以下几类：视觉、听觉和眼运动协调，这些测验的创造者或应用者相信，如果儿童特殊的知觉问题可以鉴别出来，随后处理方案就能用来改善那些问题，从而使儿童的学习问题得到矫正。

若干过程测验已经问世。我们简要地讨论在诊断和评价学习无能中两种最广泛使用的过程测验：心理语言能力伊里诺爱测验（ITPR）（Kirk，Mc Carthy 和 Kirk1968)和 Marianne Frostig 视觉发展测验（Frostig，Lefever 和 Whittlesy，1964)。

没有任何测验像心理语言能力伊里诺爱测验这样与学习无能评价紧密地联系在一起（Kirk 等等，1968)。1961 首次出版而 1968 又经修订的 ITPA 由 12

个子测验组成，每一子测验计划去测量被 Kirk 和他的合编人认为是学习核心的心理语言能力的某些方面。

许多对学习无能儿童的补习性的教育方案和活动以心理语言学或"信息过程"模型为基础。当对于这些训练方案的有效性尚未证实之际，ITPA 对教育评价的一个主要贡献是不能否认的。发展中的 ITPA 主要宗旨是用以搜集能被直接当作满足特殊儿童的个别需要的教育方案的资料。

Marianne Frostig 视觉发展测验由 Frostig 博士和她的同事编制而成，目的在于测量她们认为对儿童学习阅读的能力起决定作用的视觉的某些方面。Frostig 测验由为确认儿童的视觉困难种类而设计的五个子测验组成。这五个子测验是眼运动协调，形状辨别，形状恒常性，空间物体的位置与空间关系。

非正式的阅读调查表

特别在阅读课程中，教师不断意识到正式成绩测验和过程测验并不能为计划教学提供真正有用的信息，于是多次使用自己编制的非正式测验进行评价。非正式的阅读调查表通常由一系列要求儿童朗读的难度递增的句子和段落组合而成。借着观察和记录儿童阅读技能的各个方面，如错读元音或辅音，漏读，逆读，替代和领会，教师可以决定最适合儿童阅读水平的教材和需要矫正的阅读技能。

标准参照测验

标准参照测验有别于常模参照测验，在标准参照测验上的儿童分数与预定的标准相比较，而不是与其他学生的常模分数来比较。标准参照测验的明显价值是他们识别儿童已经学会的特殊技能与还需要学习的技能。目前，有些商业化的分布课程包括用于测验前和测验后的标准测验项目，测验前评估学生的入学水平，以便决定他学习什么样的课程，测验后评估学习计划的效果。当然，标准参照测验可以是课堂教师使用的非正式编制的测验。

一门使用标准参照测验和每一测验出来的技能与特殊教学方法结合起来的课程，就是由 Stepbens(1973/1976)编著的指导课堂教学管理系统(DTIMS)。

日常直接的测量

日常直接测量意指每天观察和记录儿童正在学习的特殊技能的作业(Lovitt, 1975a，b)。例如，在教乘法概念的方案中，学生乘法概念的作业每天要加以评估，各种测量如正确速率(每分钟正确陈述概念的数目)、错误速率和正确的百分数记录下来。每天直接测量的优点显而易见。首先，它对儿童正在学习的技能作业提供信息。其次，这种信息在连续的基础上现实可用，致使教师能依据他的作业改变(或不变)修改儿童的教学计划，并非依据直观、猜测或测量其他事物的测验结果。每日直接测量是第二章介绍教育的行为方法的基础。

它在所有特殊教育的范围中，日益成为一般人接受的评价和衡量技术（Howell, Kaplan 和 O'Connell，1979），众多学习无能学生的教师采用的一种完全基于每日直接测量的教学方法就称为"精确的教学法。"

矫正学习无能的教育措施

我们还记得，大多研究学习无能的专家们相信诊断—计划的措施，以便使诊断（评价）的结果直接产生对于教学的处理措施（计划）。不过，对于诊断什么的问题仍有很大分歧，而且关于问题如何处理也有很多途径。

在一篇优秀的文章里，Ysseldyke 和 Salvia（1974）在诊断—计划措施的全盘结构中列出两个教学辅导的主要模型，这两个模型是"能力训练"（或过程）模型和"技能训练"（或任务分析）模型。虽然在合编人员中，对于在两个模型中究竟什么是组成唯一的，最好的方法问题没有完全一致的看法，但在两者之间存在着根本差异。我们将阐述基本假设和若干教学策略，同时对每一模型的效果介绍若干研究工作。

能力训练

能力训练者相信自儿童观察出来的作业缺陷是由于他在需要完成某项指定任务的特殊能力上有弱点，就是说，儿童不能阅读是因为他的视觉失调。通常这些"能力"分为知觉运动、感觉或心理语言失调。教育矫正包括测验儿童（例如，用 ITPA 或 Frostig 测验）去确定他的能力缺陷，然后规定为矫正哪些能力缺陷而设计的教学活动。如果这些"基本的"能力缺陷引起儿童的学习问题，矫正那些缺陷就应当改善成绩的结果。这是合乎逻辑的。

若干明显的措施可以在能力—训练的模型中识别出来。这些措施最流行的是基于 ITRA、视觉方法（Frostig 和 Horne，1973）和知觉—运动方法（Kephart，1971）的心理语言训练。按照 Kephart 的意见，运动发展关于视觉发展，缺乏正确的知觉运动发展，如眼—手协调，往往导致儿童不能单独运用视觉，从而导致阅读困难。在 Kephart 的训练方案中，要教导四方面的运动发展：平衡姿势、位置移动、接触和运动。

另外一种教学习无能儿童的措施是多重感觉的方法。虽然教师在这种方法中很可能比在其他能力—训练方法中更直接地训练学术技能，但它仍以信息过程模型为主要基础。顾名思义，多重感觉方法企图尽可能地运用儿童所有的感觉去帮助他们学习。最显著的多重感觉训练方案是由 Fernald（1943）和 Slingerland（1971）创立的。Fernald 的方法是因 VAKT 技术而闻名的。例如，学习一个新字母时，儿童要看这个字母（视觉）、听这个字母（听觉）、描绘这个字母（动觉和触觉）。到今天，尚无科学研究探讨多重感觉的方法。

没有多少研究支持效果能力训练。Goodman，Hammill 和 Weiderholdt (1974)评论了 Kephart 和 Frostig 方法研究的结果。他们的结论是：14 篇研究评估 Frostig 的阅读材料中，有 13 篇产生给人印象不深的结果。在 15 篇研究运用 Kephart 的知觉—运动训练计划中，只有 6 篇报告有显著的改善（智力，学校成绩和语言功能在这些研究中被测量了），此外，11 篇研究中只有 4 篇报告训练显著地改善了视觉—运动作业。在另一篇评论中，Myers 和 Hammill (1976)发现 Frostig 的材料一般地改善了儿童在视觉知觉的 Frostig 发展测验中的分数（Frostig 等，1964），但他们的阅读成绩是否有所改善尚成问题。

技能训练

关于技能训练的假设和逻辑比能力训练明确易懂，技能训练者相信儿童表现的作业缺陷，并不是任何无能的符号，而是儿童得不到适宜学习机会的结果。例如：如果儿童不能掌握复杂的行为（比如，阅读一个句子），他有适当的机会而且他要想成功。技能训练者应该说，他还没有学会所需的必要技能（如，识别字母，阅读单个的词，等等）。

技能训练者运用：(1)他们要教特定行为的简明操作的定义；(2)把复杂的技能分成较小的单位的任务分析，或要求受训者一次只掌握任务的一个组成部分的子技能；(3)要求受训人多次操练新技能的直接教学法；(4)每天测量控制儿童进展的教学法。应用行为分析法、行为矫正法、精密教学法和直接教法往往是用以描述某些技能训练方法的术语。所有方法彼此密切相关，而且所有儿童环境系统操作的各个方面（材料、说明、线索、奖品，等等）设备齐全，以便儿童对新技能的获得与保持。

一种技能训练教学方案是由 Siegfried Englemann 和他的同事们编制的"训练算术和阅读的直接教学系统"(DISTAR)。DISTAR 方案适用于算术、阅读和语言各科。每一 DISTAR 方案都是为辅助儿童操作那些技能而设计的高度定序的技能、材料和活动以及为教师用的精细教学方法组成。有时教师打手势去指示和引导儿童的反应。对错误反应的正确反馈和对正确反应的表扬也同时使用。与能力训练教学途径不同，DISTAR 有一个感人的研究集团，表示它的有效性。对 Follow Through 主持的含有遍及 20 公社多于 8000 儿童的 DISTAR 方案的全国考察表明儿童在学业成绩中取得显著的进步(Becker 和 Englemann，1976)。这些儿童被多科成绩测验(Jastak 和 Tastak，1976)以及被大城市成绩测验(Balow，Farr，Hogan 和 Prescott，1978)测量时，在算术、阅读和语言各种技能上赶上甚至超过了全国常模。在其他技能上，如拼写，DISTAR 学生的成绩仅略低于国家常模，但仍为显著的成就。没有被 Follow Throug(坚持到底)方案评估的其他教育方法像 DISTAR 这样更有效的。对

DISTAR 方法的描述和对它研究的评论，请参见 Haring，Bateman 和 Carnine (1977)。

应用行为分析的详细报告和精密的教学程序以及表示技能训练模型有效性的研究，请参见 Haring、Lovitt、Eaton 和 Hansen(1978)，Haring 和 Schiefelbusch(1976)以及《应用行为分析杂志》(1968—1979)。

学校实施办法

大多公立学校为学习无能学生提供一系列的服务项目和安排备选项目。最普通的安排是正规课堂、咨询教师模型、巡回教师模型、娱乐室和自给特殊班。

正规课堂

目前立法要求缺陷儿童要尽最大可能地与他们正常伙伴一起受教育，而且他们只能从正常环境移至他们所需要的环境中去。这意味着有些学习无能的儿童留在正规课堂中，而其他儿童每天有些时候还安置在那里。若干因素联合辅助某些学习无能儿童把今天的正规课堂布置成为有效学习的环境。个别教学、教师辅导和同班学友的教导方案的许多正规课堂的日增使用都在这些因素之中。此外，学校专区不断提供更多在职教师训练措施，其中许多专门为儿童学习问题研究识别、评价和补习技能。不过，认为正规课堂对严重学习无能儿童是最好的教育环境可能就不现实了(Reger，1973)。但是，如 Wellace 和 Mcloughin(1979)所指出的：

> 把正规课堂当作现实的提供服务系统的实行，也是旨在预防学习无能的一个方面。像我们以前所讨论的一样，教学因素也可能引起某些儿童的学习无能。把正规课堂环境当作基本系统之一，我们可以把所要的信息和技能引导到最需要的地方。

在其他两个服务咨询教师和巡回教师的模型中，学习无能的学生留在正规课堂中，但他的教师得到了另外的辅助。

咨询教师

一位咨询教师为正规课堂教师和其他参与学习无能儿童工作的学校人员提供支援。在正规教师课堂中，咨询教师辅助正规教师为学习无能儿童选择评估方法、课程教材和教学活动，咨询教师甚或可以演示新教学方法或行为管理策略。这种模型的主要优点是咨询教师可以和若干教师共同工作，从而为众多儿童提供特殊服务项目，主要的缺点是咨询教师没有或很少有与儿童直接接触的机会，所以他必须依靠正规教师描述学生的学习问题和进展。

巡回教师

巡回教师是咨询教师和学习无能儿童的"流动"导师的联合教师。一位巡回教师在指定专区或地理区域里为若干学校工作。他在巡回路线上既是正规教师的咨询教师，也是某些学习无能学生的导师，为他们提供直接评价和教学。在学校没有足够的为学习无能儿童进行特殊教育的区域，巡回教师试图把咨询教师模型和娱乐室概念结合起来。在某些乡村地区，学习无能儿童散布于大区域之内，这种模型可能是提供特殊教育的服务并允许学习无能儿童留在正规课堂之中的唯一现实的途径。

娱乐室

娱乐室已成为最受欢迎的为教育学习无能儿童服务模型。娱乐室是一个有特殊教学人员和装备的课堂，在学校上课时学习无能儿童在若干时间里接受个别教学辅导（Wiederholt，1974b）。

娱乐室教师是一位经过专业训练持有证书的学习无能专家，他的主要任务是教导那些被提交到娱乐室的儿童所需要的技能。很多儿童的大部分时间在他们的正规教室中，而他们到娱乐室来就是为了接受学习技能的特殊教学——通常是阅读和算术——或他们顺利融入正规课堂所需要的社交技能。其他儿童可以在娱乐室中接受所有学习教学，而且还可以参加正规课堂进行的美术、音乐和社会研究等教学。除了担任学习无能儿童的教师之外，娱乐室教师还可以与每一位学生的正规教师密切合作，建议或协助计划儿童在正规课堂中的活动方案。

娱乐室模型的优点是：（1）儿童没有失去他们与伙伴组的同一身份，从而他们被打上"特殊"烙印的机会不大；（2）儿童可以接受他们每天需要的精细而个别的教学，从而使正规教师不致于不能提供教材；（3）灵活的课表时间，允许娱乐室为相当多的学习无能学生服务（Mayhall 和 Jenkins，1977；Wiederholt，Hammill 和 Brown，1978）。在娱乐室概念日受欢迎之际，它的成功有赖于娱乐室教师的技能以及学校运用的管理实践。特殊的是，我们需要决定帮助学习无能儿童把在娱乐室学到的技能应用到日常生活中去的程序。

自给自足的特殊班

在自给自足的教室里，教师对一组 6～12 名学习无能儿童的所有教育方案负责，学习无能儿童的学业成绩缺陷严重到了他们在学习环境中的全部时间需要由专业训练的教师来教学。此外，他们不良的工作习惯和不适当的社会行为使某些学习无能的儿童成为自给自足教室的候补者。精神涣散可以减少，而专注的能力可以加强。不过，重要的是安置学生进入自给自足班不应认为是永久性的。只有试图适当地与其他限制较少的儿童共同教导之后，才可将儿童安置于自给自足班中。按 Wallace 和 Mcloughlin(1979)所建议的：

> 安置儿童入特殊班，以在娱乐室模型中的诊断和教学经验为基础是可取的。这样做，特殊班系统只给最需要支援的儿童使用。令人充满希望的是经历一段高度构造的环境和不断的干预方案之后，儿童的交往和社会技能可以达到令人满意的水平并回到孤立较少的环境之中。(pp.369—370)

当前的问题与未来的趋势

学习无能是这样有生气和相当年轻的领域，以至于在全书都可专用为讨论"当前的问题"。有些问题是名称的问题，如"阅读无能"与"学习无能"相同吗？应当在哪里教学习无能的儿童（最少限制的环境）？应当聘请什么样的专业教师？联邦和州资金应当如何分配？对学习无能治疗的增值（加大维生素和不受约束的增加食品）？我们仅选择其中少数问题加以讨论——对于学习无能定义的继续争论，谁应当教学习无能儿童的问题以及对学习无能中学习教育方案的需要。

谁是学习无能者？

对从 5%—30% 之间的学龄总体报告的研究中得出，对于学习无能尚无标准的操作定义。某些著名的特殊教育专家们认为，扩展学习无能的类别有把越来越多的儿童都包括在内的趋势。表现出对于概念的误解，只有贬低的声音而削弱了对于患有严重学习问题儿童的服务（Larsen，1978；Wallace 和 Mcloughlin 1979）。当所有专家同意患有严重或轻微学习无能的儿童都应当接受帮助之时，为学习无能的服务教育应留给那些严重和特殊学习无能的儿童（Wallace 和 Mcloughlin，1979）。Kirk(1978a)对这一问题提出一条解决办法，他说，所有正规课堂教师应接受额外的 10% 学生的咨询任务。这些专职人员每年即可为 20 至 40 名的学生服务。第二组特殊教育专家组应由受过高度训练的专家组成，他们只为那些需要更精细、更直接帮助的儿童工作。这些教师每天只为 5 至 6 名学生服务。

关于什么是"真正的"学习无能的问题的讨论似乎还需要很长时间。我们相信一个儿童的学习问题的名称并不重要，学校为适应所有学习无能儿童个别需要提供特殊的教育系统却是值得讨论的。

谁应当教学习无能的儿童？

尽管在其他特殊教育领域中纪律严明，仅在学习无能领域中，关于谁负主要责任去教儿童的问题，却有争议。教师曾受到阅读专家（通过他们的组织，国际阅读协会）和言语专家（通过他们的组织，美国言语和听觉协会）关于教导学习无能儿童的权力问题的挑战。他们争论专家们只宜教导一小部分学习有问题的儿童们，而阅读(或言语和语言)是大多儿童所有的问题，因此是受过最佳训练的阅读教师(或者言语教师)去教他们。这是一个不争的事实。多年来，在知道有一组叫做学习无能儿童之前，阅读和言语教师就和他们范围中有问题的儿童打交道。由于阅读和语言问题的成绩缺陷是学习无能儿童的主要特征，那些专职教师们只能自然地认为他们应继续教导这些学生。1976 年，《学习无能杂志》把一整期刊物专用为讨论阅读专家、言语病理学家和教师们在学习无能儿童的教育和管理中各自所负的责任问题。在那期杂志中，Larsen(1976)争论专家们应对学习无能儿童的管理负主要责任，但阅读和言语专家们应按儿童个别口述的需要主持教育方案。但是，我们再次认为谁去教儿童并不是重要的问题，重要的是教师(不管他是一位专家，阅读教师，言语病理学家还是篮球教练)的技能能否与儿童的学习需要相称。

中等学校教育方案

诚然，为学习无能儿童制订的学校教育方案和服务项目在以往十年间有了长足的进展。但这种活动大部分局限于小学水平。在横贯 37 州学校专区的调查报告中，Scranton 和 Downs(1975)发现只有 9％的专区为中等学校的学习无能学生提供教育计划方案。关于缺乏中等学校教育方案的理由有许许多多，其中的事实是，在许多州中，在满 16 岁之后，学生可以退学。此外，有些人认为小学补救某些学生的作业缺陷的学习无能教育方案获得成功，因此，他们在中学不需要特殊辅导也能成功。这些因素之外，每年有成千上万略有市场买卖知识的青年男女离开我们国家的中等学校。有些十几岁的学习无能青年，如果在中学接受了他们所需要的辅导，可以上大学，但现在他们找不到工作。Marsh，Gearheart 和 Gearheart(1978)认为在未来十年中，从事学习无能研究的专职人员们逐渐对良好的中等学校教育计划的需要提高认识，就能够在中等学校中产生更多的特殊教育活动。

第四章　行为异常

◇为什么把行为异常的儿童当作缺陷儿童？

◇为什么不用明确的、客观的标准去鉴别行为异常的儿童？

◇行为问题与学业怎样相互关联？

◇谁是更严重的缺陷者，无意识行为的、侵犯性的或离群的儿童？

◇行为异常学生的教师最重要的职责是什么？

儿童时期应该是快乐的——是玩耍、成长、学习、交友的时期——对大多数儿童来说，确是如此。但对于某些儿童来说，生活却似乎充满了麻烦。他们对人对己都处于严重的矛盾之中；或者他们非常羞怯和退缩，仿佛活在自己的世界里面。不论哪一种情况，儿童所有必须学习的事情，如跟别人一块儿玩儿、交朋友和学习，对这些儿童来说，是极端困难。他们就是行为异常的儿童。他们被冠以各式各样的名称——情绪失调者、社会适应不良者、心理异常者、情绪有缺陷者，如果他们的行为非常变态或稀奇古怪，甚至会被冠以精神病患者或孤僻者。

行为异常儿童的伙伴、老师、兄弟姐妹，甚至他们的父母都不喜欢他们。更糟的是，他们往往变得自己也不喜欢自己，自暴自弃。他们难以接近。如果你试图亲近他、帮助他，常常反遭拒绝、恶言辱骂、甚至拳脚相加。某些情绪退缩的儿童对任何示意提议都听而不闻，其实他们只是装聋作哑。

尽管行为异常儿童生理上并无缺陷，他们讨厌的或退缩的行为可能严重地影响他们的学习，甚至达到智力落后儿童的程度。因此，这些儿童也构成了需要特殊教育服务的一个显著的群体。

行为异常的定义

在智力落后和学习无能的领域里，尽管有争议和分歧，但每一领域各有自己的标准定义作为交流思想和研究的基础。而在行为异常的领域里，目前却尚无普遍认同的定义。缺乏明确的定义有以下几种原因。首先，测量有问题；其次，心理健康缺乏明确的、一致的定义；第三，关于行为异常不同的理论所用的术语和定义各不相同；还有文化的影响也成为一个原因，不同的民族和文化群体对什么是适当行为，看法不同。明显的是，大多数儿童到某一时期要行为失常。最后，异常的行为有时与其他缺陷情况联系起来（最显著的智力落后和无能力学习），使人难言一种情况是否为另一情况的起因。尽管如此，定义还是有助于学术研究的。下面介绍一种较为通用的行为异常的定义：

Ross(1974)的定义，有如下述：

当儿童行为偏离独立有关的社会常模，其出现次数及强度被儿童环境

中的权威长者评为非高即低时，即可谓之行为异常。(p.14)

这一定义强调成年人对儿童行为是否偏离正常社会过多的判断。

Bower(1969)的定义更与学校环境密切相联。按 Bower 所说，如果儿童的下列特征表现过多或时间过长时，即可被认为是行为异常的儿童：

(1)理智感觉或健康因素不能解释的学习无能；

(2)与伙伴和教师建立或保持满意的人际关系的无能；

(3)在正常情况下不适当的行为或情感类型；

(4)普遍的、弥漫的、不愉快和沮丧的心境；

(5)发展生理病征。疼痛或由个人或学校问题关联的恐惧倾向(pp.22—23)，这是目前美国教育局采用的行为异常的定义，当然它也是相当主观的，主要依靠学生周围的权威(通常为教师)的判断而定。

在 Kauffman(1977)《儿童行为异常的特征》一书中给行为异常下的定义是：

那些经常显著地以社会难以接受和个人难以满足的方式对待他们的社会环境，但经过教导后可以使社会接受和个人满意的行为。(p.23)

这个定义加入两个新概念：儿童对自己行为的期待可以算是一个新概念；而重要的是，异常的行为是学来的，而且儿童可以学习新的更适当的方式去为人。

尽管每一定义大同小异，大家全都同意儿童的行为必须截然不同并经常(时次过多)地偏离现行的社会或文化常模，才算是行为异常的儿童。

观察行为异常最起作用的方式可能是被叫做行为异常的儿童怎样做事。他们行为的哪些方面有别于他们正常的伙伴？我们可以分析或测验儿童行为的若干方面——它的速度、持续时间、局部分析和大小。

速度指的是特殊行为多长时间可以完成。几乎所有儿童都不时地哭泣，和其他孩子打架以及生气发火，但我们不能轻易地认为他们情绪失调。行为失调儿童和正常儿童之间的主要区别是这些不理想的行为发生的速率，尽管被干扰的儿童往往不做正常儿童所不做的事情，他做某些不理想的行为次数更多。

与速率密切相关的是持续时间。持续时间是儿童从事一指定活动有多长时间的测度。还是这样，尽管正常儿童和行为异常儿童做同一事件，行为异常儿童做某一活动所费的时间往往与正常儿童有显著的差别——不是时间较长就是较短。例如，许多儿童爱发脾气，但一般不过 5 至 10 分钟，行为异常的儿童一发脾气就可能是 1 小时或更长时间。当独立工作或注意某项事物时，问题是持续时间过短，某些行为异常儿童一次工作不能坚持几秒钟。

局部分析系指一件活动的生理形状或形式而言。例如，抛掷棒球或保龄球包括不同的局部。尽管二者都包括臂部活动，每一活动都有不同的要求，有些行为异常儿童所做的活动很少在正常儿童活动中见到。这些反应往往是不得要领的和对儿童有害的。

最后，有时行为由它的大小或力量而定特征，它可能是过软的（例如，讲话音量过低使人听不见）或过于尖锐的（例如，"砰"地把门关上）。

受干扰的儿童在鉴别何时和何地某些行为属于正当时也有困难。学习这样的控制是儿童成长主要的任务，大多数儿童自然要通过社交活动才能掌握。他们从自己的朋友、同胞、父母和其他成人处慢慢学会这些本领。不过，有些行为异常儿童往往对他们的环境毫无所知。没有人仔细地教导他们，他们对许多活动的正确时间和地点就无从学起。

行为异常的儿童还有两个重要方面，这些儿童一般有各式各样的横跨各种机能范围的问题，而且，这些问题是固定的而且需要仔细地处理，光靠简单的参与无济于事。

按照这些行为方面来限定行为异常定义的优点是识别、处理策略以及对任何处理效果的评价，都能围绕那些方面的客观测量来转变。这种途径导致儿童问题的直接焦点——不适当的行为——和对付它的方式方法，如反对集中到儿童内部的某些假设问题上边（"失调"甚或"精神病"）。如果儿童能学习新的、社会承认的行为方式，他就不再需要被叫做行为异常了。

儿童行为异常的分类

如第一章所述，把观察到的现象的某一指定的领域里分成不同的类别是一项重要的科学任务。在行为异常的领域里，可靠的和有效的分类系统将在研究人员、观察人员和教师中间产生精确的学术交流。最重要的是，较好的学术交流将使儿童接受针对他的特殊问题的最有效的教育安排与处理。不幸的是，根据一个广泛可以同意的行为异常定义的问题来看，我们可以理解目前尚缺乏这样一个可行的分类系统。不过，有几个发展不完全的系统尚可利用。

一个行为异常分类系统是 1968 年由美国精神病协会编制的《心理异常的诊断和统计手册》（DSM-11）。DSM-11 是在临床实践中记录下来用以鉴别行为异常类型或组别的诊断类别或标号的集成手册。DSM-11 存在的问题是它的不可靠性（也就是说，这个系统非常主观以至于一位精神病大夫或心理学家把儿童分入一个类别中，而另一位观察者就可能把同一儿童分入完全不同的类别中），而更大的问题是，把一个儿童分在一组或另一组却不提供处理的指标。这使一位教师只知道一个儿童适合 DSM-11 某一类别，但实际上根据这个无用的信息不知道需要什么样的干预手段或医疗方法。

一种曾被证明相当可靠的分类系统是由 Quay 和他的助手（Quay，1972，

1975)编制的。Quay 从数百名行为异常儿童中搜集了范围广泛的资料，包括由家长和教师所评的行为等级、生活简历以及由儿童自己回答的问卷。通过这些信息的统计分析，他们发现儿童的行为异常趋向于在组别和集团中出现，在某一集团表现某些行为的儿童和在同一集团也表现其他特征和行为的儿童有高度的一致性。Quay 称这四种类型为"行为异常、人格障碍、未成熟和社会犯罪行为"。

有行为异常的儿童被描述为不服从、有破坏性的、卷入争斗的、专横霸道的和爱发脾气的。儿童中的人格障碍被鉴定为社会退缩、焦急的、抑郁症、自卑感、犯罪、羞怯和不愉快的。未成熟的特征是注意短暂、极端被动性、白日梦、更喜欢同龄的年轻伙伴、而且拙笨。第四方面，社会犯罪行为的标志是逃学、青少年团伙成员、偷窃和以犯罪亚文化成员为骄傲感。尽管 Quay 的系统已被证明相当可靠——在众多行为异常儿童的抽样中曾发现同样四组行为和人格特征（Quay，1975）——但它并不是完全的分类系统，它并未提供处理的信息。因此，它的主要用途局限于描述行为异常儿童的主要类型。

另外一种行为异常分类的方法是按严重性的程度而分类。大多数行为异常儿童有轻微的或适度的问题，往往延续时间相当短暂，并可在正规教室中或家中由经验丰富的教师和父母予以有效地处理。受严重干扰的儿童——往往被称为精神病患者、精神分裂者或孤僻者——通常要求在特殊教室或居民处理中心用深入细微的、特别设计的教育方案予以处理。不过，按严重程度来分类的主要问题是落后于事实。关于儿童所需要的教育方案类型的重要决策以及方案实施的环境，应当根据对儿童个别需要的客观评价而决定，而不应该像有时发生在智力落后儿童安置时仅由 IQ 分数来决定那样，根据某些人把儿童按"适度"或"严重"干扰的程度来决定。

关于行为异常的分类问题，我们有相当的把握指出一点。客观地分析行为比鉴别儿童容易得多，而在程序上更是行得通的。此处，与日俱增的研究报告指出某些策略在改变某些行为类型时往往是成功的（参看《行为疗法》和《应用行为分析学报》）。因此，客观地确认受干扰儿童实际所做的特别不适当的事情就能导致某些处理策略。最后，标签行为而不标签儿童是乐观的，它意味着儿童如果一朝学会更多宜于社会的活动而代替了他的异常行为，他就是一个"正常"的人。这种态度有助于减轻往往由标签给儿童带来永久烙印的痛苦。

普遍形势

按我们所看到的，在所有事例中目前缺少一致应用的行为异常的操作定义。其结果是，对异常儿童数量的估计差距特大。Morse(1975)评论若干调查报告发现，学龄总体的 10%～30% 可以认为是行为异常的儿童。估计数字如此悬殊，明显指出调查人员对决定儿童是否列为行为异常所用标准并不相同。Kelly，Bullock 和 Dykes(1977)报道教师鉴定他们的学生约有 20% 受到某种情绪干扰。美国教育办公室为了资助行为异常儿童工作职员的需要估计的数字是2%。Bower(1969)依据他对加利福尼亚学校的调查发现，平均课堂中有 2 名或 3 名学生(约 10%)可以表现情绪干扰的特征。

Wood 和 Zabel(1978)建议估计数字的差异起源于搜集材料的方式方法和所用的不同定义。大多调查要求教师及时鉴定班中正在发生行为问题的学生。许多儿童表现不适当行为的过程相当短暂，通过这样一瞬而逝的情境如何鉴定他们的行为？Wood 和 Zabel 认为较低的估计，大约 2%，可以代表那些要求一段时间内进行特殊教育辅导的经常表现或固定发生行为问题的儿童人数。

性 别

男孩比女孩更可能被鉴定为行为异常儿童(Morse，Cutler 和 Fink，1964)。被标为行为异常的男孩可能有侵犯行为或出圈儿的行为，而行为异常的女孩典型地羞怯、焦虑和退缩。在严重受干扰(也就是孤僻的和精神分裂的)的儿童中，男孩从 2∶1 至 5∶1 之间，超过女孩的数量(Hingtgen 和 Bryson，1972；Morse，1975)。

年 龄

行为异常在低年级中很少发现，到中年级急剧上升达到顶峰，从初中开始普遍下降，一直延续到高中年级(Morse 等等，1964)。不过，少年犯罪是行为异常的一种类型，拘留比率到初中各年级急剧上升。这可能反映对社会青年更大的危害，结果能引起他们不适当的行为和少年儿童犯了导致较大儿童被捕的同一罪行时往往不被拘留(不上犯罪记录)的事实两种情况。不过，当前青年儿童所犯的罪行比以往的年代更为严重和凶暴(Cavan 和 Ferdinand，1975)。

少年犯罪

据说美国每年约有 3% 的儿童要上少年法庭(Aehen Bach，1974；Cavan 和 Ferdinand，1975)。尽管犯罪一词是法律术语，但少年所犯罪过被标以犯罪从而将形成行为异常。少年所犯罪行的速度和严重性显著地猛增(Cohen，1973)。在男孩子一般犯攻击的罪过之时，女孩子所犯罪过与性有关(如：卖淫)，而女孩所犯强暴罪过越来越多(Cavan 和 Ferdinand，1975)，而过去 20年间，非法吸毒的犯罪率飞快增长。

严重受干扰的儿童

心理健康国家协会估计美国多于 50 万的儿童是严重的行为异常者。这些儿童一般被诊断和标以孤僻者、精神病患者和精神分裂者。Rutter(1965)估计每 10 000 儿童中有 4 至 5 名儿童为孤独症患者。Rutter 指出这个数字可能使人认为患孤独症者非常罕见，实际上它比盲童更为普遍（Lotter，1966；Rutter，1965）。包括有时产生严重情绪干扰的其他情况在内，如严重的智力落后或滥用和疏忽。(1977)Kauffman 建议有 10% 是严重的受干扰者。

行为的和心理的特征

当然，我们已经描述了若干行为异常儿童的特征。在本章中，我们将讨论他们的智力能力和学习成绩以及这些儿童两种行为表现的一般类型——侵犯行为和社会退缩。此外，我们还要描述儿童期孤僻性的显著特征。

智力和成绩

与民间神话相反，大多数行为异常的儿童并不聪明，智力仅在平均儿童之上，且对他们的环境表示厌烦。与正常儿童众多的行为比较，异常儿童在 IQ 测验分数上仅在"学习缓慢者"和"中等落后者"范围之内。行为异常儿童的平均分数大约是 90 分。许多严重干扰（孤僻）儿童浮躁不安，能测验到的儿童平均 IQ 也就是 50 分。偶尔一个严重失调儿童能得到很高的 IQ 分数，但这种情况是很少的例外。

行为异常儿童是否真比正常儿童缺少真实的"智力"，这很难说。要记住，IQ 测验只测量儿童能完成的某些任务。很可能异常儿童的不适当行为过去曾干扰他学习测验上所包含的任务，但是他确实掌握学习这些任务所必需的"智力"。不过，IQ 测验对于学校成绩是有用的指标，而行为异常儿童的学习问题和学习成绩将被标记下来。

即使要考虑 IQ 分数时，行为异常儿童的成绩比他们应得的分数要低。Glavin 和 Annesley(1971)在研究 130 名行为异常儿童的报告中指出，81% 在阅读成绩中低劣，而 72% 的数学成绩比期待的成绩要低。

此外，许多教育工作者注意到学习无能和行为异常密切关联（例如：请参见 Stephens，1977；Wallace 和 Mcloughlin；1979）。许多行为异常儿童如第三章所讨论的，在学习上有问题。

侵犯行为

行为异常儿童的一般特征是侵犯和行动出轨。一般的儿童有时哭喊，攻击别人和按照他们父母和教师的要求去做时，受干扰的儿童却经常这样做。还有，行为异常儿童的侵犯行为无缘无故地就冒出来了。侵犯的形式不一而足——对成人和其他儿童出言不逊，破坏性行为和故意毁坏文化、艺术甚至别人的财产以及人身攻击。这些儿童似乎不断地对他周围的人寻衅挑战。他们自己暴发出来的侵犯行为往往又引起旁人还击。怪不得这些儿童没人喜欢他们，以致孤立、无人亲近。

Paittson 和助手对儿童侵犯作了大量的研究工作（Patterson，Reid，Jones 和 Conger，1975）。通过对大量在家和在校侵犯儿童的仔细观察，他们把行为异常儿童经常表现的有害行为定为 14 等。表 4-1 指出行为异常和正常儿童表现这些不适当活动的不同速率。表中资料系对侵犯的和非侵犯的儿童在家中的观察而来。在教室中的观察结果系相似的类型（Patterson，Cobh 和 Ray，1972）。

表 4-1　侵犯和非侵犯儿童的有害行为

有害的行为	情况描述	发生之间的平均分钟	
		侵犯儿童	非侵犯儿童
不同意	用语言或手势对别人的行为表示不同意	7	12
抗拒	说些内容中的事但用消极的声音语调说出来	9	41
固执	不按旁人的要求去做	11	20
狂叫	大喊，狂叫或高声讲话；如时间太长则成为极端的不愉快	18	54
戏弄	戏弄产生不愉快，抗拒被戏弄者时的分裂活动	20	51
高速度的活动	令别人讨厌的活动，如时间过长，如室中乱跑或上下蹦跳	23	71
消极的生理活动	攻击或企图强有力地攻击别人使人遭受潜在的痛苦（如咬，踢，打耳光，打屁股，抓，掷，击打）	24	108
牢骚	含糊发音，用鼻音、高音，或假声说某些事情	28	26
毁灭性的	破坏，损害或试图损坏或破坏任何物体	33	156
羞辱	向别人有意地开玩笑，羞辱或找麻烦	50	100
哭喊	任何类型的哭闹	52	455
否决	命令别人去做某事并要求马上依从，附加威胁讨厌的后果（明显的或含蓄的）。如果不马上依从，还对别人讽刺或羞辱	120	500
依赖	在儿童自己能做的任务上要求帮助，例如，16 岁的男孩要求他母亲给他梳头	149	370
忽视	儿童明明认识到别人对他发号施令但不以积极态度去反应	185	244

当行为异常儿童长大成人时，他们的侵犯行为引起社会矛盾，导致执法人员将其拘留并因犯法而被逮捕。十几岁的青少年成为美国的严重问题。Murray(1976)报道各种犯罪的逮捕人数从 1960 年到 1974 年增加了 138％，然而，在同一时期 18 岁以上的逮捕率仅仅增加 16％。因此，18 岁以下的青年对大部分犯罪逮捕的增长要负责任。像我们早些时候所说的由于少年所犯的严重和强暴的罪行同时增加的影响，使问题雪上加霜(Cavan 和 Ferdinand，1975)。

另外关于研究工作展示不真实的现象是，当侵犯、行为异常儿童引起很多问题却被当作小孩来处理的想法，他们通常从不成熟的行为产生并且成为正常的成人。Robbins(1966)对 500 多名成人进行跟踪研究，这些成人在儿童时期都因行为问题看过临床大夫。Robbins 用结构面试法搜集信息如：工作历史、服用酒精和毒品、军队服役的成就、拘留、社会关系和婚姻状况等等。100 名在同一社会成长起来的成人作为控制组的被试以作比较，研究结果是显著的。儿童时期因行为问题看过临床大夫的成人，有 45％的人有 5 次或更多次"反社会的"特征。在控制组中的被试，只有 4％表现许多反社会的特征。在进一步分析研究结果中，Robbins 发现，那些因反社会行为看过临床大夫的儿童——如偷窃、打架、校中纪律问题、逃学等等——最难以适应成人生活。此外，这些成人所生子女发生行为问题事故的比正常子女要多得多，从而，形成恶性循环，层出不穷。

退缩行为

有些行为异常儿童完全是侵略性的行为。有些儿童行为问题正好相反——他们与别人毫无社会接触。尽管一贯行为不成熟与退缩的儿童不像侵犯性儿童对别人造成威胁，他们的行为给他们自己的发展造成了严重的障碍。这些儿童很少与他们同龄的儿童一道玩耍。他们通常缺乏交朋友与找乐儿所需要的社会技能，往往退缩到自己的白日梦与幻想之中。有些人无缘无故地畏惧事物，经常抱怨病害缠身，而陷入阵阵失望的深渊之中。很显然，这些行为方式桎梏了儿童参加和学习正常儿童所参加的娱乐活动和学校教学。

可喜的是，轻微和适度受干扰的儿童，幸有关心的资深教师和其他学校专职人员对他的发展担负责任，前景相当乐观。仔细地列出儿童需要学习的社会技能纲要，逐渐而系统地安排机会以及奖励，他们的行为往往会成功。

孤独症

孤独症系指众多完全受干扰儿童所共有的一套行为特征而言。轻微和适度的行为异常儿童在学前期通常并不标以有问题的儿童，直到他们在初等教育中期才被认为是行为异常的儿童。对患孤独症儿童来说，情况并非如此。一个患孤独症的儿童往往在他的前两年内似乎就与正常儿童不同。Lovaas 和 Newsom

(1976)形容孤僻的儿童有 6 条共同的特征：

1. 明显的感觉缺陷。我们在儿童面前移动、微笑并与他谈话，然而他无动于衷，宛如没人在他面前。我们不会认为儿童有意回避，但他们就是视而不见或听而不闻。孩子的妈妈也说，实际上她误以为儿童是瞎子或是哑巴……当我们逐渐熟悉儿童的时候，我们才知道各式各样挡在刺激面前的障碍。例如，尽管儿童对巨响没有可见的反应，就像直接在他耳后拍掌的声音，他可能认为是卷曲糖纸，或恐惧地对远方勉强可以听到的警报器做出反应来。

2. 严重的情感孤立。我们经常发现的另一个特征是，爱和拥抱以及对儿童表示抚爱的企图，遭遇到来自儿童方面完全缺乏兴趣的反应。父母再次说儿童似乎不晓得或根本不在乎他是否孤立或处于他人集体之中。

3. 自我刺激。在这些儿童中，最令人醒目的行为集中在反复的定型活动之上，例如：在某一姿势时摇晃他们的身体，来回扭动，在手腕上拍手，或一遍又一遍地低吟三或四个音符。父母往往说他们的孩子整天注视他那怀状的双手，目不转睛地凝视灯光和旋转的物品。

4. 发脾气和自残的行为。尽管儿童不至于自残肢体，但当我们第一次会面时，他的父母往往说，孩子有时狠狠地咬他自己以至于流血，或用力地往墙上或家具尖锐部分撞头，以致头部大块隆起且皮肤变成黑色或蓝色。他会用自己的拳头打自己的脸……有时儿童的侵略行为表现为最原始的咬、抓和踢的方式下直接反抗他的父母或教师。这些儿童有的彻夜不眠并故意喧嚣，向他们的父母施以绝对的暴政，把东西撕扯下来，或在厨房里抛撒面粉，不一而足，而父母彻底失败，不知如何对待这些行为。

5. 病理性的模仿和精神病的言语。这些儿童大多数是不出声的；他们缄默不言，但他们可以嗡嗡发声或偶尔发简单的声调。那些语言可能是别人试图和他们讲话的回音。例如，如果我们问一个儿童"你的名字叫什么?"儿童也许回答"你的名字叫什么?"(或者，保存对他讲话人的准确语调)。在别的时间，病理性的模仿言语不是即刻说出而是拖延的，儿童可能重复他在早晨或前一天听到的言语，或者他可以重复电视广播节目。

6. 行为缺陷。虽然上边概略叙述的行为袁现是很惊人的，记录许多孤僻儿童所没有的行为也同样使人惊讶。在 5 至 10 岁时，他可能用各种方式表现 1 岁小孩行为的全部节目。他除了需要别人喂他吃饭给他穿衣之外，毫无自助技能。他不会玩玩具，只会把它们放在嘴里，或不断地用手指敲打它们。他对一般的危险物品茫然无知。(pp. 308—309)

很明显，像 Lovaas 和 Newsom 所描述的儿童是完全受干扰的儿童。他们的管理和处理确实要求 24 小时的仔细辅助方案。在行为矫正技术为控制许多孤僻儿童的自伤和自残行为方面取得有效的成果时，全盘的预后工作尚显得软弱无力。大多数孤僻的儿童甚至经过多年深入细微的干预治疗之后，很可能器官活动滞留在落后的水平之上，到成人时只能住进专门机构（教养所或疯人院）之中（Lovas，Koegl，Simmons 和 Long，1973）。

行为异常的起因

为解释变态行为已经有若干理论和概念的模型，每一理论企图从异常行为的观察和实验搜集的信息中描述关系和创立秩序。Hallahan 和 Kauffman（1978）为了了解和处理行为异常鉴定了 5 种模型——心理分析的、心理教育的、人文主义的、生态学的和行为学的。参与的途径大量地依仗对于某一异常行为特殊理论的坚持。每一模型鉴定异常行为的起因，并为反对或消灭那些起因而设计的处理方法提供建议。

不管评论行为异常所依据的概念模型怎样，为行为异常建议的 5 种起因可以归并为两个主要的类别——生理的因素和心理的因素。

生理因素

对于绝大多数行为异常儿童来说，并无身体损伤或疾病的明证。也就是说，他们看起来生理健康。有些专家认为所有儿童生来就有生理上的决定"气质"。尽管儿童天生的气质本身不致引起行为问题，它可能预先安排了儿童的问题。因此，某些事件在气质"平稳"的儿童身上不致产生变态行为，但在气质"别扭"的儿童身上就会产生异常的行为（Thomas，Chess 和 Birch，1968）。

在严重和完全受干扰的儿童身上，可能有的生理起因是清晰明显的。许多孤僻儿童表现神经化学不平衡的象征（Rimland，1964，1971），而遗传学往往在儿童期精神分裂症中似乎起作用（Heston，1970）。不过，即使当某些生理损伤可以明显看到时，没人敢有把握地说生理变态确实引起行为问题亦或在某些不清楚的方式中和它多少有点儿联系。

心理因素

心理因素包括在儿童生活中影响他行事为人的事件。在所有概念的模型中（除去没人坚持的严格生物物理学之外），心理在行为异常的发展中占重要的位置，不过认为重要的事件种类以及他们被分析的途径因专职人员所取的方法不同而展望不同（例如：心理分析家和行为学家各有不同的看法）。产生这些事件的两个主要的环境是儿童的家庭和学校。

我们发现儿童和他们父母之间的关系，特别在他们早年，对他们学习怎样做人的方式方法是关键性的因素。对于父母—儿童交互作用模式的观察与分析

63

表明，以爱对待子女的父母，对孩子的需要是非常敏感的。对合乎理想的行为予以奖励和注意的父母趋向于有建设性行为特征的正常儿童，另一方面，侵犯性的、行为有问题的儿童往往来自父母是言行不一致的"训育员"，往往用粗暴的惩罚以及对善良行为丝毫没有抚爱表现的家庭（Becker，1964；Martin，1975）。

由于有关父母培养子女的实践和行为问题之间关系的研究工作，众多心理健康专家马上就把引起儿童行为问题的责难归于父母。但父母与子女之间的关系是能动的、交互的，换句话说，子女的行为可以影响父母，正如父母的言行影响他自己一样（Sameroff 和 Chandler，1975）。因此，把引发儿童变态行为的责难完全推在父母身上，至少是不现实的而至多是错误的。代替的做法应当是，为了帮助他们系统地改变亲子关系的某些方面，专家们必须与父母们合作以便共同努力阻止和矫正这些问题（Heward，Dardig 和 Rossett，1979）。

学校是儿童在外渡过大部分时光的处所。因此，仔细观察校内所发生的事件是有意义的，必须识别其他可以引出问题行为的事件。此外，由于大多数行为异常儿童只有在校时才能充分地予以鉴定，向校方咨询是否学校导致行为异常的发生似乎是合理的。有些专家们未做简单的咨询即下结论，他们认为学校是儿童行为异常的起因，和生理或家庭起因一样，我们不敢断言儿童在学校的经历是否是行为异常的唯一起因，但我们能鉴定学校是可以影响儿童情绪失调的途径（例如：望子成龙的过分期待，不合逻辑的管理方法）。Kauffman（1977）向学校建议了 5 条管理学生的方法以便有助于阻止行为问题的发展。

1. 对于儿童的兴趣和能力的个别差异。校方要有公平的态度，切莫勉强每一儿童去适合狭窄的模式（削足适履）。

2. 对于行为和学习成绩，校方要有适当的平均期待。如过低，期待值成为自满的预示；如过高，期待值挫折儿童的进取心。

3. 锲而不舍地管理儿童的行为。父母管理过松或过严会促进异常行为，首尾不一致的学校纪律也将产生相同的消极结果。

4. 包括与儿童有关的研究范围。切莫引出逃学或行为异常。

5. 要奖励合于理想的行为而切莫强化不理想的行为。从行为心理学的观点出发，切莫做"助纣为虐"的事。

识别和评估

运用系统的方法去识别失调儿童的学校为数不多。Morse，Cutler 和 Fink（1964）认为，系统化的筛选和鉴别法之所以未被采用，是因为学校还要识别比他们能为特殊教育提供服务更多的儿童。1975 年，美国教育部估计仅有 18％

情绪异常的儿童接受了特殊教育。从已知的这个数字来看，系统化识别法之所以闲置无用的另一原因是，它们根本用不着。如果一小部分有行为问题的儿童就能接受服务，那些更明显和严重受干扰的儿童即将接受服务；而且他们根本用不着正式的识别法，他们是很容易辨别行为异常儿童。

实际上，大多数行为异常儿童很容易鉴别出来。他们是"出头鸟"。然而，这并不是说识别永远是有把握的，对年纪较小的儿童来说，情绪异常的鉴定更为困难，因为所有年少儿童的行为瞬息万变。此外，有些退缩儿童难以捉摸，因为他们的问题尚未引起父母和教师的注意。另一方面，侵略成性的儿童很少"隐蔽进军"。研究指出，在筛选行为异常儿童时，非正式的教师评估是相当有效和靠得住的(Bower，1969；Nelson，1971)。

当缺乏可靠的测验去确定情绪异常之时，若干筛选的方法已经问世了。在筛选中被识别出来的儿童，不是被严密地看管以便进一步了解，就是给予更精细的检查。最广泛使用的行为异常筛选测验是《校内筛选情绪缺陷儿童过程》(Bower 和 Lambert，1962)。这种方法让他的教师、同学和他自己对他的行为进行等级评定。如果儿童被他的老师、同学或他自己评定的等级很低，他将进一步接受评估。测验工具有三种不同的形式：评定幼儿园至三年级的问题，评定四年级至七年级的问题，和评定八年级直到中学的问题。

传统的方法是，对行为异常儿童的评价多半依靠心理测验和面谈的结果。不过，投射测验的结果(如：罗夏墨迹测验(罗夏，1942)"画人"测验(Goodenough 和 Harris，1963))证明在描述适当的干预中价值不大。儿童在测验和面谈中的反应往往与他们在课堂和家中所做的不相吻合。此外，这些评价程序的结果只测验儿童行为有限的样本，并不能测量儿童过一段时间后如何行事为人。一次性的测量不足以成为用来制定教育处理的基础。

近年来，直接的和持续的测量日益成为评价行为异常儿童的方法。用这种方法，引起儿童行为异常的真实行为首先被清晰地记录下来，并且在每天正常出现(如教室)的环境中得到观察。在这种方式中，关于什么样的异常行为必须削弱，而什么样的顺应行为儿童需要多次完成学习，都可以准确地记录下来。除了对于问题发生次数可以提供特殊的信息之外，直接和持续的测量还可以使教育系统在事前和事后观察并记录什么事件围绕着所关注的行为。如：我们在"学习无能"一章中所强调的，测量的首要目的并不是要确定儿童是否有什么东西被称为行为异常，而是要明了儿童的行为是否特殊到成为提供特殊服务的根据。如果是这样，就是指明那些服务项目应当由什么组成，1977 年 Kauffman 对行为异常儿童的直接和持续的测量阐述了一个有说服力的例证：

　　受干扰的儿童被认为需要帮助，主要因为他们行为过分或不足。不准

确地限定和测量这些过分和不足的行为，就要犯根本性的错误：宛如一位不尽心的护士，她决定不测量病人致命的病征(如：心跳速率、呼吸速率、体温和血压)，可以抱怨自己太忙了没工夫测量，或说她对致命的病征的主观估计是很适当的，或说致命的病征只是病人健康的表面估计，或说致命的病征并不预示内在病理的性质。教学专职是为了改善行为的工作——可以表明把行为改善得更好的工作。如此说来，对不包含可靠和直接测量的教育实践，由教师的方法论引起的行为改变，我们能说什么呢？我相信只能这样说，那是站不住脚的。(p. 262)

对行为异常儿童的教育策略

教育行为异常儿童有若干不同的途径，每条途径有自己的定义、处理的宗旨和干预的形式。Kauffman(1977)列举 4 种基本的模型：

1. 心理动力学。基于异常性格从经验与失调的内在心理过程(自我、本我和超我)的交互作用而发展的理想。这种模型依靠心理医疗和对儿童创造性的"设计"而不依靠学业补习。"行为异常被认为是心理病理的过程"(Kauffman, 1977, p. 76)

2. 生物学。这种模型建议异常的行为是带有遗传或医药起因的生理失调，这种理论含有要处理行为异常就必须"医治"这些起因的意思。

3. 行为科学。这种模型假设儿童学习了异常行为而没有学习适当的反应方法。要处理行为异常，教师用行为矫正技术教儿童学适当的反应方法而去掉不适当的方法。

4. 生态学。这种模型强调儿童与他周围的人们和与社会机构的交互作用。处理的方法包括教导儿童与他的家庭、学校、邻居和大社会交流活动。

Hallahan 和 Kauffman(1978)描述第五种模型如下：

5. 人文主义。这种模型建议："异常儿童与自己的情感脱节而不能在传统的教育环境中找到自我满足。"(p. 209)处理要在公开的、人格化的环境中施行"教师在那里当作是智谋的人物或催化剂"(p. 209)。

当然，很少有教育方案或教师仅采用一种理论模型所建议的技术。众多教育方案采用若干途径所推荐的技术。而各模型本身也不是截然分散的；某些部分是有重叠的。差异往往主要在于措词，而且课堂实践大多类似。

本文目的仅仅是提醒读者这些不同的途径方法确定存在。对每一模型加以评论以及对他们加以比较则超出本教科书的范围之外。不过，我们要说的是，这些模型都缺少以探索儿童问题潜在的下意识起因为依据的实验证据，去表明处理方法的有效性(Levitt, 1957, 1963)。另一方面，一组蓬勃生长的研究文献支持分析和描述儿童与他们的环境交互作用的生态学和行为科学模型的有效性，评论这些研究的某些文献，请参阅 Burchard 和 Harig(1976)，Lovass 和 Newsom(1976)以及 Schearer(1973)。

当前的问题与未来的趋势

教学自我管理的技能

最近，与日俱增的研究工作对儿童学习自我控制和自我管理的技能进行了调查研究，而且训练的成果大多是令人鼓舞的(O'Leary, 1977)，自我管理包括详细说明、观察和由你自己测量你要改善的行为以及安排并履行你自己的奖惩系统以增长理想的行为。许多行为异常儿童感到不善于管理自己的生活，造化事物似乎偏偏冲他们来了。而糟糕的是他们对一个瞬息万变而令人受挫折的世界的反应手段。学习自我管理的儿童发现，他们不但能控制自己的行为而顺理成章地也能控制他们的环境了。

当儿童学习观察和记录他们自己的行为时，他们能自己理解不同事件在他们作业上发生的效果，他们也能学会自己完成某些事件。1973 年，Diabman，Spitalnik 和 O'Leary 在一次研究里，教一组 8 至 10 岁行为异常儿童去评价和记录他们自己的社交与学习"工作"的行为。开始时，当他们自己的评估与教师的评估相同时，他们得到象征性的奖品；随后，对于正确的评估，教师夸两句就完了；最后，学生们互相评定他们自己的等级，并决定一天之中他们挣了多少象征奖品。在这次研究中，也做了全班的象征经济。点核对符号表明儿童准确和诚实的自我评估。异常行为减少了，而学习成绩上升了。

在另一次研究工作中，1979 年，Marshall 和 Heward 对一组 8 名住过看守所的少年犯传授自我管理技能。男孩子们每逢学校日在一间特别指定的娱乐室里成组地聚会一次。每当这班聚会时，学生学习矫正行为的基本原则，包括像行为目标题目的定义，记录行为、绘画行为，阳性强化，确定个人的目标和行为的标准。在教育方案进行中，每个学生选择他要改善的行为，设计并执行自我管理的方案以致完成那个目标。学生在四周教育方案过程中，展示他们的资料，加以讨论，并按需要修正他们的设计。研究工作结束时，8 名学生有 7 名认为他们学习的方法成功地改善了他们的行为。

教导行为异常的儿童和青少年对他们的生活学些控制的方法和在改善他们的行为中学些选择的途径，似乎是有指望的措施，然而尚需加强研究工作。

教师的技能

在行为异常的领域中，不断令人反复思考的问题是，一位从事行为异常儿童教育的最佳教师，应由什么样的专业能力和私人品德组合而成。毋需争论的是，一位受干扰儿童的教师必须是办事有效的，善于按学生的个别需要创造性地改编课程教材和活动的教师。尽管行为异常儿童由于他们的行为问题，需要一位受过特别训练的教师来帮助他，但不能忘记，学习技能的教学问题。大多行为异常儿童已经掌握了低于他们年龄同班的学习速率，忽略三门基础学科只有把他们置于更尴尬的境遇之中。阅读、写作和数学对行为异常儿童的重要性和对任何希望在我们的社会中行为正常的儿童是同等重要的。

不过，行为异常儿童教师的首要任务是教导他们改善社交技能——辅导儿童以更为社会接受的反应代替他的适应不良的行为。特别当教师对儿童所作所为的起因毫无所知的时候，这往往是艰难和富有要求性的任务。在这些困难之上，有时有一大堆促成因素，教师对它们简直毫无办法（例如，儿童在校外联系的犯罪团伙）。不管这些限制条件，惋惜（没人能改变）儿童的过去，或用所有儿童环境中不能改变的事情作为在教室中辅导儿童失败的借口，于事实毫无补益。特殊教育家必应集中精力注意他所能有效控制儿童生活的那些方面。1977 年，Kauffman 阐述这一问题如下：

> 特殊教育家注意的焦点应放在那些教师能改善的促成因素上。教师不能控制的因素实际上是他们开头怎样鉴定了儿童的途径。不过，教师是应约于儿童异常行为出现后开始工作。特殊教育家有两项主要的责任：首先，保证他不再进一步损害儿童；其次，熟练地使用儿童现在的环境以便引起并发展更多的顺应行为，而无须过问那些他无法改变的过去和现在的环境。重点必须放在现在与未来（而无视过去），以及教室的环境之上。那肯定是有理的。教师如能扩展他的影响到教室之外，或与父母合作改善家庭环境，或运用对儿童有利的社区资源，这些对教师都是有益的。但是直到教师显示他能利用教室环境产生改善的行为之前，在教室外面夸夸其谈什么生态学的管理影响是明显的胡说八道。(pp. 263—264)

管理教室环境以致成功地改善儿童受干扰的生活模式，要求教师在技术上掌握改善生活的高度技能。例如偶然合约，无视破坏性的行为（消退），除必须削弱的破坏反应外，强化儿童所做的任何行为（Differntial Reinforcement of Other Behavior，或 DRO），使儿童暂时脱离所有领奖（暂停），要求儿童在他破坏行为后果之外，恢复原状，比如使从其他儿童那里拿走一块糖的儿童归还那块糖附加他自己的一块糖等等。都是资深的行为异常儿童教师所需要的众多行为管理技能。我们已经强调直接和日常的测量就是检查和评估教师努力效果的重要方法。

但有效的行为异常儿童教师必须具有超乎安排环境变量和测量行为之外的

技能。对待行为异常的儿童，为行为的安排，期待和推断的方式方法都与儿童紧密相联，和后果本身一样的重要。Rothman(1977)强调切莫把教师和儿童安排到师生对立，教师借着征服儿童而提高身份的一胜一负的后果之中的重要性，而宁要争取当儿童胜利时教师也胜利，双方都胜利的安排。行为异常儿童的教师除掌握管理教学和行为的技能之外，还要能建立师生的人际关系。Morse(1976)认为教师为了有效地把他与情绪波动的儿童联系起来，必须具有两种重要而感人的特征。他管这些特性称为差异接受和感情移入的关系。

差异接受是指教师能接受和目睹儿童多次和经常极端愤怒、侵犯的行为而不还以类似的反应而言。这样做说来容易做起来难。但行为异常儿童的教师必须按破坏行为的本来面目去观察反映儿童过去对己和对人的挫折和矛盾的行为，并试图帮助儿童学习行事为人更好的方式方法。这种概念绝不应与赞成或宽恕异常行为混淆起来，儿童必须懂得他的反应是不适当的。换个说法，它意味着理解了而不怪罪。

和儿童建立感情移入的关系，是指教师偶然获得并理解许多往往是了解行为异常儿童个别需要的关键性的、非文字线索的能力而言。

Kauffman(1977)强调教师直接地和诚实地与行为异常儿童交往的重要性。许多这样的儿童已经有了三心二意想象上"有帮助"的成人交往的经验。行为异常儿童能迅速地把那些对他们的福利没有纯正兴趣的人们察觉出来。

行为异常儿童教师还必须认识到他对儿童服务的行为是一个有影响的模型。因此，教师的行动和态度要成熟和善于自治是非常紧要的。Hobbs(1966)描述能做异常儿童的好教师和模型的人应当是这样的人：

> 最首要的，一位教师顾问(在言语，举止各方面)是合乎礼仪的成人，受过良好的教育和训练；既能施爱也能受爱，生活(恬淡)轻松愉快，而坚毅稳定；自己生活，休养生息，富有资源的人；并非云游学者但是一位彻头彻尾的教育专家；一位珍惜寸阴；既重今日之劳苦又看到明日曙光的人；一位充满希望，富有信心和欢欣鼓舞的人；一位献身儿童并以再教育辅导行为异常儿童为终身课题的人。(pp. 1106—1107)

第五章 交往异常

◇我们如何区分真正的交往异常与交往差异？

◇交往异常的严重性如何从不同的情境中变换？

◇交往异常治疗的变化如何与特殊教育的变化相比较？

◇什么时候应对学生扩大交往系统？

◇在治疗交往异常中专业工作组和父母的参与为什么特别重要？

你曾否试图整日保持缄默？如果你试过，当你与他人接触时，交换意见时，表达自己的需要与感情时，你会碰到一大堆麻烦，很可能你要遭受挫折和驳斥。到头来，你甚至感觉低人一头，无能力发挥有效的作用。

尽管很少见交往异常的人完全无能力表达自己，考虑无能力有效地和受欢迎地与人交往者所面临的问题仍然有所补益。交往诚然是人类存在的核心技能。不能用文字表达他们的思想和情感或借聆听和阅读获得信息的儿童，肯定在学校中甚至毕生都要遇到麻烦。如果这些困难持续发展，他们就难以学习，不能与他人建立满意的关系。但在我们讨论交往问题之前，你应理解我们所谓的"交往"和"语言"的意义是什么。

语言与交往

交　往

从广泛的意义来看，交往是任何动物之间交互的作用。狂吠的狗，哭喊的婴儿和微笑的男孩都是在传送信息，就是说，他们在表达需要、欲望、感情或本能。不过，大多人类往往运用语言去交往。语言是给文字以意义和声音的系统。当我们用语言听、讲、读或写时，我们在传达信息。Mclean(1978)指出语言有两种重要的特征：它的发音和复杂性，我们分别予以简略地诠释。

发　音

我们的语言系统主要是口述的。由人们互相交谈而发展起来。人类具有言语这一独特的礼品——在非常准确的方式中运用我们的呼吸和肌肉发出声音。其他的人听了这些声音并把它们解释成为文字。当我们阅读或书写时，我们只是在不同的形式中运用口头的语言。人类也能用非口头语言进行交往。例如，当教师用她的手指表示"到这儿来"的手势时，当司机看见红灯时，或当小孩把手臂搂在朋友的肩膀上时均能传达意义。

语言的规则是任意的，英语也不例外。这就是说，在一组声音和它代表的事物与行动之间往往没有逻辑的和自然的关系。例如，鲸鱼这个字，让人想到是住在海洋里的一个庞然大物，但这个字的声音与这个动物毫无联系，鲸鱼只是我们用以代表这个特殊哺乳动物的符号。

复杂性

在语言中，有若干用以表达意义的元素。英语有 36 种不同声音元素称为音素。只有首音素防止"Pear"和"Bear"二字发音相同，例如，在一种情况下我们认为是果子，而另一种情况下，我们认为是庞大的动物。传达语言最小的原素叫做词素。例如，垒球这个字由"Base"和"Ball"（垒和球）两个词素组成。加在后面的"-s"组成"Base Balls"是第三个词素，因为它改变了意义。"句法"系指管理文字意义安排的规则系统而言。例如，"Help my chicken eat"和"Help eat my chicken"的意义截然不同。

语言的发展

尽管我们语言系统有音素，词素和句法的复杂性，大多数儿童在出生的前几年，未经任何正式的教学来学习讲话和理解。学习语言的过程是值得注意的，一个迄今尚未完全理解的过程，从事交往异常儿童工作的教师和专家们对于正常语言发展的序列必须非常熟悉。"正常"儿童获得特殊语言技能的年龄阶段不是一成不变的，儿童随着智力和生理能力的变化而变化很大，他们的环境也是如此。所有这些因素都影响交往。虽然如此，大多数儿童在语言发展中按着可以预测的序列循序渐进。

从出生至 6 个月

婴儿第一次用包括呼吸、肌肉和声带的哭泣传送信息。他很快知道他的哭泣导致他所需要得到的注意。在几个月里，婴儿的哭泣发展成不同的类型，妈妈通常能从婴儿的哭声说出小孩是否尿了、累了或饿了。婴儿也会发出包含若干元音和辅音的舒适声音——咕咕声、咯咯声和叹息声。舒适音发展成为咿呀语，开始只是明显地为了喜爱感受而发出来声音。元音如 i/ee/ 和 ə/uh/ 先于辅音如 m，b 和 q 而发出来。在这个阶段，婴儿并不给他听来的文学附加意义，但他对高音或低音反应不同。他会顺着声音的方向扭转他的眼和头。

6 个月至 12 个月

在满 1 岁以前，婴儿会转调变音，他的声音能起能落，他似乎可以向你发号令提问题，或表示惊讶。在这个阶段，他显然明了了某些文字。他可以适当地反应"不"，"再见"，或他自己的名字，当人家让他"拍你的手"时，他可以完成拍手的姿势。当父母说简单的声音和文字时，如"妈妈"，婴儿可以重复。

12 个月至 18 个月

到 1 岁半时，大多数儿童已学会几个带适当意义的文字（尽管他们的发音很不正确），当你指"茶杯"（cup）时，婴儿可以说"顶"（tup），当他看见"狗"（dog）时，他可能说"goggie"。他可能借手指告诉你他所要的东西，或者说出一两个字来。他可能对简单的命令如"把茶杯给我"和"张开你的嘴"做出反应来。

18 个月至 24 个月

大多数儿童要经过一段"模仿言语"(Echolaha)(无旁义语句重复)阶段,他们单纯地重复,或回应他们所听到的言语,如果父亲说"你要喝牛奶吗?",婴儿就重复"要喝牛奶吗?"这个模仿语言阶段是语言发展的正常阶段,大多数儿童长到这个阶段快约两岁半。在这阶段中,儿童获得和运用语言有一个突然迸发。有些儿童到两岁时会说 300 多个表情词汇。他们通常能开始将文字连成短句,如"Daddy bye-bye"(爸爸再见)和"Want cookie"(要饼干)。儿童的接纳词汇——他明了的文字——甚至增长得更加迅速。到两岁时,他可能了解 1000 字。他能了解像"不久"和"晚些"一类的概念,并能在事物之间做出细微的区别来,如猫和狗之不同,以及刀、叉和匙之不同。

2 岁至 3 岁

2 岁的儿童会讲话。他说的句子如"我不告诉你",和提这样的问题"我爸爸上哪儿去了?"。他能用上 900 字之多,每句话平均有 3 到 4 个字(Weiss 和 Lillywhite,1976),他能识别颜色、用复数的词、和讲他经历中简单的故事。他能听从复合的命令语如"把娃娃捡起来交给我"。大多元音字母儿童都会使用,而有些辅音字母他说得很准确(最早学的辅音字母是 p,b 和 m)。

3 岁至 4 岁

正常 3 岁儿童有许多话要说,说得很快,为了获得信息提许多问题。他的句子较长而且用变化较多的语言:"爸爸去工作";"猫是在我的床底下"。他典型性地代替某些声音,例如用"baf"代替"bath",或用"yike"代替"like",许多 3 岁小孩重复声音或文字("b-b-ball")。他们的犹豫和重复是正常的并不表明儿童将发展成口吃的习惯。3 岁至 4 岁儿童能了解儿童故事,掌握有趣味、较大的和秘密一类的概念,并且能完成简单的类比,如"白天是光亮的;夜晚是 ＿＿＿＿"。

4 岁至 5 岁

这个阶段的儿童继续扩展他们的表情或接纳性的词汇,而且一般能使它们让人明了,甚至对生人也是如此。4 岁儿童能限定文字的意义,像帽子、炉子和警察,并且能提问题像"这是谁做的?","它怎样工作?"。他能使用像如果、因为、和什么时候一类的名词。他能记忆背诵诗词和唱歌。他可以说:"我差点儿跌倒",或"让我们干点儿别的吧?"。他仍然可能对发/r/、/s/和/z/一类的辅音,或对发/tr/、/q/、/sk/和/str/一类的混合音有困难。

5 岁以后

语言持续发展,尽管 5 岁以后戏剧化的发展少多了。儿童获得更多的词汇，并且能使用更复杂的文法形式。实际上，6 岁儿童正常地运用大多成人英语的复杂形式。不过，某些辅音和混合音要到 7 岁或 8 岁才能掌握。到儿童进入小学一年级时，他的文法和语言形式通常与他的家人、邻居和老乡类比。6 岁的河北小孩和 6 岁的河南小孩在发音和语调的抑扬有所不同。

交往异常的定义：讲话与语言

讲话与语言的发展是非常个别的过程。没有儿童与精确的发展常模完全符合一致；有些冒进，有些落后，而有些在异常的序列中获得语言。不幸的是，有些儿童偏离常模过远以致他们在学习和人际关系中有严重的困难，不能使别人明了自己时，或别人向他讲话他不能理解时，实际上在他的教育和适应各方面似乎是严重的缺陷者，他需要特殊的帮助，这些问题称为交往异常，在正规和特殊教育课堂里的儿童之中屡见不鲜。

大多交往异常专家在讲话异常和语言异常之间加以区分。一个儿童或有讲话异常或有语言异常或兼而有之。

讲话异常

当某人讲话与他人讲话差异过大时，被认为讲话受了损伤，这就是说：

1. 引起人对不快的注意；
2. 干扰了彼此的交往；
3. 引起讲话人对社会适应不良（Van Riper，1972）。

在决定问题是否列为"讲话异常时，了解讲话人的年龄、教育和背景永远是重要的"。4 岁的女孩说"Pwease weave the woom"满可以不算是讲话有缺陷，但一定要引起一位 40 岁妇人的注意，因为那样发音距离大多数成人的讲话太远了。一位不能把/i/清晰地发出音来的旅客要买一张去"Lake Charles, Louisjana"汽车票时要碰到很大麻烦。一个高中男生讲话声音特高可能不愿在班中发言，因为害怕班中同学模仿和嘲笑。

语言异常

有些儿童在理解语言或通过语言表达他们自己方面具有严重的困难。一个具有感受语言异常的儿童可能不会按正确顺序学习一周的日子，或可能发现不可能按照序列接受命令，如"拿起彩笔来，在洗涤槽里把它们洗干净；然后把它们在纸巾上擦干了"。有表达语言障碍的儿童在他这个年龄词汇有限，对字音或文字的秩序易生混淆（"hostipal"，"aminal"，"wipe shield winders"），不正确地使用（动词的）时态和复数（"Then throwed a balls"）。有表达语言困难的儿童或许有接纳语言的困难，例如，向儿童表示 6 的符号并要求他数出 6 分硬币时，他可能照办但说不出来"6"字。在这种情况下，儿童确有表达的困难，而他的接纳语言是适当的，她或有其他讲话或聆听障碍。

具有严重语言障碍的儿童很可能在学校和社会发展中遇到问题。检测儿童的语言障碍往往遇到困难，他的表现可能导致人们错误地把他标为智力落后者、听觉有损伤者或情绪异常者，而实际上这些描述通通地不适应。

一个儿童也可能被标以语言发展迟缓的记号。即使语言模式范围相当宽广而年龄里程碑相当"正常"，某些儿童就是没有掌握讲话和明了语言的能力，比正常期待的时间要晚得多。一个不能告诉你钥匙是干什么用的或不能运用"I，You 和 me"一类代名词的 6 岁儿童，就会被认为患有严重的语言发展迟缓。没有其他的损伤甚至根本不能讲话的儿童例证是少见的。

普遍形势

由于所用的定义不同而抽样的总体也不相同，因此对儿童交往异常普遍形势的估计变化不一。在一篇关于若干普遍形势考察评论中，Suran 和 Rizzo(1979)建议在美国约有 5％的学龄儿童患有"讲话损伤严重到了妨碍教育的程度。"这个估计和其他被认为缺陷儿童类别比较起来代表很大一部分总体。5％的标准意味着美国儿童患有讲话异常者在 200 万到 300 万之间。

1961 年，美国讲话和听力协会对学龄总体中具有交往异常的分析结果如下：

发音动作异常	80％
讲话流利异常	7％
语言异常	3％—5％
声音异常	2％
其他异常	5％—6％

尽管交往异常普遍形势显著地相当高，讲话和语言异常儿童的百分数从小学低年级到小学高年级，逐班有显著地下降。例如，Kirk 和 Gallagher(1979)在研究中发现约有 7％的一年级男生表现出"极端发音偏差"，但只有 1％的三年级男生和 0.2％的十二年级男生列入这一类别之中。口吃和声音异常也随着儿童逐渐成熟而减退。讲话或语言受损的总体中的最大部分是由发音有问题的儿童所组成的。众多显著到值得专职人员注意的异常者，进入成人时代，他们的严重程度却明显地不能坚持，他们顺利地对干预和发展成熟进行反应。

交往异常的类型与起因

交往异常有许多公认的类型和众多可能的起因。讲话异常可能是机体性的，指明他们由身体的因素或变态性引起，如：裂腭，缺牙，讲话机肉瘫痪或扁桃腺肥大。机体性讲话异常可能伴随其他缺陷条件而出现。例如：大脑麻痹，听力损伤，而延缓的智力发展也经常有讲话问题。

不过，大多交往异常被称为机能性的。他们不能把起因归诸于特殊的身体条件；讲话异常的原始起因目前尚不清楚。儿童的环境为他提供许多机遇去学习适当与不适当的交往行为，而许多语言专家认为机能性的讲话异常大部分来自环境的影响。

发音动作异常

如前所述，发音动作异常是学龄儿童中大多流行的讲话问题，正确的发音动作，讲话声音语调，要求我们在各式各样的形状和模式中操作我们的讲话器官。Haycock(1933)在他编辑的教导讲话的优秀手册中界限讲话为"呼吸与声音熔铸形成文字"，例如：Haycock把讲话说成是/v/音的生产。

下唇必须往上拉并往里微缩，好让上前牙轻触嘴唇，气息必须自由地从牙齿与下唇之间发射出来，并将声音附在气息之上。

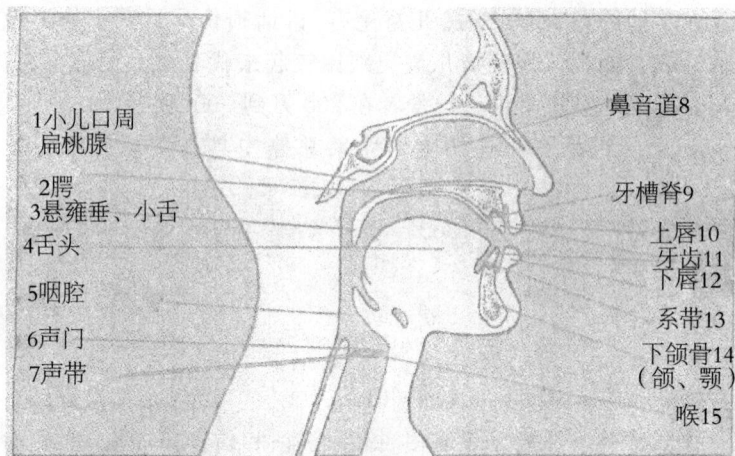

图 5-1　正常讲话器官表示

如果这个过程功能任何部分不健全，儿童发/v/音即有困难。很明显，在这样复杂的过程中，会有许多不同类型可能的错误发生。

儿童可能省掉某些声音，如把"school"说成"cool"，或把"post"说成"pos"，辅音经常在字尾丢掉。我们大多数人有时把字音省去，但广泛的省略音节问题会使我们的讲话不易让人听懂。

儿童可能用一种声音代替另一种声音，如把"crane"说成"train"，把"those"说成"doze"。有这类问题的儿童往往自以为是，认为他们说了正确的文字而可能拒绝改正。声音的替换能给听话的人造成很大的混乱。

声音异常

当声音的质量、音量或音高不适当或反常时，声音异常就发生了。儿童的声音异常一般说来远远少于成人，可以想到有些儿童呼喊和叫嚷对他们的声音并无明显的损害是多么常见的事啊，因为声带能经得起加重的使用（Renfrew，1972），不过，在某些病例中，儿童的声音可能难以理解，或使人不悦。在儿童中经常发现的声音异常是嘶哑病和鼻音性。

不寻常的嘶哑声让人听着刺耳，伴有呼吸声和沙哑。它可能在声带上有瘤或发炎一类的机体起因，但最常见的嘶哑起因于经常滥用声音——吼叫、模仿喧闹声音、或在紧张中习惯地高声讲话。当通过鼻孔出来太多或太少空气时就要发生"鼻音性"声音。讲话人可以查出来有"拨弦声"，一种"呜呜声"或"塞鼻声"。鼻音性的起因也可能是机体性的（裂腭，肿起的鼻组织）或机能性的，大约是闻名的模式或性格的结果。

讲话流利异常

流利异常扰乱了正常的节奏或讲话的流畅。众所周知（但知之最少）的流利异常是口吃。这种情况由"辅音或元音快而尖声的重复，特别在字声开始时以及完全文字组滞"所标记（Jomas，1976）。口吃的起因迄未探明，尽管关于这种情况作了大量精细的研究，而且获得些许有意义的成果"在男性中间患有口吃者远较女性为多"在学生中间更为时常出现此症。在所有西方国家里口吃同样普遍流行，且不计讲什么语言，约有 1% 的人口有口吃的问题。Jonas（1976）观察报告："口吃典型地在 3 岁至 5 岁的小孩中出现"，"儿童向流利讲话大步进军之后……麻烦接踵而至，正如讲话未成功绩反而成了习惯"（p.11）

口吃似乎与讲话的住处或环境紧密相联。当儿童被指定说出姓名、住址或电话号码时，或在班中同学面前讲话时，他也许要口吃起来。但当他唱歌时，与他人齐声歌唱时，或向婴儿或动物讲话时，可能根本不结巴。对交往的压力显著增加了口吃，有些专家认为口吃本身是由给儿童施加的压力所引起——例如，当父母或教师对儿童早期讲话的踌躇和重复加以指责并标以"结巴"而且要求他讲话"正确发音"时易引起口吃。毫无疑问，他人的反应和态度对任何儿童性格和讲话发展起着重要的影响。

语言异常

语言异常的起因是多种多样的。在表达和接纳语言中，某些异常由脑部某些区域的损伤所引起。失语症这个名词时常被用来描述由脑损伤引出的文字行为。大多患失语症的人讲话困难，从对某些字或短语偶尔遇到麻烦直到完全不会讲话。对讲话、阅读和写作的了解可能也是动人的问题。

家庭情况也可能是促成语言异常的重要角色。有些儿童的努力交谈受到表扬,不幸的是其他的儿童为了讲话受到谴责。在家中缺少鼓励,少有机会去讲话、聆听、探讨和与他人交往的儿童,大概可能缺少交往的动机并可能发展为语言异常型。语言发展也可能因智力缺损、情绪异常、视听乏力和运动损伤而受到严重阻碍。

领域的发展

尽管有人经常患有讲话和语言异常,为这个总体的特殊教育和处理最近相应地发展起来。Hewett 和 Forness(1977)报道:为美国"讲话缺陷"儿童第一所特殊训练班 1908 年在纽约建立起来。为儿童的特殊教育,包括聋、盲和智力落后者,起步较早,他们建议交往异常历来被认为不太严重并较其他缺乏能力更不容易被识别。

19 世纪,在临床诊所和医院为交往异常患者提供了处理方案。最早的专家们都是学院和大学教授们,在他们研究正常讲话的过程中,对畸形讲话的人,特别对口吃和发音动作异常患者,发生了兴趣,当美国医疗专家们集中全力治疗讲话缺陷"校正方法"时,欧洲专家们(大多是医生们)在第二次世界大战前对于交往异常的科学知识就发展了相当庞大的研究集体(Boone,1977)。

战后的岁月看到了临床服务和研究劳力的增值。许多讲话医疗专家特别对因脑伤或身体讲话器官受损发展成为交往异常的军队人员的复员工作感兴趣。在许多城市中建立了讲话和听力临床中心,往往与医院或大学合作处理。

近年,在正规公立学校中,为交往异常儿童的服务项目大幅度扩展,为讲话和语言受损儿童提供补救项目的专业人员目前往往被称为交往异常专家或讲话—语言医疗专家,而不称为"讲话医疗人员"。这个专门名词反映我们当前对讲话、语言和其他学习和交往方面之间相互关系的了解程度。讲话不再被看作一个狭窄的专项,而被认为是儿童全面发展和行为的一部分。与日俱增的是,交往异常专家们也为儿童的正规教师、父母和其他可能与儿童正常交往的人们提供服务实习训练。

评估与鉴定

在评估或诊断被怀疑有交往异常的儿童中,专家探索决定交往行为是否反常;如若有的话,异常的情形和程度怎么样以及变态的行为是否能加以处理(Dickson,1974)。在评估过程中所取得的信息用于计划处理或补救的方案。

大多专业的讲话和语言评估从搜集儿童和家长的"个案历史"信息开始。典型的过程包括填写一张传记调查表,其中包括多种多样的信息,如儿童出生和发展的历史,所患病症,服过什么药物,学业和智力测验分数以及对学校的适应情况。父母可能被咨询儿童第一次爬走和讲话的时间，社交技能如儿童是否愿意同别的小孩儿一块玩儿等技能也可能考虑在内。

专家仔细地检查儿童的口，注意在舌、唇、牙齿、腭或其他可能影响讲话结构里是否有任何不规则的病因。测验程序按所怀疑的异常类型的变化而变化。不过，Bryant(1970)建议检测交往异常的评估要有以下综合的组成部分。

1. 发音动作测验。对儿童讲话时的讲话错误加以评估。要把有缺陷的声音记录下来。他们是怎样把音发错了的和错音的数目。

2. 听力测验。一般说来，要对听觉进行测验，以便决定是否听力问题是讲话异常的起因。

3. 听觉辨别测验。这个测验目的是要决定是否儿童听音正确，如果他不能识别某一指定声音的特殊特点，他将得不到模仿的良好模型。

4. 语言发展测验。这个测验有助于决定儿童已经获得多少词汇，因为词汇一般是智力的良好指标。

在评估进行之际，检查人员大概要与儿童当面会谈，仔细记录儿童讲话和产生语言的质量。测验结束后，专家再检查个案历史、正式测验以及非正式观察的结果，并向父母和教师们推荐诊治异常最有效的方式方法。到今天，众多学校专区聘请交往异常专家去执行讲话和语言的筛洗测验，以便将这些区域有问题的儿童尽早地鉴别出来。

处理和矫正的方法

发音动作处理有好几种方法。语言专家通常集中精力发展儿童仔细听和在类似的声音之间加以鉴别的能力（例如，fake 和 cake）。他可能让孩子仔细观察声音是怎样形成的，大概是用一面镜子来规范自己。儿童在音节、文字、句子和故事中发出难听的声音。他可以把自己讲的话用音带录下来并仔细听所发生的错误。在所有交往训练中，教师或专家务必要提供良好的语言模型，奖励儿童的优秀成果并鼓励儿童去讲话，大部分功能的发音异常不是成功地处理得当就是随着儿童逐渐地成熟自然消失。

在声音异常的病例中永远要经过医药检查。如果由器官引起异常，他们往往通过动手术或医药即可得到处理。交往异常专家通过听力鉴别、自我规范和模仿标准讲话来改善声音质量。专家也可以帮助儿童学习松弛和更省力地讲话，并改掉滥用声音的习惯。

按专家所讲的，口吃的处理方法很多。可以教导儿童拖长音节的发音来控制异常，帮助他们通过"阻滞"。他们可以在故意减少在压力的集会中讲话，而成功的发言马上得到奖励，借以增加他们讲话的信心和流利，他们可以锻炼特殊的松弛技术。他们也可以学习随着节拍器或有音律的音差拍讲话。往往录音带被用于锻炼并刺激会话。在许多病例中，不管有没有经过医疗，当儿童发展到青春期或已成人，口吃逐渐消退。

教师和旁人能通过鼓励儿童对交往活动发展积极态度，不计他们讲话的困难而注意他所讲的话来帮助口吃的儿童。当儿童有言语阻滞，听话的人不应代替他说些什么来"帮助"讲话人。听话的人务必要保持冷静，任何话不说，并用眼凝视儿童直到他讲完要说的话。

语言异常的医疗也是千变万化的。有的方案在交往之前的活动设计上下工夫，鼓励儿童探索并使医疗气氛生动有趣。儿童通过模仿来学习。因此，医疗人员或教师务必要讲话清楚，使用正确的（抑扬顿挫）变音，并在用字和用句上示以良好的模范。有些专家做了许多标签（文字的和口头的），帮助儿童理解环境中主要物件的意义。有些儿童需要加强注意，医疗人员可以因儿童模仿身体动作或面部表情而奖励他们或只是眼光相对注视他们。运用打手势可以在某些言语异常儿童中促进交往。不过，打手势应与讲话同时使用，而不是代替讲话。尽管他们的听觉未受损伤，有些不讲话儿童感到手势语言能对交往是个有效的助力。其他的儿童已经学会用符号来表达自己（Lloycl，1976）。打手势，姿势，符号和其他交往的非语言方法的使用者在他学习和发展中可以渐次地转移到讲话中去。

不管使用什么样的处理方法，儿童需要与其他儿童对谈是明显的道理。许多讲话和语言受损伤的儿童因安置在一组交往活跃而给人印象深刻的儿童之中而受到益处，其他儿童在个人环境中进步最快。不论他们的方案遵守什么版式，有效的专家们为他们的学生建立实际的目标并把局面安排得使儿童的交往成果得到奖励而生动有趣。

一般的准则

所有优良的教师——不论他们是否受过语言专业训练——也是优良的交往促进者。有效的教师能为促进儿童交往技能和动机做许多工作。有效的教师讲话富有感情和生气，他带着诚意去听孩子们的讲话。当儿童讲错了时，教师态度自然地重复错话去矫正文法：

儿童："Them boys has football helmets."

教师："Yes, those boys have football helmets."

像这样的相互影响可以认为是"规范行为"的一种形式，过一段时间，我们可以期待儿童能运用更近似适宜惯例的讲话和语言形式。对儿童要交往的企图千万不要加以责怪。

当教师不能明了儿童的讲话时，他可以说"指给我你是什么意思，"或问

"谁?""什么?""什么时候?"或"在哪儿?"等问题从儿童得到更多的信息。优良的教师创造的教室气氛能为儿童提供多种多样随意自在交往的机遇，并使每个儿童觉得他有重要的贡献可做，教育是发展儿童讲话和语言技能的首要任务。而有效的交往活动在教室中丰富了所有学生的学习生活。

服务的类型

大多讲话和语言异常的学龄儿童上正规学校，今天，日增的趋势是交往异常的专家们不再为个别儿童提供直接的服务，而是充当正规和特殊教育教师们（和父母）的顾问。在讲话和语言技能的发展和实践中，这些人士至关重要。从而专家们集中精力评估交往异常者，测量进展情况，并提供资料与技术，鼓励教师和父母们遵守交往异常专家们所建议的各项准则。

在某些特殊教育方案中，专家们按正规课表时间到学校去对儿童施以个别或集体临床治疗。这种途径到目前日趋减少。社会交往大多适当地出现于自然环境之中而不在临床诊所里。有些专家认为如果讲话或语言异常儿童每周只由专家给他上一节或两节 30 分钟的课，根本不可能适当地给他服务。实际上，这种方法有如"用笤帚扫潮水"，无济于事(Hatten 和 Hatten，1975)。

讲话和语言专家也可以充当娱乐室的教师。以正规学校为基础，他可以为各种儿童服务，与其他教师保持联系。当不在娱乐室中上课时，儿童回正规教室上课。

交往异常儿童被安置在自给自足课堂或学校的人数不多，除非是极端严重的病号（如完全非言语儿童的病例）或在多重缺陷的条件下。

流行的问题与未来的趋势

在将来，交往异常的专家们它能比今天要更间接地为患者服务。他们将继续辅导教师、父母、医生和其他专家去鉴定潜在的交往异常并提高他们交往的技能。在岗训练将成为专家们今后专业责任的重要方面。

当专业人员集中精力对那些需要精细和高专干预技术的学生进行鉴别，准备教育方案和直接治疗时，要更广泛地训练辅助人员直接地为正规学校中交往异常儿童工作。

讲话和语言服务对低年级学龄人口来说是当前的重点工作。正如 Boone (1977)所观察的，专业人员逐渐认识到"讲话未经处理而有听力问题的青少年和成人已经成为我们人口的一大部分"。这一集体在未来应有更多的机会去接触适当的服务方案。

第六章　听觉损伤

◇听觉困难的儿童与耳聋儿童在什么方面有所不同？

◇作为学习和了解语言的方法为什么简单阅读不能代替听觉言语？

◇口头和全面交往方法提倡者教育耳聋儿童在理论和教学方法上有何不同？

◇你认为美国手势语言（ASL）在耳聋儿童的教育方案中为什么没有成为共用的组成因素？

◇在耳聋教育中耳聋是缺陷吗？

如果你有正常的听力，你大概不太了解听觉在人类发展中特殊的重要性。人可以闭上眼睛或用布把眼睛蒙上假充盲人，但不能自动地"关上"你的听觉。

大多数儿童从很小的时候就通过他们的听觉去学习。新生婴儿典型地由惊醒或眨眼表现出对声音的反应。刚几个星期大的婴儿就能听轻微的声音，能辨出他母亲的讲话声，并开始注意听他自己的发音。满一周岁时，正常的婴儿学习识别声音。他能从喧闹的背景中识别有意义的声音，察觉高音和低音，模仿声音以及寻找声音的来源。(Lowell 和 Pollack，1974)。

边听边长的儿童，借着不断地听他周围所讲的言语并借着这些声音与无数活动和事件的联系，发展他的语言，他懂得了人们传达信息并借着讲话和听话交换他们的思想与情感，他把意义附加在声音上，就这样获得语言的过程在这边听边长的儿童身上自然地本能地出现了。然而，耳聋的儿童没有特殊的帮助是不能参加到这种过程中去的，他失去了许多早期的重要机会去发展语言和认识他周围的世界。

听觉在我们日常生活的每一方面都是维持生命所必需的。如果你不能听，往最好里说，你会发现你将难于入学、工作、社交甚至家居，除非调整某些适应性的变化。往最坏里说，你可能发现，我们的社会中作为交往途径的听觉和讲话的密切联系会使你根本无法有效地进行社会交往。

有些聋人通过手术或使用助听器得到帮助。他们可以用讲话、唇读和打手势学习与人交往，许多聋人完成高等教育，在专业上取得成功，但实际上听觉的丧失是不可能补偿或恢复的。通过听觉系统取得的信息与理解是永远无可替代的。

听觉损伤的定义、类型与测量

"听觉损伤"的人口没有法律上的定义。当我们说有正常听力的人时，我们一般是指他有足够的听力去理解别人说话。假定聆听环境适合的话，有正常听力的人在每日生活中，不需要依靠任何特殊的方法或技术去理解。

在听力程度全距的另一极端是聋人。聋人不能用他的听觉去理解讲话。即便使用助听器，听力损失大到光靠双耳本身也无法使聋人听懂讲话。

听觉困难的人明显丧失了需要某些适应的听力。不过，他们一般在助听器的帮助下，能够听懂讲话，聋子和听觉困难的人都可以说是听觉受到了损伤。

听力损伤也可以用发病年龄的名词来描述。注意听觉损伤是天生的还是偶发的至关重要。从出生就不能听旁人讲话的儿童将不能像听力正常的儿童一样自发地学习讲话。6 岁严重丧失听力的儿童，当讲话和语言都学得不错的时候，如果得不到特殊的帮助，可能逐渐会丧失那些能力。另外重要的是在出生或在讲话和语言发展之前（称为语言前的发展）受到听觉损伤和在讲话的语言已经发展之后（称为语言后的发展）听觉受到了损伤之间必须加以区分。患语言后发展听力损伤的人如果能得到特殊的帮助，他将保持讲话的能力到使人理解的程度。

听力损伤的类型

听力损伤主要有两种：传导性的损伤和感觉神经系统的损伤。

传导性听觉损伤由外耳和中耳的障碍而生（如耳垢过多），或由干扰往内耳传导声音振动的畸形而生。传导性听觉损伤往往可动手术或服药物得到矫正。助听器通常有很大帮助。

感觉神经系统的听觉丧失由听觉神经或内耳损伤引起。神经纤维受损伤了，声音根本不能传到脑部，或即使声源音调很高，传到脑中也产生极大变异。一般说来，感觉神经系统的听力丧失不能通过手术和药物来矫正。助听器的效益也在两可之间。

听觉损伤的测量

声音由标志强度和频率的单位来测量。二者对于丧失听力儿童的需要都很重要。声音的强度或响度用分贝（dB）来测量，"零分贝"代表"正常"人能听到的最小声音的起点。较大 dB 数目表示较高声音的递增。五尺以外的低语约有 10dB，汽车约计 65dB，而北美尼亚加拉瀑布则有 90dB，10～20 尺以外的讲话约计 30 至 65dB，125 左右的 dB 要使平常人感觉耳病。听觉损失达到 25dB 的人被列为有"正常"听力（Davis 和 Silveyman，1970）。

声音的频率，或音高，用赫兹（Hz）来测量。钢琴的最低音符约计 30 Hz，中 C 调约 250 Hz，而最高音符约 4000 Hz，人类能听到的频率大约从 20～20000Hz（Davis 和 Silverman，1970），但这些可听到的声音，许多在讲话范围之外，也就是普通讲话发生的频率全距之外。不能听到很低声音（雾角—浓雾信号）或很高声音（如短笛）的人大概要感到不便，但还不至于严重地影响他的教育和日常生活。不过在讲话全距之中听觉严重损伤的人将有许多不便之处。一般认为对于聆听会话最重要的频率全距是从 500～2000 Hz。

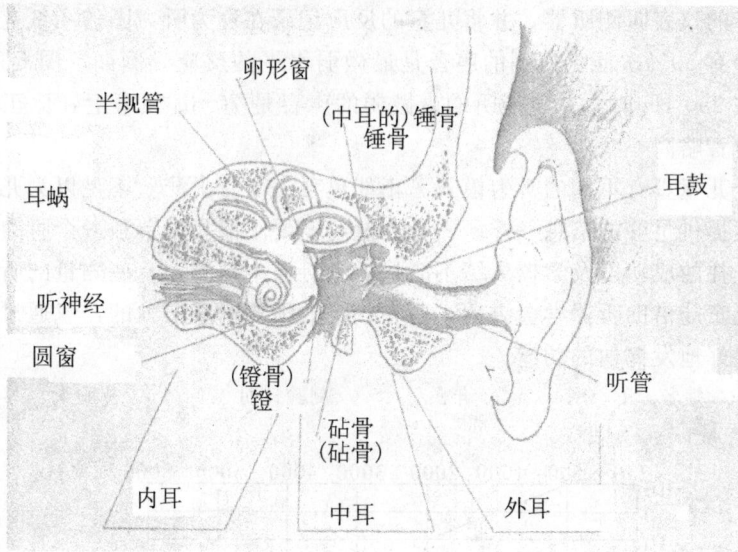

图 6-1 人耳的部分

鉴别和评估

　　大多严重和完全听觉受损的儿童在生命初期就被鉴别出来了，所有婴儿，耳聋的与不聋的一样，喋喋不休。但耳聋的儿童听不见自己发出的声音，也听不见父母的文字游戏与表扬。因此，他的唠叨得不到奖励，就此下台。他的唠叨不能当作讲第一个字和以后的语言的基础。当他们的婴儿变得"安静"时，父母往往怀疑出了问题寻找帮助。不幸的是，众多儿童被误诊为智力落后者。有些人毕生在为落后者成立的公共机构中生活，只是因为没有人认出他们的问题是耳聋而不是智力损伤。到今天，儿科大夫受训时，正在努力学习如何鉴别耳聋儿童并指导非正式的筛选测验。

　　轻微的、显著的、严重的和完全的这些名词，有时用来标志一个人在他能听到以前被声音强度测验测量出来的听觉损伤的程度。尽管严重丧失听力的儿童 3 岁以前就可以鉴定出来，儿童比较轻微的听力损伤如果不经矫正，能严重影响儿童学习的成功，但往往要到他的学龄初期才被识别出来。大多学校专区当丧失听力儿童上初小的时候就为他提供筛选测验。学校用的筛选测验往往叫做"扫声测验"（Newby, 1971）。在扫声测验中，用约 25 dB 的声音让儿童在500 Hz、1000 Hz、2000 Hz、4000 Hz 和 6000 Hz 的频率上去听。听这些声音有问题的儿童于是被指定去接受更精细的检查。

　　当听力正式测验时，检查人员让儿童去听不同的强度和频率的声音。产生这些声音的仪表叫测听器,并将儿童的反应记录在称为听力图的图纸上。儿童每次至少有50％次能觉察到的声音是最微弱水平的反应。例如,图6-2指出,当位号在250 Hz时,儿童能听的最微弱的声音是70 dB频率上,比正常人能察觉的声音略高一些。

每个儿童具有不同的听力模式。正如单独一个智力测验不足以为儿童计划教育方案提供足够的信息一样,一个儿童的需要不能只由单独一个听力测验来决定。交往的成功以及学校成绩不能只靠测听器来预测。有些测量的听力水平很低的儿童能借助听器学会讲话,而有些听力损伤明显不大的儿童通过听觉渠道不能很好地发挥他的功能。

姓名　王　刚　　　　年龄　　　　测验日期　　　　测验人

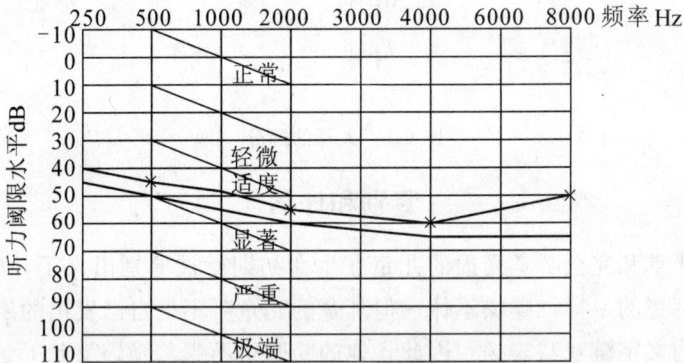

图 6-2　王刚听力图(轻微听力损失)

×：左耳　　○：右耳

图6-2指出王刚,听力损伤适度的小孩的听力图。王刚能没困难地听懂面对面的讲话,但在教室中忽略许多讨论——特别在若干儿童立刻发言中,或他不能清楚地看着发言人时。

图6-3表示李强,显著损伤听力的男孩的听力图。没有助听器的帮助,李强只能听到高而清晰的会话。他发现听男人比听女人的声音更容易些。李强的老师把他排到有利的座位上。但大多课堂讨论他还是跟不上。

姓名 李 强　　　年龄　　　测验日期　　　测验人

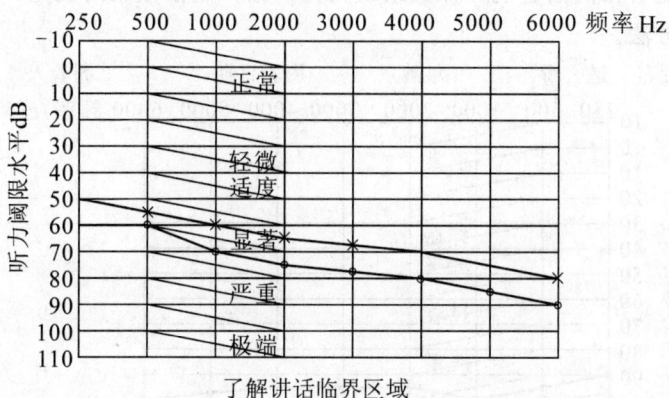

图 6-3　李强听力图（显著听力损失）

×：左耳　　　○：右耳

　　图 6-4 指明刘娜，严重损伤听力的小孩的听力图。刘娜只能听到离她耳朵不到一尺而且很强的声音。她能区别大多元音字母，但不能听到辅音。她能听到呼地关门声，真空吸尘器和从她头上飞过的飞机声。除非刘娜注视身旁的讲话人，她不能参加课堂讨论。

姓名 刘 娜　　　年龄　　　测验日期　　　测验人

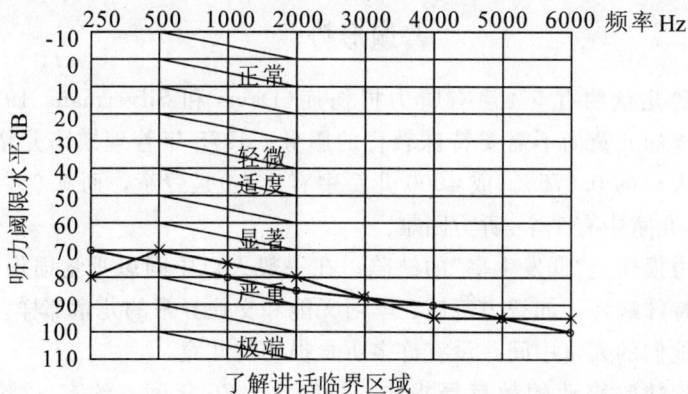

图 6-4　刘娜听力图（严重听力损失）

×：左耳　　　○：右耳

图 6-5 表示赵珊，完全丧失听力的儿童的听力图。她根本不能听见会谈的讲话。她只能听很高的音响。如大鼓或火灾警报。她依赖她的视觉，把它当作交往的主要方法。

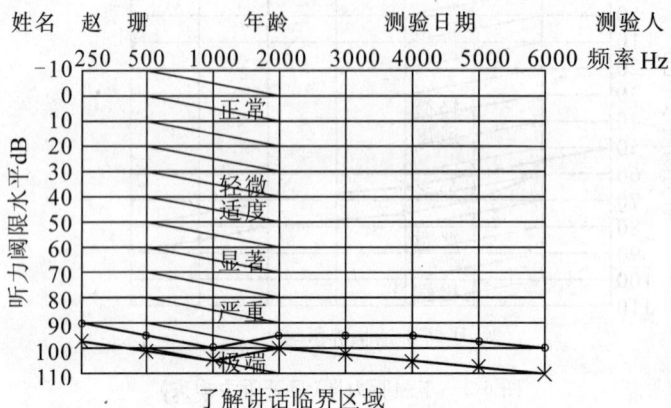

图 6-5 赵珊听力图(完全丧失听力)

×：左耳 ○：右耳

在观察听觉损伤的存在和程度中，测听报告只是众多信息来源中的一种来源。注意儿童如何反应家庭、学校和其他日常环境中的音响，这也是很重要的。仔细观察儿童自己的发音方式、身体动作以及与旁人的相互作用能使我们了解他们如何听声的许多信息。

普遍形势

全体学龄儿童约有 5％患有听力损伤症(Davis 和 Silverman，1970)，不过，众多这样的儿童尚不需要特殊教育的服务。1975 年管理缺陷儿童的教育局估计学龄人口的 0.075％(或 4000 儿童中有 3 人)是聋童，而 0.05％的学龄儿童(或 200 儿童中有 1 个)听力困难。

看来听力损伤是"低发生率"的缺陷。在一般人口中间患听觉损伤的儿童，不像患其他特殊病症。如智力落后、学习无能和交往异常的儿童那样多。大多学校专区在他们的人口中间并没有许多听觉损伤的儿童。

根据负责缺陷事业的教育局报告，1975～1976 年间，约有 92％的聋童(49 000中的 45 000)接受特殊教育服务，但其中只有 20％的听力困难儿童(328 000中的 66 000)接受那些服务项目。这些数学表明，在正规课堂中有显著数量听觉损伤儿童得不到他们所需要的有效学习的特殊帮助。1977～1978 年数字指出，甚至更少听力受损的儿童(3 岁～21 岁之间共有 87 146 人)被鉴定可以接受联邦援助方案。

听觉损伤的起因

严重听觉损伤有许多起因。这些起因随地区的变化而变化，而且多年来有所改变。按照 Moores(1978)所说，美国今天儿童的耳聋有 5 种主要的起因。

1. 遗传。在某些家庭里，遗传着天生的耳聋，这是有明显证据的。它可以由具有正常听力但常有耳聋基因的父母遗传而来，或因父母之中一个或二人天生就是耳聋所致。许多研究美国耳聋的学龄人口报告发现，所有耳聋儿童的 16%～30%有耳聋的亲属(Reis，1973)。

2. 母性的风疹。当妇女怀孕时，特别在前三个月，风疹可以引起耳聋等各种其他的能力缺陷。耳聋和聋—盲患者有相当高的百分数病例，由这种病因所引起。风疹是儿童时代耳聋主要的非遗传病因。Masland(1968)指出分娩期的妇女仅有约 20%得过风疹从而有自然的免疫力。其他妇女必须接种疫苗，以保护她们自己和她们未来的儿童免得疾病。尽管我们现在有防止风疹有效的疫苗，但许多怀孕妇女仍未接种。

3. 早产。早产明显地增加了儿童耳聋和其他生理缺陷的危险。

4. 脑膜炎。耳聋一个重要的外来(获得)的起因是脑膜炎，在其他后果之中，能毁坏内耳的感受耳仪器并受细菌性和病毒性的感染。它还能产生严重的平衡困难。

5. 血液的不融合性。如果孕妇的血是 Rh 阴性的，怀着的胎儿的血是 Rh 阳性的，就能破坏胎儿的细胞和神经纤维。如果母亲系统的抗体破坏了正在发育的胎儿细胞，就能引起耳聋和其他能力的丧失。良好的孕期照料能大大地减少由血液不融合性引起的生理缺陷事故。

传导性的听力丧失也可由中耳炎引起，如中耳感染或发炎。永久性的感觉神经丧失有时由流行性腮腺炎、麻疹和流行性感冒一类的儿童时期疾病所引起(Myklebust，1964)，在成人中若干其他疾病和条件也是听力丧失的显著的起因。

领域的背景

儿童和成人的耳聋问题一向是人们困惑或关注的问题。为特殊儿童最早实施教育计划之一的是，1578 年前后由 Pablo Ponce Deleon，一位西班牙的和尚建立的聋童学校。他个别指导儿童学习阅读、写作、算术、历史和外语，而明显成功的是说话(Hewett 和 Forness，1977)。18 世纪时期，在英格兰、法国、德国和英格兰为耳聋的人建立了学校。在这段时期内既用了口头的，也用了文字的教学方法。

在美国，缺陷儿童中聋童是第一组接受特殊教育的。1817年哈特福德在康涅狄格开设了美国聋哑教育收容所。这所公共机构原始名字（现在称为美国聋人学校）标志着19世纪初期的流行哲学，当聋者被认为是"哑巴"或"缄默不言"的人时，不能从口头教学上有所获益，而且当耳聋学生被认为最适宜住"收容所"时，特殊的教育场所从"正常"社会中迁走了。19世纪为聋者建立的许多私立、公立和教区的学校，实际上处于小镇之中，远离人口的主要中心。对大多部分人来说：这些都是住特殊人的公共机构。

19世纪的下半期，美国各地广泛地应用讲话和口形教学。有些教育家把口头说和打手势的方法二者组合起来，同时其他的教育工作者成立"纯"口头学校，而不用手势交往。早期口头教师是亚历山大贝尔，电话发明家。贝尔毕生对聋人的兴趣是受到家庭的影响。因为他母亲就是聋人，而他父亲与祖父二位都是讲话和发言教师。贝尔本人与 Mabel Hubbaree，他个别指导的一个聋学生结婚。19世纪的末期之前为耳聋学生设立了若干日校。

正规公立学校为耳聋学生的教育措施只有在近代才普遍展开。在大多数的州中，耳聋儿童的父母在日班和住校安排之间有选择权。到今天，约有70%的美国聋生上日班，而30%在住校（在这里只在白天住校的学生还算作是日班生）。聋生有附加缺陷者，如智力落后、身体和健康受损、情绪异常的视觉损伤等，则加重了他们的需要。目前在聋人学校和班级注册的学生，多于20%是被认为有多重缺陷的学生（Moores，1978）。

多年以后，许多用于听觉损伤儿童的特殊技术和教育材料发展起来了，并做了大量的研究工作。往往在热情支持者的协助下，理论、哲学和争论增殖繁衍。到今天，对聋人的工作一如既往。然而，我们仍然既未彻底明了耳聋对交往、学习和性格的影响，也未解决教育内在的最难问题——如何教听不见的儿童学习语言。

目前对听觉损伤者的特殊教育情况不容乐观。许多耳聋学生甚至到小学五年级离校后仍不能阅读和写作文章（Moores，1978）。其他的学生不善于与旁人交往——大概与同学或自家亲属也是如此。众多家长当得知他们的孩子听觉已经受损时，当得到混淆的、矛盾的信息和建议时，这种现实对家长的打击是毁灭性的。耳聋成人之间的失业和部分时间被雇佣情况的比率之高令人震惊，而且他们的工薪一般都比能听的人们较低（Moores，1969），许多问题迄今未能解决，而从事听觉损失的教育工作人员仍面临许多挑战。

音响的扩大与听觉训练和学习

耳聋往往被误解为听力全失。在往年，往往假设耳聋的人只是根本听不见，或是他们"完全丧失听力"（"Stone，Deaf"），这种观点是不正确的。听力丧失程度不齐，形式不一。几乎所有聋童各有残余的听力。有了助听器，他们无须在"静寂无声的世界"中成长。

测听方法的现代化和为扩大音响改进的电子技术，使众多听觉损伤的儿童，今天能用他们自己的残存听力去听。既使听觉严重和完全受损的儿童，不管他们主要用口头或手势形式与人交往，都能在课堂、家庭和社区用助听器去学习或接受训练。Ross(1986)认为残余听力是每个听力损伤儿童"生来就有的生理（学习）权力"，"必须尽可能使用和依靠"的权力(p.51)。教师们和听觉病矫正医生务必要彼此配合达到这一目标。

扩大器械

助听器是扩大声音的器械。就是说，它使音量加大，Levin(1985)把助听器描写成为"所有人士最广泛使用的技术辅助……价廉的、能按程序使每一用户顺利满足需要的听觉扩大系统"(pp.120—121)。助听器有不同种类，它们可以挂在耳后、放在耳中、揣在身上或装在眼镜之内。儿童能单耳或双耳使用（单耳或双耳）助听器。今天的助听器一般比过去的模式较小、较轻，然而它们的力量更大、用处更多。不管它的形状、功率和大小，助听器抓住声音，扩大它的能力并把这个扩大的音响送到听者的耳中和脑中，在许多方面，助听器就像一个公共通讯系统，有传声筒、扩音器和音量调整器(Clarke 和 Leslie，1980)。某研究报告发现，听觉受损学生的学业成绩与他们使用助听器的时间长短成正比(Blair，Reterson 和 Viehweg，1985)。

助听器可使音响扩大，但不能使声音听得更清楚。即使效力最强的助音器一般也不能使严重或完全丧失听觉的儿童在几米之处听到讲话的声音。没有助听器能治疗听力的丧失，或光靠它使聋童在正规课堂中正常学习。在所有病例中，助听器的使用者在交流中，不是靠助听器本身，而是去理解会话的内容。

教师应日常检查儿童的助听器是否功能正常。Ling 氏的五音测验是决定儿童能否觉察基础讲话声音的迅速而容易的方法(Ling，1976)。从儿童对教师的反馈（确保视觉线索不致与结果抵触），儿童重述教师所讲的/a/，/oo/，/e/，/sh/和/s/五个声音的每一个音，Ling 说这五个声音代表每个英文声位学的讲话能力，而且能觉察五个声音的儿童应该能觉察每一英文讲话声音。不正常的助听器应立刻予以检查，最多的故障是来自电池的问题。

在儿童生活中，能适应有利的助听器越早，他们用听觉去交往和获得知识的效果就越大。到今天，看着婴儿和学前儿童佩戴助听器根本不是稀有的现象；改进助听条件成为儿童讲话和语言发展的重要部分。值得花费人力物力的目标是，给儿童提供与性格结合一起的听力感觉（Lowell 和 Pollack，1974），为了从助听器获得最大限度的效益，儿童应整天佩戴它。如果在课堂外面摘掉或关闭助听器，残余的听力就不能有效地发挥作用。当早餐时、超市购物时和乘校车时儿童也必需要听到声音。

在课堂中，距离的问题、屋子的回响和背景的噪音，往往会干扰带着助听器儿童鉴别听到的音符的能力（Berg，1986）。当音符对噪音的比率不成比例时，听觉损伤的儿童可能发现音符易听不易懂（Boothroyd，1978）。集体助听的方法在教室中可以帮助解决距离、噪音和回响的问题，他们并不换掉儿童私人的助听器，但在集体听声的情况下，扩大所听的声音（Zelski 和 Zelski，1985）。在大多系统中，教师和丧失听力的学生之间接上一条无线电网络，教师戴上一个小麦克风——发话筒（往往靠近嘴唇的衣领上）。而每一儿童戴上一个使个人助听器音量加倍的收话筒（Ross，1986），通常使用一个 FM 无线电频率，而不用电线，致使教师和学生在教室周围可以自由活动。FM 装备产生的聆听情况相当于教师"随时与儿童两耳保持 6 寸距离"的讲话情形（Ireland，Wray 和 Flexer 1988，p.17）。课堂扩音系统由特殊班级和听力受损学生以及非缺陷学生结合一起的课堂共同使用。

听觉学习

听觉系统训练和学习方案辅助儿童更好地使用残余的听力。所有听觉损伤的儿童，不管他们更喜欢的交往方法是口头讲话、或打手势都应该参加辅助他们改善听觉能力的课堂与活动。众多听力受损的儿童听觉潜力很大，比他们实际有的还多，而他们残余的听力，在他们实际交往和日常经验的前后关系中，能最有效地发挥出来（Ross，1981）。听觉训练方案不应在教室中受到虚构练习的局限。

为年龄小的听觉受损儿童的传统训练方案，从教他们发觉声音开始。父母可以指导儿童注意听门铃和水流的声音。他们也可以指出声音的位置，例如，在屋中任何地方藏一个无线电然后鼓励儿童把它找出来。区别声音是听觉训练的另一个重要部分，儿童可以学习男人和女人不同的声音、快慢不同的声音或 rack 和 rug 不同文字的发声。当儿童经过训练能认识声音、文字或句子时，声音的鉴别就开始了。

今天，焦点在"听觉的学习"上，也就是说，教给儿童"去学听"和"借着听去学"，而不是单纯地"学着听"（Ling，1986）。听觉学习的支持者坚决主张听觉训练的前三个水平——察觉、区分和识别音响。——这固然重要，但不足以发展学生的残余听力。听觉学习强调第四和最高的听觉技能水平——对有意义的声音的理解。

有些教师发现指导正常听觉训练学习课程对聋童很有帮助,上课时,要求儿童只去听——他们不要去看讲话人,只要认识音响和文字。不过在实际练习中,学生从视觉得到有用的信息,从听觉得到的其他的辅助信息。结果,所有感觉应当有效地发展并不断地运用。

唇读

唇读是由观察讲话人的脸了解所讲的信息的过程。听觉受损的儿童,不论他们还有多少残余听力,也不论他们主要通过口头或手势方法进行交往,都应运用他们的视觉帮助他们去了解讲话。有些声音由注视嘴唇就能很快地区别出来。例如,Pail 这个字,从嘴唇在紧闭的方位开始,而要读 Rail 这个字,嘴唇多少要拢在一起,嘴角儿要迭皱起来。仔细注重讲话人的嘴唇,可以帮助听力受损的人得到重要的线索。特别是如果他们还能通过残余的听力、符号或姿势、面部表情以及前后关系获得更多信息。

唇读并不容易,而且有许多限制。所有英文文字约有半数与其他文字发音相同,就是说,他们的读音可能很不一样,但他们在嘴唇上看起来完全相同。例如,像 bat,mat 和 pat 这些字看起来完全相仿,但简单地光看讲话人的嘴唇是不能加以区分的。对复杂的事物,看得见的发音可以被一只手或铅笔、一块橡皮糖或小胡子遮住了视线。许多讲话人通过唇读实际上是很难理解的,他们似乎根本不动他们的嘴唇。此外,长时间去注视嘴唇是非常累人的,而且在距离远的地方,如在讲课时,时刻去看嘴唇是不可能的。

Walker(1986)估计,即使最好的唇读者,通过看到的线索也只能觉察到所讲的 25%;其余是理想和期待的意义拼凑在一起的前后关系。平常耳聋的儿童可能准确唇读的大约占所讲的 5%(Vernon 和 Koh,1970)。

唇读的挫折由 Shanny Mow(1973),一位耳聋的教师生动地描述如下。

> 每个人的嘴唇不一样,按他们自己的特殊的方式去移动,就像他们手指尖上的涡纹一样。年轻的时候,从你教师的嘴唇上正确地猜出"球"、"鱼"和"鞋",从而建立了信心。这种信心并不耐久。你只要在字典里发现长于四个字的字,它就消失了。70% 的文字出现在嘴唇上时,都是模糊一片。唇读是危险而残酷的艺术,成全了少数掌握它的人并折磨了许多学它但失败的人(pp.21—22)。

且不谈唇读遗留的问题,它可能是听觉受损的人交往中一件有价值的附属物。Moores(1987)指出最近没有发展出来新的技术,而且也没有关于教授唇读最有效方法的研究工作。尽管唇读不能代替听觉,改善的方法很可能使众多听力受损的人在译信息中更好地运用他们的视觉。

教育的方法

教听觉损伤的儿童是特殊教育的一个最"特殊"的领域。

特殊教育曾被解释为独特的、不平常的、质量不寻常的和程序被大多儿童使用的教育。多年帮助耳聋儿童处理信息的特殊技术，却是缺乏听觉肯定是独一无二的、巧妙的和高度专门化的意识(Kirk，1982，p. xi)。

为听力损伤学生制定的教育方案和技术之所以特殊，主要是因为包含于教导听力不正常儿童学习交往中的许多争议。多年来从事听觉和耳聋工作的教育家、科学家、哲学家和父母，在为耳聋儿童最适宜的教学方法问题上，争论不休。到今天，争论情况依然如故。

基本争执涉及耳聋儿童应通过唇读和残余听力，用讲话和与他人来往表达自己的范围问题。有些教育家坚决认为，纯粹的口头方法是帮助耳聋学生发展讲话和有关语言技术最好的方法。这些口授专家往往阻拦使用手势语言和手势。其他教育家相信手势语言、手势、线索、手语和其他打手势方法与讲话共同使用是学习交往的更自然方法，并使听觉损失儿童能更圆满地表达自己的意图并与他人来往。

实际上到今天，没有一个负责任的教育家会争论讲话不重要，或手势交往应用以代替讲话的问题。当然，讲话是人们交往的主要方式，它对聋人迁入主流的教育与生活环境至关重要。我们重视争议而轻视教学方法，就如同重视意见的分歧而轻视在听力损失儿童教育中应强调讲话一样。

口语的方法

强调口语的教育方案，把讲话看成是把聋人与听觉世界结合在一起的基本条件。训练聋人会讲话和了解语言，实际上就是把儿童教育各个方面结合起来。目前，在美国约有三分之一为听觉损伤儿童制定的教育方案，采用占优势的口语方法。Reagan(1985)和 Connor(1986)观察在越来越多的听觉损失儿童教育方案中依靠手势语言去传递教学信息时，运用讲话和口语接待技能的发展显著地下降了。

参与强调口语教学方案的听力受损儿童，典型地使用各种发展残余听力的方法，提高尽可能易懂的说话能力。输入的听觉、视觉和触觉方法是经常使用的方法。对扩大音响、听觉训练、唇读、技术辅助物以及超乎一切的讲话等等方法都赋予极大的注意，口语教育倾向于强调父母和家庭参与合作。少数学校和班级甚至可能禁止儿童去指点，用手势或拼出字母去交往。参与这些方案的儿童必须单独表达他们自己和通过讲话学习去了解他人。其他方案也强调讲话，但比较灵活。他们可能使用各种各样的方法帮助儿童会说话，或了解旁人所讲的话。

给线索的讲话

用线索讲话是补充口语交往的一种方法。用手打符号靠近下巴，给讲话语言的视觉表象增加线索，帮助聋人识别用唇读不能区分的声音。手打符号必须结合讲话一并使用，他们既不是用记号也不是用手的英文字母而且不能单独阅读。八个不同的手形区别辅音，四个不同的方位区别元音。一个手形结合一个方位指出一个音节的视觉方位。请看给线索讲话的图形(图 6-6)。

按照发明这一系统的 Cornett(1974)所说，给线索的讲话能阐明英语口语的模式并给年少儿童输入精细的语言。它并不破坏自然讲话的节奏。当然，儿童的父母和教师以及他更喜爱的伙伴，也必须学习这些线索。据说，给线索的讲话可以在 10 至 20 小时教学中即可学会。尽管若干积极的家长予以支持，这个系统在美国并未普遍发展(Calvert，1986)。但在澳大利亚，给线索的讲话，在听觉损伤的儿童教育方案中被广泛地使用。

口语方法的优点

使用口语方法的教育家承认，教听觉受损儿童去讲话，对教师、父母，特别是对学生都是艰难的、要求高的和消耗时间的。聋儿讲话来之不易，没有更新的研究能使任务容易一些。

> 400 年来，这里或那里在教学方法上，既缺乏稳步改进的明显记录，也没有明确减低劳力水平或显著增高成果质量的重要突破(Calvert，1986，p. 167)。

不过，口语交往成功的奖品是相当于所有努力的价值的。而且除患有严重损伤听力的儿童外，大多听力受损的学生确实能用学会的讲话有礼貌地跟有听力的人们进行交往，Paul 和 Quigley(1990)指出，对那些在无可非议的口语教育方案中注册的以及那些在大多数学校日益被结合进入正规教育方案的，听力受损学生是最好成果。他们还发现大多学好讲话的听力严重受损的学生，已经被选为耳聋学生团的代表。他们典型地具有超乎常人的 IQ，在全力参与他们教育工作的父母中，是来自社会经济超乎一般水平的家庭（Geers 和 Moog，1989）。

全面交往方法

强调全面交往方法的教育方案，支持用不同形式的交往去教听觉受损的学生。全面交往方法参与者主张，用手指交往的刺激表象(用手语和符号)与讲话(通过唇读和残余听力)可能使儿童用一种或两种交往形式(Ling，1984)。从20 世纪 60 年代这种教育哲学被采用以来，目前"全面交往方法在聋人学校中

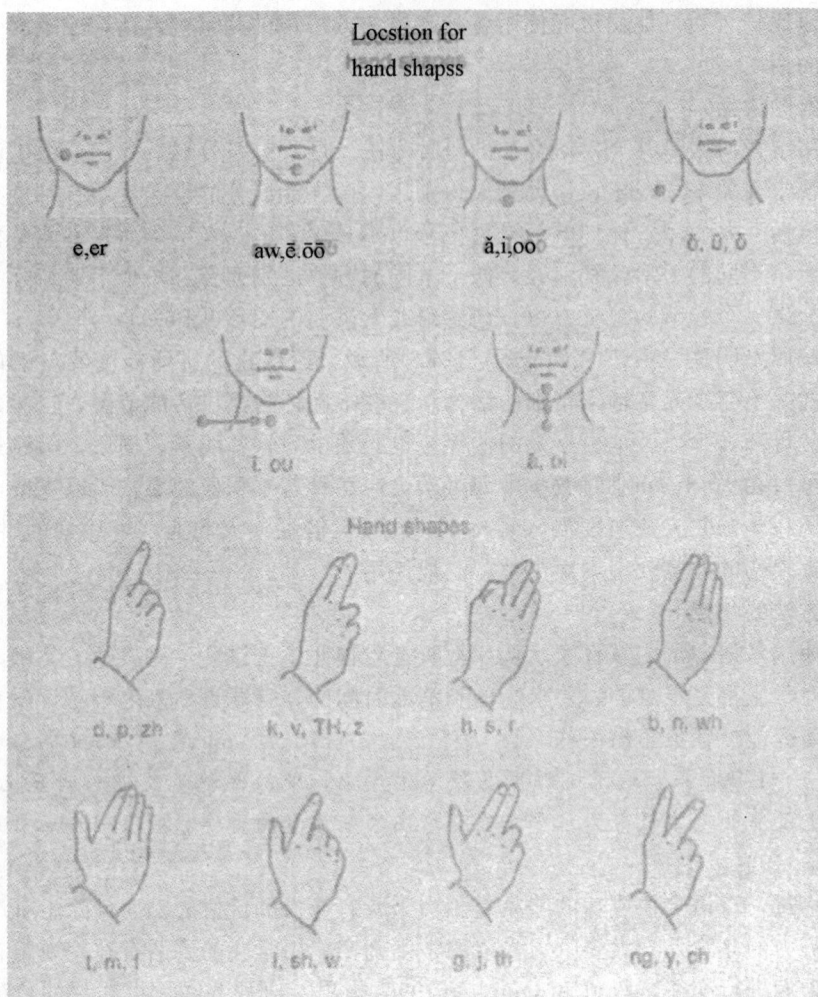

图 6-6　给线索讲话使用手势的部位

已成为主要的教学方法"(Luterman，1986，p. 263)。据最近的调查报告表明
(Wolk 和 Schildroth，1986)，既能讲话又能打手势的耳聋学生的百分数
(62.2%)远远超过只能讲话(21.1%)或只能打手势(16.7%)的百分数。交往方
法的使用可能依环境的变化而变化，即使众多听力损失的学生在他们的课堂里
使用手语，他们在校外大概就不用了，因为手语通常不能被一般群众所了解。

手势语言

　　手势语言用手势表达文字、意见和概念。有些手势是形象性的。就是说，
它们通过手形或看起来好像模仿表现他们信息的动作来传达意义。例如，打猫
(cat)的手势时，打手势的人好似在脸上打出像猫一样的腮帮子；再如，打吃

图 6-7 猫(上)和吃(下)手部示意动作

(eat)的手势时，在张开的嘴里，把手前后移动(图 6-7)。不过，大多手势少有或没有形象性，它们并不类似他们所表现的物件或动作。如果手势语言仅是哑剧的一种形式，大多非手势者毫不费力地就能了解它。但若干研究已经指出一大半手势不能由不熟悉特殊手势语言的人能猜想出来的。(Klima 和 Bellugi，1979)。

用全面交往法的教师们，一般按他们打的手势和尽可能地用力模仿口语的英语形式和构造去讲话。主要为了教育目的应用的若干手势语言系统已经设计出来了，目的在于促进听力受损学生阅读、写作和其他语言技能。"把手势译成英语电码"(Manually Coded English)是用于若干教育口述手势系统的专用名词，如《眼看的基本英语》(Anthony，1971)、《手势化的准确英语》(Signing Exact English)(Gustason，Pfetzing 和 Zawolkow，1980)和《手势的英语》(Signed English)(Bornstein，1974)。这些手势系统在寻求延用正确英语用法和文字顺序的同时，收编了许多美国手势语言的特征。听觉受损的学生往往必须使用两种或更多的手势语言系统，以他们所交往的人员为转移。

手语

手语(Dactylology 指语术)经常与其他交往方法连同使用。手语，或用手

97

的字母表，由 26 个不同的手的位置组成，一个位置表示一个英语字母，美国和加拿大使用单手表示手势字母，有些用手表示的字母——如 C、L 和 W——类似印刷体英文字母的形状，然而其他的——如 A、E 和 S——没有明显的类似性，就和打字一样，每个文字一个字母挨一个字母地拼写出来。

手语使用者依靠手指拼写，把不用符号说明意义的正确名字说清楚。Rochester 方法采用口头交往和手语结合的方法，但不用手势语言。手语教师说话时用手语讲出每个文字的每个字母，同时听力受损学生学着用同样的表达方式。Rochester 方法还强调阅读和写作，它坚决相信这种方法促进正确语言模式的获得。

全面交往方法的支持者相信这种方法，特别是在学龄前儿童里，当父母与儿童间的交往至关重要时，是提供"可靠的感受—表达象征系统"的最佳方式（Denton，1972），若干研究人员发现五个月大的儿童能有效地生产和了解符号（例如，Maestasy Moores 和 Moores，1980；Orlansky 和 Bonvillian，1985；Prinz 和 Prinz，1979）。

尽管耳聋儿童使用手语妨碍讲话的获得没有有力的证明（Moores，1987；Rooney，1982；Sacks，1986），有些专家坚决主张，当手语和讲话一并学习时，听觉受损儿童困难重重。Daniel Ling（1984，p.11）发现手语和讲话通常产生的速率并不一致，于是写出"就是专家本人把手语和讲话有效地结合起来也非易事。"在 Ling 看来，手语和讲话同时运用大概要伤害讲话、手语或语言的质量。他建议，让儿童分别学习口语和用手的技能比同时学习好一些。

全面交往方法在听力受损的教育方案中得到广泛的赞赏。在 20 世纪 80 年代后期，多于 75% 的严重或完全丧失听力的学生教育方案中采用手语（Gallaudet 研究所，1985）。不过，Luterman（1986）认为使用全面交往方法的运动效果没有得到证明。许多教育家认为，全面交往方法促进了父母与儿童和教师与儿童之间的相互交往，而且加大了儿童的自尊自重，但这些假设的获得不易得到文件证明。Luterman（1986）进一步观察"全面交往方法在耳聋儿童消沉的学业成绩中并未做出实质性的改变"（p.263）。

美国手势语言（ASL）

美国手势语言（往往被称为 ASL 或 Ameslan）是美国和加拿大聋人文化的语言。尽管本地人所用的手势语言一度曾被认为是非语言（非语言学的）。心理学家、语言学家和教育家目前普遍把 ASL 看成是合乎他本身头衔的复杂而合法的语言，而不是口头英语不完全的变种。ASL 是具有自己句法、语义和实用性规律的视觉——手势语言（Wilbur，1987）。在 ASL 中，双手的形状、方位和移动模式，动作的强度以及打手势人的面部表情无不传达意义和内容，像

Paul 和 Quigley(1990)指出的,

> ASL 是专门为适应身体的运动能力而构造的。ASL 的语法构造是以占据空间为基础。空间和运动扮演重要的语言角色(p. 128)。

因为 ASL 有自己的词汇、句法和语法规则,它与口头或书面英语完全符合。冠词、介系词时态、复数和文字顺序可能与标准英语表达不同。在 ASL 和英语之间,逐字准确地翻译是难以完成的。正如将众多外国语言逐字译成英语的困难一样。

大多耳聋儿童在家中不学 ASL,只有 12% 的聋童有耳聋的父母(Reagan,1985)(通常在寄宿学校中)。往往由儿童之间互相传授,而不是父子之间更普通的传授方式。ASL 很少在全面交往方法的教学方案中使用。尽管全面交往教师使用的手势交往法往往自 ASL 借用个别手势,这些手势是按英语句法表达的,结果产生了一种"洋泾浜手势英语"(Pidgin Sing English)(不同语种的人们在商业交往中,尤指在旧中国港口所用的混杂英语)。

Lane(1988)对听觉教育家们把英语的手势强加于耳聋学生的作风的坚决主张,看成是种族优越感和家长作风感借着对耳聋学生建立听力所展示的另一种符号。

> 这种种族优越感误解手势语言的性质与情况,导致教师"固定"儿童的"任意的姿势"以便使它们更像英语。新符号由能听的人们为英语文字功能而发明的。当然,语尾在美国手势语言中没有地位,而语法上的秩序与试图复制英语文字的秩序混淆在一起。耳聋儿童从来没学过这种系统的本国语言而且实际上也办不到,因为它破坏了手势——视觉交往的渠道。没有耳聋的成人用过这样的交往方式。但在课堂中这一系统被广泛地使用,他们声称它辅助耳聋儿童学了英语(p. 10)。

许多耳聋集团和有些教育家们要把 ASL 当作耳聋的第一语言。他们相信在儿童掌握本国或第一语言中(ASL),在用两种语言的教育方法的前后关系中,英语可能学得更好一些。Paul 和 Quigley 是这一组的成员,他们(1990)批评当前在全面交往教育方案中采用的各种形式用手译制的英语,因为:(1)译码竟然被一小组人员制造出来;(2)在特殊的教育环境之外它们并未广泛地使用;(3)从事者往往从不同的系统使用手势,以致使听力受损学生难于形成英语法则可靠的假说;(4)使用 15 年之后,在耳聋学生的英语文学或学术业绩中没有改进的证明。

语言教学

为了辅助听力受损儿童获得并应用书面语言已发展了无数技术和资料。书面与口头表达之间有明显的近似关系,但在儿童所用的交往方法(单一口头或全面交往)与特殊学校或班级选用的语言教学方法之间，却无完全一致之处。

为听力受损学生设计的语言教学方案在一般情况之下，或分为构造的或分为自然的。拥护构造方法者相信听力受损学生不会自然地就学会英语——他们必须分析和分类它的语法规则和关系。60年前即已出名今天仍在广泛使用的构造方法是 Fitzgerald Key(Fitzgerald, 1929)。这个方法提供若干加以标号的类别，如谁、什么、哪里和什么时间。儿童把文字放入正确的类别之中从而产生正确的句子。

自然方法的支持者相信，如果学生置身于语言丰富的环境之中，他们自然而然地会发现英语的规则与原理。例如，文法和词类都不是直接教学。自然语言样本之一是《耳聋学生的自然语言》(Groht, 1958)。这种方法强调通过模仿和会话来发展语言；在正式操练和练习中最宜使用游戏和活动的方式。

Moores 和 Maestas Moores(1981)为语言教学方法提供非常有益的评论，他们注意到实际上从无研究工作对一种方法的估价高于另一种方法，而今天大多数教育方案倾向于采用构造方法与自然方法合二而一的方式。

争论与选择

为听力受损学生交往和教学方法的争论似将持续下去，研究工作仍在为哪种交往方法是最佳方法的问题寻找答案，我永远找不出来确切的答案。不过，普遍认为我们为耳聋学生的教育方案尚有改善的余地。

不同的儿童有不同的交往方式。不幸的是，有些听力受损儿童由于刻板地依附单一口语方案而感受挫折与失败。他们离开口语方案，但未发展有用的交往途径。同样不幸的事实是，其他听力受损儿童，由于被编入不具备良好口语教学的教育方案之中，而从未得到发展他们听觉和口语技能的适当机会。在二者事例中，儿童都受到不公平的惩罚。每一听力受损儿童应采用接近适合于他独特能力与需要的交往方法的教育方案。

备选的教育服务

早期觉察听力损失并早期于预听力受损儿童与家庭至关重要。许多学校、讲话和听觉临床诊所以及其他机构为学龄前儿童提供教育方案。儿童的听力通常要予以测验，给他提供一个扩音器，并强调与成人和其他儿童进行社会交往。父母组和家访是学前教育方案重要的组成部分。通过这些措施，可以辅助家长与他们的儿童更有效地进行交往。直到5岁~6岁尚未得到特殊鉴定、扩音设备或训练的听力受损儿童，在交往和一般发展中无疑地要大大地受到挫折。

服务选择

在住宿学校，特殊日校和正规公立学校中，为听力受损儿童都提供了教育方案。Schildrot(1986)注意到当公立学校方案更广泛地流行和当大多数因 20 世纪 60 年代中叶风疹流传引起耳聋学生离开学龄总体时，在过去 10 年中，60 多所为听力受损儿童设立的美国公立住宿学校，注册人数骤然下降。当前的情况是，约有三分之一的听力受损学生上住宿学校，其中 40％的学生经常来往学校与家庭之间(Paul 和 Quigly，1990)。当前在住宿学校注册的学生中，超过90％患有严重和完全性的语言前的听力损伤，在住宿学校接受服务的听力受损学生，几近三分之一被认为是多重缺陷者，而几近三分之一是来自少数民族背景。

由于对联邦立法的响应，助听器和其他技术的改进，聋童父母和耳聋公民对于地方政府要求增加特殊设备，在地方公立学校为听力受损儿童制定的教育方案日益扩展(Davis，1986)。正规学校的听力受损儿童可以参加自给自足班，或与非缺陷儿童在部分或全日学校中结合一起上课。Karchmen(1984)报道不足 50％的听力受损学生在相当程度上，被结合到正规课堂上课，而那些听力丧失少于 90dB 的学生为主流倾向。按 Davis(1986)所说，在正规课堂中听力受损儿童的成功，大多重要的组成因素是(1)优良的口语交往技能；(2)父母大力的支持；(3)平均或高于平均的智力；(4)自信与其他个人素质；(5)适当的辅助服务，如家庭个人教师，听力学的咨询以及讲话临床指导。对所有儿童，不管是有缺陷者还是无缺陷者，我们在正规课堂或其他任何安插机构中，从不忽视决定一名学生能达到怎样成功地步的最基本因素："教学质量"。在研究 215 名在自给自足班和无翻译人员的正规课堂的二级听力受损学生的算术成绩之后，Kluwin 和 Moores(1989)总结："不管安排如何，教学质量是成绩主要的决定因素"(p. 327)。

患有严重丧失听力儿童的特殊需要，使特殊服务在所有病号中成为必须的措施。在一所结合的公立学校机构中，为丧失听力儿童的特殊服务可以包括：

◇较小的班级容量

◇由专家主持正规讲话、语言、或听力训练的讲课

◇扩音系统

◇如果儿童使用手势交往，提供翻译服务

◇为促进唇读，在课堂中安置特殊座位

◇设备影片字幕

◇良好的音响装置或减少背景噪音

◇特殊个别辅导或检查课时

◇班中有人随时记录以帮助丧失听力学生能更集中注意力

◇在丧失听力学生采用手势语言或其他交往方法的环境中，为教师和其缺陷的学生提供教学方法

◇咨询

教师的能力

听力受损学生的教师必须完成专业训练方案，并达到各州和国家专业组织所定的证明标准。在通常的情况下，这种训练强调讲话和听觉解剖的研究、听力学、语言评估和发展、阅读等课程，以及听视教育技术的应用。大多学院和大学预科方案，要求教师成为口说和手势交往方法二者结合的全才人物。

由于交往技能的教学支配，大多大学本科教师训练方案，应考虑到听力损失学生的教师可能未经适当的训练而去教其他课程部分，明显地表现为科学和算术(Lang，1989)。例如，对于 500 名听力受损学生的科学教师调查发现，74％的教师没有科学教育学位，而一半从未选修任何科学教育课程(Lang 和 Propp，1982)。

Sass—Lehrer(1986)在正规和特殊学校中调查过 150 位为听力受损学生教学方案的主持人，发现下列在那些被认为"至关重要的为听力受损学生有效教学"的能力(p.230)。

◇提供语言教学

◇教导小组在不同机能水平上为听力丧失的学生服务

◇发展和改编教学资料

◇引导学生在积极自我概念的发展中从各种评价程序采用信息去制定 IEP

◇沉静而有效地处理危机

教育译员

翻译——给耳聋的人以手势表示教师或其他发言人所讲的话——从 1964 年成立名为聋人译员注册处(Registry of Interpreter for the Deaf(RID))的专业组织，开始成为一种专门职业。许多州为培训要取得 RID 资格，必须达到某些能力标准的译员开设教育班。开始时，这种组织主要由专为进行法律或医药交往的耳聋成人搞翻译的"自由译员"所组成。"教育译员"的职务使许多听力受损学生注册并成功地完成中学生后教育方案成为事实。此外，教育译员在小学和中学课堂中还有更大的用处(Gustason，1985)。译员的任务在校与校之间有所不同，他们可能担任个人指导教师、正规和特殊教育教师的助教、课堂记录员以及听力受损学生的管理员等等职务(Zawolkow 和 De Fiore，1986)。

中学生后教育

听力受损学生完成中学教育阶段后有日益增长的再受教育的机会。最古老

而最出名的是华盛顿 D. C. 的 Gallaudet 大学，在大学文科、理科、教育、商业和其他领域为大学本科和研究生开设范围广泛的课程。来自美国各州、加拿大和其他国家的听力受损学生竞相申请入学。Gallaudet 所有各班通过讲话和手势语言同时交往的方法进行教学。此外，设在 Rochester（纽约）工业技术研究所中的全国聋人技术研究所（NTID），在技术学、职业教育以及与商业有关领域，如计算机科学、饭店管理、摄影学和医药技术等等领域，提供范围广泛的课程。Gallaudet 和 NTID 二者由联邦政府支援，每处听力受损学生注册人数各约有 1500 人。

其他高等教育学校，为听力受损学生开展支援性服务的特殊教育方案的还有 150 多所。在这些学校之中，有 4 处地区的中学生后教育方案，大量的听力受损学生注册入学，它们是：圣保罗（Minnesota）技术——职业教育研究所；西雅图（华盛顿）中央地区学院；田纳西大学附属中学生后联合教育；Northridge 加利福尼亚州立大学。

过去 20 年间，参加中学生后教育方案的听力受损学生的百分数骤然上升。到今天，约有 40％的听力受损学生继续接受高等教育（Connor，1986）。在与商业和办公室事业有关的研究领域的注册人数急剧增长（Rawlings 和 King，1986）。中学生后教育方案的增加，将扩展耳聋成人的就业和专业学习机会。

流行的问题与未来的趋势

有较多的听力受损学生在正规公立学校上课时，口语教学方法继续保持极其重要地位，很可能是显而易见的。讲话，毕竟在正规课堂中是师生之间是最广泛使用的交往形式。不过，用手势交往，特别是 ASL，对一般群众来说，越来越熟悉。有些学校，对听力正常的儿童已经进行手势语言的培训，而与日俱增的人在他们与群众接触的工作过程中——如公安干警、消防队员、空姐和银行出纳员等等——也在学习对耳聋人士的手势交往。电视节目、电影、音乐会和其他聘用译员或印刷字幕的宣传工具，已经成为广泛流行可用的。眼看一位发言人或演员身旁站着一位唇读译员已不再是罕见的事了！

尽管中学生后教育和培训方案目前逐渐扩展，许多听力受损成人对适当就业和经济发展仍觉机会有限。关于听力受损学生的权利问题，最近法庭决议导致混淆的结果。在一个案件中（Barnes 对 Converse 学院，1979），法庭命令一所私立学院，为一名耳聋学生用公款提供一名译员。在另一案件中（东南社区学院对大卫，1979），美国最高法院决定，学院不能被迫收容听力受损学生入幼儿教育方案。一件为最高法院广为宣传的案件（Hendrick Hudson 中心学校区的教育局对 Rowley，1982）导致地方学校专区不要求为在正规课堂中，正常完成作业的耳聋学生配备手势语言译员。当听力受损人士日益明了他们的公民权和寻求教育、就业和其他权利时，类似的案件在未来还会发生。

ASL 在聋人文化中的中心任务与若干著名聋人教育专家承认 ASL 为耳聋儿童第一语言的合并，可能加大长期对于听力受损儿童，应如何进行语言教学争论的强度。由众多耳聋人士对这一案件的评论，即可说明争论的强度。当 85 名田纳西聋人学校学生拒绝学校不准用 ASL 进行交往，而要按英文词序签名的法令时，被勒令退学(Mccracken，1987)。

技术的进步，已经使众多听力受损学生的教育方案发生显著的效果。除了用以觉察听力损失和利用残余听力的微弱力量的尖端技术之外，若干讲话助听方法帮助耳聋人士觉察并改善他们自己的讲话(Calvert，1986)。Cochleay 移植管已经成功地使完全感觉神经中枢受损的人，去利用残余的听力(Karmody，1986；Miller 和 Pfikngst，1984)。微型计算机，与日俱增地运用于对听力受损学生进行语言和各科教学。例如，Prinz 和 Nelson(1985)阐述使用 ASL 符号的图画和描写，改善耳聋儿童阅读和写作技能的微型计算机教学方案的成功事迹；Tomlison keasey，Brawley 和 Peterson(1986)报道相互作用的影视光盘系统，辅助耳聋学生增强语言技能和学习动机。

电子和计算机技术的不断进步使电话和电视日益接近听力受损的人士。长期以来电话对耳聋人士，不论在工作岗位上或社会交往中都是一个障碍物。但日前声响连接器，使通过传统电话线在打印或数字形式中，传达直接信息成为可能的事实。为耳聋人士的电信学方法(称为 TTY 和 TDD)，目前广泛使用而且价格相当公道。同样，闭路式字幕与日俱增地用于电视节目，从而具有特殊译码的听力受损人士，就能在电视屏幕上阅读字幕或子标题。另外一种名为"真实绘图展示"的技术形式，促进如大众讲课一样的活生生的迅速表达字幕。

未来工艺学上的进步，可使教育家去分析并追踪听力受损学生的语言发展，使用比现在更精确的信息，为每一儿童计划适当的语言教学方案(Levitt，1955)。最引人产生兴趣的概念是自动讲话认知系统可以完成的可能性。这样的系统可使耳聋的人士立刻把旁人的讲话按照密码译解，或通过一个小型的、袖珍的打印方法使讲话人的声音发生作用。研究人员要求发展讲话认知系统，这是高度复杂的工作，就如人类讲话类型海阔天空无边无际一样。虽然如此，工艺技术的进展，与个人需要和权利连接的概念，将使听力受损人士能更广泛更全面地在他们的学校和社会里，参加教育、谋求职业、参加社会娱乐活动。

第七章　视觉损伤

◇视觉的丧失以什么方式影响学习？

◇视觉丧失的年龄如何影响学生？

◇视觉正常儿童入学时掌握许多有关树木的知识。教师如何帮助先天盲童
　发展有关树木的概念？

◇视力损伤的人需要学习什么非文学技能？

◇视力低弱儿童的教育需要目标如何与盲童不同？

16 岁的玛利亚聪明睿智，准备上大学，可她从出生即双目失明。最近，她做了一系列的智力测验和心理测验，得分相当于她的年龄和班级所期待的成绩。不过，在一道测验题目上，发生了不寻常的答案，测验人递给玛利亚一支未剥皮的香蕉问她"这是什么？"，玛利亚手持香蕉猜了好几次，几分钟内没有猜中。测验人既是玛利亚的教师又像父母，顿时吃了一惊。测验的这一节毕竟是为低年龄儿童编制的，尽管如此，玛利亚也多次吃过香蕉，但在吃香蕉的经验上，她从未看到这一个重要环节，她也从未亲自拿着香蕉剥皮。

这段真实的故事（Swallow 1978）说明视觉在我们生活的世界中，获得正确和全面知识是非常重视的。视觉损伤学生是"一小部分有缺陷的学生，他们与没有缺陷的同学们是大同小异的"（Schall，1987，p. 36）。主要区别在于视觉损伤学生，需要补修教育帮助他们克服视觉的缺陷，感觉输入是非常重要的方法。因此，从事视觉损伤儿童工作的教师表示，必须计划并掌握众多第一手经验。许多视觉正常儿童，似乎毫不费力即可获得的概念，而视觉损伤儿童根本学不到——或者学得不正确——除非教师故意地把概念教给他们。优秀的教师往往是那些能使视力损伤儿童学会重新上学的教师们。

视力损伤学生展示范围宽广的视觉能力，从眼睛完全失明到相当良好的残余视力。所有这些学生共有的一个特征是"干扰正规教育方案正常发展而无补救办法的非常严重的视觉限制"（Scholl，1986a，p. 29）。

甚至当信息有意地呈现在视力损伤儿童面前时，他们并不能完全像视力正常儿童那样学到它们。视力损伤学生可以利用他们其他感觉；如听觉、触觉、嗅觉和味觉，能有助于感觉注入通道，但它们并不能完全补偿视力的损失。触觉和味觉不能把远处的东西告诉儿童，甚至一臂之远的物品。听觉能将环境中近处和远处的许多信息告诉他们，但为他们提供的信息绝不能像人们在环境中看到的信息一样的完全、持续和正确。

课堂是视觉在学习中发挥关键作用的重要环境。在学校中，视力正常儿童按惯例要发挥若干重要的视觉技能。他们必须能看得清楚；他们必须能注视不同的物品，按需要调节远近的焦距；他们必须有良好的眼手协调能力并能记住他们所看到的东西；他们必须能准确地鉴别颜色；他们必须能保持视觉集中。

视力损伤儿童在上述这些能力上缺乏一项或更多项的能力,以致他们可能在教学程序或资料中需要特殊的装备以便有效地发挥学校的作用。

视觉损伤的定义

视觉损伤有法律上和教育上两重定义。眼盲在法律上的定义着重地依据视觉敏度的测量,它是在指定的距离能清晰地区别形状和鉴定细目的能力。视觉敏度通常由阅读 20 呎以外图画上的文字、数字或其他符号来测量。熟悉的短语"20/20 视力"并不像有些人所想象的"视力完美"——它仅指出在 20 呎远的地方,眼能看见有正常视力的眼睛能在那样远的距离所应看到的东西。当这个底数增加时,视觉敏度就消退了。

法律上的眼盲

如果人的视觉敏度经过最好的矫正之后,戴着眼镜或隐形眼镜,在较好的眼中是 20/200,或稍低一些,于是被认为合乎法律上的眼盲。如果小李戴着她的眼镜有 20/200 的视力,她需要站在 20 呎之远的地方看见大多数人在 200 呎之远能看见的东西。换句话说,小李比视力正常的人,必须站得更近一些,才能把东西看得清楚。她的法律上的眼盲意味着,小李大概在每天许多情况中看东西有困难。但许多儿童有 20/200 甚或 20/400 视觉敏度,只要有特殊的帮助,在正规课堂中即可成功。有些学生的视觉敏度低得可怜,即使戴上眼镜或隐形眼镜,在任何距离中也不能看到微小的细节。

有的人,如果她的视野极端受到限制,也可以被认为在法律上是眼盲。当往前注视时,正常的眼能在 180 度以内看到物体。如果小王的视野只有 10 度,他每次只能看到有限的范围(甚或他的视觉敏度在那小小的范围中相当良好),视野有限的人,形容他们的知觉如同坐井观天,他们的中心视觉可能良好,但在视野外围的边缘视觉可能不佳。另一方面,有些眼的情况,使人不能在中心视野中看清事物,但具有相当良好的边缘视觉。

不论视野损伤是中心的还是边缘的,只要他局限于 20 度的范围之内,或少于正常 180 度视野,他就被认为是法律上的眼盲。在儿童和成人中,视野随年月的消失慢慢减小,并小到觉察不到的地步是普通常见的事情。全面的视觉检查应永远包括视野的测量和视觉敏度测量。

法律上眼盲儿童,有资格从政府机构接受各种教育服务、各种材料和惠助物资。例如,他们可以从国会图书馆获得唱片(名为"讲话的书")、录音带和留声机。由于联邦定额分配系统,为每一法律上眼盲的学生分配给各州和地方学校专区相当的财政补贴,他们的学校可以从美国盲人印刷厂购买教育资料(Chase, 1986b)。法律上的盲人还有资格参加职业培训、美国邮件免费服务以及额外的免交所得税。

知道这些服务和优惠固然非常重要，法律上眼盲的定义对教师来说并不那么特别有用。有些儿童尽管不符合法律上眼盲的标准，但严重的视觉损伤足以申请特殊教育技术和资料。有些学生的视觉损伤有资格列为法律上的盲人，却找不到或无法得到许多特殊教育的服务。教育家们于是在眼盲和低视觉之间加以区分。这种区别并不以视觉敏度或视野的精细测量为标准，但代之以儿童视觉损伤影响学习和对特殊方法或材料所需要的广度为依据。

低视觉

盲童是完全失明的或视觉低到主要通过其他官感来学习。例如，大多盲童用他们的触觉读（Louis Braille 布莱叶）盲文（或点字法）。另一方面，低视觉的儿童能通过视觉渠道来学习，而一般的通过阅读印刷品来学习。尽管低视觉尚无普遍同意的定义，Com（1989）提出的定义强调视觉机能性的用途：

> 低视觉是视觉的一个水平，加以标准的矫正，在视觉计划和执行任务中，对个人有所阻碍，但通过视觉或非视觉的辅助物以及环境的调整或技术的应用，即能使机能性的视觉增强用途。(p.28)

目前，大多接受视觉损伤特殊教育服务的儿童具有可用的视觉；低视觉的学生约占学龄视觉损伤人口的 75％～80％之间（Bryan 和 Jeffrey，1982）。

视觉敏度这个名词（Barraga，1983）和机能性视觉（Corn，1989）指明一个人不管他有什么样的视觉而能运用视觉的程度。机能性视觉是"在计划和执行任务中运用视觉信息足够的视觉能力"（Corn 1989，p.28）。机能性视觉既不能用测量儿童的视觉敏度或视野来决定，也不能加以预测有些视力严重损失的儿童非常能干地运用他们所有的视觉。其他视觉损伤相当微小的儿童不能像看得见的学习者执行功能；他们甚或可以像盲人一样行事为人。Barraga 和她的同事们指出，视觉认知和鉴别能力的系统训练，能更有效地帮助许多视觉损伤儿童运用他们残余的视力。

其他的损伤

虽然多次提到的视觉损伤是在视觉敏度和视野里边，人的视觉受到损伤还有其他若干显著的途径。眼睛的灵活性、眼睛活动的能力可能受到损伤。这种损伤能引起双眼视觉的问题，它是两眼注视一件东西并把两个表象融合成单一清晰表象的能力（Ward，1986）。实际上双眼视觉是个复杂过程，要求每一眼中有良好的视觉、正常的眼肌肉以及大脑协调中心平稳的机能（Miller，1979）。

若干情况使小孩难以或不可能有效地共同使用他的双眼。由于单眼或双眼的内向或外向的差别，斜视描述用双眼不能对同一事物调节焦距。斜视眼、斗鸡眼和白眼的这些土话和有点卑视的名词曾被用于斜视儿童身上。

斜视和其他眼睛灵活性失调，若不予以处理，即能导致视觉永远丧失。当双眼不能同时聚焦，大脑因抑止从单眼来的视觉输入而废止双重表象，从而较弱的眼——通常内向或外向转移的那只眼睛——真的要失去它的视觉能力。弱视指的是即便没有生病，较弱的眼睛由于缺乏使用会减低或丧失视力。弱视平常的处理是在较好的眼上戴个眼罩，从而通过训练和经验迫使较弱的眼睛发展较好的视力。如果从儿童早期即开始处理，能取得最有效的结果。眼肌肉外科手术也有助于矫正肌肉不平衡，并可阻止较弱的眼睛进一步失掉它的视力（Batshaw 和 Perret，1986）。

其他视觉损伤种类包括调节问题。在这个问题上，眼不能在不同的距离正确适应视力、调节困难的儿童，可能从阅读的书本转视黑板再转回来发生困难，有些视觉损伤儿童患有眼球震动的病症，在病中眼的活动迅速、不自主、或前或后、或斜或直、上直下歪、或来回打转儿。一般情况下，患眼球震动的人不能自己觉察（Chase，1986b），严重的眼球震动能导致聚焦和阅读的问题。

有些儿童的眼睛不寻常地对光亮过敏，这种情况名为恐光症。这类儿童需要戴（日光）有色眼镜并躲避强光或闪光的照射。患白化病的儿童由于他们的眼睛（皮肤和头发）缺乏正常的色素沉着大多总是患有恐光症。

颜色视觉也可能受到损伤。缺乏颜色视觉的儿童并不是真正的色盲。这就是说，他只能看黑看白。不过他可能发现难于区分某些颜色，红绿混淆是最普遍的，所有人中男性约有 8％，0.4％的女性时有发生（Ward，1986），当儿童长大时，缺乏颜色视觉依旧故我。通常它并不列入教育上的显著的视觉损伤。

疾病发生的年龄

与其他缺陷相同，视觉损伤既可以是与生俱来的（出生时而发生）也可以是外来的（获得的）。教师知道学生获得视力损伤的年龄是有用的。从出生眼睛即失明的儿童自然与 12 岁才丧失视力的儿童对世界的知觉全然不同。前者学习背景是通过听觉、触觉和其他非视觉感官而来；而后者从视觉经验的背景吸取知识。大多盲人保留一部分往日看过的事物的视觉记忆。这部分记忆有助于儿童的教育，例如，后天的盲童可以记得颜色、地图和印刷文字的外貌。不过与此同时，他们对于情绪的支配与认可的需要，可能比不需要对视力丧失突然适应的先天盲童大得多。

视觉损伤的类型与起因

眼的基本功能是从环境搜集信息并传达到脑。眼受到视野中物体反射的光线刺激，在正常的眼中，这些光线在视网膜的中心位置形成清晰的焦点。眼背后神经组织多层次的薄片好比照相机的胶卷，要把清晰的映象传达到脑，光线必须在视网膜上形成准确的焦点。视神经与视网膜相连，它将视觉映象传达到脑。

在视觉过程中，光线必须在眼本身中通过若干结构与实体。每一结构略将光线微调以产生视网膜上理想的表象。光线首先触到角膜，保护眼睛曲形的透明薄膜（很像保护手表外部晶体）；然后它通过水样液，一种充满眼睛前室的水状液体；随后，光线通过瞳孔，在有色的虹膜中心有一个圆孔，瞳孔或缩或扩调节光线进入眼睛的数量；再后，光线通过水晶体，一个由细小肌肉悬吊的透明而有弹性的结构来调节它的厚度，从而远近物体都能形成轮廓分明的聚焦；最后，光线通过玻璃体，充满大部分眼睛内室的胶状实体。这些结构任何一部分有所损伤都能干扰在视网膜上形成清晰的聚焦表象。

折射的错误

当光线从一个透明结构到另一个结构时，折射是弯曲光线的过程。如前所述，正常的眼无须特殊帮助。弯曲光线以致在视网膜上能看到清晰的表象。不过，对众多普通人来讲（Miller，1979），眼睛的大小与形状干扰折射的不完全性，就是说，光线在视网膜上并不集中。折射的错误通常可以由眼镜或隐形眼镜来矫正，但如过于严重，它们能导致永久的视觉损伤。

在近视眼（myopia）人中，眼睛从前到后，大于正常人的眼睛。导入视网膜的映象多少要在焦点之外。患近视眼的儿童能看清近处的物品，但看远处的物品（如黑板或电影）就模糊不清了，甚至根本看不见。近视的对面是远视眼（hyperopla），一般叫做 farsightednese。远视眼比正常的眼较短，在视网膜上，干扰光线的集中。患远视眼的儿童难于看清近处的物品却能对远处的物品集中目光。散光指的是由角膜或眼睛其他平面的畸形，引起的曲折或模糊的视觉，远近物体都可能在焦点之外。眼镜或隐形眼镜能改变光线的进程，从而矫正许多光折射的错误，尽可能地产生清晰的聚焦。

视觉损伤的其他起因

眼盲和视觉损伤可由众多原因引起，我们仅列举一二。白内障是眼睛水晶体内多云状态，遮蔽了清晰观看所需要的光线。视觉可能模糊不清，视物受到曲折或不完整。患白内障的人把他们的视觉比做通过污染的风屏去看东西。如果白内障极端多云或稠密，人根本不可能看到任何详细情节。

白内障在老年人中相当普遍，但在儿童中间也会发生。大多出生就有白内障的儿童在外科手术中，把他们多云的水晶体摘掉。然后他们戴特殊的白内障手术后眼镜或隐形眼镜，并且通常需要戴双光眼镜，或一副往远处看的眼镜和一副为阅读用的眼镜，因为眼镜或隐形眼镜不能像天然水晶体那样改变焦点。白内障手术后有时往眼内嵌入一个永久性的水晶体，但这种程序尚未普遍得到眼科医生的认可。

青光眼（Glaucoma 又译绿内障）以眼内变态的高压力为标志。青光眼有各种类型，全与干扰或遮蔽眼内正常循环的液体有关。当增强的压力毁坏视神经时，中心和边缘视觉就丧失了——或完全丧失。尽管青光眼在进展阶段可能非常疼痛，但长时间内往往不易觉察，有些儿童甚至不知道在他们的视觉中已经发生微小和逐渐的变化。青光眼如能在初期阶段被发觉，往往能用医药或外科手术得到成功的处理。

视觉损伤和眼盲的若干重要起因包括视网膜的损坏，对清晰视力非常关键的是光感受组织。视网膜布满血管可能受血液循环系统损伤的影响。患糖尿病的儿童和成人时常因出血和在视网膜上增生新血管以致丧失视力。这种名为糖尿视网膜病的情况是 20～64 岁之间的人眼盲的主要起因。激光外科手术在某些病例中曾有很大帮助，然而尚无有效的处理方法。不过，美国眼科学院（1985）建议，半数以上患糖尿视网膜病者通过早期诊断和处理可以阻止疾病的发生，所有患糖尿病的儿童和成人均应接受正规的、详细的检查。

视网膜炎色素（Retinitis Pigmentosa）（RP）是所有后天的视网膜损伤中最常见病，这种疾病使视网膜逐渐变质退化。第一次病症通常在初期难于看东西，继而是边缘视觉逐渐消失。一小量的中心视觉尚可保留。尽管近代研究机构冒着高度风险，协助家庭鉴定发病的儿童，在大多病历中，RP 是不治之症（Kaiser-Kupfer 和 Morris，1985）。有时 RP 在先天耳聋人中发生。先天耳聋与患慢性视网膜色素不幸的结合被称为 Usher 的综合征，是处于青年的成人中的聋盲病显著的起因。

Macular 消退症是相当普遍的情况，在病中视网膜中心视区（Macular 区）逐渐恶化。与视网膜色素对比之下，患 Macular 消退症的儿童通常保留边缘视力但失掉视野中心清晰看物的能力。

分离的视网膜从局部的或整个的视网膜与眼外部组织网膜脱离时产生。这种情况伴随着若干眼病或因外伤而产生分离或分裂的视网膜常常可由外科手术而修复。

早产的视网膜病（Retinopathy of Pyematurity）（ROP），是由把低降生重量的婴儿，放入早产婴儿保育箱中并加以高度氧气而发生。当婴儿从超氧的保育箱移走时，氧气浓度的变化能在眼中产生血管和疤痕组织反常的稠密增长，视网膜的脱离导致不同程度的视觉损伤而往往双目全部失明。20 世纪 40 年代，早产婴儿按惯例给以高剂氧气，从而约有 25％被诊断患有 ROP。到 1952 年，ROP 达到流行的比例，而成为儿童时代眼盲最大的单一原因（Newell，1982）。到 20 世纪 50 年代，给予早产婴儿的氧气大大地减少，于是 ROP 的发生率有所下降。不过，据估计在被预防眼盲的病例中，由于施氧不足，已有 16 个婴儿丧生(Lucey 和 Dangman，1984)。

从 20 世纪 60 年代中期以来，较轻微的 ROP 发生率又出现上升趋势，导致上升的因素是允许儿科医生保护低降生重量，高风险婴儿的医疗技术。……80 年代初期，ROP 发生了恢复活动。对 2100 个婴儿估计报告，每年发现不同程度的 ROP。在这些婴儿中，约有 23％发展成为严重的视觉损伤或全盲。发生率与 1943～1953 "流行病" 年类似(Phelps，1981)。患ROP 儿童的出生重量累计下降。大多婴儿如果前十年出生或已死亡。目前 ROP 主要影响出生重量低于 1000 克(约 2.2 磅)的婴儿。(Trief，Duckman，Morse 和 Silberman，1989，p. 500)。

对于教育家来说，无须详细了解视力损伤儿童的病原学和医疗情况，但掌握学生特殊的视觉损伤如何影响课堂作业却是重要的。例如，知道小王在强光之下阅读有困难，小强右眼中心视觉只有一小部分，或小丽有时眼睛感觉疼痛等等情况都是有用的。了解以上所述种种基本知识，有助于教师掌握儿童的学习和行为的某些方面，并决定何时介绍儿童去眼科做专门检查。

普遍形势

视觉损伤儿童组成学校总体的一小部分——1000 人中约有 1 个儿童。美国盲人印刷署(1987)，在其合格申请联邦资助方案和服务的合法盲生注册年鉴中报道：1987 年有 16670 合法盲生在 K－12 班中注册。1988～1989 学年之间，联邦政府报告在视觉缺陷类别之中，有 22743 名 6 岁到 21 岁的儿童或青年在公法 94－142 上接受特殊教育服务。联邦政府的数字包括要求特殊教育，但不符合法律眼盲标准的低视觉学生。视觉损伤学生的实际数目大概要高于政府的数字。因为有些视觉损伤学生列入其他无能类别之中。如既聋又盲和多重缺陷等等。此外，视觉损伤学生超过全部学龄总体的 0.1％仍令人难以置信。

在美国盲人印刷署调查的合法盲生之中，86％以上正规公立学校中只有12％以上盲人寄宿学校，其余 2％的视力损伤学生，大多在多重缺陷学生方案和职业复原方案中接受训练。

从视力损伤学生所用读书方法的调查，可以清楚地看到这个总体性质的变迁与不单纯性。1987 年，美国印刷署调查鉴定，33％的视觉损伤学生为凭视力的读者，他们主要使用正规或大号——印刷材料。其次是包括凭听力的最大集体读者(17％)，他们用录音的或音带的材料或用 Braille 盲字读本高声朗诵(12％)。非读者或读者前由其余 38％组成。这些数字与对大量有其他显著缺陷的眼盲和视觉损伤学生的观察相一致。按 Scholl(1986a)从研究领域最近报告指出，大约三分之一视觉损伤的学龄生总体上至少有另外一件无能的缺陷。

在缺陷总体之内，视力损伤儿童要求特殊教育服务的形势也是微乎其微——仅占 1988～1989 年所有缺陷学龄儿童的 0.5％。从而视力缺陷被认为是低发生率损伤。视力缺陷儿童的教育工作者和家长，对于这个低发生率的普遍形势时常表示关注，因为怕的是一旦资金短缺，视觉损伤学生可能得不到特殊培训教师的适当服务。对于当地公立学校，为远住郊区的视觉损伤儿童提供综合教育服务，可能有特殊的困难。

领域的背景

有史以来，尽管眼盲和视力损伤人士并非是很大的群体，但是一个引人注目的集体。在大多数国家中盲童教育有很高的优先权，历史上为盲童的学校和其他特殊教育方案，在为其他缺陷儿童集体的学校之前已经建立了。美国今天为视觉损伤的人士提供特殊服务的组织有 1000 多所。实际上，人力物力如此雄厚，眼盲人士在如何识别和运用最适当的科目、成果和可利用的信息组织中，选择特殊课程是明智可取的。

对于眼盲和视觉有缺陷人士，给予特殊注意有若干可能的解释。通常盲人易于被人发现，而往往引起人们的怜悯和同情。在任何缺陷者中眼盲大概是最令人担心的一种缺陷。关于眼盲人士，也有许多陈规误解。有的研究发现盲人的性格是"良善的"、"和蔼的"和"可爱的"(Klinghammer，1964)，其他陈旧但坚持的假设是盲童天生有音乐天才，他们有第六感能使他察觉障碍，他们有超乎寻常的听觉以及他们的记忆技能超乎常人。

Valentin Hauy(1745～1822)因在巴黎建立 1784 年开学的第一所盲童学校"Institutiondes Jeunes Aveugles"而受到称赞，Hauy 在巴黎街头看到盲人扮演小丑和乞丐而受到震惊，从而决心教他们用更体面的方法去谋生活。在 Hauy 的学校所教的科目，有阅读和写作(用凹凸纸印刷品)、音乐和职业技能。Hauy 的学生演示的才华，给法国和欧洲其他各地人民以深刻的印象。到 19 世纪初叶，盲童寄宿学校在其他国家如英国、苏格兰、奥地利、德国和俄国相继建立起来(Koestler，1976；Roberts，1986)。

受欧洲盲人学校的影响，美国拥护者 1830 年左右，在纽约波士顿和费拉德尔菲为盲童建立了私立寄宿学校。在相继的几十年之内大多数州政府为视觉损伤儿童建设了公立寄宿学校。这些学校继续教育绝大多数是视觉损伤儿童，直到 20 世纪中叶(Koestler，1976)。

为双目全盲儿童设立的第一个美国公立学校班 1900 年在芝加哥开课；为低视力儿童开设的第一班 1909 年在克立夫兰开始上课；为随正常班上课的视

觉损伤儿童，设置的第一套巡回教学方案1938年在奥柯兰加尼弗尼亚贯彻实行(Ward，1979)。由此可见，视觉损伤儿童的主要倾向已有相当长远和成功的历史。

视力—节约班

在20世纪的大部分时间里，许多视力微弱的儿童在正规公立学校和盲童寄宿学校的特殊的视力—节约班中接受教育。一般相信儿童的残余视力不可过用以便节约。在极端的实例中，为保护儿童残余而有用的视力，甚至戴上眼罩或在暗室中接受教育，以便保留视力不致用竭或全部丧失。时至今日，不同的教育途径戏剧化地流行起来。眼科专家同意，即使视力不全，但用进废退；因此，为视觉损伤儿童的教育方案，应集中精力辅助他们尽可能地发展并使用他们的视觉能力。

视觉损伤儿童的高潮

如前所述20世纪40年代到50年代，成千上万的婴儿，因早产的眼视网膜病，导致双目失明或严重损伤视力。不过，这一不幸的医疗事件为视觉损伤儿童扩展了可用的教育机遇，因祸得福。由于当时所有的寄宿学校，无法为庞大的因ROP影响突然涌入的儿童提供设备，又由于许多父母不愿把他们的子女送入遥远的寄宿学校，在20世纪50年代到60年代为视觉损伤学生的教育方案和服务，在正规公立学校就普遍展开了。虽然大部分因ROP而致盲的儿童目前已为成人，为视力损伤儿童的公立学校教育方案，持续发展并使课程内容多样化。时至今日，在大多数美国和加拿大地区，父母为视觉损伤儿童，在公立和寄宿学校教育之间可以自由选择。

视觉损伤的儿童教育方法

我们往往先把视力损伤儿童的教师与特殊器材合并起来考虑，如盲字，手杖，录音器和扩音方法等等。传导体和材料在视觉损伤儿童的教育中确实起了重要作用。但优秀的教师必须要知道怎样使用这些特殊工具，而且要掌握更丰富的知识。因为他们时常被约去教大多数儿童通过视觉获得的技能与概念，视觉损伤学生的教师必须知识渊博、才华出众并富有创造性。他们必须计划并实施，有助于他们的学生通过非视觉的感官并参加生动的、实际经验而尽可能地获得信息。

许多教育家和心理学家对于眼盲或严重视力损伤给学习施加的障碍详加描述。例如，Lowenfeld(1973)观察一个盲童可以听到小鸟在歌唱，但不能光从歌声得到小鸟本身具体的概念。(沿用Lowenfeld所举的例证)有志于教这样的学生认识小鸟的教师，可能计划一系列的活动，使学生触摸各类鸟的标本并熟悉有关的物品如鸟蛋、鸟巢和羽毛等等。学生也可以在家中或课堂里假设担起喂养一只供观赏的鸟儿，或者安排一次到家禽饲养场的旅游活动。通过这些经验，视觉损伤的儿童可以逐渐掌握有关小鸟更全面和更正确的知识，远比他们仅从读书本、背生词或摸塑料模型的有限教育，去认识小鸟强得多。

实际上，视力损伤的儿童在丰富、完美的学校教育方案中，可以参加的活动范围是无边无涯的。教育家应保证视觉损伤学生的 IEP，包括全盘教学范围："那些与非缺陷同学所研究的科目，那些要求特殊教学和那些当他们成长到成人世界，能使他们与非缺陷伙伴在校外竞争的主要课程"（Scholl, 1987, p. 36）。不过，要成功地完成这一目标，要求特殊教育家为视觉损伤的学生和教室中的正规教师们提供支援、咨询和教材。

对眼盲学生的特殊适应

Braille 盲字是字母、文字、数字和其他系统，用凸出的圆点编排出来的阅读和书写系统。这个系统是由一位双目失明的法国青年 Louis Braille 在 1830 年左右创作出来的，尽管 Braille 系统已用了 150 多年，但在用触摸去阅读的方法中，仍是最有效的方法，是视力最低的人阅读印刷文件的主要技能。眼盲的学生阅读 Braille 盲字、指出 Braille 盲字和数字比阅读标准字母表的凸起文字要快得多。

Braille 系统是复杂的。在许多方面，很像速写秘书所用的方法，称为收缩的缩写，有助于节省篇幅和快读快写。例如，当 r 单独存在时，它的意思是宁可。Braille 盲字的 myself 写成 myf，常用的字——如这、和、同、为等——各有他们自己特殊的缩写。例如，"和"（and）的符号（∶∶）在下列句字中出现四次：

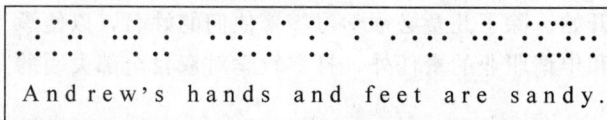

Andrew's hands and feet are sandy.

许多相似的缩写有助于 Braille 盲字更有效地阅读与写作。数学、音乐、外语和科学公式全都可以编成 Braille 盲字。当盲童上正规公立学校班时，有特殊训练的教师，在 Braille 盲字阅读和写作课上提供个别教学。与正规班级教师的合作至关重要，以便预先订购和准备教科书。通常并不期待正规班级教师去学盲字，但有些教师发现会用盲字有助于教学工作，就志愿去学。初看盲字好像难学，但学起来，盲字系统并不那么难学。

大多数盲童约在一年级时即列入盲字课中，大多数教师不等儿童学会一个字母一个字母地写出每个字来，在教案开始时就介绍缩写，而后来又不得不停止这种学法。当然，即使在盲字中每个字母并不单独出现，让盲童知道文字的完全和正确拼法还是重要的。通常使儿童彻底熟悉盲字系统和它的规律要费几年的光阴。每个学生的盲文阅读速度相差悬殊，但与打印阅读的速度比较几乎总是过于缓慢。

年幼儿童一般用盲字机（形似打字机，只有 6 键）学习写盲文。较大的学生通常用钢板和铁笔来写，在这种写法中，盲字圆点是用手自左至右按机键打出来的。记笔记时，钢板和铁笔方法有若干优点：它比盲字机较小而噪音较低。

工业技术和其他特殊辅助器

盲字书籍的特征是大、昂贵和笨重。当眼盲学生必须以触觉学习许多册盲文书本或笔记，以便迅速地重新得到知识时，谈何容易。近代工业技术的发展使盲文效果更大，从而使众多眼盲学生在正规课堂、大学和就业环境中更能独立地发挥作用。

书面

以 Versa Braille II＋（电感觉系统有限公司）闻名的系统是袖珍的电子计算机，眼盲学生在班中可以记笔记和做测验，而在家中可以做作业和写报告。按照盲字电池中的圆点，键盘上有六个键，一个数字键盘和一个操纵杆。学生可以阅读 Versa Braille II＋顶上由 20 个盲字电池组成的自动的可以摸到的排印，来核对他们的作业，作业文本在进行中由小管构成的盲字电池上下浮沉。学生在联同讲话的文字中进行程序，如 BRAILLE－EDITX 印刷机使用的 3.5 吋软圆盘上储存他们的作业，或为教师生产标准英文印刷副本去阅读。Ohtsuki 印刷机产生盲字和印刷的两种版式，使眼盲和能看的读者都能使用的相同文稿。

在盲童和他们有视力的同学和教师之间，打字是交往的重要方法，对进一步的教育与就业也是有用的技能。打字的教学在儿童的学校教学方案中，应按实际情况尽早开始。除了儿童必须学习签署他们的姓名，以便承当保持银行户头、选举登记和申请职业的责任外，打字教学对双目全部失明的儿童已不再广泛地开课。

为了眼盲学生的教学工作，范围广阔的特殊教材和方法已专门地发展起来或加以改进。大部分这类教育资料已由各州盲残教材中心或全美盲残印刷总署准备待用。

用手操作的和能触知的辅助器

用手操作的辅助器被普遍认为是对小学生教育基础算术有效的工具（Parham，1983）。不过，用像 Cuisenaire 杆一类的操作器时，有视力的学生用长短和颜色区分杆上不同的数值。Belcastro(1989)发明了一套标杆可使盲生通过对长度的感觉，对每一数字相联而可以摸到的刻码儿，能迅速地识别不同的价值。另外一种对盲残学生的算术辅助器是 Cranmer 算盘。日本使用多年的算盘是辅助盲生学习数字概念和计算的工具。在计数、加法和减法中，操作算盘珠儿特别有用，为了学到更高级的数学功能，学生更喜欢使用讲话的计算机（Speech－Plus），能演算任何标准计算机所能完成的大部分操作。它高声"讲出"登记条款和结果，并用数字形式把它们做出可见的图表来。这仅是近代众多的有助于盲残人士综合讲话工艺技术发展的事例之一。目前，讲话的钟表和拼字辅助器也是在流行使用的。

在自然科学和社会科学研究中，有许多鼓励盲残学生利用他们的触觉和听觉去取得第一手资料的操作和发明。例如包括凸版印刷地图和图表，三度（长，宽，高）立体模型和对光反应发出信号的电子探测器。课程改进计划如：MA-VIS（Materials Adaptation for Visually Impaired Students in Social Studies）以及 SAVI（Science Activities for the Visually Impaired）强调盲残学生在某些改进中，如何能与视力正常学生共同参加学习活动。

工艺技术的辅助器

Optacon（由视觉的到触觉的变换器）是为盲残人士把正常印刷品转换为可读的颤动形式的小型电子器。Optacon 并不把印刷品转换为盲字，而是转换成表现照相机所照的字母凸起的"针状物"图形。例如，当 Optacon 的小照相机照在印刷体 E 的上方时，照相人就感觉在一个手指尖上有一条竖线和三条横线。尽管这种方法要求精细的训练和实践，许多盲残的儿童和成人用 Optacon 的辅助，能有效地阅读正规的印刷品。它能使学生用打字机、计算机、电子计算机端子和小型印刷机来工作。

Kurzwell 阅读机是为盲残和其他能力丧失的学生发明的另外一种令人兴奋的近代技术发明成就。尖端的电子计算机，用综合性的专门语言确实能高声朗诵书籍和其他印刷文件。读者能调节声音的速度和语气，如果需要的话，甚至让阅读机一个字母一个字母地把文字拼出来。Kurzwell 阅读机的"智力"不断地改善，尽管机器造价昂贵，目前在大多数寄宿学校、众多公立学校教育方案中、大型公立图书馆、复原中心以及高等院校中普遍使用。

对于低视力学生的特殊适应

如前所述，大多数在盲残教育方案中注册的儿童有潜在的实用视力。他们的学习无须受到触觉、听觉和其他非视觉感官的限制。当前，重点是发展儿童的能力，尽可能有效地使用他们的视力。最近的研究指出，视觉的评估、训练和测量有结构的教育方案，能显著地改善他们的能力。这样的方案开始越早，他们的成功性的可能性越大（Corn，1986，Fellows，Legllire Rogers 和 Bremer，1986；Ferrell，1985）。Corn（1989）相信专业人员必须了解若干的低视力情况基本前提，以及对一个人的影响以便引导课程的发展和教学计划的制定。

◆那些视力不足（低视觉）的人，把他们自己看成是"完整无缺"的；他们并没有余留的或残余的视力。参照那些经历获得性视力不足的人来说，虽然它可以正确地叫做"残余的视力"，但生来视力不足的人，没有"正常的"视力参照构架。他们用生来就有的视力去看世界。

◆那些视力不足的人一般把环境看成是"静止不变的"，而且是"清晰分明的"。尽管也有例外，这个前提试图消释误解，视力不足的人生于印象主义世界之中，时刻想使表象"清楚"。

◆视力不足提供不同的审美经验。视力不足可以更换审美的经验，但不必需产生较少的经验。

◆20/20 敏度在大多数环境之中，对大多数的工作或对固定的与灵活的视觉机能，并不是必须的。

◆临床测量并不支配视觉功能。这样的测量提供一个预期视觉机能的"棒球场"。

◆通过使用视力辅助器，非视觉辅助器，对环境的修饰或工艺技术，视力不足的人能扩大视觉功能。

◆在所有的环境中，使用低视觉并不是最有效的方法，或达到功能最好的方法。对有些人或对有些工作来说，光用视觉或与其他感官合并使用，可以减低某人完成任务的能力。例如，正往食物中撒盐的时候，使用视觉可能不是决定已经撒了多少盐的最有效的方法。

◆低视觉的人有独特的心理特征。视力不足的人的生活经验，并非一般常人所遭遇的。对于那些视觉有先天和后天障碍的人，适应过程应该研究的太多了！

◆那些视力不足的人，可能形成一种美感的视觉，欣赏他们自己的视觉能力，并利用视觉去学习。

视觉功能

当前重视低视觉的利用，大部分应归功于 Natalie Barrage（1964，1970，1980，1983）历年研究工作的影响。她曾演示儿童，即使那些视觉敏度或视野受到极端限制的，经过辅导也能显著地改善他们的视觉功能。按 Barraga 给视觉功效下的定义是：控制眼睛活动，适应视觉环境，注意视觉刺激和迅速地吸取视觉信息。发展视觉功效的基本前提是：儿童学习，必须主动地用他们自己的视力去看。仅仅用眼花缭乱的东西装饰课室，吸引儿童去看是微不足道的。未经培训的视力不足儿童，仅凭视觉不能获得大量有意义的信息。有形状的可能看成是一团模糊不清、无形无状的斑点。培训可以帮助众多儿童，理智地和有效地运用他们的视觉印象，从他们所看到的得出意义来。Downing 和 Bailey

(1990)强调教个别儿童学注意、定位、追踪、改换注视焦点、扫描和在机能活动之内取得目标等等基本视觉技能的重要性。例如，不让视力不足的儿童把废弃的物品加以分类来锻炼他们视觉技能，取而代之是用他们的技能去学做果味冰激凌的饮料。

Corn(1989)在运用低视觉的教育方案中，建议用四项基础教学活动的目标。这四个目标是她为了答复"我们运用视觉的宗旨是什么"而建议的：

◇从指导的视觉经验获得信息。要求 4 岁的小孩计数碗中蛋黄的数目，查看是否需要按原要求多次的计数；或要求 3 岁的小孩重复所演示的跳舞步法。

◇从意外的视觉经验获得信息。一个 12 岁的儿童在卡车上，看到朋友家外铅管业公司的幌子，从而推断朋友家中可能有铅锤测量问题。

◇取得视觉经验的欣赏。为了欣赏目标在荧屏上旋转的动作，儿童可能选择在影视厅里玩耍。

◇为了计划和执行一项业务而利用视觉。一位成人用视力观察一条狭窄的通路，并决定他是否必须侧身而行以便走过去。经过指导，这个人可以扩大他用视力观察的技能，去计划并执行这项任务(pp. 31－32)。

视觉方法

许多视力不足的儿童能从特殊的视觉(光学)方法受到益处。这些方法包括眼镜、隐形眼镜、手执的小型望远镜、或放在印刷资料上面的放大镜。这类的辅助器不能给视力受损儿童以正常的视觉，但可以帮助他们更好地完成阅读小号印刷文字，看远处物品一类的事情。

光学(视觉)辅助器通常不是为所有的宗旨而是特殊化的。例如，小兰用她的眼镜阅读大号印刷品，用一个放大镜阅读小号印刷品，并用一个单眼望远镜去看黑板。矫正镜片和放大镜，一般的缺点是：效力越大，它们越歪曲或限制视觉的边缘视野。当前为视野受到限制的学生制出了野外放大镜片。这些包括为使物型变小，好让学生视野未受损伤部分看到较大面积而设计的棱镜的和像鱼的眼镜片。视觉利用的教学不应仅在孤立的时间方块表中进行，而应与视力不足学生的课程表所有部分结合起来进行(Corn，1986)，例如，儿童学习日常生活技能满可以因运用他的视觉，鉴别和拿到他的牙刷而受到鼓励。

时至今日，众多眼科大夫、配镜师和临床设备，在低视觉的评估和处理中，专门从事研究这一工作。专业的检查能帮助特殊的学生决定哪种视觉(光学)辅助器适合他的视力。如果他的视力有问题的话，通常在试用或借用的条件上提供视觉辅助器是个好办法，这样做能使学生逐渐学会在自然环境中使用并评定这些辅助器。届时，还应安排一段追踪适应日程。

阅读印刷资料

视力不足学生用三种基本途径去阅读印刷资料：放大途径（把眼与印刷页之间的距离自 40 分米缩到 5 分米能放大 8 倍）(Jose，1983)，（凹凸）镜片（光学的方法），和大号铅字排印(Corn 和 Ryser，1989)，大号铅字是 1913 年由 Clevelan 公立学校用 36′"净面"铅字第一次公诸于世的(Eaken 和 McFarlancl，1960)。

许多用大号铅字印刷的书籍和其他资料可供视力不足儿童使用。美国盲人印刷总署用 18′字号印刷书本。有些州和其他机构生产大型印刷资料，但生产品的尺寸、全副铅字的型式、行间空白、纸张的质量相差悬殊。本书以 10′字号印刷，下面是 4 种不同的大号铅字的样例：

This is 14 Point type.

This is 18 Point type.

This is 20 Point type.

This is 24 Point type.

大号铅字印刷材料有若干缺点，将字号印得很大明显地减少一次就能看到的字母和文字，从而增加学生对一瞬即可流畅阅读的难度。普遍同意的是视力损伤的儿童应当用能使他轻松愉快地阅读的最小号字型。儿童在阅读效率提高时能自大号印刷迁移到小号印刷，就像大多视力正常儿童所做的一样。

数量相当显著的视力不足儿童不论是否用视觉辅助器都能用正规印刷字号学习阅读。Stokes(1976)认为"大号铅字印刷不应由医生推荐或由教师使用除非已和正规字号做了全面比较"(p.346)。这种方法允许广泛增加资料的种类，并可减少购买大号印刷书籍或用特殊复制机扩印教科书的附加经费。尽管印刷字号是一个重要的变量，其他同等重要应予老虎的因素是：印刷资料的质量、印刷体与印刷页尺寸之间的对比、行与行之间的间隔以及儿童阅读环境的照明问题。

表 7-1 对大号印刷材料和光学方法的利弊加以比较。Corn 和 Ryser(1989)从 399 名视力不足学生在阅读速度和成绩、疲乏以及对各种材料的接触等等变量上获得了信息。他们在结论中认为，根据大多数的例证，用光学辅助器阅读正规印刷器比阅读大号铅字印刷材料更使人喜欢：

光学辅助器的运用（为那些能从它们受益的人士）应看成是接近所有正规印刷材料远近限制最小的途径。收到望远镜辅助器的处方使学生能接近远处的黑板、符号和事件。……光学[O]辅助器是个别化的教育工具，对于视力不足儿童的重要性正如一副支架之于身体损伤的儿童或助听器之于听觉损伤儿童一样的重要。(pp.348—349)

表 7-1　大号铅字印刷材料的优点与缺点

视觉（光学）的方法	大号铅字印刷材料
优点	优点
◇各种尺寸材料的接触，如正规教科书、报纸、菜单和地图。	◇大号铅字书本无需说明书。
◇每个儿童花费比较低。	◇有定额账目资金可用。
◇重量较轻易于携带。	◇无需低视觉临床诊断。
◇产品不需订货或等候。	◇带大号印刷"书本"与同班学友一样。
◇接近远处印刷品和物品，如黑板、招牌和人物。	◇学校专区提供资金无需父母出钱。
缺点	缺点
◇为了光学处理的药方，低视觉须有临床评估。	◇照相复制的扩大印刷体加大字母的不完整性。
◇为此，必须得到资助。	◇相片只有黑、白和灰影。
◇用光学方法须经培训。	◇图表、地图的标签只能扩印到小于 16 号尺寸。
◇光学处理的装饰可能引起忸怩害羞。	◇尺寸、重量难以提携。
◇对视觉问题联同设计的光学要忍耐对待。	◇学年后，材料脱销，学生用正规材料无所获益。

　　有些教育方案用闭路电视系统使视力不足学生阅读正规尺寸印刷材料。这些系统包括一张上面放着一本书的滑动书桌，书上摞着一个可变焦距透镜的电视照相机，附近还有一个电视控制器。学生能调节材料的大小、亮度和对比，既能选择普通的白底黑像，也能选择一张许多学生更喜欢的黑底白像。教师也可有一架电视控制器，让他无须到学生桌前跑来跑去即可观察学生的作业。除了价钱昂贵之外，它们一般不便于携带移动，因此，用电视机为主要阅读工具的学生大部分局限于特殊装备的课堂或图书馆中。

其他课堂的调整

　　为了适应视力不足的学生，其他课堂的调整往往微不足道，但可能非常重要。许多学生用可调整的或桌盖可翘起的书桌而受益，这样，他们无须不断弯腰而弄出阴影即可在近距离中阅读与书写。大多正规课堂设备使用正规的照明灯光。但特殊的灯对某些儿童来说仍是有助益的。作业的纸张为了减少炫目的亮光应当打上一层抛光剂，就像米黄色或像牙色一类的脱白色，一般比白色还好。有些教师发现，为了视力不足学生易于围绕黑板左右行动方便或在课堂讲课地方不至于时起时坐，应当给他们配备轮椅。浅紫色或其他对比颜色不良的复写作业纸对大多视力不足学生来说难于使用，一名助手或本班同学可以用重色笔或标记物在作业纸上先画一遍。教师运用普通常识或考虑视力不足学生的个别需要能做出许多其他调整工作来。

聆听

视觉损伤儿童——双目全部失明和视力不足两种儿童——必须通过听觉获得大量信息。在校大部分时间用于讲话和聆听他人讲话。特别在中学，视觉损伤学生也经常利用录音资料。录音的书籍和杂志以及使用它们的器材可以通过国会图书馆、美国盲人印刷总署、加拿大盲人国家研究所和盲人录音所以及其他不同机构通常在自由借用基础上即可借到。每州都有为盲人提供书本和资料专门设计的图书馆。

由于众多视力损伤学生吸取听觉信息的速率较快于一般会话的速率，增加回放音带的速率而不致明显地歪曲讲话质量的方法是可以利用的。综合讲话装备与日俱增的使用大概意味着聆听的技能在将来对视力损伤学生更为重要。Rhyne(1982)对眼盲学生理解综合讲话能力加以研究，他发现聆听（听觉）的方式是普遍有效的学习方式，而且当学生自听综合讲话经验增多时他们的理解力相应增长。

由于通过聆听来学习的有用机会如此之多，实际上，每个视力损伤儿童教育方案的一个重要组成部分就是聆听技能的系统化发展。儿童仅仅被安排到正规教室之中并不能自动地发展有效的聆听技能。同样，视力损伤学生也未必比视力正常学生聆听技能高强。

聆听包括若干组成部分：对声音的注意与感觉，鉴别高低以及给声音赋予意义(Heinze, 1986)，优秀的聆听技能倾向于扩大学生的词汇并支持讲话、阅读和写作能力的发展。"从听上学"的方法几乎形式繁多。例如，年幼儿童在近音远音、强音弱音和高音低音之间可以学习如何鉴别。教师可以在一句话中介绍一个新字要求儿童加以鉴定。当环境中有扰人的噪音时，年纪大些的学生可以学习听重要的细节，在实际的与虚构的材料之间学习如何鉴别，或对同类语言问题进行回答。为了发展听力技能，若干有构造的方案已经建立起来(Alber, 1974; Stocker, 1973; Swallow 和 Conner, 1982)，在这个范围中的教学能成为视力损伤学生课程中最有用途的部分。

实际生活和社会技能

若干视力损伤学生的教育家建议学业成绩，这一建议在牺牲重要的基本生活技能的情况下，被过分地强调了。例如：Hatlen(1976)呼吁要对烹饪、修饰、商业购货、金融管理、制度决策、娱乐活动、个人卫生和社会行为一类的范围给予"最迫切的注意"。在这些技能中的特殊教学能促使学生成为终生独立的成人。经过专业训练的教师、正规班级教师、其他专家、父母和学生本身都应参加计划并提供与学生当前需要和未来目标有关的合乎实际的教学方案。

Hatlen(1978)进一步介绍,如果需要的话,要教视力损伤学生如何对待陌生人、如何向他人介绍解释自己的眼病以及如何在社会上与人交往。了解他们可以利用的就业机遇范围以及得知他们社会里关于服务、资源和责任的信息对学生来说也至关重要。

另外引起教育家关注的范围是特殊的呆板姿态——就像来回摇摆、眼珠乱转、摆手和摇头晃脑一类的身体重复动作或其他行为。虽然对他们自己并不一定有害,呆板姿态可置视力损伤人士在社会上于不利之地,因为这些动作惹人注意,以为该人异于常人或有其他缺陷。为什么众多视力损伤儿童卷入呆板行为之中目前尚不得知。Tozze(1981)把它们归诸于儿童的紧张情绪或"要活动的愿望却又怕往前移动的恐惧心理联在一起"(p.29),普遍的建议是让孩子们生活忙起来,多活动,从而减少他们卷入呆板行为的时间。Raver(1984)运用实用行为方案对视力损伤儿童校正他们讲话时垂头丧气以及各种干扰学习的脱离业务的行为(Barton 和 La Grow,1985)。

Hubner(1986)为了教社会技能编制了一套优秀的方针路线。她强调发展社会上能接受的行为的重要性。因为转过来社会技能促进独立性、自信心以及其他学校、社会和职业环境的容纳性。尽管视力损伤儿童可以安全地和独立地完成工作,他可能不善于按传统的、社会能接受的准则行事为人。例如,儿童喜欢用她自己的手指往嘴内舀燕麦粥!

人类性别

能看的儿童典型地通过视觉学习大量有关人类性别知识。他们眼看人们建立彼此之间的社会和性的关系;他们能看见自己的和他人的肉身。然而,成长起来的盲童关于性别可能有严重的智力间隙或误解,尤其是父母和教师疏于提供信息和解释。一个盲青年告诉他的指导教师,"我知道女孩儿有乳房,但不知它们在哪儿!(Elliott,1979)。"羞怯节制使盲童难于触摸他人的身体去学习,从而有时误以为盲人对性生活无兴趣。欧洲有些国家用活生生的人作标本,让盲学生去熟悉解剖和性知识,但这种实践在北美尚未普遍沿用。除此之外,提供真实的生物信息和教学方案还应考虑盲学生性经验的情绪方面以及可能暗中包含的遗传东西。

评价中的争论

长期以来,对于视力损伤学生使用(并且可能是误用)智力测验引起人们极大的关注。以能看的儿童标准化的智力测验往往大部分以视觉概念为基础。它们可能包括"为什么人在家庭周围设置短树篱障?"或"如果你看见火车接近断轨时你应当怎么办？"一类的问题。这些测验项目的结果可能给视力损伤儿童的能力和需要以不真实的图景。遗憾的是，由于严格地依靠标准测验的成果，众多双目失明和视力不足的儿童被分配到不适当的教育方案之中。

以视力损伤儿童为标准的测验尚未编成；不过，即使测验现成可用，由于意见纷纭和测量总体数量之稀少，它们的使用价值也成问题。关于视力损伤学生的评价程序和测验适当使用的指导方针有益的研究工作目前已由 Braelley-Johnson 和 Harris（1990），Chase（1986a，1986b）以及 Hall，Scholl 和 Swallow（1986）提供完成。若干器材虽然不是专门为视力损伤学生设计的，但有助于估价成果的某些方面。在搜集有助于发展视力损伤儿童教育目标的信息中，各种正式的和非正式的程序都应予以采用。发展的和智力测验的结果应永远伴之以对儿童在校和游戏环境中的仔细观察（Chapman，1978）。教师和父母通常能在延长的时间里在最好的地位上去观察儿童的交往，探索与社会的相互关系。在计划视力损伤儿童的教育方案中，他们的贡献应占主导地位。

定位与灵活性

如果为视力损伤儿童的教育方案没能将定位和灵活性的教学包括在内，很难说是完全的或适宜的。定位被解释为通过遗留视力的应用建立自己与环境地位的能力。灵活性是从一点到另一点安全地和有效地移动的能力。（Lowenfeld，1973）对大多数学生来说，定位的训练比学习特殊灵活技术要费更多的时间与劳动。及早教导视力损伤儿童熟悉他们自己与他们环境的基本概念是极端重要的。例如，必须教给他们腿弯曲的地方叫做膝盖，而屋子有墙、门、窗、屋角儿和天花板。

定位和灵活性（O 和 M）教学在双目失明和视力不足人士的教育和康复中是发展健全的子特殊方案。教导视力不足学生了解他们的环境和通过它有效地运转包含许多特殊技术。培训这样的技能应当由合格的 O 和 M 专家来执教。眼盲和视力缺陷的教育和康复协会（AER）和证明 O 和 M 专家的专业组织也都承认 O 和 M 助理的重要任务（Wiener 等等，1990），在持有证明的 O 和 M 专家的指导和监督下，提供选择的 O 和 M 服务项目的 O 和 M 助理是一个挣薪金的雇员。

盲杖（北京土话"马竿儿"）是视力损伤人士为了独立行走最普遍使用的工具。行人并不"轻敲"盲杖，但走路时用它在走前弧形范围里轻轻敲地探索路上的信息。正确使用的话，盲杖即是"保险杆"又是"探索器"。作为保险杆，盲杖可以保护身体不致撞上像停车计时器和门一类的障碍物；它也是探索器，预先探出像陡坡或行走地面上的变迁（如从草地到柏油路，或从地毯上走到地板上）。尽管掌握盲杖可以大大提高盲人的独立性和自信心，但是使用盲杖也有若干缺点(Tuttle，1984)，盲杖不能探出像树枝一类悬挂的障碍物，特别是当盲人处于新的环境时，盲杖只能提供环境中的琐碎信息。不幸的是，众多后天的盲人在失去视力之后的一两年之后才开始学习使用盲杖；他们认为旁人对他的关注以及消极的烙印都与这根盲杖有关(Wainapel，1989)。

直到最近，特别为使用盲杖的正式 O 和 M 教学方案尚未授予 12 岁以下的儿童；不过，关于尽早发展步履技能和有关概念的重要性目前已被普遍承认(Pogrund 和 Rosen，1989)。今天，学前儿童从 O 和 M 专家接受教导根本不是罕见的事了。

视力损伤人士的一小部分(约 1％～3％)用导盲犬帮助步行(Hill 和 Jacobson，1985)。和用盲杖的步行人相同，用导盲犬的人必须掌握熟练的 O 和 M 技能去选择途径并了解环境。狗戴上特殊的挽具并受过训练能听从若干基本的言语命令、躲避障碍和保障步行人的安全。在主人和狗能有效地合作之前，要在特殊的导盲犬训练所经过若干星期的周密训练。如果盲人和导盲犬被阻于正常禁止动物入内的餐厅、旅馆、机场和其他场所之外时，有时难免要发生误会；州和地方法规允许导盲犬接近这些场所。当盲人在大城市中必须步行穿过复杂和难以预测的道路时，导盲犬特别有帮助。16 岁以下的儿童和患有多重缺陷的人士通常不便于使用导盲犬。

在灵活性的问题上，大多数视力损伤的人发现偶尔需要依靠其他的辅助。"视觉的引导技术"是辅助视力损伤人士步行的简单方法。

◇当给盲人以辅助时，用正常的声调直接发问，"要我帮助你吗?"，这帮助他找到你的位置。

◇不要抓取盲人的胳膊或身体，让他去挽你的胳膊。

◇视力损伤的人应轻轻挽着能看的人肘上一点的臂部并在自然的姿态中慢走半步。

◇能看的人步速要正常，描述路边石或其他障碍物，走上走下之前稍稍停顿。当你是视力领路人时，绝不推拉盲人。

◇不要试图推盲人坐椅子，只把他的手放在椅子背上，他自己会就座。

当视力损伤学生到正规课堂上课时，由一名盲生与 O 和 M 专家向同班学友演示"视觉引导技术"是可取的办法。不过，一旦学生对课堂和学校环境已经熟悉，为了促进独立步行，过分依靠"视觉引导技术"是无聊的!

最近若干新发明的电子步行辅助器可以为双目失明的和视力损伤的人促进定向和独立步行。这些辅助器包括激光盲杖。在步行人的过路上发射声音标志物品，或对头上的危险以及下坠的物品也是如此。为结合标准盲杖或导盲犬而设计的其他方法发射声波标志物品，并通过受训的步行者的听觉和触觉通道传递信息。甚至向小到 6 个月的盲婴儿使用电子步行辅助器，为的是扩大他们早期学习和察知能力，使他们能更全面更独立地探索他们的环境（Ferrell，1984）。电子步行辅助器的缺点是价格昂贵，要求的训练繁琐以及天气恶劣的情况下可能发生的问题。Hill 和 Jacobson(1985)了解到电子步行辅助器的用者发现它们在新环境中有助于他们的定向学习，但在他们熟悉环境之后有停止使用的倾向。

Clarke(1988)为盲人和多重缺陷的学前儿童阐述大量的灵活性方法。她还编制一个核对表，父母、教师、O 和 M 专家可以用表比较和评估各种方法有关的优点和缺点。

大多数视力损伤学生，不管他喜欢的步行方法是什么，一般都能依靠他们自己学习与熟悉的地方，如学校和家庭打交道。许多视力损伤学生能从学习运用系统的方法去获得横过马路的步行信息和辅助而受益（Florence 和 La Grow，1989；La Grow 和 Mulder，1989）。良好的定向和灵活性技能有种种积极的效果。能独立步行的视力损伤儿童很可能比必须不断依靠别人才能运转的儿童发展更多身体和社会技能和更多的自信心。良好的步行技能还能拓宽学生的就业和独立生活的机遇。

为视觉损伤学生的备择教育安排

公立学校

在过去，大多数视力严重损伤学生被安排到盲童住宿学校去接受教育。到今天，大多数盲童却和他们视力正常的伙伴在公立学校班级中共同上课，通常给他们以支援的"巡回教师顾问"，有时就叫做"视觉专家"。这些受过特殊训练的教师可以由寄宿学校、学校专区、地方、州或省教育机关来聘用。他们的职务和保健站的病例数目因教育方案之不同而差异很大（Willoughby 和 Dufgy，1989）。不过，一般来说，巡回教师、顾问要承担下列几项或全部责任：

◇（在班级教室之内和在别处个别地）直接教导视力损伤的学生。

◇获得或准备特殊的学习资料。

◇把阅读作业译成盲文，大型印刷或录音带形式或读本儿的安排。

◇给其他教育工作人员和父母提供儿童的视力残缺和视力功能方面的信息。

◇按着儿童的视力给课堂和教育方案提供适当的修改大纲。

◇辅助计划儿童的教育目标，与各种机构开始并保持联系并提供服务项目的记录。

◇与儿童的父母和其他教师共同会商。

巡回教师顾问可以参加或不参加定向和灵活教学。特别在乡村地区，有些教育方案聘请身兼定向和灵活专家与有保证的教师。有些教育方案聘请一位教师担任教育辅导，并聘请另一位教师担任定向和灵活训练。列入巡回教师保健病例的学生年龄从婴儿至年轻成人，并可能包括双目失明、视力不足和多重缺陷的儿童。在乡村，巡回教师往往在访问途中和与每一学生工作中花费很多时间并遇到许多挑战机遇。

有些公立学校为视力损伤学生设立娱乐室。与各校巡回的教师顾问对比之下，娱乐室教师在特殊装备地点之中为视力损伤学生每回只服务部分时间，通常，只有大学校区为视力损伤学生准备娱乐室。

巡回教师顾问和娱乐室教师在正规班级视力损伤学生的服务时间上相差悬殊。有些学生由于需要大量特殊帮助每天都要见面。有些学生由于能在正规班级无须帮助即能学习，每周、每月甚或更少时间才能见到一次。

视力损伤学生的公立学校教育受到众多人士的支持。Mcintire(1985)发表文章《盲童与无缺陷儿童在当地公立学校正规班级的限制最少环境中共同上课》(p.163)；Cruickshank(1986)强调"盲童大概是最易于结合入公立学校正规班级的特殊儿童"(p.104)。不过，要使结合成功，必须提供适当教育与有关服务的全盘方案(Curry和Hatlen，1988)。按Griffin(1986)所观察的，"没有其他缺陷种类比双目失明和视力不足在人力物力上需要更大的同等协作"(p.5)。在视力不足儿童的教育方案中，关键人物是正规班级教师。关于公立学校视力不足儿童成功的主流要素的广泛详细研究发现，最重要的单一因素是正规班级教师的伸缩性(Bishop，1986)，其他学校方面高度重要的因素是：伙伴的认可与相互关系、人力支援的有效性以及对于特殊供给和装备的适当接近。

寄宿学校

寄宿学校继续满足大量视力损伤儿童的需要。今天在美国有52所学校执行这项业务。寄宿学校当前总体大部分由视力损伤儿童与另外无能如智力落后、听觉损伤、行为失调和大脑麻痹儿童组合而成。有些父母在家中不能适当地照顾他们的孩子，而其他父母很喜欢寄宿学校通常提供的专业人员、设备和服务更大的集中团体。

支援为视力损伤儿童的寄宿学校教育的父母和教育家经常指出这类学校多年以来提供他们的"财富和广泛的专业知识"的领导作风(Miller，1985，p.160)。这些支持者强调寄宿学校能成为提供为众多视力损伤和多种缺陷学生环境限制最少的环境。在某州立盲人学校对视力损伤学生的追踪研究发现，父母，地方教育机关和学生他们自己普遍认为寄宿学校的安排已经恰如其分并有益于人(Livingston-White，Utter和Woodard，1985)。在所赞扬的优点中有：特殊的课程和设备、参加课外活动、个别教学、小班上课以及自尊心的提高。

对寄宿学校方案的安排，无须视为永久性的。众多视力损伤儿童当他们的需要改变时可以从寄宿学校迁入公立学校（或反过来也是这样）。有些寄宿学校中的学生在附近的公立学校上整天的或半天的课。大多寄宿学校鼓励父母参加并举办视力损伤学生与无缺陷的伙伴接触的娱乐活动。独立生活的技能和职业培训在所有寄宿学校中被视为教育方案的重要部分。

在若干州和省中，在为视力损伤服务的公立学校和寄宿学校教育方案之间合作非常密切。例如，Thurman(1978)报道，加拿大的亚特兰大有寄宿学校雇用为上正规公立学校视力损伤学生提供教学、教材和辅导的巡回教师顾问的网状系统。这些专业人员给肩负视力损伤学生工作的各科教师提供正常的会谈。大家所期待的是该地区大多数视力损伤儿童将逐渐结合到他们当地公立学校，而寄宿学校主要为需要基本技能训练的多重缺陷学生和年轻视力损伤儿童服务。

建立于1829年的美国麻省水镇的 Perkins 盲人学校是最老和最负盛名的寄宿学校。在美国历史中，声誉最高的师生结合关系要推崇——Anne Sullivan 和 Helen keller——她们在 Perking 共同贡献了若干春秋。此外，该校为来自世界各地的教师提供训练也有一段很长的历史。

在发展基于社会服务的广泛阵容中，盲人寄宿学校拥有与顾客、父母、专业人员和资助机构密切合作的机遇。合作化的工作关系和创造性的长期和短期的计划努力在社会完整的上下关系中，有潜力去产生响应当前需要基于积极的和现实的服务项目。寄宿学校，主要由于他们的全体专业人员，但更由于它们的位置、资源的集中以及现成可用的设备，有潜力成为专区级和省级的响应资源中心。

长期以来，寄宿学校在培训视力损伤儿童教师的服务前和服务中的工作中发挥了最大的作用。寄宿学校通常是设备齐全的教学资料资源中心以及视力损伤儿童能得到专门评价服务的处所。与日俱增的寄宿学校目前正为在正规公立学校注册而视力损伤学生提供短期训练。注重盲文、灵活性和职业培训的暑期工作车间就是其中的一例。

流行的问题与未来的趋势

我们已经注意到，视力损伤的儿童在学龄总体中只占一小部分，但他们有许多独特的需要。尽管当前趋向于把视力损伤儿童更多地结合到正规公立学校受到普遍的欢迎，但有些教育家警告在缺少适当的支援下，反对把所有视力损伤儿童全部纳入正规学校。他们争议，期待正规教师或在其他特殊教育领域中训练过的教师成为盲文、灵活性和视觉效率专家是不现实的。

服务的专门化

尽管财政限制可以要求某些公立学校和视力损伤儿童的寄宿学校方案停止或与其他缺陷儿童的教育方案联合一起，但要求继续提供专门化的服务却有强大的呼声。为视力损伤儿童的公立和寄宿两种教育方案将继续合作直到永远。偶尔，互相争取为少量现有学生服务的特权而出现矛盾，这场争议的结果将有力地证明，如果两类学校都能改善他们教育服务的质量将受到表扬。

当越来越多的婴儿和学前儿童被鉴定为视力损伤者时，对于早期干预的特殊教育方案将引起更大的重视(Ferrell，1986)，年龄较长的学生将接受更多的与就业和独立生活有关的系统教学，而在教育方案与学校后复原机构之间将继续努力改善服务的合作关系。对于视力损伤儿童当代事业将超出视觉利用的范围之外而跨入众多教育与发展的其他方面。有些科学证明建议，视力损伤儿童比双目全部失明儿童在公立学校接受视力正常儿童的社会认可时面临更大的困难(Corn，1986；Spenciner，1972)。因此，提出对视力损伤儿童的心理需要的新教育方案将进行设计。

工业技术和研究工作

新工业技术和生物医学的发展特别在低视觉的灵活、交往和运用领域中将继续帮助视觉损伤学生。在未来，甚至可能在某些双目失明人士脑中移植电极并把它们与人工假眼中构造的微型电视照相机连接，以便提供人工视觉(Dobelle，1977；Marbach，1982)。人工视觉的研究工作正处于初期实验阶段，但很有前途。其他电子视觉代替器在身体的背部或腹部投射可以触摸的表象，借此使盲人接受与视觉相同的感觉。

与歧视斗争

与其他伤残人士集体相同，双目失明和视力损伤人士日渐明了他们自己作为公民和消费者的权利，并在他们自己缺陷的基础上与歧视展开斗争。按Willoughby(1980)所观察的，许多人——甚至某些与视力损伤学生共同工作的人们——倾向于低估自己学生的能力而拒绝他们全盘就业和个人的选择。未来可能使视觉损伤人士从传统工作的就业环境(如钢琴调音，有掩蔽的作坊和复原咨询所)逐渐向就业机遇更广泛的环境转移。这些与其他趋势将适当地在为视觉损伤儿童未来的教育和训练方案中反映出来。

第八章　身体和健康的损伤

◇身体损伤的儿童体验的缺陷类型与程序，如何在变换的环境中有所变迁？

◇身体或健康损伤的视力如何影响儿童？

◇儿童身体损伤的性质和严重性如何影响 IEP 的目标与目的？

◇课堂环境为了适应身体和健康损伤的学生应改善到什么程度？

◇适应或辅助方法如何既能成为阻碍力量也能成为辅助力量？

身体和健康损伤的儿童是种类繁多的总体。即使我们用很普通的术语，也不可能用一套特征把所有的人加以描述。他们身体的缺陷可能是轻微的、中等的和严重的。他们的智力功能可能是正常的、低于或高于正常的。某个儿童可能有单一的损伤或综合性的损伤。他可能从出生就带着损伤生活，或突然遭遇损伤。在本章中，我们要考虑有特殊教育需要的儿童的个别差异很大，根本没有典型的例子。关于某些身体和与健康有关的情况，尽管我们可以概括地论述，但情况的程度和严重性，他们如何影响儿童以及儿童的种类不可列举。

许多身体和健康损伤的学生都能适应自己的情况。他们并无异常的行为问题并完全能够在正规课堂中进行学习，而且与班中无缺陷的学生交往非常成功。今天尖端的医疗手术能使众多身体和健康损伤的学生按部就班地随班上课。住院时间有缩短倾向，在学校环境中可以提供身体医疗和许多常规的医药团体。而每逢放假期间往往还能安排外科手术。

今天，身体健康损伤的儿童一般按他们特殊的学习需要而不管他们特殊的缺陷或疾病包括在教育方案之中。因此，正规课堂教师可能期待更多的学生有专门的医药和保健管理要求（Mullins，1979），了解特殊环境怎样影响学生的学习、发展和行为对于教师（往往也对于其他同学们）是至关重要的。例如，小林长期住院发现随班上课有困难。小刚长期服药控制抽搐以致使他在教室中常打瞌睡。

在学校环境中，身体健康问题可能引起特殊需要。由于他们的缺陷或疾病，身体健康损伤的儿童可能要求在居住环境中、教学技术上、社会交往中或教育方案的其他方面有所调整。按照公法 94－142 给能力丧失的儿童总体所下的定义，联邦政府重视儿童的教育方案可能受到严重的矫形损伤有害的影响（包括那些由大脑麻痹、截肢、骨折和烧伤引起的矫形）或由其他改制儿童强度、活力或警觉（如肌肉营养不良、血友病）严重或长期存在的健康问题。

有些身体健康受到损伤的儿童在他们的活动和智力功能中受到极端的限制，而其他的在他们能做和能学的事情上没有主要限制。有的视觉完全正常；其他的人则完全丧失视力。有些儿童必须用控制无能的特殊方法或装备；而其他的行为则无法志愿地加以控制。有些能力的丧失时刻存在；而其他的却时隐时现。经过一段时间，能力丧失的程度可增、可减或保持平衡。

身体健康损伤儿童在校中遇到的特殊问题在种类上和程度上也变化多端。坐轮椅的小王因不能与同班学友比赛足球、棒球和田径而感到失望。然而他在中学可以参加全部教育方案，除了在他屋里增加一些弯曲的坡道和新添的洗手间外并无特殊调整。实际上，小王大多数的老师和朋友并不认为他真的需要特殊教育。

本章重点在于提供信息，帮助教师明了不同的身体健康损伤的性质与影响。许多情况，终于能影响儿童的学校经验而有重要的意义。例如，小詹易于疲倦而一天只能上 3 小时的课。小凯用一把特殊设计的椅子帮助他在教室中更舒服一些。不过，特殊的调整或变更不应超乎所需要的约束与限制。不应把用轮椅的聪明儿童从正规学校方案搬到特殊的教室中去。

有些情况在教室中会引起可能的混乱或紧急状态；教师务必知道如何有效地处理情况以及如何寻求帮助。因此，综合的信息和建议的指导方针将为身体健康致残儿童的专题讨论形成我们的基础途径。

种类与起因

毫不夸张地说，能影响儿童教育方案的身体健康损伤数以百计。我们只讲述最常遇到的几种。有些情况是先天的，也就是出生即有的；有些是后天的，在儿童发展中由病毒、意外事故或其他原因所引起的。

矫形损伤包括骨骼系统——骨、关节、肢体和相联的肌肉。神经损伤包括神经系统，影响动作、运动、触摸的能力或控制身体的某些部分。矫形和神经损伤是两种截然不同的能力丧失，但可以引起运动中相似的限制（Shivers 和 Fait，1985），众多教育、治疗和娱乐活动很可能对矫形的和神经损伤的学生是适合的，而且两类损伤之间有密切的关系。例如，由于中枢神经损伤而不能移动他的两腿的儿童（神经损伤）很可能发展两腿骨骼和肌肉失调（矫形损伤）——特别是如果他不接受正确的治疗。

不管他们的起因是什么，矫形和神经损伤经常用身体损伤部分的名词来描写。Plegia 这个名词（从希腊文"侵袭"得来）往往联合使用指明肢体牵连部位：

Quadriplegia——四肢（双臂和双腿）都被损伤；躯干和面部的活动也受损伤。

Paraplegia——只双腿运动损伤。

Hemiplegia——身体只一侧受损伤。例如，左臂和左腿可能受到损伤。

Diplegia——主要双腿受损严重，双臂其次受损较轻。

受损较轻的普通形式包括：

Monoplegia——只一肢受到损伤。

Triplegia——三肢受到损伤。

Double hemiplegia——双壁主要损伤，其次双腿损伤较轻。

在矫形的和神经损伤中，为描述运动损伤精确的程度与限度是难以办到的。儿童完成与运动有关的作业难度每次都不相同，依靠定位、疲倦和药物处方等因素而定。轻微、中等和严重等名词往往用以描述广泛的身体神经损伤儿童，例如，Jones(1983)用"活动限制很小或失调"来描述轻微的损伤。轻微损伤的儿童在行走移动、自助生活和社会交往中，严重到丧失能力，但还不至于完全残废，"然而未经处理的严重损伤儿童的丧失能力，几乎成为全部残废"(p.43)。Mckee 等人(1983)建议决定伤残水平指标的标准列入表 8-1 中，但他们也警告对于指标的解释不可过于严格。

表 8-1　决定伤残水平的指标

严重的伤残

1. 对应付身体需要完全不能独立。

2. 无法控制头部。

3. 已存或潜在的畸形限制功能或产生痛苦。

4. 阻碍学业成绩和适当年龄的运动技能的知觉和感觉综合缺陷。

中等的伤残

1. 应付身体需要的些许独立。

2. 功能的头部控制。

3. 已存或潜在的畸形限制独立功能，产生痛苦。

4. 干扰学业成绩和适当年龄的运动技能的知觉和感觉综合缺陷。

轻微的伤残

1. 独立应付身体需要。

2. 在治疗干预中改善运动和知觉技能的潜力。

3. 无须干预，运动和知觉技能质量的回归潜力。

神经损伤可能伴随大脑麻痹发生。Welson 和 Ellenberg(1986)发现在他们研究中患大脑麻痹儿童的 41% 在标准 IQ 测验上得分低于 70。当痉挛失调也发生时，智力落后发生概率相应增高(Smith，1984)。其他调查研究(如 Ver-haaren)和(Onnor，1981)估计约有三分之一患大脑麻痹儿童的智力在正常全距之中或在平均数之上。不过，在解释任何这样的估计时，必须谨慎行事。按 Levine(1986)指出的，患大脑麻痹学生往往有限制标准化智力测验的运动和讲话损伤，因此，永远不要把 IQ 分数当作估计儿童真实或潜在能力的唯一指标。在患大脑麻痹(或其他身体能力丧失)儿童的运动损伤的程度和神经损伤

(如果有)程序之间并不存在清晰的界线，牢记在心至关重要。只有轻微大脑麻痹的学生可能遭遇严重的发展迟缓，而一个患严重运动损伤的学生可能是个天才儿童。

大脑麻痹有很多种，起因尚不详知。往往归诸损伤——意外事故或 Prenatal(出生前的)、Perinatal(产期或临近产期)或 Postnalal(产后不久)等疾病引起的。不过，现代产科分娩和新临产保护的改进并未能使 20 年来 1.5‰的大脑麻痹意外事故有所减少(Kudrjavcey 等人，1983)。关于大脑麻痹的广泛研究，Nelson 和 Ellenberg(1986)发现与大脑麻痹最可能联合有关的因素是：母亲的智力落后，早产(例如，32 周或少些的妊娠日期)，低出生重量以及婴儿的第一次哭声之前 5 分钟以上的时间耽搁。研究人员总结认为大脑麻痹明显地不是由单一因素所引起，而妊娠的复杂情况在引起大脑麻痹上也不像过去所想象的那样，因此，预防大脑麻痹被证明很可能是非常艰难的。

大脑麻痹的种类

按照肌肉的弹性(张力亢进或张力减退)和运动牵连的质量(athetosis 或运动失调)大脑麻痹分成若干种类(Blackburn，1987；Gillham，1986)。儿童也可用混合大脑麻痹来形容，特别如果他们的损伤过于严重的话，由上述几类组合而成。

大约 60％的大脑麻痹的人有张力亢进(俗称痉挛病)，由紧张、收缩的肌肉来定性。他们的动作可能是跳动的、反常的和失调的。他们不可能用手指抓东西。当他们试图控制自己的动作时，肌肉甚至跳动更加激烈。如果他们能走路的话，他们步法如剪形碎步，是尖点地双膝弯曲而脚内向。一般都是脊柱畸形，臀部移位，而且手、肘、足和膝部在挛缩。

大多数生来就患大脑麻痹的婴儿有张力减退病或特别在颈和躯干肌肉脆弱、松软。当儿童一岁之后张力减退持续附带痉挛和 athetoid 牵连，这种情况称为"一般化张力减退"。张力减退儿童典型地有低水平的运动力，平衡反应迟缓，而且可能 30 个月后才能行走(Bleck，1987)，张力减退严重的儿童要取得并保持直立姿势必须倚仗外部支援。

在全体大脑麻痹的儿童的病例中，表现他们难以控制的大型、不规则和扭弯的动作。当他们休息或睡眠时，没有反常的活动。不过，要拾起铅笔时，可能产生臂部大幅度摇摆，面部作怪相以及舌头吐水的形象来。这些儿童不可能控制他们的唇，舌和喉各部肌肉而吐出口水来。当他们走路时，他们可能尴尬蹒跚还似乎要摔跟头。有时他们的肌肉可能紧张僵硬，反之在别的时间，他们可能是松弛软弱。在日常生活表达口头语言灵活性的活动中，这种大脑麻痹往往要伴之以极端的困难。

动作失调是大脑麻痹牵连中的主要类型。仅占病例的 1%（Blackburn，1987），患动作失调大脑麻痹的儿童在平衡和用手中感觉不利。走路时可能头晕目眩，如果没人挽扶则易于跌倒。他们的动作倾向于跳动和不稳定，动作样式处于夸张，往往会达不到目标，他们似乎不断地企图克服引力的后果而稳定他们的身体。

僵直和发抖是附加的，但很少出现在大脑麻痹患者中。患少见的大脑麻痹僵直类型的儿童在受影响的肢体中显示极端的僵硬；他们可能长时间内固定不变。发抖的大脑麻痹也很少见。他们由有节拍的、不能控制的活动来标志——当儿童企图控制他们的活动时，发抖却真正地增加起来。

比较严重的大脑麻痹形式往往在出生后的几个月里就被鉴定出来，但在许多其他病例中，大脑麻痹直到儿童后期才被检查或诊断出来。父母可能首先注意到他们的儿童爬行、平衡或站立困难。按 Bleck（1979）所说，大约 80% 患大脑麻痹的儿童能学习走路，尽管许多儿童特别在室外周围活动需要用轮椅、支架和其他辅助工具。

并发症

患大脑麻痹的婴儿和儿童可能会出现喂食问题。最初，他们可能不会吸吮或吞咽并且可能被食物噎住或反胃。这类困难可用早期物理疗法来克服；医疗专家可以指导父母如何最好地安放儿童和如何给予适当种类和分量的食品。在这个和其他范围中，尽早开始治疗和父母教育是明显重要的。肌肉紧张有时能用医疗处方、支架和特殊适应装备得到部分的控制。矫形手术可以增加儿童活动的领域或排除臀部移位和永久性的肌肉收缩等并发症。

Gillham（1986）描述大脑麻痹"并不只是脑的一小部分丧失的结果，而是按他自己的规律操作，重新组织的脑"（p.64）。由于大脑麻痹情况如此复杂，只有通过医生、教师、体育医疗人员、职业医疗人员、有关人员、夏令营管理员以及其他直接与儿童和家庭工作人员共同合作，才能取得最有效的管理。在学校环境中，正规练习和精心安排有助于患大脑麻痹儿童充分和尽可能舒适活动并阻止或减少对肌肉和肢体的蔓延。

Spina Bifida（双岔脊骨）

在 2000 名婴儿中约有 1 个婴儿生来就有 Spina Bifida，在脊椎中封闭脊髓的先天疾病。其结果是，在下半部分身体中正常控制肌肉和感觉的部分脊髓和神经得不到正常发展。在三类 Spina Bifida 中，最轻微的形式是 Spina、Bifi-da、Occulta 在其中，通常在底部脊柱中，只有少数脊柱骨是畸形的。这种缺陷往往是在外部看不见的。如果围绕脊髓的柔韧包装（脑膜）通过出生婴儿背部的管道膨胀，这种情况叫做 Meningocele 脑（脊）膜突出。这两种形式通常并不引起儿童功能的丧失。不过，在 Spina Bifida 大多普遍形式中，Myelomening-cocele，在脊髓管腔里，脊髓和神经根全部突出。突出的脊髓和神经通常在出生后不久往回塞进脊髓柱中。这是最严重的情况，瘫痪和感染的风险很大。一般说来，脊髓上病变的部位越高，对身体和他的功能影响越大，（Pieper，1983）。Neura/Tube Defect（神经管缺陷）术语有时用以描述 Spina Bifida 和普通的损伤。

约有 80%～90% 生来就患 Spina Bifida 的儿童发展成为脑水肿（hydro-cephalus），在围绕大脑组织中脑脊液的积累（Mitchell，1983），如果不加处理，这种情况可以导致头部扩大和脑损伤。脑水肿可以由外科手术经肌肉上插入一个转轨（shunt）来处理，一个单向瓣膜将脑脊液转离入脑而流入血液系统之中。当儿童长大时，通常需要给他安装一个转轨器（shunt）。与附着转轨器儿童工作的教师应当知道这个封锁物，转轨器的分离或感染可能增加头盖骨的压力；瞌睡、呕吐、头痛、激动和斜视一类的警示象征应予以注意。近几年来，当脑脊液的生产和吸收达到平衡状态时，儿童才转危为安而能转入众多同龄学友学校之中（Gillham，1986）。

患 Spina Bifida 儿童通常下肢有若干程度的瘫痪而且大小便完全失控。在大多病例中，这些儿童可以很好地运用他们的双臂和上半身（虽然有些儿童体验运动过敏问题）。患 Spina Bifida 的儿童通常用支架、拐杖或步行器行走；去较远的地方，他们可用轮椅。有些儿童在穿衣、入厕等方面需要特殊帮助，而有些儿童在这方面完全可以自理。大多数患 Spina Bifida 的儿童需要用导（液）管（Catheter）或袋子装他们的尿水。对患泌尿并发症的儿童要教给他们/Nfermittent Catheterizafion 以便在方便时间能将他们的膀胱尿液流空（Tarnouski 和 Drabman，1987），按照 Pieper(1983)所指，这种技术如每 3～4 小时用一次，无须在绝对消毒的环境之中，对男孩和女孩都能产生良好的效果。

肌肉营养不良

肌肉营养不良是指一组长期疾病渐次地把身体的肌肉削弱和消瘦。最普通的形式是 Ducbenne 肌肉营养不良，在 3000 病例中有 1 人得这种病，对男孩的影响经常大于对女孩。儿童出生时显着很正常，但儿童在 2～6 岁之间，当开始感觉跑步或上楼梯有困难时，肌肉消瘦通常就显出来了。儿童可能行走步法异常，表示胃部突出而背部"罗锅儿"。患肌肉营养不良的儿童的小腿（腓）肌肉（Calf Muscle）由于退化的肌肉被脂肪组织代替显着异常肥大。

患肌肉营养不良的儿童躺下之后或在地面玩耍时，往往难于够到他们的双脚。他们易于跌倒。长到 10～14 岁之间时，儿童丧失走路的能力；双手和手指的肌肉通常最后受到影响，有些医生和治疗专家建议及早使用电力轮椅，而其他的人为了尽力延长走路能力可使用支架和其他方法。

不幸的是,对大多数肌肉营养不良的病例来说,这种病往往是致命的。不过,好多独立者能借正规身体医疗、锻炼以及运用适当的器械装置的帮助得以保留性命。在学校中,教师千万小心不要抱肌肉营养不良儿童的双臂把他举起来——甚至轻微的一拉就可能把儿童的四肢错位。教师还需要辅导儿童如何对付身体能力逐渐地丧失以及可能的死亡。

Osteogenesis/Mperfecta 成骨有缺陷

成骨有缺陷是一种罕见的(20000 婴儿中有 1 例)。遗传疾病,骨骼极端易碎。骨骼系统生长不正常,而易于折断。或骨有缺陷的儿童体质脆弱,必须加以保护。有支架、拐杖和保护器材辅助的情况下,儿童能在短距离中行走,通常需要坐轮椅。和其他矫形损伤的儿童相同,成骨有缺陷的儿童可能经常住院接受治疗和外科手术。可以理解的是,有些儿童不愿意被触摸。通常成骨有缺陷的儿童可以适当地运用他们的双手,如果他们得到适当的身体支撑和保护,还能参加大多数的课堂活动。当儿童成熟之后,他们的骨骼可能减少易碎性而不需要旁人分心照顾。

脊髓损伤

脊髓损伤通常因意外事故而起。脊柱的损伤一般用字母和数字标记损伤的位置。例如,C5-6 损伤意思是损害发生在第五和第六颈脊椎水平——易受鞭笞、跳水俯冲或蹦麻床等意外事故损伤的颈部的柔韧部位。AT12 损伤系指第12 胸腔脊椎,而 L3 则指第三腰椎(下部后背)部位。一般说来,在损伤的水平之下要发生瘫痪和丧失知觉。脊柱的损伤越高而伤口穿过整个索状组织越深,瘫痪风险越大(Gilgoff,1983),车祸和跌跤是引起儿童脊髓损伤次数最多的起因。

遭受脊髓损伤的儿童通常用轮椅来活动。电力轮椅尽管价钱昂贵,对于四肢瘫痪的儿童还建议他们使用。而患截瘫(下肢瘫痪)的儿童可以用自己推进的轮椅。由于正常控制呼吸的胸腔肌肉受到影响,四肢瘫痪儿童可能有严重的呼吸问题,大多脊髓损伤的儿童缺乏控制大小便的能力,为了保持个人卫生并避免感染和皮肤发炎,需要严守仔细的管理方案。

遭受脊髓损伤的儿童和青年的工作复原方案通常包括身体治疗、为了灵活性和独立生活而使用的适当方法以及帮助他们适应能力突出丧失的心理咨询。在教师和同班好友的大力支持之下,这些学生能参加学校教育方案。青年和成人往往要关心性功能问题。即使大多脊髓损伤确实影响性生活,在伴侣的理解和对自己的正确态度情况下,许多患脊髓损伤的人往往能享受满意的性生活。若干顾问教师目前专门为遭受脊髓损伤或其他情况的人士讲述性生活这方面的问题。

外伤性的头部损伤

头部损伤对儿童和青少年来说是普遍性的。按 Rosen 和 Gerring(1986)估计，在美国约有 20000 名 21 岁以下的人需要住院三个多星期医治严重的头部外伤后幸免于死。头部外伤显著的起因包括汽车、摩托车和自行车意外事故、跌跤、打架、枪击中伤和凌辱儿童。尽管关于头部外伤教育影响的研究报道有限，我们确实知道许多遭遇严重的头部外伤儿童在学习、行为和适应上体验了不良的后果。暂时的或永久的象征包括认知和语言缺陷、丧失记忆、痉挛和感知觉失调。受害者可能显示不适当或过火的行为，从极端侵犯到冷漠无情。儿童还可能难于注意和保存新信息。

昏迷是一种从严重的头部外伤产生的异常行为，它不可能用时间延长的外部刺激唤醒受影响的人(Kleinberg，1982)。当公法 94-142 最初通过时，并未明确提出遭遇头部外伤和昏迷儿童的需要，不过，当这条法律 1990 被修改时，脑外伤作为一类新的能力丧失被加入了。尽管教育方案尚未对这个总体特殊设计，教育家们已经承认许多这样的儿童需要特殊教育服务。按 Rosen 和 Gerring(1986)所观察的，头部损伤学生带着他们病痛产生的缺陷附加上长期旷课又重返学校了。这些学生很可能要求教学、心理和家庭的支援，而为其他丧失能力学生编制的方法很可能不适用。

肢骨缺陷

肢骨缺陷是臂或腿的全部或部分丧失。先天肢骨缺陷却很少见到，每 20000 名新生儿中只发生 1 例。后天肢骨缺陷(截肢)可能由外科手术或意外事故发生。为了使儿童能参加多种工作，并给他再造一副比较正常的外表，往往用修复术(人工肢骨)促进平衡。不过，有些学生或他们的家长不喜欢用人工肢骨。大多儿童用他们残余的肢骨而达到很熟练的程度。例如，某些失去双臂的儿童用他们的双脚学会写字、吃饭、并完成职业工作。他们比用假肢对人对物更感觉高兴。除非这些儿童在肢骨残缺之外还有其他损伤，他们在无须重大修改的正规课堂中应当能正常跟班上课。

慢性病和其他与健康有关的情况

许多情况不管是永久的、暂时的或间歇的都能影响儿童健康。在本段，我们将概述的是"慢性的"；就是说，它们已长期存在，既不见好也不消除。患慢性病的儿童除非当他们的疾病发作时，并不经常围子床畔或住院，但"即便控制良好或长年稳定，再现危机的危险经常存在"(Kleinberg，1982，p.5)。

受到慢性威胁健康的儿童与家庭通常正确解决行动就是寻医求药。不过，在许多病例中，疾病或健康损伤能显著影响学校作业和社交来往，因而教师随时了解情况至关重要。虽然慢性病和其他与健康有关的情况不像矫形和神经损伤那样显而易见，它们对于儿童的后果同等重要。

痉挛失常(癫痫)

从理论上讲，大脑由反常的电流活动引起的行动、感知觉，行为和意识上的干扰，任何人都会有"抽搐"。如果某人发高烧、或头部受击，难免就会发生抽搐疾病。不过，当抽搐周期重复地出现，这种情况就叫做痉挛失常或是癫痫，在家长教师和同班同学的支援和正确的医药处理下，大多痉挛失常的儿童能过圆满的和正常人生活，大多智力正常的儿童不需要戴上能力丧失或行为异常的标签。只有在抽搐正在发作时，癫痫本身会导致失常的动作。

癫痫抽搐可以大部分或全部用抗惊厥的药治疗。有些儿童需要的药剂过重以致学习和行为受到不利的影响，而有些药物发生意外的副作用，如瞌睡、呕吐、体重减轻或牙床加厚。

癫痫的特殊起因尚不确切得知。一般认为当脑的特殊部位如电流一般不稳定时，该人即有抽搐倾向。这种情况可能从头部外伤、肿瘤或供脑血液中断的伤疤组织引起下面的损伤所引发的(Gillham，1986)。在许多病例中，抽搐活动不能归因于某一特殊事件。痉挛失调在人生任何阶段都可能发生，但大多经常从儿童时期开始。各式各样的心理、生理和感觉因素都可能成为激发易受影响的人的原因——例如疲乏、激动、愤怒、惊讶、通风过大、内分泌异常(如月经期或妊娠期)、停止服药或饮酒，或接触某种光亮、声音或感触等等。正抽搐时，脑电化活动的机能障碍使人暂时失去对他们肌肉的控制。在抽搐之间，也就是，大多时间是这样，脑机能恢复正常。关于癫痫许多不幸的误解在过去流传甚广直到今天甚至还有很多人相信! 实际上，公众以讹传讹的消极态度给人们造成的害处很可能比癫痫本身的害处大得很多!

教师、学校保健人员或者同班学友们了解遭受痉挛失调儿童的情况。准备万一校中有人发病如何予以对付是至关重要的。抽搐有若干类别，其中三类相当普遍: 一般化的僵直——阵发的抽搐(过去叫做癫痫大发作)是最显著而严重的痉挛抽搐。一般化的僵直——阵发抽搐可使从来未见过这类病的人受到干扰而震惊。受折磨的儿童在抽搐时将会毫无警告；肌肉突然僵硬起来；儿童失掉知觉突然跌倒在地；当肌肉一缩一弛变化之间整个身体强烈震动，唾液从口喷出；两腿和两臂可能跳动；大小便可能一泄而空；2分钟～5分钟后；肌肉收缩逐渐减少，儿童在混乱或瞌睡状态中或入梦乡或恢复意识。一般化的僵直——阵发抽搐往往可能一日数发或一年一次。它们发生时间很可能白日多于夜晚(教室中处理抽搐程序请见表8-2)。

缺乏抽搐(过去叫做轻癫痫)比一般化的僵直——阵发抽搐的严重性要轻得

多——在某些儿童中每天发生仅 100 次。通常只有轻微的意识丧失，延长时间顶多从几秒钟到半分钟。儿童可能茫然凝视、双目眨眼而颤动、面色苍白、不管手中握有何物可能堕落于地。他可能被误认为正在做白日梦或无所听闻。儿童对抽搐似乎无动于衷，也无须特殊救急。教师对儿童父母应通告他的抽搐情况，并对他的班中学生加以解释也会大有帮助。

复杂部分抽搐（又称心理运动抽搐）可能出现时间短暂的不协调或漫无目的的活动。儿童可能咂嘴唇、无目标的绕圈行走或大声呼喊。他可能显出有意识的活动，但全然不知自己反常的行为，复杂部分抽搐平常只延续 2 分钟～5 分钟，事后关于全部行为儿童无印象。这种抽搐可能每周、每月或每年只出现一次或两次。教师应将儿童途中的危险物品挪开，除非在紧急状态之下，不应试图从身体上制止他的行动。当复杂部分抽搐儿童在发病时，对某些可讲出来的去向加以反应。

在某些儿童中，轻微和复杂部分抽搐可能难以察觉。观察力较敏锐的教师在觉察痉挛失常的出现和提醒儿童寻求适当的医药帮助方面能起绝对作用。教师还能协助父母和医生指出儿童所服药物的效果和侧面影响。

典型的抽搐并非紧急的医药事故，但晓得如何处理情况至关重要。当儿童在课堂中发生一般僵直、阵发抽搐，教师应按下列程序处理：

表 8-2　处理一般课堂中发生的抽搐程序

◇保持肃静、向全班保证该生即将安然无恙。
◇使儿童平躺地上，清除他周围任何有害物品。
◇在他头下垫块平软（如折叠的）衣服，当他身体跳动时，头部不致磕碰地板。
◇你不能终止抽搐。让他去跳。切勿试图救活儿童，并勿干扰他的动作。
◇让他轻轻躺在侧面，使他呼吸自如，吐干口水。切莫试图勉强掰开他的嘴唇；拉出舌头；或放入任何东西。
◇当抽搐时，呼吸可能若断若续，甚或短暂停止。不太可能事件发生时，呼吸不再开始，检查儿童呼吸道中的障碍物并施以人工呼吸。
◇当痉挛停止时，让儿童休息直到意识恢复。

有些儿童在这种痉挛后恢复迅速，其他需要更长时间。通常建议予以休息时间。不过，如果儿童能在病后留在课堂一段时间，鼓励他这样去做。留在课堂之中（或可能不久即返回教室）都允许他继续参加课堂作业，并在心理上减轻学生负担。如果学生经常发生痉挛，一旦教师和同学掌握他的发病规律即可予以例行处理。

许多儿童在抽搐前短暂时间内，体验一种警告的感觉，叫做病兆。病兆的形式因人而异；清晰的感觉、看到的东西、听到的声音、尝到的滋味甚至嗅到的气味都已有所描述。病兆能使儿童在抽搐发作之前把自己从班中或集体中转移出去，从而获得安全有益的价值。有些儿童报告病兆所提供的警告从而帮助他们自己感觉更安全和舒适。

今天，大部分痉挛失常的儿童能有医药帮助。在许多病例中，药物能及时停止或者减轻抽搐。所有受痉挛失调折磨的儿童能从对他们的情况，实事求是的理解以及教师和同学的友好态度受到深刻的益处。

糖尿病

青年糖尿病是新陈代谢的失调，也就是说它影响身体吸收和打碎食物中的糖和淀粉。糖尿病是儿童期一种普通的疾病，600 名学龄儿童中约有 1 人生病，以致大多教师很可能此时或彼时要遇到患糖尿病的学生（Winter，1983）。不用适当的医药管理，患糖尿病的学生不能从食物获得并保持适当的能量。不止儿童要缺乏能力，而许多身体重要部分——特别是眼和肾——要受未医治的糖尿病的影响。糖尿病的早期病征包括口渴、头疼、体重下降（不论食欲如何）、尿频以及经久不愈的伤口。

患糖尿病的儿童胰岛素不足，胰岛素是由胰腺正常生产的一种内分泌，它对食物的新陈代谢和消化至关重要。为了调节这种情况，每天在皮下必须注射胰岛素，大多患糖尿病的儿童学会注射自己的胰岛素。在某些病例中每天要经常注射 4 次之多，并测验自己尿中糖和其他物质的水平来决定他们所需要的胰岛素数量。遵守医生或营养专家所规定的特殊的和正规的饮食处方对患糖尿病的儿童来说至关重要。它通常还建议一个正规的练习方案。

教师应当知道胰岛素反应的象征，又称糖尿病休克。它可能因服胰岛素过量而生，从不寻常的紧张锻炼而生，或因缺餐或餐时延误而生（血糖水平被胰岛素和锻炼降低又被食品引起）。胰岛素反应的象征包括四肢无力、头晕目眩、视觉模糊、昏昏欲睡以及呕吐。儿童可能显出烦躁冒火或性格完全变换。在大多病例中，给儿童少量糖块，如一块方糖、一杯果汁饮料或一块糖块，几分钟内即可将胰岛素反应终止。儿童的医师或父母应将儿童在胰岛素反应中适应的食品通知教师和校方保健人员。

糖尿病昏迷是更严重的病态。昏迷指出胰岛素过少；也就是说，糖尿病失控。它的发作是渐进的而不是说来就来的。糖尿病昏迷的病征包括疲倦、口渴、干燥、皮肤发烫、呼吸深而费力、尿过频以及难闻的臭味呼吸。如果儿童显出这类病征时，医师和护士应立即采取行动。

情绪紧张和糖尿病之间也有清晰的相互关系。心理紧张时增加可能的糖尿病袭击，而糖尿病的发作又转过来使紧张加剧。处理方法往往包含商讨或计划一个"关于糖尿病的教育方案"（kraemer 和 Bierman，1983），用以教育儿童和他们的家人减少和对付情绪紧张的方法。

糖尿病是旷课的最多原因之一。周期性的旷课使患糖尿病的儿童难以完成班级作业，从而需要聘请家庭教师。不过，大多接受医药和心理治疗的糖尿病患者可以成功地完成学业并引向正常的生活。借助与父母和保健医护人员密切合作、减少儿童接触引发疾病因素的工作中，班主任教师在减少糖尿病的冲击方面起着重要的作用。

哮喘

哮喘是慢性的肺病，由阵阵的喘气、咳嗽和困难的呼吸而定性。"哮喘是复杂疾病，发作时，呼吸道的膨胀既是问题的起因也是结果"（kraemer 和 Bierman，1983，p.160），哮喘的袭击通常由变态反应所引起（如：花粉、某些食品、宠物），刺激物如雪茄烟、锻炼或情绪紧张，使肺中呼吸道变成狭窄。这种情况增加肺部空气入口和出口的阻力，使患者的呼吸更加困难。哮喘的严重性差异悬殊，儿童可能感受短暂的轻微的咳嗽或要求紧急抢救的呼吸困难。许多哮喘儿童在发病间歇之际体验正常的肺部功能。

哮喘是儿童最普通的肺部疾病，约占学龄儿童的 3％～10％之高（Aaronson 和 Rosenberg，1985；Kraemer 和 Bierman，1983）。受影响者男孩多于女孩。哮喘的病源目前尚不完全清楚。一般说来，病征从儿童初期开始，但直到儿童后期或青春期时才发展起来。哮喘倾向于家族遗传。哮喘的病征可能也是发病在于呼吸系统病毒感染。

哮喘的主要处理方法从系统地鉴定引发袭击的刺激和环境情况开始。引起过敏症的潜在物品和刺激物实际上数不胜数，在某些病例中确定引起哮喘病的混合因素可能非常困难。温度、湿度和季节的变化（秋季中的袭击特别普遍）也与哮喘发病次数有关。严格的体育锻炼在某些儿童中产生哮喘象征。在大多数儿童中，服用混合的药品并避免接触引起过敏症的物品可能是控制哮喘病有效的办法。大多数因体育锻炼引发哮喘袭击的儿童通过慎重选择活动项目（例如，游泳一般要比赛跑更少引起锻炼哮喘）或者严格锻炼之前服某些药品仍可享受体育锻炼和运动的乐趣。

膀胱纤维变性

膀胱纤维变性是儿童和青少年一种慢性的严重疾病。身体的外分泌腺排泄一层厚的黏液能堵塞肺和部分消化系统。患膀胱纤维变性的儿童可能呼吸困难并易于引发咳嗽和呼吸感染。由于饮食通过这一系统只有部分得到消化，他们还可能增加大便的数量与次数。

对患有膀胱纤维变性的儿童医药处方包含促进消化的酶和软化消散肺中的黏液，在严格的体育锻炼中，有些儿童可能需要教师、助理和同学帮助他们清除肺和空气通道。

　　主要在高加索男女儿童中发现的膀胱纤维变性是遗传性的疾病。医药研究尚未确定膀胱纤维变性如何活动。病征可能因身体中缺乏化学物质所引起，目前当未发现可靠的医治方法。尽管如此，众多患有这种疾病的儿童和青年人能走上积极的生活。随着研究工作和处理技术的不断发展，受膀胱纤维变性折磨儿童的前景是乐观的。

血友病

　　血友病是罕见的遗传性失调，在病中血液的凝固不像它应有的速度那样快。最严重的后果通常是内出血，不是外部的流血；轻微的刀伤和擦伤通常并不显示严重的问题。不过，内出血能引起肿胀、疼痛以及对关节、组织和内部器官的损伤以及可能需要住院输血。有人认为情绪紧张可能加强流血事件（Verhaaren 和 Conner，1981）。患有血友病的学生需要免去某些体育活动，在易受感染阶段可以使用轮椅。不过，与大多患健康有关的损伤儿童相同，良好的生理条件对发展和健康至关重要，所以活动的限制要按需要而定。

烧伤

　　烧伤在儿童时期是损伤中的主要类型。往往大多数烧伤自家务意外事件而起，但有时由儿童滥用而来。按 Yurt 和 Pruitt(1983)所指出的，皮肤是人类身体最大的器官和一个最重要的器官，严重的烧伤能引出其他器官中的并发症，长期的生理限制以及心理上的困难，患严重烧伤的儿童通常要感受疼痛、惊恐、行动不便、长期住院以及重复的外科手术。有些面部和其他部位严重烧伤的儿童要戴消毒面具来保护皮肤。因严重烧伤而引起的畸形能影响儿童的行为和自我意象，特别是教师和学友反应冷酷的话。当儿童因严重烧伤不得不长期缺课之后而重返课堂时，奉劝教师、父母或其他有关人士（如社会工作者或理疗人员）要向全班学友解释儿童损伤和外貌的性质（Yurt 和 Pruitt，1983）。

后天免疫缺陷综合征(AIDS)(艾滋病)

　　患后天免疫缺陷综合征的人由于免疫系统破坏不能抵抗和避免传染病。1983 年引发 AIDS 的病毒得到隔离而定名为人类免疫缺陷病毒(Human Immunod Eficiehcy Virus (HIV))，当 HIV 病毒被带菌人(并非所有得 HIV 的人有 AIDS)通过性交或通过血液(共同使用注射针的静脉注射药或者输未筛过的病毒血液)传到另一个人时，就要得艾滋病了。怀孕的妇女能把 HIV 病毒传给他们尚未出生的胎儿。目前尚不知有什么办法来治这种病或给它接种疫苗。正当 1989 年 7 月报告美国有 99 839 人得了艾滋病时，美国商业部(1990)发表从 1982～1988 年美国已有 51 611 人死于艾滋病。此外，据估计在美国有 10 万～150 万的人传染上 HIV 病毒。艾滋病发生率的增长令人惊恐。根据这种趋势，对于可能因染病而死亡的估计人数令人咋舌！

虽然目前已经发现得艾滋病儿童能活下来上学的人为数不多，但抵制或延缓这种疾病进度的药物处理方法继续发展，很有可能受 HIV 传染和有艾滋病的儿童而能上学的人数将与日俱增。在患艾滋病的儿童中已发现有显著的神经性的并发症和发展的延缓（Barnes，1986；Epstein，Sharer 和 Goudsmit，1988），但我们尚不知晓，这些儿童所需要的特殊教育可能包括哪些方面。根据目前对于艾滋病所掌握的知识，Byers（1989）提出下列的建议和附带事项：

1. 我们一定要在 K－12 班级继续开讲艾滋病课程，目的在于阻止这种疾病进一步向我们青春前和青年们渗透。

2. 怀疑有病毒的儿童不应在法律上予以停课，除非他们被认为直接危害其他儿童的健康（例如，嘲讽的行为，公开恼火的行为）。因此，慢性病专家、学校心理学家、顾问教师和正式教师需要把艾滋病当作优先处理的问题，积极促进同班学友和社会人士对艾滋病患者的友好关系。

3. 教师、顾问和其他专家还需要准备提供家庭医疗，并为父母和儿童在学校环境中提供广泛的支援集体。

4. 由于神经变质无规律的发展过程，幼儿艾滋病人给特殊教育专职人员们提出特殊的挑战。儿童可能稳定几个月然后在几周之内迅速恶化（Epstein 等人，1988），因此对他的教育需要要求有规律的检查。

5. 对感染 HIV 儿童的特殊教育处理有待进一步研究调查，这明显的是对特殊教育家们最终的挑战。

其他健康问题与有关的顾虑

当然，能影响儿童在校的学习与行为的身体和有关健康情况还有许多其他条件。心脏病、癌症和风湿关节炎是一般不要求特殊教学技术或适合装备的情况。然而它们可以引起儿童作业的变化，不仅是这些情况本身的直接结果，也是儿童经常旷课和药物、疲劳和疼痛影响的结果。

身体健康有损伤的学生可能怕去医院而与他的父母分离。他可能看着和感觉与他的同班不同。年长的学生可能嫌憎药物、治疗、活动的禁令和其他限制独立的种种制度，还可能忧虑不确知的未来前途。身体健康有损伤的儿童家庭往往面临许多人力物力消耗的问题，以及长期医药和装备开支而又不包括在保险费之内的财务问题。教师对于学生身体和健康损伤的关怀熟知能大大改善学生在校生活经验的质量。

应当考虑的重要变量

在评价身体和健康的损伤对于儿童发展和行为影响时，有许多因素应当予以考虑。其中重要者是损伤的严重性和可见度以及第一次获得损伤的情况。

严重性

大多数儿童借着探索他们的环境，与别人的交往以及在他们的家庭、邻居、学校和社会所掌握各式各样的知识经验来学习。轻微短暂的身体健康损伤，就像大多数儿童在成长中所有人不至于发生长期的影响，但严重的、长期的损伤能大大地限制儿童经验的范围。众多这样能力丧失的情况严重地拘束了儿童的灵活性与独立性，就像严重的视力和听力丧失会发生的后果一样。儿童根本不能独自旅游，也不能借着看、听、触摸、闻或品尝滋味去探索环境。他大部分时间都要待在家里或住医院。有些儿童实际上不断疼痛或在任何体育锻炼之后疲倦不堪。有些要服减少他们的警觉性和反应性的药品。有些可能身体虚弱而害怕损伤或死亡。

可见度

有些身体损伤是明显的视力丧失。儿童如何看待自己以及别人怎样与他交往，往往受环境的可见度的影响。有些儿童需要依靠各式各样特殊的矫形术用具，如轮椅、支架、拐杖和适应性的书桌。他们可能同其他丧失能力儿童同乘特殊装备的公共汽车或运输车去学校。在学校里，他们去洗手间时需要帮助。尽管这些特殊方法和适应确实帮助儿童应付重要的需要，让他们的身体损伤显而易见，往往又给他们带来反面的不幸后果，从而让这些儿童看起来甚至与非无能同班同学有显著的区别。许多负伤的人报道因他们的金属器具（轮椅、人工假肢、交往方法和其他器材）产生对他的好奇心，引起陌生人经常和重复的疑问。对许多儿童来说，学习解释他们自己的缺陷并回答疑问可能是他们的教育方案适当的组成部分。他们还可能从讨论何时要求亲人帮助以及何时谢绝帮助的支援而受到益处。

损伤的年龄

与对待所有伤残人士一样，教师知道他在什么年龄身体或健康受到伤残至关重要。从出生就没用过他的双腿儿童，尤其是从未接受过早期干预服务的话，可能缺乏某些重要的发展经验。与此相反，在偶然意外事件中，突然丧失他的双腿的十几岁小青年很可能整个儿童时期有正常的经验范围，但很可能为了成功地适应这个新遭遇的缺陷，需要父母、教师、专家和同班学友们给他大量的支援。

流行趋势

由于不同的身体和健康损伤众多又由于对这一总体尚无普遍同意的定义，要想取得流行的准确而有意义的统计谈何容易。身体残废和健康损伤往往与其他缺陷情况并存，因而儿童可能列入像学习吃力、语言损伤或智力落后其他类别之中，按 Dykes 和 Venn(1983)所指，为了特殊教育安排的宗旨，对智力落后的诊断优先排列，通常超过身体损伤和诊断。还有，在每年出生的约 250 000 儿童中，患有显著的妊娠缺陷者直到入学年龄以前并不算为无能或有缺陷者，Grore(1982)指出，真应该感谢进步的医药和外科手术处理或成功的早期预防教育方案。

1988—1989 学年度，在 6 岁～21 岁之间，有 47 392 矫形术损伤儿童和 50 349 其他健康损伤儿童接受特殊教育方案服务(美国教育部，1990)。总计起来，这些类别约占特殊教育服务全体的 2%，不过，如前所述，包括在其他特殊教育类型之下的身体和健康损伤儿童人数则不确知，但人数可能很多。

在特殊教育方案中，经常为身体矫形或健康损伤安排工作的大多数儿童是那些患大脑麻痹症者。在某些方案中，半数以上被认为是身体损伤学生患有大脑麻痹症。Spinabifida(双岔脊骨)和肌肉营养不良学生在接受这类服务中也占相当高的百分数。

当前发生率的趋势

多少年来，身体残缺和健康损伤的起因多少有些变化。医药的探索、遗传的讨论以及接种牛痘方案已经显著地减少了过去影响众多儿童各式各样的疾病。此外，目前可能通过早期外科手术理疗、医药处理以及人造的身体内、外部位矫正或控制形形色色矫形的和健康损伤达到了当年认为残废、无能或变形而今日已不复存在的完美无缺的地位。

另一方面，医药和技术的进步(特别在新出生的和紧急保健中)意味着更多的患严重身体和健康损伤的婴儿和儿童可以生存下来。许多这类儿童要求特殊教育服务。因车祸、儿童疏忽、药物滥用而产生的身体和健康损伤的儿童和青年人数目也同时增长。众多被这些因素影响的个人和家庭很可能需要特殊专业教育和情绪的支援。

历史背景

大概就是因为身体和健康损伤的种类如此繁多，要想准确地阐述这一总体的发展与服务事项难乎其难。公立学校教育机构在 20 世纪初期即将开始之前，大多严重缺陷儿童囿于家中、医院或公立机构之中。如果地区公立学校肯于接受他们，有些身体无能儿童很可能在正规班级中学习，特别如果他们的缺陷不太严重而他们的智力功能尚未丧失。

　　美国第一所为身体损伤儿童的特殊公立学校是在 1900 年左右在芝加哥成立的。两位美国医师 Winthrop Phelps 和 Earl Carlson，对于了解和接待身体损伤儿童作出突出的贡献。Phelps 展示了儿童通过理疗和支架的有效使用，可以获得帮助，而 Carlson（他本人就得过大脑麻痹）是通过适当的教育途径发展身体损伤儿童智力潜在能力的坚定支持者（Hewtt 和 Forness，1977）。

　　随着 20 世纪的发展，身体和健康损伤儿童的教育需要渐渐受到承认。为众多有缺陷儿童的特殊教育的双重系统横贯大多数美国城市而流行起来——也就是说，所有伤残儿童如盲、聋、智力落后者实际上既可参加州立寄宿学校也可参加当地学校的分班。不过，这项双重系统并不实施于身体损伤儿童，没有任何为他们开设的州立寄宿学校。长期以来，重点由社区代替服务。因健康或距离远近的原因，住在家里或住院儿童由到处旅游的家庭或医院教师服务。在许多正规公立学校中为身体损伤儿童成立了自给自足班。大型学校专区有时仅为身体损伤儿童成立特殊学校。这些特殊班或学校典型地用斜坡适应性的洗手间、特殊体育馆以及学校餐厅中的轮椅通道来修改校舍。

　　为身体和健康损伤儿童依然存在着许多特殊班和学校。不过今天的趋势是，把这些学生都归并到正规公立学校的较大集体之中。公法 94—142 和 1973 年复原法的 504 段的落实，以及众多为儿童要求在限制最小的环境中建筑的实用、适当的教育方案，以及结束对伤残人士的歧视对于这个集体都有积极正面的影响。仅仅因为学校入口有一层台阶儿，或洗手间与存衣柜不适用，或学校公共汽车没有运输轮椅的装备等等，而拒绝儿童在当地公立学校注册上课的权利已不复存在了。目前，地方公立学校专区为了满足每一儿童的教育需要有责任提供适宜的教育方案、设备工具以及服务项目。今天，成千上万身体和健康损伤的儿童成功地在正规班级中注册上课。

教育影响与介入

备选择的环境设施

　　身体和健康损伤的儿童在各式各样的教育环境中接受服务，从正规班级的课堂到家庭与医院到处存在。特殊教育家与父母、其他教育家和专家协作为从婴儿到青年学生的需要讲课。

　　早期介入的教育方案对所有特殊儿童，特别对那些患有身体与健康损伤的学生十分重要。为婴儿和学前儿童的教育方案通过当地学校专区与日俱增的方便可用，部分是对公法 99—457，1986 年对残疾者的教育修正法的落实，以及在医院、诊疗所、大学附属设备和特许的社区机构(如联合大脑麻痹所)也是如此。服务项目可以直接把有风险的或无能的儿童排除在外或也将非无能儿童包括在内。通常,早期的介入教育方案对身体和健康损伤儿童着重评价儿童在众多领域中的作业成绩,并探索有系统地发展儿童的运动、自助、社交和来往技能的方式方法。完美的早期教育介入方案能对儿童和家庭提供信息和支援起到无限的作用。

身体和健康受到损伤的学龄儿童与非缺陷儿童共同接受教育的正规公立学校课堂是大多数父母和教育工作者最喜欢的教育环境。像 Pieper(1983)所观察的,"正如缺陷儿童应当依仗仁慈寻求教育的概念转瞬消逝。同样,我们怀疑医药环境和讲授医药教职人员是促进学术学习、生活技能或社会行为的适当人选的信念"(p.21)。按照每一儿童的条件、需要和流动水平,要求促使身体损伤学生在正规课堂中有效活动的损伤的支援助力的数量差异甚大。许多身体和健康损伤儿童仅要求小型的环境调整如斜坡、能调整的座位安排;而有些儿童却需要在灵活性、用餐、如厕、药物处理以及完成其他日常活动中有特殊的装备和相当大的帮助。在结合一些学校环境中有效的教育方案能促进独立性信息来往和社会发展并且能使非缺陷的学生理解他们有残缺的同班学友。

许多公立学校也为身体有缺陷的儿童开设了特殊教育班。有些专区为身体残缺学生专门设计了特殊教育学校;有些则在正规小学或中学建筑内开设了自给自足特殊教育班。特殊教育班通常是设备容量较小的课堂,更多的适应性器材以及更易于得到医师、体育和职业治疗家、交往失常专家和娱乐医疗等等专业人员的服务。

身体和健康损伤特别严重的儿童则可参加家庭或医院特殊教育方案。如果儿童的健康状况必须住院或在家中处理一段较长时间(一般多于 30 天),当地学校专区则不得不抽调一个个别教育方案以通过一位合格的教师给儿童以适宜的教育服务。有些儿童由于他们支援生命的器材不便于携带,需要基于家庭或学校的教学。这类"技术上辅助的"学生一方面需要医药方法补偿致命的身体功能的丧失,另一方面需要大量的和流动的护理照顾避免死亡或进一步的丧失能力(技术评价办公室,1987,p.3)。由于在家庭或医院环境中与非缺陷学生没有接触的可能,通常这类环境被认为是特殊教育服务限制最大的问题。大多数大型医院和医务中心与住院学生的住宿学校共同计划并传送教学方法。走读学生按正规时间由巡回教师或校方雇佣的辅导员进行家访。有些学校方案用闭路电视系统使学生从他们的床头能看、能听并能参加班中的讨论和演示(Kleinberg,1984)。

相互规律的方法

有身体和健康损伤的儿童通常要与来自校内和校外的大量教师、医师、治疗者和其他专家进行接触。正规和特殊双方面教育家们关于每一儿童的需要互相通报，并与父母和其他专业人员密切合作至关重要。相互联系的成员们从他们个别的优势地位有许多机会分享儿童的信息。集体方法对身体和健康损伤儿童有特殊的关联。医务、教育、治疗、职业和社会的需要是重要的和复杂的，而经常相互影响。如果要满足每一儿童的个别需要，教育和保健人员之间的交往和合作是特别的关键。例如，为小刚设计一套如厕程序，儿科大夫可能推荐一个食谱并按大小便功能检查的结果开列一个时间表；生物医务技术师可能设计一套适应方法帮助小刚从轮椅转移到恭桶上去，而在向小刚父母和教师演示正确拉紧和强化肌肉技术时，理疗专家可能帮助他使用这套方法。

Sirvis(1982)建议：专业人员与集体成员相联系在健康和身体损伤学生的教育方案中应为完成四项普通目标而工作：

1. 身体独立，包括掌握日常生活技能。
2. 自知以及社交成熟。
3. 学识增长。
4. 事业教育，包括建设性的休闲活动。

对身体和健康受到损伤的众多儿童来说，有两位专家特别重要，他们是理疗专家和职业医疗专家。每位必须是完成特殊训练方案而达到严格标准的获得证书的保健专业人员。他们的工作经常使他们与身体健康损伤儿童接触，而且往往被约请为教师和父母提供建议和训练。

理疗专家或PT，运用专业知识去计划并检查儿童在制定正确和有用运动的方案。他们可能规定帮助儿童增强肌肉控制的专项练习和有效地使用支架等专门器械。按摩和规定的练习大概是最常用的程序，但理疗可能还包括游泳、退热、进餐和如厕的特殊姿势以及其他技术理疗师们鼓励儿童尽可能地独立运动，协助发展肌肉功能，并减少疼痛、不舒服或长期身体损伤。他们还可能建议在教室中坐势和活动该做的与不该做的姿态，并且可能建议能力丧失的儿童能与其他儿童共同享受的练习与游戏方案。

职业医疗师或OT，关心儿童参加那些特别有益于自助、就业、娱乐、交往和其他日常生活方面的活动。他们可能帮助儿童学习(或反复学习)各式各样的运动行为，如从改装的杯子饮水、扣衣服、系鞋带、倒液体、烹饪和按电子计算机上的键盘。这些活动能强大儿童身体发展、独立性、就业的潜力和自我意识。职业医疗师指导专门的估价并向父母和教师介绍关于在家和在校器械、资料和活动的有效运用。许多职业医疗师还与就业复原专家合作帮助学生完成教育方案后寻找工作和独立生活的机会。

PT 和 OT 三种基于学校的服务项目：由会议，在职期间的教育和监督组成的间接处理；课堂活动期间理疗师帮助学生完成课堂内活动和把学生的注意力从课堂活动转移到那些包括治疗的直接处理(Cusick，1991，p. 18)。

经常为身体和健康损伤儿童提供服务项目的另外专家包括修复师(Prosthetists)，制造和配修人工肢体；矫形师(Orthotists)，设计并配修支架和其他辅助器械；生物学和医学工程师(Biomedical Engineers)为满足学生特殊需要发展或适应技术学；医疗社会工作者(Medical Roeial Woikeis)，协助学生和家庭适应丧失的能力。

姿势、坐势和灵活性的方法

姿势的重要

身体损伤的儿童姿势往往在他人对他怎样看法和对待方面有显著的影响。微微的调整有助于损伤儿童改善外表、加大舒展以及增进健康(Wright 和 Bigge，1991，p. 135)。

◇良好的姿势产生身体的组合和关节的支援。

◇绝对的稳定影响上部身体的应用。

◇稳定促进身体的保险和安全感。

◇良好的姿势能缩减畸形。

◇姿势必须经常变换。

正当的坐姿

正当的坐姿有助于抵抗血液循环不良、肌肉紧张和压力的酸痛，并有助于消化、呼吸和身体发展。请注意下列事项：

◇骨盆的姿势：臀部尽可能地靠近椅子背部，体重平均分布在屁股两侧。

◇脚部支持：两足在地板上或轮椅脚垫上放平。

◇肩膀上躯支持：座带、腿分离板和为了正直姿势可能需要肩膀和胸带。

灵活性

缺少灵活方法的扶助，许多学生不能到处地自由移动。灵活性方法应当注意按下列变量进行选择(Clarke，1988)：

◇运动能力

◇身体强度与持久力

◇方法的费用

◇家庭、学校和社区有形的布置

◇教育和医疗的目标

环境的调整

教师经常发现为了使身体和健康损伤的学生能更全面地参加课堂活动，需要对环境加以调整。环境的调整可能包括为了一项指定的任务适应所用的器材和资料或改变执行任务的方式方法（Sowers，Jenkins 和 Powers，1988）。Wright 和 Bigge(1991)指出环境调整有三种类型：(1)改变材料和器材的位置；(2)工作平面的调整；(3)目标的调整和操作的助手。

为了使社区建筑和服务更易于接近，尽管拆除障碍物的建筑是大多数群众易于见到的环境调整类型，有些功能最大的适应并不需要花费很大或根本用不着花钱。

◇为身体矮小和用轮椅的学生修改书桌和适当的高度。

◇提供一条木制短棍使学生能按着电梯控电板上端的电钮。

◇靠近人造喷泉装备纸杯分配器，以便轮椅中的学生能使用纸杯。

◇迁移一班或活动到学校易于接近的部位，这样可将身体健康损伤的学生包括在内。

适应方法和支援技术

在每天许多活动中，身体和健康损伤儿童既使用"陈旧技术"适应方法，也使用"高新技术"支援器械。特殊的三餐器皿如定制的带把儿或带子的叉和勺能使儿童更独立地给自己喂饭。简单的开关是家庭制造的环境控制系统普通的部分，能使丧失能力的人操作电视、立体电器、电子计算机、电轮椅等家电设备（Levin 和 Scherfenberg，1987；Wright 和 Momari，1985）。

越来越多的讲话不清的身体损伤儿童为了社会交往使用新工业技术的支援产品。为能讲话但运动功能受到限制的学生，有输入、输出发声产品能使他们使用电子计算机（Esposito 和 Campbell，1987），这样的产品可以帮助身体损伤学生与社会人士互相来往并参加范围广泛的讲学方案。

态度

父母、教师和同班学生如何对待丧失身体能力的儿童至少和丧失的能力一样重要。许多丧失能力的儿童遭遇过分的怜悯、同情和溺爱的照顾，而其他儿童却遭损伤酷的虐待、冷遇嘲弄以及不许参加非残缺儿童的活动。全体儿童不论有无残缺均需要为他们自己树立自尊心，并感觉在他们自己的家中、学校和社会有合法的地位。

身体损伤的儿童应有参加活动的机遇以及体验成功和成就的荣幸。父母和教师把这些儿童当做值得花费精力的个人来接待，而不把他们当作无能为力的病例来看待。他们鼓励儿童正确对待自己和自己的身体情况。他们期待儿童达到作业和做人合理的标准。家长尽可能地帮助他们应付所丧失的能力，而且一朝实现，除了他们生理伤残之外，这些儿童都有许多素质。

许多非残伤人士在视力损伤者面前表现不舒服的感觉和紧张而离开（All-sop，1980），这种反应可能归诸于伤残者过去缺少接触，有人可能怕他们说出或做出错事来。Belgrave 和 Mills(1981)的研究发现，受损伤的人特别提到他们因丧失的能力而提出请求时(志愿者帮助我削铅笔吗？有些事儿你就是没法儿从轮椅上做)比他们不提到他们的伤处更让人喜欢。

课堂可能是讨论伤残和鼓励理解与善待身体和健康损伤儿童有用的场所。有些教师发现话剧或模拟实况表演活动有所助益。例如，非残伤儿童可能借着用轮椅、支架或盲杖的机会扩大损伤的同班学友所面临的障碍知识。Pieper(1983)注意到大多身体和健康损伤儿童"既非像圣徒一样的生物也非引人怜悯的东西"(p.8)。他建议教师着重选择要求学生共同合作的工作任务而不是互相竞争。当儿童挣得光荣时对他加以赞扬，而不是把身体损伤儿童当作其他学生所憎恨的教师宠物来看待，这是至关重要的。真实的信息也能有助于建立对于伤残的共同理解。同班学友应当学习运用准确的专门术语并在需要时为患者提供正确的帮助。

流行的问题与未来的趋势

今天，身体和健康有残伤的儿童已尽可能地与正规教育方案合并到一起。正规课堂不宜于身体损伤受限制学生的概念已不复存在。尽管在某些地区，建筑上和态度上的障碍依然存在，合并的公立学校方案逐渐成为现实。

服务的环境

不过，把伤残学生合并在一起引起若干争议。许多问题集中在对于照顾儿童身体和健康需要方面，教师和学校应承担的责任范围上面。在一件广为宣传的案件中(Irving 独立学校区对 Tatro，1984)，美国最高法院判决学校专区有责任为患大脑麻痹年幼儿童提供间歇注射服务。法院认为注射是一项有关服务项目，是住在限制最小教育环境中儿童所必需的而且能由受过训练的外行人员所完成的。有些教育工作者和学校行政人员认为像注射这项服务是医务而非教育技术，不应是学校的责任。这种服务的用费和保险的使用为学校人员提出悬而未决的问题。尽管如此，Tatro 一案很可能意味着"一旦被学校方案排除在外的有医务问题的缺陷儿童，现在由于某些医疗服务可以由合格的非医务人员提供又可接近这项服务"(Vitello，1986，p.356)。关于器材和正规学校中身体和健康损伤儿童可能需要的特殊服务也引出了类似的问题。例如，谁应为患大脑麻痹儿童担负电子计算机化来往系统的庞大的开支，父母、学校、双方或其他机构？

　　我们很愿意看到为身体健康受到损伤儿童尽可能在正规课堂上课的现代趋势永久存在。医疗专家和其他支援人员到课堂里来协助教师、儿童和同班学友共同工作。这比把病残儿童迁出课堂在孤立的环境中提供服务显得更为有效，而且能节省更多的人力与物力。

工业技术和研究工作

　　当代工业技术以及生物和医务工程技术的发展给众多身体损伤儿童带来令人兴奋的含意。因脊髓损伤和其他原因引起的瘫痪已经能从绕过损伤神经刺激瘫痪的肌肉的尖端微型电子计算机受到益处。1982 年，Nan Davis 成为带着永久瘫痪的肌肉而能行走的第一人；她能控制电子计算机与她的脑，并往置于她的瘫痪肌肉上的传感器传递动力。这样的系统在将来很可能更有效而更广泛地使用，帮助众多患各式各样身体残伤人士。进步的医务处理还将减轻某些与身体和健康关联的病情。

动物支援

　　用动物支援身体损伤人士也引起许多当代兴趣。动物能在许多方面帮助身体损伤的儿童与成人。几乎每人都熟悉导盲犬，它能帮助盲人独自旅行。此外有些机构训练能叫的狗用它们的狂吠警醒聋人。另处能帮助伤残患者的现代而有前途的途径是用"帮忙"或"服务狗"。按照人的需要，可以训练狗（用挂袋）去带书或其他物品、拾起电话接收器、开或关上电键以及开门。狗也能用以保持平衡和支撑。例如，帮助人推轮椅上陡坡或帮助人从座位上站起来。此外，还能训练狗在伤残者需要时与家属或邻居联系。伤残人士常常报道在学校和社区中，狗像破冰设备一样服务，开展她们与非伤残人士的会话与接触。

　　猴子可以训练去完成像准备开餐、操作留声机和音带录音器以及翻书等复杂的任务（MacFadyen，1986）。有时工业技术和动物支援合并使用，如当某人使用激光波束（从嘴中含着的器皿发出的）指示猴子哪个电键应当打开。此外还能提供具体的帮助并加强伤残人士的独立性，动物还表现具有伙伴的社会价值，对于众多有无缺陷的人士来说，保护动物的责任是值得花费精力的经验。

　　应当鼓励身体受到制约的学生尽可能地发展他的自主能力。往往好心的教师、同班学友和父母倾向于给身体和健康受到损伤的儿童做过多的事情。他可能使儿童感到困难、受到挫折和耗费时间去学习如何照顾他自己的需要，但从长期独立锻炼获得的信心与技能也还与花费的劳力有同等的价值，尽管如此，大多身体损伤人士发现依靠他人的帮助在某些情况下是需要的，有效的教师能帮助学生应付他们丧失的能力，树立实际的期待以及在需要时接受惠助。

教育、就业和生活技能

　　未来需要集中精力在已有进步的若干领域中，但是仍要继续改善。即使体育教育是大多丧失能力人士的重大需要，而且公法 94—192 特别要求把每个丧失能力的儿童包括在教育方案之中，但有些学校仍未给他们体格损伤儿童提供能适应的体育教育方案，因此禁止他们参加大多数体育和娱乐活动。

另一个令人关心的领域是就业，它是成人生活最紧要方面之一。许多研究发现，成功的和有利的工作是在能把丧失能力的人纳入满意的能生产的或独立生活大多重要变量之中。然而在许多雇主方面坚持消极的态度。职业和专业机遇必须更适当地扩展到包括丧失能力的个人。当儿童在校期间，他们的教育应帮助他们研究未来就业的实际渠道，而在教育家和职业复原专家之间应保持不断的接触。

为了改善教育方案和讨论患晚期疾病学生还有一项需要。这些方案应给面临死亡的儿童与家庭实际的帮助，以及最好地利用可能的有限时光。当儿童去世时，教师和同班学友也应严肃致哀，而他们的需要也应予以考虑和讨论。

丧失能力人士有许多自助集体。这些集体能为同样丧失能力的儿童提供信息与帮助。为了儿童和父母应付并观察严重丧失能力但有能力独立的成人通常也是令人鼓舞的，并且值得成立赞助关系集体。有些集体全力搞独立生活，着重适应方法、财政利益、接近工作以及准备做个人保健随从。其他集体支持社会变化并协助丧失能力人士反击，禁止他们参加社会活动的事件。

在今后的岁月里，有各种迹象表明患有身体和健康损伤的儿童和成人能更全面地参加学校、大学和每日社会实际生活的其他方面。不过，我们仍然需要更容易接近的公寓建筑、改善的公共态度以及在儿童遭受能力丧失的初期给他们的父母以更大的支援。当这些需要都能满足之时，为身体和健康损伤人士开放的机遇将大大扩展。

第九章 严重的缺陷

◇为什么为非缺陷儿童设置的课程对严重缺陷的学生不适宜?

◇严重缺陷学生在正规和结合的学校接受教育的优点是什么?

◇非无能学生与严重缺陷的同班学友在正规课堂中共同接受教育会有什么
  效果?

◇部分参加的原则对严重缺陷学生的生活质量有何作用?

◇有结构和精确的教学使严重缺陷的学生更难于选择和表达他们的个
  性吗?

5 岁的小贾正在学习用汤匙给自己喂饭。老师正在教 13 岁的小陶与初次认识的人如何握手而不去相抱。20 岁的小红正在学习乘公共汽车去下午工作的餐厅，擦餐桌、摆刀叉。小贾、小陶和小红都有严重的缺陷。除了他们都要依靠别人和都需要学习非缺陷儿童通常很小时就能学到技能外，他们三人毫无共同之处。有严重缺陷学生的行为与技能差异很大。由于他们在心理上、生理上和行为上容易紧张的缺陷，有严重缺陷的儿童比其他任何儿童组别（包括被认为落后或有缺陷者）学习要慢得多。就是这样，没有正面教学，有些缺陷严重的人不能完成我们以为毫无问题的吃饭、上厕所以及与他人交流需要和情感等等最起码的日常行为。

有严重缺陷的儿童往往在他们的教育中有需要特殊对待或适应的明显或不太明显的无能。但一个严重缺陷者也有可能取得有意义的成就。今天，许多有严重缺陷的学生能够学习有用的技能，并在学校、邻里和工作场所与非缺陷伙伴们交往自如。适当的教学方案正在协助有严重缺陷的学生从事并享受多种有益的、有价值的和自我满足的活动。

但为有严重缺陷学生花大力气发展有效的教学方法还为时过晚。就在不久前，有严重缺陷的儿童是个被冷落的群体，社会舆论普遍认为他们不可能学习什么有用的技能。通常被囿于婴儿或年幼儿童公共机构之中，而不在公立教育系统责任之内。他们根本得不到教育和训练，仅被提供基本的看管水平的照顾。

尽管过去有严重缺陷学生排除于教育方案而且排除于社会主流之外，现在却被流行的哲学包含于其中。法律为所有缺陷学生要求自由的、适当的公共教育方案；迅速增长的证据表明有严重缺陷的人能在与正常人一起的学校、工作和社区环境中学习工作和活动；而且认为把缺陷和非缺陷的人合并在一起是当务之急的信念，完全支持这种新的哲学。

定义和特征

我们在序言讨论不同的缺陷情况时已经指出，本书用以描述群体的定义和特征对于个别儿童不一定完全适用，当然，特殊教育是发生在儿童的个体上的，教什么和怎么教的决策也是针对个体制定的。当我们考虑限定缺陷严重的不同种类的意义时，我们必须牢记有严重缺陷的学生组成的是一个性质极端差异的群体。正如 Guess 和 Mulliqan（1982）所指出的在缺陷严重的学生之间差异大于共同点。

有严重缺陷的学生在智力功能上有极端的缺陷，由于运动障碍、交往、视觉和听觉的损伤以及抽搐失控等医疗的情况，还可能需要特殊服务。许多人有需要时刻看顾的医疗和身体问题。这个缺陷严重的群体包括那些患严重和整体智力落后、孤独症和发展显著延缓与身体感官损伤并发症的学生们。这个专用名词一般还不可以描述那些既有身体或感官损伤，又有智力落后的个人（Wolery 和 Haring，1990）。

许多缺陷严重的学生丧失的能力不尽一致。即使用现有的最佳的诊断和测量方法，也往往难以鉴定儿童多重缺陷的性质与强度，或确定综合的缺陷如何影响儿童的行为。例如，有些儿童对视觉刺激，如亮光或移动的物体，在任何观察方法中，都没有反应。这是因为儿童眼睛损伤而致盲的结果，还是因为脑部损伤而反应不出来？这是为患有全部类型严重缺陷的学生设计教育方案时经常会出现的问题。

目前还没有一个被普遍认同的严重缺陷的定义。按照美国智力落后研究协会所用的智力落后水平分类体系，得 35—40IQ 分数以下者则列入严重智力完全落后，得 20—25IQ 分数以下者列入智力完全落后类别之中。不过，实际上许多智力落后分数在轻微水平上者（也就是得 40—55IQ 分数）有时已被认为患有严重缺陷（Wolery 和 Haring，1990）。

不过，传统的智力测验方法对众多患有严重缺陷儿童来说确实无用。如果作了测验，他们就被列入 IQ 分数连续的低部极端之中。不过，知道某特殊学生得了 25IQ 分，在制定适当的教育方案中毫无用处。缺陷严重学生的教育，教育家趋向于注意儿童需要学习的特殊技能是什么，而不是智力水平有多高。

有一次给严重缺陷下的定义是从普通的发展方法进行的。例如，Justen（1976）提出 21 岁和低于 21 岁的人的功能水平只达到实龄 21 岁所期待的一半或更低的功能水平（p.5）者即列为缺陷严重者。现在，大多数教育家依然坚持发展水平与这个群体毫无关系，反而强调缺陷严重学生，不管年龄多大，在基本技能，如到处独立行走、与他人交往、控制大小便功能和自我就餐中，需要有人教导。大多数丧失能力的儿童在他们生活前 5 年中能学会这些基本技能。但缺陷严重的学生要这样做就需要特别教导。基本技能的定义说明了为缺陷严重学生的教育必须把传统学术教学包括在内。

美国教育部所用的严重缺陷定义，是指正规和特殊教育方案典型可用的范围之外教育和有关的服务需要而言。

　　　　缺陷严重儿童是那些因他们生理、心理或情绪问题的强度或这类问题
的合并，除了需要那些传统地由正规和特殊教育方案提供的服务之外，还
需要教育、社会、心理和医药服务，以加大他们参加社会有意义的活动和
自我满足的潜力（联邦登记处，1988，p. 118）。

　　在联邦定义中有两个附加的段落提供不同缺陷情况的例子（"完全的和严重
的智力落后，脑瘫的聋子"）或行为特征。按 Wolery 和 Haring（1990）所指出
的，把极端挑战问题，如自残行为，包括在联邦定义之中，被认为严重缺陷的
（"自我截肢"），并非暗指所有缺陷儿童表现这样特征，大多数并未这样做。包
括这类例子的目的是要说清楚每个儿童在限制最少的环境中赋予自由参加公共
教育的权利、行为或医疗问题，如何复杂和具有挑战性。

　　到今天，严重缺陷最好的定义是由缺陷严重人士协会（TASH）起草的
定义：

　　　　这些人士包括在一项以上主要生活活动中要求广泛和持续的支援以便
在完整的社会环境中参加并享受能力丧失较少或未丧失能力公民的生活质
量。支援可能包括像灵活性、社会往来、自我照顾和学习一类的生活活
动，正如像独立生活、就业和自我满足所需要的一样（Linaley，1990，
p. 1）。

　　TASH 定义不仅涉及被鉴定为缺陷严重人士所需要的支援的水平、期间
和焦点，而且详细说明支援的目标和期待的成果。

　　与特殊教育某些其他领域来比较，特别与智力落后、学习乏力和行为失调
来比较，对严重缺陷定义的关心与争论并不火热。这并不是说专业人员对他们
服务总体的定义毫不关心，而是对严重缺陷两种特色的反映。首先，详细描述
谁是和谁不是严重缺陷者的定义无关紧要。学校专区用以限定学习无能的特定
标准对合格接受特殊教育服务的人有重大影响，但少见一个学生是否会为缺陷
严重需要特殊教育成为争论问题。其次，由于这些学生经历的学习和身体的挑
战千差万别，像"严重缺陷"这样单个的标签毫不恰当。详细分析个别学生丧失
的特别能力和需要的复杂说明最有意义（Sontag，Soilor 和 Smith，1977）。

行为特征

　　筛选是估计一个儿童是否丧失能力的开端步骤，对缺陷严重的儿童毫无意
义。缺陷严重儿童特征的一个定义是他们在严重生活技能或发展区域中显示明
显的缺陷（Sailor 和 Guess，1983）。对所有缺陷严重的儿童来说没有共同的特
别成套行为。每一儿童表现身体、智力和社会特征的独特结合。不过，教育家
们一般同意下列的行为是经常观察到的：

◇交往技能中的严重缺陷。几乎所有缺陷严重儿童在表达他们自己和了解别人的能力上受到限制。许多不能讲话和有意义的作出姿势来;当要交往时,他们可能反应不出来。当然,这给教育和社会往来造成极大困难。有些儿童甚至不能听从最简单的命令。

◇损伤的身体和运动发展。大多数缺陷严重的儿童缺少身体的灵活性。许多人不能行走;有些没有支援则不能站立或坐起来。他们迟于表现像打滚儿、握紧东西或把自己的头立起来。身体畸形是普遍现象,而不坚持理疗则可能恶化。

◇自助技能中的缺陷。有些缺陷严重儿童不能照顾他们自己像穿衣、吃饭、大小便和保持个人卫生等等基本需要。要学这些基本技能,他们往往需要包括修复术方法和适应技能系列的特殊训练。

◇罕见的构造行为和往来。非缺陷儿童和那些缺陷不太严重的儿童典型地与其他儿童游戏、与人交往并找出他们环境周围的信息来。许多缺陷严重的儿童这样做,他们可能表现与现实完全脱离,也可能表示毫无人类正常情绪。从一个完全缺陷儿童身上可能没法儿引起注意或激起任何可以观察到的反应。

◇经常犯的不适当行为。许多缺陷严重儿童做出没有构造目标的事情来。这些活动可能采取程式化的形式(如,前后摇动、在脸前摆晃手指、扭动身躯),自我刺激(如磨牙、抽打身躯)以及自残行为(如"撞羊头"、抓头发、拨弄眼睛、击打或者抓或咬自己)。尽管某些这类行为在他们自己身上并不算作反常,但某些儿童经常表现这些行为就值得考虑了,因为这些行为干扰学习和社会交往。

对上述那些行为特征加以描述将引出过分地消极印象。尽管这些特征对他们的无能增加了影响,缺陷严重的学生也可能有许多积极的特征,包括热情、坚持性、决定性、幽默感、和蔼可亲以及各种其他令人喜悦的特征(Forest 和 Lusthaus,1990;Stainback 和 Stainback,1991)。许多与缺陷严重学生工作的教师,对他们在学校、家庭和社区环境中有所进步感到非常地满足。

患双重感觉损伤的学生

损伤严重学生一个特殊需要帮助的集体是那些患双重感觉损伤的学生。"没有比又聋又盲的情况更糟的了,即一个人部分或全部视觉和听觉的丧失"(Bullis 和 Otos,1988,p.110)。20 世纪 60 年代中期,一场风疹流行病感染了千万孕妇后,美国和加拿大千万儿童生来就是视觉、听觉和其他感官受到损伤的又聋又盲婴儿。1968 年,当政府成立特殊地区和各州网络工作中心时,聋、盲儿童是第一批在联邦政府命令下接受特殊教育的集体。当公法 94—142 在 1975 年被通过时,把聋、盲儿童的定义界限为那些患有视觉和听觉双重缺陷者，两种病的结合引起特殊教育方案中既不能单纯为听觉损伤儿童，也不能单纯为视觉损伤儿童的严重交往和其他发展与教育问题提供正确的设备。（美国教育办公厅，1977a，p. 42478）。

由于许多教学和交往方法大量地依仗视觉的运用，为耳聋儿童的教育方案往往不适于视觉也有损伤的儿童。另一方面，又由于许多教学方法依仗听觉，为视觉损伤儿童的教育方案通常要求良好的听力。虽然被列为聋、盲的人有94％多少有些功能上的听力或视力（Fre-deicks 和 Baldwiu，1987），双重损伤的联合力量严重地损害了交往和社会技能的发展，特别当智力落后也包括在内的时候。

聋盲学生的智力水平从天才（如从16岁就丧失视力和听力的闻名于世的 Helen Keller）至严重的智力落后。大多从出生即丧失听力与视力的儿童在获得交往和运动技能、灵活性和适应的社会行为中体验了巨大的困难。

由于这些人不能从两条感觉通道得到清晰而一致的信息，为了获得所需要的刺激水平倾向于转入内向。因此，此人显著消极，不善于反应或固执。双重感官损伤的学生可能对他人不予理睬或发动适当的交往而且往往做出社会不适应的行为（如，摆动双手、轻弹手指、摇头摆脑），（Down-ing 和 Eiehinger，1990，pp. 98—99）。

为需要学习基本技能的聋盲学生的教育方案大体上与为缺陷严重儿童的那些方案相似。虽然大多聋盲双重残疾的学生可以利用在这些感觉提供的信息，教学中所用的视听刺激必须加大，学生的注意力必须指向那些刺激，包括触觉的教学技术也被使用以便补充从视觉和听觉通道获得的信息。

Robert Smith Das(1981)，一位聋盲人士，生动地描述用其他感觉方法增补世界知识的重要性，视觉和听觉无疑是人们所取得信息和知识两条主要的渠道，提供直达他所在的世界的通路……当这些感官丧失或严重受到限制时，人的概念就严格地局限于很小的范围之中，大部分必须通过他的次要感官或借助他人供给的间接信息才能得知。世界确实地缩小了，它就像用指尖或用他严重受到限制的听力和视力感到的世界那么大，而且只有当他用他残余的触觉、嗅觉、味觉和动觉等次要感觉去学习时，他才能扩大他的信息领域才能获得额外的知识(p. 38)。

1968年，不到100名聋盲儿童在特殊方案中得到服务，实际上这些儿童是住在盲童寄宿学校中。今天，美国约有6 000聋盲儿童在上百种不同方案中接受教育，包括那些在聋童学校的早期儿童发展中心的，职业训练中心的和正规公立学校的(Dantona，1986)。列入中学和中等教育后的聋盲学生通常结合到其他能力丧失学生的教育方案中，或由特殊教师、热心参与人士、翻译人员或家庭教师提供资源为非缺陷学生设备的教育方案之中。Downing 和 Eichinger(1990)在正规课堂之中讲述教学策略来支援双重感官损伤学生的教育方案。

双重感官损伤的人士在就业和独立生活中有获得成功的潜力。但为了促进社会交往、普遍学习技能和适当的社会行为发展，他们需要系统的教学活动。(Bullis 和 Bull，1986)。

普遍形势

由于严重缺陷没有普遍统一的定义，在普遍形势上也就没有准确和一致的数据。关于严重缺陷普遍形势的估计在总体的 0.1%～1.00% 之间(Ludlow 和 Sobsey，1984)。当提到由缺陷严重人士协会照顾的这组人时，Brown(1990)指的是这个群体百分之一智力功能最低的人士而言。在公法 94—142 下接受特殊教育服务的缺陷严重学生人数不能由美国教育部提供的资料而定，因为严重缺陷并不列在所报告的缺陷情况之中。缺陷严重学生属于其他特殊种类之中，包括智力落后者、多重缺陷者、其他健康损伤者和聋盲者。

取得普遍形势准确数字的困难指出，环境缺陷严重学生定义和分类是目前尚不确知的事情。不过现成的信息表明它们既不是小型的也不是孤立的集体，实际上，缺陷严重的群体，由各种不同的学生的子集体组成，他们的需要并非永远相同。今天，大多学校专区在他们的学生中有严重和多重缺陷者。

领域的背景

关于缺陷严重人士的处理问题在全部历史中知之甚少。由于严重缺陷往往与医疗和身体无能症并发，众多这类儿童渡过婴儿或儿童初期很可能即将逝世。在早期社会中，许多抛弃或蓄意处死缺陷严重儿童被认为是司空见惯的事情(Anderson，Greer 和 Rich，1982)。时至今日，"适者生存"的思想在世界某些部分依然流行。

要说直到 20 世纪才对缺陷严重儿童开始施以人道处理和教育未免过于断章取义了。按 Scheerenberger(1983)的全面检查所指出的，历史中贯彻着对于缺陷严重起因的研究，而且有时提供关照与训练。在 19 世纪中，Jean Itard、Edouard、Seguin 和 Samue Gridley Howe 等医师在系统地教导缺陷严重儿童学习交往和自助技能中取得令人瞩目的进展。当然，还有众多热心的教师、父母和慈善家从事帮助缺陷严重的人士，不幸的是，他们的姓名在史册上遗落了。

19 世纪下半叶，数以百计的州立住宿公共机构在美国建立起来。在上述先驱医师努力的强烈影响下，一种乐观的哲学思想流行起来，实际上，有些缺陷严重个别人士成功地完成了教育并返回他们自己的家庭社会(Woffens-Ber-ger，1976)。

开始时，许多公立机构的教育方案被称为低能儿的收容所。后来才改称为医院、州立学校和训练中心。但不管名字叫什么，通常并未给缺陷最严重的居住者提供教育和训练。众多观察家对大多数大型寄宿机构中心的凄凉、死气沉沉的环境毫无关照并对蔓延的悲观态度予以严肃的批评。缺陷严重的儿童一旦被安排到某一公立机构之中，就难以再迁出。除非父母能在家中提供照顾和训练或在私立学校中参加费用昂贵的教育方案，实际上，缺陷严重的儿童就是有机会学习有用的技能，也不能过上令他们满意的生活。

20 年前，若干立法决定和新的法律对于缺陷严重儿童的教育服务项目的发展起了重大的影响。特别显著的是缺陷儿童宾夕法尼亚协会(PARC)对宾夕法尼亚全体国民的案件(1972)。在 PARC 案件之前，许多州允许公立学校排除为所谓不可教育的缺陷严重儿童设立教育服务项目。在 PARC 案件中，法庭判决反对这项排除并提出，教育对缺陷严重人士是有益的。

专家意见指出，所有智力落后人士能从教育方案得到益处，并无例外——绝大多数人能取得自我满足的成绩，而其余少数人用这样的教育和训练能取得某种程度的自我照顾；而这种教育和训练开始得越早，智力落后的人从他获得的益处就越全面越有效果。而不管开始早晚，智力落后人士能在他的生活和发展任何时刻从教育方案获得效益(PARC 对宾夕法尼亚全州人民，1972)。

其他许多案件，包括 Wutt 对 Stickney(1971)，Halderman 对 Pennburst 州立学校和医院(1978)，Armstrong 对 Kline(1979)，Irving 独立学校专区对 Tatro(1984)和 Homawarcl Bound 公司对 Hissom 纪念中心(1988)，从来就坚持缺陷严重学生在公家开销上接受自由的、适当的教育方案。公法 94—142 的规定完全适用于缺陷严重者。他们必须尽可能地在限制最少的环境中接受一项教育方案，而他们的父母和保护人必须包括在适宜的 IEP 发展方案之中。此外，这项法律给尚未接受服务或服务不足的儿童以优先的鉴别权和服务权，而这项规定明确地适用于缺陷严重的群体。这些法律上和司法上的发展，与明了缺陷严重学生的潜在力量结合一起，给公立学校、职业设施和其他社区基础环境中的教育方案带来戏剧化的扩展。

当华盛顿大学奠基校长 Norris G. Haring 领导一个 30 人的集团创立美国严重的/完全的缺陷教育协会时，缺陷严重人士教育的新纪元在 1975 年开始了。后来这个组织更名为缺陷严重人士协会(The Association for Persons with Severe Hanclicaps—TASH)。今天 TASH 拥有多于 9 000 位为改善老少缺陷严重人士生活质量的教育家、父母和其他人员的会员。TASH 的会员包括许多在为缺陷严重学生发展有效的教育实践中担任重要职务的高级创造性和生产性的研究人员和教师们。

过去几年中，我们亲眼看到为满足缺陷严重儿童和成人的需要出版的书籍、研究报告、课程和其他资料数量显著地增加。今天在所有特殊教育中为缺陷严重人士的教育是最令人兴奋和最有生气的领域，这是强有力的事实。

严重缺陷的起因

严重缺陷能从严重情况而引起，大部分有生前、出生时或出生后出现的生物学情况，在大多数病例中，脑已损坏。缺陷严重儿童很大的百分数是生来就患染色体变异，例如唐氏综合征，或能引起生理或智力发展严重问题的先天的或新陈代谢失调。妊娠并发症，包括早产、Rh 不能共溶以及母亲得的感染病，能引起或促成严重的丧失能力。过分服用药品、饮料或营养不良的孕妇生出缺陷儿童的风险较大。由于他们的残缺极端显著，极容易观察出来，缺陷严重的儿童比缺陷较轻的儿童在出生后不久就被人鉴别出来。

妊娠过程本身就含有某些危险和并发症：分娩时，婴儿特别容易受缺氧和脑损伤的威胁。严重的缺陷也可能在后来的生活中由于汽车和自行车事故、跌伤、袭击或凌辱等引发的头外伤有所发展。营养不良、疏忽大意、吞咽有毒物质以及某些伤害脑部疾病(如脑膜炎和大脑炎)也能引起严重的缺陷。

尽管很多与医药有关的引发严重缺陷的原因已经被识别出来，在许多病例中儿童丧失能力的起因不能明确地予以鉴定。缺陷严重的比缺陷轻的通常并不认为与社会经济状况关系较少(Snell 和 Renzaglia，1986)；不过，善用医疗保养、无能情况的早期诊断、教育和起激发作用的家庭环境可能受到教育、收入以及其他社会经济因素的家庭水平所影响。

缺陷严重学生的教育途径

怎样进行能力丧失严重学生的教学工作呢？

首先，必须考虑三个基本问题：

◇教学工作应在何处进行？

◇应当教什么技能？

◇应当使用什么样的教学方法？

当然，这些问题必须问所有学生，但当学习者是一个缺陷严重的学生时，答案就要予以慎重地考虑了。过去十年间，缺陷严重学生教育中的主要变迁与进展对环境布置、课程和教学方法三个问题引出新的反应。

环境布置：缺陷严重学生应在何处进行教育？

对缺陷严重学生来说，什么是限制最小而教育环境是最为适宜？这个问题继续为许多争议与讨论的题目。有些特殊教育家继续呼吁取消把缺陷严重学生分隔安放的办法（Brown 等，1989a；Sailor 及其他，1989；Stainback 和 Stainback，1991）。Lou Brown，一位早期和持续把缺陷严重人士合在正常的学校和社区环境与职责之中的拥护者同在维斯康森大学他的同事们提出一个强烈的争议，为什么缺陷严重的学生应当参加他们的"家庭学校"（如果他不是无能者的学生要上的学校）。

智力严重落后学生接受教学服务的环境对于他们在何处以及如何消磨学校时光有严重影响。我们相信智力落后学生上了分隔学校，他们向社区其余人士表示他们能在完整环境和活动中履行职责的机遇就被剥夺了；他们的非残缺伙伴不理解他们，而总是把他们想入非非，他们的父母恐怕冒风险，让他们在有结合的环境中学习和工作的机会；上所得税的人们，假设他们应在隔离者家中、劳工中、活动中心中、车间中、公立团体中和收容所中过隔离的生活。（Brown 等等，1989a，p.1）。

Brown 和他的同事们提出他们认为家庭学校应当代替隔离而成伙学校的四点理由。他们把成伙学校的意义界限为"一大群矫揉造作的智力落后学生所上的正规学校，但如果他们没有戴上无能标签的话，大多数或没有人愿意上的学校"（1989a，p.1）。首先，非无能学生与无能同班学友在结合的学校上课时，他们很可能像在兼职社会中负起成人的责任来；其次，来源不同的信息支持结合的学校是富有意义的教学环境（Hunt，Goetz 和 Ander Son，(1986)），例如将缺陷严重学生的 IEP 教学目标对结合学校的学生与隔离学校的学生加以比较。他们发现在结合学校接受教育的学生的 IEP 目标的质量，在年龄适宜性、功能性以及概括对其他环境所教的潜力上高于在隔离学校接受教育的学生；第三，父母和家属更易于他们上家庭学校儿童的学校活动。此外，或最有说服力的是，关于上家庭学校的儿童有更多的机会发展与非无能的同班学友的社会关系的争论，表 9-1 列出在两种学生向可能发展的 11 种社会关系。

表 9-1　缺陷严重学生与同样学友之间的社会关系

社会关系	样例
同班导师	小雷与小马表演社会介绍，为小马的成绩回赠礼品并予以表扬
就餐伙伴	小简与小李在餐厅与小林吃饭，边吃边谈他们喜爱的乐曲
美术、家政、工艺美术、音乐、体育伴侣	美术课中，学生学习画日落，小汤坐小谭旁边，建议并指导如何用色和如何完成作业

社会关系	样例
正规同班伙伴	五年级在社会研究课中，正表演"认识你的乡镇"，小卡帮助小哈，计划穿过他们邻居的旅游
学校活动伴侣	社交阶层的"闲荡"与交往，午餐后和上课铃响前，小华和小黄去学生休息室喝苏打饮料
友谊	大卫，大学棒球代表队队员邀请有严重缺陷病的小雷到他的房间看电视比赛节目
课外活动伙伴	小侯和小文为校刊准备他们的文稿然后在周刊实验室准备展览
课后设计伴侣	二年生决定为返校节搭一看台，小周和非无能学友小马在课后和周末在小周车库里进行设计
课后伴侣	星期六午后，非无能的小末和小毕去超级市场购物
旅游伙伴	大卫下末节课后坐轮椅与协助篮球队的学生管理员小芮同去体育馆
邻居	非无能学生的父母在邻里之间与每日环境和活动中的学生互相交往，当他们在学校、邻居左右、当地商店、超级市场和杂货店时，经常地与小马互相问候

不过，研究报告已经指出单纯地把无能学生安排到正规学校和班级上学，并一定增加积极的社会交往（Greshom，1982，Guralnick，1980）。各式各样促进理想的社会关系的策略已经编制出来，有些策略聚焦于学生的行为方面，如合作的学习活动（Eichinger，1990；Putnam，Rynders，Johnon 和 Johnson，1980）；其他途径包括改变教学成员责任的角色，例如教学团（Giangreco，1991；Thonsand 和 Villa，1990）。

所有在他们的家庭学校的学生教育，不管他们的学习和身体无能表现的挑战如何，到今天比实际情况更为理想，Sailor 和 Haring（1988）估计全美国60%～70%缺陷严重的学生在隔离学校中接受服务。不过，每当另外一个缺陷严重学生进入他的家庭学校时，能取得成功的结合教育就增加一次证明。

课程：对缺陷严重学生应当教什么？

前不久，教育家们专门研究他们儿童所谓的智力或发展年龄问题。尽管这种途径可以帮助鉴定学生能或不能完成的技能是什么。它也可能浪费最有效的教学时间。因为它"假设那些非缺陷学生的典型行为系列对严重或完全缺陷学生来说也是中肯的"(Brown，1987，p.43)。严格按照发展途径可能导致强调教那些实际上晚年并不重要的技能(Luollow 和 Sobsey，1984)，而促进缺陷严重的学生看自己永远是儿童的意识(Bellamy 和 Wilcox，1982)。今天，大多与缺陷严重人士工作的教育家认为熟悉儿童发展的正常序列是重要的，但他们认识到他们的学生获得技能的方式方法与非缺陷学生不同，而发展指南不应成为决定教学程序的唯一基础。例如，刚刚学习自己吃饭和上厕所的16岁学生不应像刚刚学习自己吃饭和上厕所的两岁非缺陷儿童一样地学习和学一样的教材。自然，两个人的往日经验、今天的环境和未来的前景是截然不同的，尽管他们完成某些技能的能力可能有相同之处，Freagon(1982)对发展序列的策略提出有创见的评论：

当使用发展课程策略时，缺陷严重学生要完成类似那些非缺陷人士离开学校后成人的生活方式有相当的障碍。首先，教学活动以智力、语言和社会交往策略和实际运动年龄为基础时，缺陷严重学生少有，如果有的话，获得多于他们全部教育经验过程的1岁或2岁发展年龄。因此，18岁的学生所完成的被降到婴儿或学前或小学非缺陷学生活动范围之中，这样永远看不到他们能像18岁学生一样的活动。其次，没有任何实验证明，若有的话，支持缺陷严重学生为了达到同样的教育目标需要沿着非缺陷学生相同的路线和生长方式去学习和生长的概念(p.10)。

当代缺陷严重学生的课程内容聚焦于直接和未来家庭、职业、社区以及休闲和娱乐环境中能使用的机能技能、教育方案，在他们未来的工作中能使缺陷严重学生学到那些在离开学校之后尽可能地独立生活和有生产性的技能和行为。

机能性

机能的技能是直接对学生有用并在他的自然环境中经常需要的技能。这种技能应使用真实的材料并增强学生尽可能独立完成的能力。把钉子放在钉子板上或按颜色把木方块挑出来不算为机能性的，因为这些任务在大多人的自然环境中并不重要。学乘公共汽车(Robinson，Griffith，Mccomish 和 Snasbrook，1984)和学习从硬币售货机买东西(Sprague 和 Horner，1984)是较多机能性的技能。

实际年龄适宜性

在任何可能的地方，缺陷严重的学生应参加适于他们年龄相同的非缺陷学生所参加的活动。缺陷严重的青少年不应使用年幼非缺陷儿童所用的同样材料。实际上，患严重缺陷的十几岁儿童坐在地上玩互相拍手的游戏或剪糊大型雪人突出了他们的差别并阻碍了相互的结合。教文娱技能，如保龄球、操作录音机、录像机或指导学生设计为庆祝节日印刷的贺卡等比较适宜。辅导缺陷严重青少年的教师应避免用描述儿童特征的"大鸟"或"米老鼠"来装潢教室以及当称他们为年轻的男生、女生或同学更适合他们的年龄时，不应管他们叫男孩、女孩或小孩儿。

为缺陷严重学生建立 IEP 学习机能的和年龄相配的技能是富有意义的。不仅因为这些技能是学生最需要学习和理解的技能，而且非学校环境要求这样的技能，而非缺陷同班学友们更能在自然环境中加强他们的机能和配合年龄的行为。因此，在学生的学习评表中应保留下来（Horner、Dunlap 和 Koeqel，1988，Stokes 和 Baer，1977）。

部分参加

由 Baumgart 等人（1982）首先介绍的部分参加的原则，承认某些缺陷严重个别人士即使不能独立完成指定的工作或活动的所有步骤，但往往他们能学会做工作中的选择部分或能适应的部分。例如，一个不能言语的学生在快餐厅里能按菜单上的图画在订菜单上点她的菜目。Snell、Lewis 和 Houghton（1989）教三个患大脑麻痹和智力落后的小学生完成分析牙刷组成部分的选择工作，而其余学生不能完成的部分由教师来做。教师和三个学生中的两个学生的父母双方评价学生部分参加牙刷分析活动"富有意义"。当他们参加保护牙齿活动而不用别人给他们刷牙时，他们显然"比较快乐而不至于抱怨唠叨"。追踪研究资料指出，刷牙技能在家中得到推广，而持续了 19 个月的训练。

制定决策

往年，缺陷严重的学生根本得不到选择决定或表达选择的机会，反而强调制定控制学生的教学方法。传统上，缺陷严重的学生仅仅得到生活上的关照但受到了"听天由命"的教导。

> 有些护理员可能觉得照顾无能人士比让他们自己去做更容易更快些；而其他护理员的态度可能是这些人对付他的无能问题已经够麻烦的了，不管内在意图如何，结果可能是溺爱、鼓励自暴自弃、而且剥夺了残疾人生活经验的潜在价值（Guess、Benson 和 Siegel Caasey，1985，p.183）。

在今天，尽力帮助缺陷严重的学生学习更独立地执行功能并在事情将对他们发生影响时去做决策。例如，他们愿意生活和工作的环境类型，他们愿意吃的食品，他们共度社会生活的伴侣以及他们是否打算参加的例行公事和活动（Bannerman、Sheldon、Sherman 和 Harchik，1990）。即便是完全缺陷和不能讲话的学生只要得到机遇就能表达心愿。Wacker，Wiggins Fowler 和 Berg（1988）报道了完全缺陷学生用预先编制程序的微型转换电器三次实验的结果以演示他们对玩具和社会意愿类型以及申请的优先选择权。

Shevin 和 Klein(1984)为了把制定决策活动结合到缺陷严重学生的课堂教学方案中去，提供了若干建议事项。例如，向某个儿童展示两种活动的图片并让他指出愿意参加哪种活动；另一个儿童可能被问到："你喜欢谁来做你的伴侣?"，或者教师可以问："我们再做一遍吗?"。当然，在提供这些选择时，技师必须准备接受不管学生选择什么样的备选意愿，并使它得到彻底落实。

交往技能

还有许多专门研究如何教缺陷严重儿童和青年学习交往技能的方法问题。基础交往技能对于学生在就业和独立生活中成功地执行功能特别重要(Orlansky, 1986a；Ruseh, Chadsey-Rusch 和 Lagomareino, 1987)。许多缺陷严重学生能学会理解并产生讲话语言；自然，对那些能得到它的人来说，讲话永远是理想的目标。能用文字交往的学生要比不能讲话的学生在教育就业、居住和娱乐的机遇范围要宽得多。

由于成长、运动、认知或行为上的种种限制，某些缺陷严重学生甚至经过大量训练后还让人难以明了他的讲话，于是，许多扩大交往系统应运而生，包括手势语、不同符号语言系统、图形交往片、符号系统和电子交往器，尽管这些系统不像在一般社会用处那样大，它们确实帮助众多缺陷严重学生接受并表达基本的信息、情感、需要和愿望。学生的教师、同班学友、父母和雇主也能学会手势语言和其他交往系统，从而促进课堂以外的使用。某些学生通过手势语言、交往图片或其他策略，学会基本交往技能，到后来获得讲话技能。Reichle 和 Keogh(1986)为缺陷严重学生在选择最适宜的交往方法中讨论了制定决策的基本原则。

职业训练

职业与工作有关的技能对于缺陷严重学生是特别重要的课程。关于训练复杂职业技能的方法以及管理行为失调的有效程序我们已经学了许多，现在，广泛地认为即使最严重丧失能力的人，只要得到正确的训练与支援也有潜力从事生产性和有意义的工作(Rusch, 1990)。

过去积累的证据指出缺陷严重的儿童和成人在各式各样的环境中能完成有用的和有报酬的工作。有些教师在学龄儿童社会中把课堂教学和实践经验结合在一起。Winkler, Armstrong, Moehlis, Nietapski 和 Whalen-Carrell(1982)描述缺陷严重学生在他们社区中准备并运送分类的广告指南的成功方案。大多数儿童在折叠、装订和包装一类工作中能力大有长进，而许多学生学会如何管理从方案挣得的工资的技能。Wehman 等人(1982)描述被安排到社区服务处的缺陷严重成人——大多在餐馆擦桌子或扫地板一类的杂务工作的方案。三年过后，这些病人的 67% 还在工作岗位上，他们的缺席和考勤评比一般不低于那些非缺陷的工作人员而餐馆同事对他们的主要态度是"对病人完成他的备受欢迎的工作一视同仁"(p. 12)。有缺陷的工作人员所挣的工资和福利比他们在带棚车间所挣的要多得多，用不着依靠公家对他们的贴补。这些工人自己挣钱并交付地方、州和联邦的赋税。

休闲和娱乐技能

大多数儿童发展文娱能力，随后，在自由时间，忙于建设性和娱乐性活动。但缺陷严重儿童除非受到特殊教导，难于掌握适宜而称心的娱乐技能。教缺陷严重人士学习适宜的休闲和娱乐技能可以帮助他们与社会交往，保持他们的身体技能，而更多地参与社会活动。由 Pancsofar 和 Blackwell(1986) 主持的调查发现，众多缺陷严重的病人不善于使用他们漫无计划的时间而去追随享乐消遣。他们可能终日静坐、闲游或看电视。各式各样教休闲和娱乐技能的方案已经发展起来。同前，这个领域被普遍认为是为缺陷严重学生课程的重要部分。

Horst Wenman Hill 和 Baileg(1981) 描述 10 岁～21 岁缺陷严重学生如何学习适合年龄的娱乐技能。这些活动从"大部分众多非缺陷伙伴正规参加的活动类型为基础"的活动中选择出来(p. 11)。在按 Frisbee 操作录音和录像机玩电子保龄球比赛的评比和教学中，继续施以准确的教学程序锻炼。在这些活动中，所有学生能增强他们的技能。

14 个 6 岁～13 岁轻微和严重缺陷儿童与 25 个五年级与六年级非缺陷伙伴共同欣赏联合航空演习节目 Halle，Gabler-Halle 和 Bemben(1989) 和 Datillo 和 Mirenda(1987)) 设计出一个能使患严重缺陷的聋哑学生指出他们的爱好和控制收视娱乐时间的活动的电子计算机程序(如音乐、活动电视片、幻灯片)，Moon 和 Bunker(1987) 和 Wehman Renzaglia 和 Bates(1985) 为选择和学习休闲和娱乐活动提供指南。

教学方法：怎样教缺陷严重的学生？

照顾和关注缺陷严重学生并保证他们能接受教育方案是重要的。不过，只靠他们自己，光照顾和接受是不够的。缺陷严重的学生要有效地学习除了慈爱、关注和课堂安排之外，还需要更多的东西。光靠模仿和观察，他们得不到复杂的技能，他们不大可能自力更生。

缺陷严重学生的学习和行为问题非常个别和非常显著以致教学方案必须慎重计划和执行，为了缺陷严重学生，"应把准确的行为目标、工作任务分析和其他个别化的教学技术结合一起，以便形成一个强有力的教育过程"(Ludlow 和 Sobsey，1984，p. 22)。诚然，构造性和准确性是基本条件。教师必须知道要教什么技能，为什么必须教他，怎样去教他以及如何去承认学生已经学会了或完成了这项技能。

缺陷严重学生的有效教师学会使用工作任务分析表（原第二章 p.59，61，新第三章 p.113）。在表中，工作任务细分为一系列特殊的、可观察的步骤。而学生在每一步的成就都受到仔细的监控。表 9-3 把洗手的自卫技能细分为小型的、准确的步骤。有些学生甚至要求比表中所列的 19 个步骤更特殊的步骤，而其他学生可能需要较少的步骤。任何教学开始之前，教师需要准确地估计一个学生作业成就，小朱可能完成第十五步成就（关上水龙头），而小丙可能连第 1 步（到水池去）都做不到。根据事前的估计帮助教师决定从哪里教起。他能在循序渐进，直到学生能独立完成全部作业，在表 9-3 教学中，缺乏这样的构造与准确，不知要浪费多少宝贵的时光。

表 9-3　洗手步骤的分析

1	去洗手间的水池
2	抓住冷水管的水龙头
3	把水放出来
4	把双手冲湿
5	拿起肥皂（用能使用的手）
6	把肥皂在另一只手上摩擦
7	放下肥皂
8	两个手掌共同摩擦
9	（用相对的手）擦手背
10	（用相对的手）再擦另一只手背
11	把双手放在水里
12	冲双手手掌（直到看不见泡沫）
13	再冲双手手背（直到看不见泡沫）
14	抓住冷水管的水龙头
15	关闭水源
16	拿起毛巾来
17	把你的手掌擦干
18	再把你的手背擦干
19	把毛巾挂在杆儿上

为缺陷严重学生制订的教学方案要注意下列组成的要项：

必须准确地估计学生目前能完成的作业水平。小凯没有帮助能不能直起头来？需要多少秒？在什么样的情况下？对什么样的文字或身体位号的反应？与传统估计程序过分着重标准分数和发展水平不同，对缺陷严重儿童的估计看重每一学生能完成特殊的、可观察的行为的能力估计不应在一闪之间，而应在不同时间、不同的环境和与不同人员在一起时估计出来的。不应把缺陷严重学生在某时某地不能演示的技能理解为他不能演示那种技能。对目前作业准确的估计对决定要教哪种技能和教学在什么水平能开始有重要的价值。

必须把要教的技能序列说清楚。"小言要给自己喂饭"，对众多缺陷严重儿童来说，目标太空，更恰当的讲法可能是："当苹果酱递到小言右手食指时，10 秒钟内，他把食指移到嘴边"，像这样清楚的讲法能使教师和其他观察人员决定小言是否已得到这件东西。重复试验之后，如果他还办不到，最好再换别的教学方法。

必须在适当的序列之中把技能宣布出去。教师必须善于在"学生和他获积极经验与提高技能的环境之间"安排一种关系（Sailoc 和 Haiing，1977，p.73）这并不意味着缺陷严重学生永远按着非缺陷学生的同样序列获得技能。但对于考虑某些技能在逻辑上列在其他技能的前边，而某些技能类别自然应当同时去教有很大助益。

教师必须为儿童准备清晰的提示或线索，儿童知道期待他去表现的行动或反应是什么至关重要。线索也可能是文字的，教师可以说，"小白，说苹果，"指出小白要得到苹果之前必须做什么。线索也可能是物质的，教师可能手指电灯的开关表明小白应扭电键，甚至需要教师多次示范引领儿童走遍任务要求的部分或全部活动。

儿童必须从教师处得到反馈或表扬。缺陷严重学生对于他们的作业必须得到明确的信息。如果立刻得到强化的结果，他们很可能重做一遍，不幸的是，决定一个不善于交往的学生能在什么项目或事件上取得表扬要费很多时间，也是很难办到的。许多教师费了很多气力去加固样本。换句话说，他们设法找出哪一项目或活动对特殊儿童是值得表扬的，而且他们仔细地记录下来什么是或不是有效的。Spraollin 和 Spradlin（1976）描述一位教师怎样用两年多的时光在缺陷严重学生的教案中寻找一条有效的强化教学的方法，总计起来他试用了赞扬、拥抱、饮料、食品、糖果、玩具和听、视刺激等 75 种不同的强化项目。

必须采用促进学习概括能力的策略。缺陷严重学生往往难以概括他们所学的技能是众所周知而证据斑斑的。Horner，Mcdonnell 和 Bellamy（1986）指出，"为缺陷严重学生的教育只与学生能将所学的知识和行为内容变成他们日常例行生活有关"（p.289）。因此，精明的教师对于学生在不同的环境、不同的教师、线索和材料所完成的任务，信任他们的学生已经获得和概括了技能之前务要慎下结论。

对学生的作业必须慎重地测量和评价。由于缺陷严重的学生往往前进的步伐很小，精确地测量他们的作业至关重要。慎重地测量有助于教师设计适于儿童需要和评价方案效果的教学方案。当每天累积的儿童努力成绩在手时，作业的变化表现得非常清楚。例如，当检查穿衣技能时，教师在发出"小杜，脱了你的袜子"指令后，可以测量儿童从他的右脚脱袜所用的次数。一段时间过去后，小杜在完成这项任务的速度上，应当有所增长。如果他办不到，教案的某些部分就必须加以修改。关于儿童作业的准确信息有助于教师设计一个适当的教育方案，有些方案用录像带把缺陷严重学生的指定作业记录下来。这种记录能为用文件证明长期中行为的变迁增加重要的范围。

增长中的社会上能接受的行为

当缺陷严重学生在结合的学校与社会环境中继续接受服务时，教师如何管理破坏性的、侵略性的或社会难以容忍的行为有了显著的改变。不久前，一个行为过分的学生，总是定型地摇头晃脑，可能已经受到某些不愉快和有损尊严的处理。例如把他的头约束起来，或可能由一位教师把他的头上下搬动好几分钟（Gast 和 Wolery，1987）。有些缺陷严重儿童适应不良的行为照例受到"眼还眼，牙还牙的处理"，例如受到水雾的喷射或延长停课时间。"如果被处理的人不是丧失能力的人，大多数的人对这些干预方法是绝对不能接受的"（人类政策中心，1986，p. 4）。

今天，在强调要尊重每个学生并为他们的独立生活做准备的情况下，与日俱增的教育方案在研究如何在更能发挥功能和体面的方式中应对挑战的、过分的或难以接受的行为。明确地说，他们试图：（1）理解一种行为对于一个学生的意义；（2）给该生提供一个正面的备选行为；（3）利用非人身攻击的干预技术；（4）用在结合的社会环境中已生效的和已被采用的策略（人类政策中心，1986）。Gast 和 Wolery（1987），Lavigna 和 Donnellan（1987）和 Meyer 和 Evans（1989）为这些策略准备了更详细的描述。

个别教学或集体教学

众多缺陷严重的教育方案执行一对一的教学方法。就是说，每次一位教师教一个学生。多年来，大多数专业人员认为一对一教学在缺陷严重学生中是改变行为的唯一有效方法。关于教育或改造缺陷严重行为，约有 90%的文章描述了一对一的教育途径（Favell，Favell 和 McGimsey，1978）。

不过，最近有若干研究调查了对缺陷严重学生的小组教学的有效性，这些研究的若干结果是令人鼓舞的。Curran（1983）和 Orelove（1982a）发现缺陷严重学生能够伴学词汇，也就是说，在小组中，给某个学生提出某些生词时，组中其他学生也随着理解了这些词汇。有些证明建议小组教学能如一对一教学发生同样的效果(Bourland. Jablonski 和 Lockhart，1987)。Edwards(1986)鉴于要求大力照顾的学生需要"在课堂小组出现时更易于管理"，他提倡采用不单一的组合办法(p.10)

尽管许多研究对这种提倡仍持保守状态，对于缺陷严重学生采用集体教学从而显得很有前途，集体教学允许教师更有效地使用他们的时间，给学生更多训练的利益以及鼓励学生进行社交活动。如果研究工作继续发现集体教学是有效的，为缺陷严重学生未来的教育和培训方案很可能包括集体和一对一教学技术的合一组织。

教缺陷严重学生的挑战与报酬

目前，缺陷严重儿童基于公立教育和社会服务的扩展是非常重要和挑战的。那些为缺陷严重学生准备教学的人士能恰当地被称为特殊教育新领域令人钦佩的倡导人；教育缺陷严重儿童的专业人员"可以回首傲视甚至敬畏他们已经完成的进展。在相当短暂的时间里，教育家、心理学家和其他专家为了争取附加的立法和资金，把普及服务模型延伸到公立学校和社会以及发展培训技术作了大力的倡导工作"(Orelove，1984，p.271)。

未来的研究工作将增加我们对于缺陷严重学生如何获得、保持和概括机能技能的了解。更好地测量和改变行为技术不断地得到发展。这些与关注缺陷严重人士的个人权利和尊严的增长都在平衡的发展中。

教缺陷严重学生是困难而有要求的。教师必须富有组织性、坚定性和有恒心，他必须善于管理复杂的教育工作，通常包括监督辅助专业助理、学生导师、同行导师以及志愿工作者。教师必须通晓个别和集体教学技术，而且必须善于与其他专家如医生、心理学家、理疗医生、社会工作者和语言专家等等共同合作。他必须保持准确的记录而且必须不断地为学生未来的需要出谋划策，与学生父母(或宿舍管理人员)、学校职员、职业复原人员以及社会机关人员的有效来往也非常重要。

缺陷严重学生有时毫无表现或没有明显的反应，因此教师必须高度重视学生的微小变化。有效的教师在设计和履行改善学习和行为的策略方面是首尾一致的(即使学生某些前任教师不这样做)。精明的教师决不敏捷到忽略撤销滋生反抗或异常行为的难题或要求。最好还是按学生要求辅导(Durand，1986)或布置学生易于完成的作业(Sprague 和 Horner，1990)。

有些人可能考虑与缺陷严重学生工作是令人不快的工作，因为他们的缺陷太严重了并且太多了。然而，为需要教学的人工作最好的收获是丰富了教学经验，教一个儿童能独立地给自己喂饭、上厕所，帮助一个学生和非缺陷伙伴交朋友以及辅助一个青年人在社会中能独立生活、旅游和工作，真是令人满意其乐无穷！教缺陷严重学生挑战和报酬都是伟大的！

第十章 聪明和天才的学生

◇ 多年来聪明和天才者的定义是什么并如何变迁？

◇ 聪明和天才儿童何时需要特殊教育？

◇ 为了创造性和天才的发展，你认为什么最为重要？自然或培育？

◇ 你认为 IEP 在天才教育中是必须的吗？

◇ 天才学生应当在何处接受教育：正规班，特殊班或特殊学校？

　　我们对于特殊儿童的研究到目前为止聚焦于智力和生理有障碍的儿童——需要特殊的方法和教材才能使这些儿童获得更多的利益。而有些儿童在文学、美术、社会和科学能力的贯通上站在另一极端，有时教师会发现传统教材对这些儿童也并不适合，因为这些教材可能没有能够满足这些孩子需要的独特学科。如果这些天才儿童想充分发挥他们的天才的话，他们就需要有接受特殊教育的机会。

　　尽管正规课堂被认为是对这些天才儿童限制很少的地方，但标准课程和一般学校活动对这些儿童的限制往往过于严格。在新学期开始之时，聪明的学生可能已经掌握了同学在接下来的一年里所要学习的技能。因此，不让天才儿童去学习书本以外的知识对他们来讲就是桎梏。具有特殊才干的儿童应当有机会进一步展示他们的才华；如果想让这些天才儿童适应教育，我们就要设置特殊的课程并制订适合于他们的教学方法。

　　特殊儿童这个专有名词包括两种儿童：学习有困难的儿童和学业成绩优异的儿童，如果要满足他们的潜力就必须进行特殊教育。要开发特殊儿童的潜力使他们在校期间取得更大的成功，天才儿童需要特殊训练的教师、特殊的教学方法和特殊的教材以及资源，或者是学校部分甚至是全部的特殊设施中需要特殊的课室布置。无论是家庭经验情况还是工作安排甚至是对儿童取得成功的期待和儿童独特能力等问题上，教育者对天才儿童和智力落后儿童制定个别教育方案是同等重要的。按照个别需要制定的教育方案包括所有特殊儿童。

天才儿童的定义

　　天才儿童的定义有许多种说法。这一领域的一位创始人，Terman(1925)给天才下的定义是那些标准智力测验分数在前 2％ 的人。包括长期以来持有天才儿童是指拥有技能这一观点的 Witty(1958)，描述天才儿童是那些在任何潜在有价值的领域中都能有所成就的人(p.62)。二者的观点全都包含于今天大多有关天才儿童的定义之中。联邦立法把天才儿童界限为那些：

　　　　在智力上超常，极其富有创造性并且在特殊学术和艺术领域有成就而普通学校却又不能满足其要求的人士(公法 95—561.902 段)。

　　儿童的天才和潜力几乎可以覆盖人类的全部范围。这个范围可以被分为两个领域：其一，是全部智力能力；其二是特殊文学才华。普通智力能力指的是在智力或成就测验上取得成就。达标的儿童通常能在大多学术领域中做得很好。具有特殊学术才干的儿童在一种或多种领域中赋有突出的才华。例如，具有特殊学术才干的 Reggie 在自然科学中完成得极为出色，不过在社会研究和英文领域中，他们贡献远低于他的同事。

　　在天才的定义中包含了领导才能也是最近的事。现代天才的定义框架意识到发展领导潜力是社会所需要的。就像空气污染、人口控制以及维持和平等等问题，不仅需要科学家和经济学家的努力，而且需要那些有能力把人聚在一起的人去努力。科学家们可以解决迫切的问题，经济学家们可以提供生活资源，但如果缺乏领导科学家和经济学家的人，问题依然存在，至少和新发现问题时的情况一样紧张。

　　若干年来，基本未变的联邦定义已被许多州广泛采用(Zettel，1979)。不过，大多数的州把天才定义局限于一般的智力能力、创造性能力和领导能力三个领域之中(Sisk，1984。Renzulli，1978)提供一条备选定义，引起了大家的关注：

　　　　天才由人类三个基本特殊的相互作用组合而成，这三个特征是平均数之上的一般能力、承担高新水平的业务工作能力以及高新水平的创造能力。天才儿童是将这些特殊集中并将它们运用于人类社会中有潜在价值的领域当中。令人可惜的是这些特征是在普通学校所不能学到的(p.184)。

　　Renzulli 的天才定义把能力(实际的能力或潜在的能力)、承担工作任务的能力和创造性能力三种特征合并在一起，并要求将这三个特征联合运用于有价值的领域当中。Renzulli 的定义与联邦定义相同，都是定义谁为天才儿童提供了很大的伸缩余地，都是以对有价值的人类成就的解释为转移的。

普遍形势

　　统计天才儿童数目的方式之一是和常态标准加以比较。只有排在全校学生前3%～5%的学生才能被看作是天才(Marland，1971)。他们的能力是以他们个人的成就或与同学完成任务相比较为基础的。除此之外，还有另一种方法统计天才儿童，那就是学校中注册的天才学生的百分数。自国家教育统计中心获得的资料(1989)指出，与1987年相同，在学校注册总数中，天才的学生在美洲占到1.2%～9.9%。根据报道的百分数求得的平均数为3.6%，也就是说全国约有3.6%的注册学生列为天才学生。

　　当3.6%的数字与常态数字大致相同时，各州报道的百分数参差很大。差异的来源有很多种原因。横贯全美的教育发展水平以及分配到教育的每年经费差异悬殊。除此之外，它们对于天才的定义和鉴定程序大不相同。某些州的学生较其他州的学生确定易于接近适合于自己的教育方案，从而更多的学生被列为天才儿童。不过，百分数报道学校注册人数的 3.6％ 与常态曲线资料所期待的基数是一致的。

历史的展望

从历史上看，天才的概念即不像现代定义那样广泛，也不像今天包括的那样有限。早在 19 世纪前，包括在 Francis 高尔登公爵（1869～1936）的经典著作中，很多著作都聚焦于天才概念的讨论。高尔登是第一个用可观察的特征或成果提供一个天才定义的人。不过，他的研究是以著名成年人为基础的。因此对鉴定和培育儿童的潜力毫无建树。此外，高尔登觉得天才是由遗传决定的，尽管有很多人都不同意此看法，但是高尔登的研究对于如何了解天才仍然做出突出的贡献。

在美国，为天才儿童创设的特殊教育可以追溯到 1867 年。在那年，圣路易公立学校创立了可伸缩的提升计划。之后 30 年间，学校为这些天才学生制定了可以满足每个人的不同计划，在 1900 年前后，成立了跳级制度，这样有些儿童在一年中可以完成两年的功课或两年中完成三年的功课。

克力夫兰在 20 世纪 20 年代初期开始为天才儿童创设增强方案。1922 年一些"大公无私"的妇女为天才儿童组织了跳级班。她们的顾问，H. H. Goddard(1928)发表了宣言并公布了方案。在美国，克力夫兰教育方案是为天才儿童设立时间最长、持续最久的教育方案。

要想把儿童按智力能力分组，教育家需要有效的测量方法。在 19 世纪最后的 25 年中，教育家们为测量智力能力设计了若干工具。1905 年在巴黎，两位心理学家 Alfred 比纳和 Theophile 西蒙制定了按班分级的系列测验，称其为"智力测验量表"。他们的测验试图按照智力能力将儿童分类以便促进他们的教育。比纳西蒙量表传到美国时被译成几种文学，Terman(1916)在斯坦福大学的译本是这个领域的权威。以斯坦福—比纳闻名的智力量表 1916 年出版，在 1973 年进行了最后修订(ThQrndike，Hagen 和 Sattler，1986)，它已成为其他所有智力测量的比较量表。

除了翻译斯坦福—比纳测验量表之外，进行了长期的研究工作，对我们今天了解天才人士的特征的贡献是非常大的。自 1925 到 1959 出版了 5 册"天才的发生研究"——是以 1500 名从儿童期到中年时代天才人士研究做周期报道的。Teiman 的同事和学生也发表了许多文章和论文，包括两部关于 Terman

其他的原始题目做了相关报道（P. S. Sears 1979；R. R. sears，1977）。

Terman 的研究中，所有的天才儿童智商在 140 以上。1916 年形成斯坦福—比纳量表，测量包括若干领域，如社会和生理发展、学业成绩、品格特征、阅读的书籍和游戏兴趣。这个长期研究驳斥了某些关于天才人士的观点，如"早熟早烂"，"天才与疯子携手而行"，以及"天才儿童的刻板行为宛如一位小大人"等等。

一位名叫 Leta S. Hollingworth，教育心理学家，用斯坦福—比纳量表测验一名得分超过 180 分的学生时，她理解到了高材生的需要，这是 Hollingworth 以天才儿童为指导的一系列研究的开端。在《IQ 高于 180 的儿童》中（1942～1975），Hollingwor 报道了 12 名来自纽约市地区的儿童。这些儿童的学校相差悬殊，区别在校成功与未成功的一个因素是对他们出众的才华初早期承认以及父母和学校人员所采取行动的愿望。有些个案研究显示，这些天才儿童受到了挫折并感觉到正规学校对他的压抑。早期的鉴别和辅导，对于儿童的兴趣以及特殊教育方案以及帮助年轻人适应学习，如接受一场有报酬的挑战都有很大的贡献（Hollingworth，1925）。Hollingworth 为测验小学以上学生和区分课程开辟了途径，她还是一位积极的男女平等主义者（Benjamin 1990）。

尽管有些说法早已被研究所解释，但问题却依然存在。由于受到 IQ 分数的限制，对天才的狭隘观点流行多年。因此许多天才儿童由于未被认出来或未得到充分发展的机会。IQ 分数被过分地看做是对天才儿童与普通儿童的分类依据和生活中成功的指标（Witty，1930～1962）。因此天才受到高 IQ 分数的限制而和白种人、城市、社会的中层、上层阶级联系一起（Witty，1940）。1950 年初期 Glliford，因在分析和区别心理过程领域中的工作而闻名的心理学家，向心理学界发出挑战，要求在传统概念之外看待智力，IQ 分只是心理过程的一个小样本（Guilford，1956）。在这场挑战以后，天才的概念向若干方面发展，包括智力活动的许多形式。

20 世纪 60 年代，鉴定天才儿童的标准开始由传统 IQ 分数向创造性来转移（Frierson，1969），有些研究在文化类别之中开始鉴别和发展天才，这种运动在 20 世纪 70 年代继续扩展（Torrance，1977）。此外，在 20 世纪 70 年代的女性和缺陷学生之中鉴别天才个人的需要引起了广泛的注意（FQX，1977；Maker，1977）。

现代对于天才的定义已出乎我们的认识之外，IQ 本身已不能规定天才所有领域的界限。我们已经认识到有些人在有社会价值的事业中具有不能用智力测验来评价的天才，按 Guilford 所建议的，智力测验只是人类事业有限的领域中智力活动的一个小样本。天才的概念已扩展到包括许多对生活质量，如个人的和社会的生活，作出实质性贡献的才华。

天才儿童的特征

从生理上来说，天才儿童与其他同龄儿童没有实质性的差别。天才儿童的古怪定型如眼镜里的小老头儿，胳膊底下夹着《荷马史诗》、《柏拉图》、《德斯卡》和《爱因斯坦》等书籍，实际上是无稽之谈。任何天才儿童比她同龄伙伴或高或矮，或重或轻也许体重相同。换句话说：天才儿童在本班中被鉴别出来谈何容易。

天才是复杂的概念，覆盖着广泛的能力和特征。有些儿童有特殊的才华，他们在学校中可能并没有突出贡献，但在音乐、舞蹈、戏剧或领导等工作中有特殊的才能。作为一位教育者，若只是单纯地去寻找高智商的儿童是件很难的事。

Clark(1988)描述天才儿童的特征包括 5 种范围：认知、感情、身体、直觉和社会(表 10-1)，她认为天才儿童的特殊教育的需要就是把他们与个别学习者区分开来的特征功能。

> 那些特征的分析能为我们的教育方案提供模型。凡明确符合这个总体不同特征的方案就能有效地满足教育需要而去培养天才学生高创新水平的能力。(Clark. 1988. pp. 252～253)

符合课程的特征通常集中在学习和智力技能两方面。天才儿童有掌握这些能力的雄厚实力：

1. 从一种理想联想到另一理想的能力。
2. 做出准确判断的能力。
3. 比普通公民看出更大知识系统的操作能力(Gallagher，1981，p. 137)。
4. 获得并运用符合系统的能力(Gallagher，1975b，p. 12)。

操作符号系统的能力是智力天才的关键指标。尽管最普通的符号系统是语言，还有众多其他符号系统，如科学符号、乐谱符号和舞蹈符号、数学符号和工程符号。这些符号系统可以联合成为新兴领域好像学术等领域一样。我们必须记住上面所描述的种种特征是总体天才儿童的，并不是针对单一个人而言。我们可能遇到一个与这些特征不完全一样的孩子，这可能是他的独特才华，而这种独特性往往不会被人们所承认。我们还需记住许多有关天才特征的项目表，以便把天才儿童描述得白璧无瑕(Gallagher，1975b 版)。不过，我们鉴别天才儿童的具体属性可能会引出某些问题。例如，夸夸其谈的能力能促使天才儿童炫耀自己才华以致身临险境或统治班级讨论。强烈的好奇心可能会让他们侵略成性或习惯窥听小道消息。表 10-2 描述了智力天才的两面性。目录 A 描述积极的一面；目录 B 则描述了消极的一面。

通晓个别差异对理解天才学生上也是重要的。与其他儿童一样，天才儿童不仅存在个人之间的差别，也有个人内部的差别。例如，如果三个儿童做同一阅读测验，但他们却得了不同的分数，于是我们可以说在阅读测验内部存在个别差异。如果某学生在阅读测验中得了高分但在算术测验中却得了低分，我们可以说在这两种作业中该学生有个体内部的差异。

任何儿童的能力图都会显示某些高分和某些低分；得分的科目不会都相同。不过，天才儿童的作业得分可能高于同班或同龄平均作业得分。如图10-2所示，图中小李和小贾总能力分数相似；不过，小李比小贾词汇和社会研究分数高；小李在科学和数学成绩都低于小贾的作业成绩。这些是个人与个人之间的差异量。每个学生还有个人自己得分的差异，例如，小李的词汇相当于 11 年级的学生，而数学却只与 7 年级的学生相似；小贾在科学和数学中相当于 10 年级的学生，而写作只与 7 年级的学生看齐。

创造性

创造性曾被称为"天才的最高表现"（Clark，1988，p.45）。不过，关于创造性并无普遍认同的定义。众多研究创造性的途径反映创造性的性质是复杂的。

表 10-1　关于天才特征的区分

	◇ 信息的超常数量；不寻常的保持力
	◇ 先进的理解力
	◇ 超群的各种兴趣和好奇心
	◇ 语言发展到高新水平
	◇ 高水平的讲话能力
	◇ 视力和空间能力的高新水平
	◇ 搜集信息的超众才干
	◇ 思维处理的加快步伐
Ⅰ认知的领域	◇ 灵活的思维过程
	◇ 综合的理解力
	◇ 延迟终止的早期能力
	◇ 提高观察超凡的和各式各样关系和全盘完形心理的才干
	◇ 产生原始理想和解答的能力
	◇ 为思维加工早期分类安排的能力（如在备选和抽象条件下的思维，意识到后果，制作概括总论的能力）
	◇ 运用和形成概念化构造的早期能力
	◇ 对自己和他人评价的方法
	◇ 走向行为目标的毅力

续表

II情感的领域	◇ 大量累积尚未理解的情绪信息 ◇ 对他人的期待和情感不凡的敏感性 ◇ 对幽默的尖锐感觉——善意或恶意的 ◇ 提高自我意识，伴以自觉不凡的情感 ◇ 早期出现的理想主义和正义感 ◇ 控制和知足内在位置的较早期发展 ◇ 道德判断的先进水平 ◇ 往往导致对己、对人、对情况高度挫折的自我和对人的高度期待 ◇ 超凡的情绪的深度和紧张度 ◇ 理想和行为之间首尾不一的敏感力
III生理的领域	◇ 体力和智力发展之间不寻常的差异 ◇ 对他们的标准和体力之间延迟的急躁 ◇ 笛卡尔哲学的分裂——包括忽视身体健康和体格锻炼
IV直觉的领域	◇ 对于直觉知识、心理的和形而上学理想和现象的早期陷入和担心 ◇ 在本领域中易受影响；实验超心理和形而上学的理想和现象 ◇ 在所有劳力范围中显出创造性来
V社会的领域	◇天才特别超群者，接受和表现高度直觉的能力 ◇因自我现实化的需要、动机特别强烈 ◇为概念化和解决社会问题具有先进的认知和情感动人的才华

表 10-2　聪明和天才学生行为积极和不太积极的两方面

目录 A　　积极方面	目录 B　　不太积极方面
1. 表达理想和感受良好	1. 缺乏知识和理解，信口开河，夸夸其谈
2. 步伐迅速、转转自如	2. 善于控制讨论
3. 工作认真求实	3. 可能不够忍耐，速转下步工作
4. 渴望学习、探索、搜集更多信息	4. 可能有意打听别人事情
5. 广泛开拓大量知识和积累别人的经验	5. 在牺牲参加社会创造或体育活动中可能选择阅读
6. 对他人的情感和权利十分敏感	6. 可能违反规章制度和标准程序而奋斗
7. 稳步前进	7. 可能领导"离题万里"的讨论
8. 对讨论做出原始的和突出的贡献	8. 可能因运动和正常事件中缺乏明显的逻辑性而受到挫折
9. 易于发现相互关系	9. 可能因重复而感到厌烦
10. 敏捷地学习资料	10. 可能用幽默去管理
11. 善于用阅读能力获得新知识	11. 可能拒绝不以任务而以时间为基础的时间表
12. 对自己和他人的生活享受作出贡献	12. 可能迅速变心
13. 完成制订计划的任务	
14. 为学习不要求练习	

由于研究创造性的观点也比较复杂，因此 Gowan(1972)为说明创造性列出了 5
种不同的途径：

1. 认知、推理和解决问题三个方面；

2. 个性特征、家庭和环境起源；

3. 心理健康、心地开朗和自我实现；

4. 弗洛伊德理论；

5. 幻想性和非理性的方面。

此外，我们为了了解创造性还能加上心理分析法(Glover 和 Gary，1976；
Goetz 和 Baev，1973；Vargas 和 Moxley，1979)和 Clark(1988)把代表创造性
的神圣而又典型的观点结合在了一起。

Guilfoid(1959)在他旁征博引的著作《创造性的特征》中，描述创造性行为
有四种范围：

1. 流畅性。产生了许多字词，短语和句子以及中心思想(p.145)。

2. 灵活性。提供了各式各样的理想，不寻常的理想和备选的答案
(p.147)。

3. 原始性。运用的独特字眼儿和答案可能性不大(p.148)。

4. 精心制作。证明了提供详尽项目的能力(p.148)。

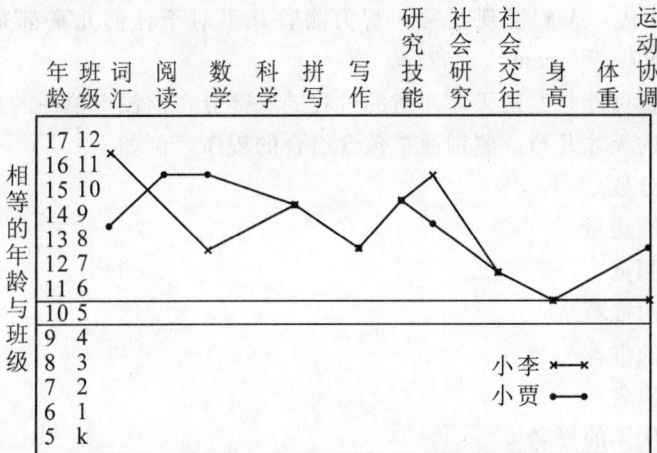

图 10-1　两名 10 岁五年级学生小李和小贾身高体重和各科成
绩与同龄同级比较图

另外，创造性对一个问题存在的觉察也是有敏感性的(Carin 和 Suncl，
1978)，许多创造人士的性格特征是工作的动机和志愿以及毅力。因此，我们
能考虑那些能鉴别的问题，提供广泛的理想和可能的解决方案(有些是原始
的)，检查那些理想，填补最可能需要详细项目的方案，随后能贯彻实行直到

创造出符合人们要求的创造性儿童。

要成为有创造性的儿童，他必须有某些知识，用各式各样的方法加以检查，严谨地分析成果，还要能把他的理想与社会进行交流（Keating，1980）。有众多交流的方式方法，如通过文学数学，音乐，诗词和舞蹈，但交流技能必须与理想相适应。

鉴　别

许多天才儿童的教育工作者会对智力测验运动予以批评，特别是因为它把天才概念定为专门强调智力成绩的唯一领域之中。不过，比纳和西蒙对天才儿童教育做出显著的贡献。标准客观测验，不管它如何幼稚，但使鉴别某些儿童具有超乎平均的学术潜力成为可能。智力测验为确定聪明儿童位置提供了第一套工具，从而教育者可以发展满足他们特殊需要的教育计划。

多年来，用 IQ 为鉴定天才的唯一标准已门可罗雀，Terman 第一次报告之后，教育家和心理学工作者对用儿童时期的 IQ 测验分数预测成人生活成功的能力提出严重的质疑，天才成就所包括的远超过 IQ 值。进一步讲，在所有社会经济和文化千差万别的集体中，智力测验并不能把所有天才人士都鉴别出来。IQ 比较容易地测验中等和中上阶级、城市、白色人种总体的天才人士。20 世纪 60 年代，人们发现通常的智力测验几乎对于任何儿童都是不适当的（Maker，1977；Torrance，1977）。

智力测量可能是鉴别天才儿童的过程的一部分，但没有单一的指标或程序能鉴别所有的天才儿童。鉴别通常包含组合的程序，例如：

◇智力分数

◇创造性测量

◇成绩测量

◇教师的推荐

◇父母的推荐

◇自我提名

◇同班伙伴的提名

鉴别的测量和程序应由每一教育方案发展的天才定义来决定。我们要知道去找什么、哪里去找和如何把它认出来。测验工具、核对表、观察格式和其他方法最终要与所用的教育方案联系起来（Hansen 和 Linden，1990）。

与方案目标结合的鉴别是促进学生与教育方案配合良好的机遇，这样，我们就能把学生安排到与他们个人兴趣和能力符合一致的特殊教育方案中去。不过，这种方法局限于那些能达到方案目标的天才人士；其他天才儿童却不能予以鉴别并且得不到适当的服务。

按目标鉴别的备选方法是一种发展综合的天才定义并试图把所有天才儿童鉴别出来的方法。于是，学校试图提供内容丰富的方案来满足所有被鉴定为是天才儿童的需要。按目标鉴定的优点是允许系统的方案得到不断的增长：一套目标和它相应的方案得到发展后，就会出现新的方案目标（Swassing，1985）。但直到所有方案目标都得到发展后，有些儿童依然没有得到鉴定和服务。另一方面，综合的鉴定确实显示了特殊儿童的地位。然后依靠学校给予任何现成的资助去发展一个综合的方案，以便更好地服务所有被识别出来的天才学生。

不管怎么说，千万不要用鉴别程序把年轻人排除在天才的教育方案之外，也就是说，任何一个测量可以识别某些儿童并把他们纳入某些方案之中，千万不要用它把其余的人排斥在外。第二个测量、第三个测量等等，都是要把其余儿童安放到特殊方案之中。只能提供一项或两项方案的学校是不可能为系统中所有儿童提供适应的教育经验的。没有显示必要特征的天才学生将不会得到特殊教育的机会，这是与所有儿童教育机会均等的概念格格不入的局面，因此，教育方案策划人在他们建立的方案目标之前，需要熟悉他们全部的学校总体。

课程目标

天才儿童教育方案的总目标应当使每个儿童的能力得到最大的发挥。从最广义的方面去看，为这些少数人士的教育目标与为其他儿童的目标是相似的。自我价值、自我满足、公民责任、职业和业余竞争是一视同仁的。不过，有些附加的教育目标，对天才学生更为需要。

Gallagher(1981)将天才学生方案的教育目标分成两类：（1）掌握纪律的知识结构；（2）启发式的技能。知识结构包括知识原则和知识系统；启发式的技能包括解答问题的技能、创造性技能和科学方法的应用技能。换句话说，天才学生需要知识内容和有效地运用和发展知识的能力。

Feldhusen 和 Sokol(1982)谈到天才学生的认知、情感和生育的需要。他们相信天才学生的重要认知技能包括基础的思维技能，知识的积累，有规律的和有深度的质疑、研究和分析的方法，还有组织的理论和理想等等。从感情方面来谈，天才学生需要通过与伙伴联系得到刺激：与成人模式的互相交往、强烈的自我概念、社会性的学习技能以及承认他们自己的能力。天才学生也需要某些生产性的特征，包括承认他们的作用如同知识生产者也需要创造性，质疑独立性研究。

当然，这些认知的和易感性的技能对于所有学生只适合到某种程度。不过，生产性的技能强调天才个人能发挥的特殊作用。天才学生不仅是文艺、科学和创新作品的消费者；他们也是丰富我们全体生活作品的潜在的创造者（Renzulli，1977）。生产性技能要求高水平的能力和与其他人不同的生产方式。冰川地质学家可能在遥远的北极区花很长时间去研究冰层的形成；文化界的人类学家可能在遥远的岛上与居民经常住在一起以便更好地体验居民生活；音乐界的调琴家可能彻夜不眠地刻苦练习。

对天才学生来说，读、写、算三门学科并不能组成他们所需要的基本技能。天才学生要进入信息传达速度惊人的世界之中，除了他们的专业或特殊任务之外，还要让他们掌握广泛的社会和语言技能。教师应讲授研究技能，使用计算机，快速阅读，至少掌握一门外语和人际感情发展等等科目，系统的调查研究技能是天才学生终生学习所需要的基本能力。这些技能包括使用参考文献、图书馆文献、搜集信息（资料）和各式各样的结果报告等。这些技能归根到底可以用于各种环境之中，如法律和医药图书馆、博物馆、化学和物理实验室、剧院建筑和国家公园等地方。

课程组织——充实和加速

如果天才儿童在他们的教育方案中未能获得适当的学习机遇，那么鉴别和目标对天才儿童就毫无意义了。区别教育（Differentiated Educaton）与较高认知概念配合的课程应采用与学生学习方式相适应的策略，由特殊训练的教师来授课，集体安排可以包括特殊班、荣誉班、学术讨论会、娱乐室和其他分组和排表的灵活方法。两种天才学生教育方案的广泛使用是充实内容和加快速度这两种方法。

充实课程内容实践是那些让年轻人研究的课题，它比标准学校课程可能研究的课题内容更详尽。研究的课题可能以课堂进行的活动为基础，但允许学生运用教学所提供的内容。

充实内容并不是没有结构或指导的"做你自己事情"的方法。包括充实经验中的儿童并不是放纵他们去做随意的、有害的（从而是无效的）教育设计。因此，教育工作者对充实内容划定界限并规定成果的基本框架是必须的。设计应有宗旨、方向和指定的成果。教师应在需要的地方，并按需要的程度提供指导以保持年轻人有效的成长（Renzulli，1977）。

若干管理的或安置的选择自由可以彻底充实方案。建议哪种备选方案最佳是毫无根据的，决策应以当地学校、社区以及包括公立资源和需要为转移。

加快速度指的是通常给年龄较大儿童提供的学习经验。也就是说，加速通常内容表达的速度，而对内容或表达方法不加修饰。加速的方法包括：

◇提前入学

◇跳级

◇在高中和学院同时注册

◇提前参加安置工作测验

◇学院早期给予入学许可

◇加速课程内容(依照他们自己的速率)。

一位著名的天才儿童教育家 Sidner Pressey,对加快速度进行了研究。因为它使儿童缩减受训时间并能为生产增加年限。这样去做,社会和个人均获效益(Pressey,1962)。1971 年以来,在 Johns Hapkins 大学进行的天才青年数学研究(SMPY)已经指出数学加速的有效性(Stanley,1991)。于是,这些学生有机会在高等课程工作中注册。

研究工作建议明智地施行加速度是不会引起归属于社会和情绪上的适应问题(Gallagher,1975)。相反,首先,它增加了天才学生的学习动机、信心和学业成绩;其次,它阻止心理懒惰习惯的发生;第三,它允许专业训练提前完成;最后,它为父母和为学生本身缩减了大学水平教育总费用(Van Tasse/Baska,1986,p.184)。

如果所提供的经验与方案中天才儿童不相适应,充实内容和加快速度就失去了特殊效益。Kaplan(1986)为天才学生区别课程提供的原则如下:

◇与基础争论课题或问题有关的现代内容

◇把多重训练结合到研究范围之内

◇在一种研究范围之内提供综合的、相互充实内容的经验

◇在研究范围之内允许自我选择课程深化学习

◇发展独立或自我指导研究技能

◇发展生产的、复杂的、抽象的和高水平的思维技能

◇聚焦于不封顶的任务

◇发展研究技能和方法

◇将基本技能和高新水平的思维技能结合到课程中去

◇鼓励向旧思想挑战而产生"新"思想产品的发展

◇鼓励运用技术、资料和格式产品的发展

◇鼓励自我理解的发展,换句话说,认识并利用人的能力进行自我指导,在自己和他人之间欣赏异同

◇通过自我评价,标准参考仪器和标准仪器的应用以及特殊标准,评价学生的成果(p.183)。

目前,17 个州为天才儿童要求 IEP 和相应的进展程序(Zirkel 和 Stevens,1986),IEP 规定的原理允许基于对每一学生评定的需要设计灵活的方案。Renzulli 和 Smith(1979)为天才学生发展 IEP 提出了详尽的模式，这个模式与 Renzulli(1977)的天才定义一致，并体现出创造性和承担的工作任务等能力。

天才发展

我们对大多数天才的科学家、艺术家、音乐家、运动员和政治领袖所作出的贡献都很景仰。不幸的是，我们对他们成就的兴趣远远超过目前对研究引领我们去培育年轻人的特殊天才的兴趣。不过，两篇关于高新技能人士发展的重要研究确实提供了若干指导，而且两篇研究的结构清晰一致。Pressey(1955)研究了音乐家、科学家和奥运会游泳冠军的经历，并从他的被试背景中总结出来了五项共同因素：

1. 发展能力早期所获得的优越机会以及来自家庭和朋友的鼓励。

2. 早期的个别指导和教学。

3. 持续不断的练习机会把他们的特殊能力延伸到他们力所能及的地步。

4. 与专业领域中的其他相关联的能力密切联系起来。

5. 在他们可能取得的成绩中不断增加挑战的情况和机遇；天才的音乐家或体育家曾有很多刺激，而他的世界为这些成功欢呼喝彩。(p. 124)

Bloom(1985b)在三种领域中研究了 120 名出众人士的发展：体育、精神运动的技能(奥运会的游泳冠军和世界级的专业网球运动员)、美术、音乐、文艺天才(音乐会钢琴家和雕刻家)和认识的智力成就(数学家和研究经济学家)。研究了天才发展的三个阶段：第一阶段强调滑稽性的探讨和"浪费时间"，促使学习者继续深入讨论研究，教学是非正式的，具有高效率的人与人之间的相互交流以及学习者的欣赏活动；第二阶段强调技能的获得和对详细内容的注意力，练习日趋严格，并以精确的技巧为基础的经常评价；在天才发展的第三阶段，承担了优秀的美德，指导学生的教师通常有着精通的技能，数学练习也牺牲了学生大量的时间，工作的酬报很少但影响重大，如比赛得胜、群众喝彩以及同行的推崇公认。

教学模式

Renzulli(1986)提出典型地用于指导天才学生区别于教育发展的教学模式系统。我们提供 5 种模式作为可备选样例：一个指定的方案可能以任何一种或几种方法为基础，以受教育者和教学内容为转移。Clark(1988)建立在混合模式中，我们必须要考虑模式与方案是否相符合。

Bloom 的教育目标分类学

Bloom(1956)发展了教育目标分类学：认知领域为写作提供等级制度并以测验为宗旨将学习目标加以分类。下列是按认知领域将学习目标的六个水平和可能用于测验每一水平的项目样例：

1. 知识

"列出大陆的名称"。

"在横断面和纵剖面之间加以区分"。

"试将这七件物品放在他们的正确类别中"。

"列出人体系统的名称"。

2. 理解

"重述这段故事"。

"用你自己的语言叙述给我"。

3. 应用

"请你用旧的测量方法来量这间屋子"。

"试写一篇小故事"。

4. 分析

"这个问题包含哪几部分"？

"心血管与淋巴系统有何关联"？

5. 综合

"这个问题的某个答案是什么"？

"准备一篇文章对你的读者解释这个争论"。

6. 评价

"这件新产品能让消费者去判断它的有效性吗"？

"请将能使这首诗中的名句告诉我们大家"。

除叙述事实描绘图形之外，Bloom 强调的学习范围在丰富教育方案中曾被用为分类学的基础。例如，在发展学习中心，曾有效地使用了分类学。学习中心的某些活动适合于一个班中的全体儿童而且是必须参加，其活动目的只在于选择学生，要求兴趣和能力不同的儿童独自完成指定的作业；某些作业以他们的兴趣和能力为转移，或对天才学生要求他们只作分类中较高水平的作业。

课堂学习中心讨论宇宙飞行时可以包括分类学的所有六个水平的活动。全体儿童可能被要求去读说明书和初步信息表并看幻灯片，然后要求某些学生回答一系列的问题(知识水平)；要求其他学生写一篇新闻报道(综合水平)；还可能要求其他学生阅读 Bernoulli 原理(关于物体通过液体活动)并在实验中演示那项原理(分析水平)。

学习中心下一步活动可以是检查宇宙间人类能力和营养需求。所有学生再次阅读初步信息表,在这项活动中通过 NASA(National Aeronautics and Space Adminstration,美国国家航空局)磁带录像,可以要求某些学生创造一种基本满足要求的食物(理解水平),某些学生可能为拖延时间的宇宙探讨设计一种新的食品胶囊(综合水平),还有其他学生可能基于颜色、结构、营养要求设计食品(评价水平)。应用分类学允许教师准备一套教材,但按学生的不同能力水平在各种水平上编写适合于学生的教案。

Renzulli 三合一的加固模式

Renzulli(1977,1982)发展了三合一的加固模式(Enrichment Triad Model,ETM)以指导天才学生加强活动的计划工作。它以加强的三个水平或类型为基础。一般探讨活动(类型Ⅰ)为引导学生进一步研究课题所设置,在寻找兴趣的领域当中教育者应给学生介绍一个主题与与它相关的子主题。班组训练活动(类型Ⅱ)给学生进一步的研究提供所需要的技能、知识和态度,也就是说,在兴趣的内容领域之内学习如何去学习。加强活动(类型Ⅲ)由个人和实际问题的研究小组组合而成。在兴趣的选择领域之中,学生被认为在增加知识基础的过程中有真实研究人员的姿态。作为真实的研究人员,学生提出真实的问题被认为是重要的,问题不是只由教师强加给学生的,而是学生根据教材和环境提出的。因此,对采用这种模式的学生有重大的意义。教师必须阐明,作为缺乏经验的研究人员,学生不一定会站在研究领域的最前端,但按 Renzulli 所指出的,他们有时真能做出有深远影响的发明来。

Reis 和 Cellerino(1983)有一个旋转门鉴定模式(Renzulli,Reis 和 Smith,1981)可使娱乐室方案中的全体儿童都能参加类型Ⅰ,类型Ⅱ加强活动。只有对特殊课题表现出热衷兴趣的学生才能发展成为类型Ⅲ研究人员。此模式从来不强迫学生考虑类型Ⅲ研究项目,那是他们随意参加的项目。

当学生明确自己的兴趣领域时,教师必须决定兴趣是否严肃认真。该问题是可以进行深度研究还是偶然发生的。Reis 和 Cellerino(1983)对他们天才方案中的选择类型Ⅰ和类型Ⅱ活动的二年级学生 Michael 进行面试时,其表示对 Tchaikovsky 有浓厚的兴趣。他们对 Miehael 提出下列的问题:

1. Michael 对我讲一点儿有关 Tchaikovsky 的事迹,你是怎样了解到他感到的兴趣?

2. 你阅读过有关他的书籍,听过与他有关的音乐吗?

3. 你喜欢研究他的音乐有多长时间了?

4. 你喜欢在不同的书里发现信息吗？

5. 你对发现的信息有想法吗？（p. 137）

Michael 的回答显示他对 Tchaikovsky 的兴趣是清楚的。对他的研究确定目标后，Michael 的老师帮助他制订了他的研究计划。信息的潜在来源于识别清楚并且还制订了最后期限，然后鼓励 Michael 对他研究的作品给出一个特定的概念并为他的作品寻找一个观看者。Michael 的作品是 30 篇儿童读物和表演以及 Tchaikovsky 音乐选段的录音表演。这些作品有一部分收藏在他的学校和当地公立图书馆当中。Michael 在他作品的第一页写道：

> 你们有些人可能怀疑一个问题，为什么要写一本关于 Tchaikovsky 的书？人们由于不同的原因对不同的事物发生兴趣。例如，我喜欢 Tchaikovsky 是因为我喜欢他的音乐。我会用钢琴弹出一整套他的音乐。圣诞节时，我看 Nutcracker 曲组的芭蕾舞，他的音乐可以同时表现出欢喜与悲伤。我怀疑音乐怎么能同时表现出欢喜和悲伤吗？于是我决心了解有关 Tchaikovsky 的生活。

> 我不知道这些音乐是在他悲伤时所写还是在他欢乐时所作。在本书中，你多少会知道一点有关 Tchaikovsky 的事，他是怎样生活的，他是怎样写出美妙的音乐的。（Reis 和 Cellerino，p. 139）

Betts 的学习者自发的模式

《学习者自发的模式》（Betts，1986）的编制是为了指导天才者发挥他们的潜能，成为独立和自我指导（自我实现的）成人，能接受责任并落实和评价他们自己的学习。这种模式有 5 个主要方面：

1. 定向。帮助学生了解他们自己，他们的天资和适合于他们的教育方案。

2. 个别发展。教师从认知、社会、情感等方面指导学生完成自我学习。

3. 加强活动。在新的和独特的领域中探讨兴趣的范围。

4. 讨论会。目的是个别的或集体的学习所需要的技能，而且要使学习者成为社区中积极的参与者。

5. 深度研究。允许学生在个别或小组研究中对所研究的领域进行长期调查。（pp. 28—31）

在开始时，学习者自发模式是为有中学水平的学生设计的。不过，自开始设计以来，所有水平包括 K—12 都采用了。它是学生自身和周围人士生活的探讨，目的在于帮助他们成为自我成人，从而成为终生的学习者。

Clark 的一体化教育模式

一体化教育模式（IEM）（Clark，1986）的编制是为了把脑的 4 种功能即：直觉、情感、身体感知和认知结合在一起。IEM 的目的在一体化的学习环境中支援每一功能提供经验。这个模式包含 7 个成分：

1. 在反应式的环境中鼓励学习。
2. 松弛和缓和紧张，允许心理和生理更好的合作。
3. 动作和生理编码，把动作结合到学习中去。
4. 在教师和学生之间以及学生与学生之中，加强语言和行为，保持积极的交互作用。
5. 选择和感觉到的控制，为讲授问题和作出选择提供价值。
6. 复杂的和挑战的认知活动，按照他们的能力向学习者挑战。
7. 直觉与一体化，培养脑和心理系统的直观思维与结合。（pp.67－82）

"IEM"是具有高度复杂、灵活结构的和个别化的学与教的模式。它允许进度、水平和组别的不同。IEM 鼓励学生选择、参加和担负责任。（Clark，1988，p.295）

Maker 的一体化课程模式

Maker(1982)把各种教与学模式的主要贡献加以分析并把她认为每一模式的最佳部分结合在一起。Maker 的天才学生的课程改革中包括 4 方面的途径：内容、过程、成果和环境。为了起到强化的作用，教师可以修改 4 方面中任何一种或更多的途径。

内容改革强调目前的理想、概念和事实的复杂的、抽象和不同组织的改革。过程改革指的是表达的方法，强调思维的高水平修改。成果改革目的在于期待天才儿童能做什么。成果应随预期的成果过程和观众所期待的变化而变化。环境的改革聚焦于学习的发生，活动中的教师任务以及个别学生的学习方式的情况。这种模式强调教师的促进作用，复杂的活动以及公开而独立的学习环境。

例如：在科学中，全班的课程可能包含热带雨林的基本认识——他们的植物群和动物群。天才学生的内容改革可能是鼓励他们在雨林环境之中研究植物和动物的关系和其他现象，以及在植物、动物与人类行为之间做个比较。学习过程可能是独立研究或质疑的过程。成果要真实，它们可能包括给学校或图书馆演幻灯片，编写新闻报道或磁带录音报告，或给全部班级举行表演。最终的改革可能在学习环境之中完成。它必须公开，好让学生自由摆脱通常的程序。

教师必须情愿隐藏在背景之中，每当学生有困难时，便出来帮助学生，准备鼓励和奖励的话语，但从不发号施令。

天才学生的教师

教师贯彻执行教学理论和方法是很重要的。大多数人要问的第一个问题就是要教天才儿童的教师是否必须为天才。回答是"不必须"，就像我们在本章所用的天才意识一样。所有的教师必须是天才的，不管他们教的是谁，而且教师必须天才地用不同方法去教不同的学生。不过，天才儿童的教师确实需要具备某些特殊素质，他们必须：

◇在情感上，接受不寻常的形形色色的答案和问题
◇理智地好奇
◇系统的和有条理的授课方案
◇有广泛的爱好
◇欣赏成就
◇教学技术好
◇内容范围准备充分
◇愿意去教天才学生
◇认识到教师对某些课题还没有学生知道得多，但仍能处之泰然

流行的问题与未来的趋势

在天才儿童的教育中有着许多问题。我们需要在不同的领域进行研究，包括智力的培育、学习、创造性、父母和家庭的任务、文化差别、性别的影响、以及高新技术对于天才儿童的教育和生活的影响、方案的审查、人员的训练、为文化落后民族和少数民族提供较好教育以及学习思想战略等等问题都是很严重的。

1988 年通过的 Jacob K. Javits，为了对天才儿童教育法讲述研究报告、准备师资和传达服务事宜提供了物质支援。这条法令为特殊设计提供基金，研究中心在美国教育部内设立职务，主要负责培养天才儿童的事宜。1990 年为 28 项设计提供资金，随后在 1991 年又资助 13 项设计。

位于康涅狄格大学的天才儿童国家研究中心（NRC/GT）是康涅狄格、佐治亚、弗吉尼亚和耶鲁这四所大学联合创设的。中心也包含州教育部和协作教育专区。第一年的任务包括方案审查、鉴定理论的应用、教学评估、经济地位落后的天才教育和未来鉴定的研究需要。

我们从工业社会迅速地发展到信息时代的高新技术社会。我们不能再滞留

为孤立的个人和国家。长期的社会目标和非正式的人类网络是社会变迁的一个方面，而不是以复杂的政治系统为基础的瞬间信息。显而易见的是，未来在号召现成可用的人类资源（Naisbitt 和 Aburdene，1990）。在这种脉络之中，我们必须利用在特殊总体中发现的资源——妇女、有缺陷的人、来自不同文化民族的人以及那些潜能尚未挖掘出来的人。

影响这些"特殊总体"的首要问题是教育家在这些"特殊总体"之中鉴别天才的能力。通常的测验程序往往不合适（Ortiz 和 Ramirez，1988）。一般所用的工具（智力和成就测验）会给那些与同龄人发展不一样的人带来不便。如果不同的"特殊总体"有不同的机会去学习所测量的技能，那么，我们就说那个测验或工具确实是有偏向的。例如，男孩和女孩学词汇的机会相同吗？丧失能力的儿童与非丧失能力的儿童学习运动技能的机会相同吗？如果机会不一样，测验就是有偏向的，而来自这种特殊总体的个人当在做测验时就已经立于不利之地。智力测验中文化偏向问题已引发出了许多研究，虽然偏向的证据不像最初人们所期待的那样显著（Sattler，1982）。然而，当今仍然存留的问题是，对于某个儿童而言，任何有偏向的测验是会把该儿童排除于天才方案之外的。

文化的偏差、社会的偏向、组织的奖赏系统、定型的性别差异以及事业与婚姻家庭之间的矛盾对于天才妇女的研究全都是外部的不利因素（Kerr，1985）。在考察天才妇女的课题时，Silverman（1986）指出天才人士和妇女的任务之间的历史一向是矛盾的（卓越的贡献不能由辅助性的身份而来），而且鉴定程序反映男性（定向生产）对女性（定向发展）的天才概念。Silveman（1986—1988）为改善天才女孩的特殊教育提出的建议如下：

◇ 提高对女孩的期望

◇ 信任她们的逻辑和数学能力

◇ 使男孩和女孩都接触女性任务模式

◇ 积极地吸收女孩加入数学和科学班

◇ 开发女孩的多种兴趣和才干

◇ 使用无性别歧视的测验

◇ 组织对女孩的支援集体

◇ 鼓励独立性

Maker（1977）针对在有缺陷的学生之间寻求天才提出特别的观点。但全体有缺陷儿童被看做在平均分数之下时，那些天才儿童也就不会被承认。例如，丧失灵活性并不意味着智力低下，耳聋也不意味着缩减一个人的艺术能力。承认个人之间的差异是重要的，但更要重视技能而不是缺陷。Whitmore 和 Maker（1985）曾发现对鉴定出天才而有缺陷学生的 4 种障碍：对丧失能力的人的定势期待，从而局限认识天才的能力；特殊能力的迟缓发展；关于这些儿童不完全的信息以及缺少让他们演示智力能力或特殊才能的机会。Maker(1977)建议使用核对表，Meeker(1969)提供的为鉴别天才缺陷者的测验方法。

长时间以来，有人指出在形形色色的文化集体之中存在天才人士(Frierson，1965；Torrance，1977；Witty 和 Jenkins，1954)。但时至今日，对那些人士的鉴定和发展却无人问津。现在，在这个重要领域的工作与日俱增(Baldwin，Geav 和 Lucita，1978；Maker 和 Schiever，1989；Malone，1978)。Maker(1989)对上述这些为文化不同的天才学生的课程和策略所有建议总结如下：

1. 鉴定学生的能力并设计课程去发展这些能力。

2. 提供基础技能并发展学生缺乏的其他技能。

3. 把文化差异看成是积极而非消极的属性。

4. 提供父母的、社区的以及辅导教师或人员参与的模式。

5. 创办并保持强调多重文化的课堂。（p. 301）

未能充分发挥学习潜力的天才学生是另一个复杂问题。Delisle(1982)描述"学习者未能发挥学习潜力"的现象。有些天才儿童学习成绩低于他们的潜力因为：

◇社会上的不认同；换句话说，教师和伙伴没有把儿童看做是天才

◇有趣味的或引起争论的事，没什么好学的

◇与伙伴和父母的关系不以对优越成绩的期待为转移

Whitmore(1980)从广度和深度两个主要方面，描述未能充分发挥学习者学习潜力的原因。第一方面，问题的广度包括从轻微到中等以及从中等到严重。第二方面，长度，可以是偶然的、突然的危机或问题，或者经常的，由于复杂原因长时间存在。Whitmore 还讨论未知的未能充分发挥学习潜力者。此类人是按时完成作业的儿童，以致没有人晓得他隐藏的特殊能力以及高能低分可能是标志未能充分发挥学习潜力的另外两种因素。有效的补充包括提高学生的学习动机、在自我知觉上工作以及调整课堂教学环境和课程等内容。把辅导与咨询结合一起，以使学生学会自我概念和自我尊重(Van Tassel-Baska，1983)。

咨询对所有天才儿童来说，是重要的措施。Tallagher(1990)指出，我们对天才儿童误解的"跟踪记录"给我们在研究和实践两方面留下了许多问题。Blackburn 和 Erickson(1986)总结出天才生活中若干可预测的危机，包括事业选择，任务的期待(由他们自己和他人)，青年少女对成功的恐惧，过多的挑选(多重潜能)以及体验失败的可能性等。

　　特别对男孩来说，智力、情绪和体力增长之间的差异能在认知竞赛和表达能力之间产生混乱。如前所述，未能充分发挥学习潜力是需要咨询的一个原因。对文静女孩来说，害怕成功或遭遇挫折也能由适宜的咨询得到改善。此外，由于天才学生有过多的选择机会，他们往往需要有人在他们现有的机会中加以指点。

　　还有其他情况可能要求专业咨询（Van Tassel-Baska，1990）。除所有儿童体验长大成人的紧张之外，天才儿童有时必须应付因他人的期待而引出的矛盾。矛盾的期待可能与当前的环境如班级、课外活动或家庭生活以及他们可能必须对付未来的事业或生活方式的选择等因素有关，天才学生如何帮助自己调整能力是要咨询的。最后，如同我们在其他特殊儿童集体中所见到的一样，要为天才儿童的未来着想，我们必须改善社会对他们的态度。许多人，包括某些教育家，认为就天才儿童本性来说，他们不需要特殊教育，他们能自立成才。实际上，如果他们要充分地发挥他们的潜力，他们确实需要特殊教育。过多的天才儿童对学校感到厌烦并会在学校里遇到挫折；有些选择退学；甚至较多的是学到知识便知足了。我们未来教育的质量可能大部分是以我们能否发展这个有价值的人类资源的能力为转移。

第三部分　特殊教育中文化、家庭和寿命等问题

第十一章　与父母和家庭工作

◇教师能向学生的父母学习什么？

◇ 教师应为家长提供什么信息和辅助？

◇ 学生的无能性质和严重性改变父母和家庭参与的重要性或目标吗？

◇ 如果学生的家长不参加培育他们 IEP 的目标和目的。如何能发生作用？

◇ 在什么问题上不是特殊教育专家工作成就的焦点而是父母合法的需要？

父母是儿童的第一教师，永远在那里做提醒、鼓励、夸奖和校正性的反馈工作。父母的责任是帮助儿童学习多种技能。在许多方面，父母比旁人更了解自己的孩子，而且父母也是最关心孩子的人。这是可靠的说法，对绝大多数父母—子女关系来说是千真万确的。然而直到最近，特殊教育专家们才开始认识到父母的主要任务，并把这些基本真理作为父母—教师关系有价值的指导方针。

多年来，许多教育家或把父母看成是讨厌鬼（如果他们唠哩唠叨地提问题，或是在教育他们小孩的方面提建议）或麻木不仁（每当专家决定父母需要听取专职人员意见而他们无动于衷时）。如出一辙，父母往往也会把专职人员看成是对立的。但最近一段时间以来，父母参与到特殊教育中已获得广泛的注意。父母和教师为了特殊儿童的共同利益改变了交往方式并彼此加强合作。

我们要探讨父母—教师关系并没有一个积极的理由和一个进展很好的样例。为了进一步了解父母的前景，我们将探讨儿童丧失能力对家庭发生了怎样的影响以及父母和家属的任务与责任。当我们论述与父母合作技术时，你会理解和特殊儿童父母合作是教师所能掌握并且最重要的技能之一。

父母—教师的伙伴关系

积极工作和彼此合作的父母与教师组成强有力的队伍。健全的父母—教师伙伴关系有益于专业工作者、父母和儿童。按照 Heward 等(1979)的意见，良好的父母—专业人员的关系为专职工作者提供了以下的益处：

◇对儿童的全面需要和父母的需要与愿望有较多的理解

◇为儿童选择校外重要的行为目标提供富有意义的资料

◇由父母提供接近广泛的社会活动的力量支持

◇在校内和家中加强适当行为的机会

◇由父母提供可用以改善专业人员和父母执行方案的反馈信息

◇按照立法命令维持父母对教育过程投入的能力

良好的父母—专业人员关系为父母提供：

◇对儿童的需要和教师的目标更加了解

◇了解作为特殊儿童的父母的权利和责任信息

◇关于儿童在学校的方案以及他们如何能参与活动的特殊信息

◇把学校方案的积极成果延伸到家庭的特殊方式

◇协助儿童学习适合家庭环境机能行为的技能

◇为他们的儿童接收额外的重要资源（当前的与未来的）

而重要的是，良好的父母—专业人员关系为儿童提供：

◇在她最重要的两个环境中较大地符合一贯性

◇为儿童学习和成长提供更多的机遇

◇接近更多的资源与服务（p.226）

对良好的父母—教师关系交互作用的障碍

面对现实吧—父母和教师并不总是合作的。有时他们成了对立面，对孩子谁是谁非吵来吵去。不幸的是孩子永远不能打胜仗。他需要家庭和学校里人员基本协调一致。家庭和学校双方必须对他的工作与学习予以支持。有些父母和教师自负傲慢，并坚持不利于儿童的态度。有些父母抱怨专职人员不积极，不勤快，或以恩人自居。教师也可能报怨父母冷淡，不合作或不友好。

Roos(1980)有个智力落后的儿子。这孩子的老师责怪 Roos 说他无知并且不友好。许多专职人员对丧失能力儿童的父母有消极刻板和虚伪假装的态度(Donnellan 和 Mirendal，1984)。这些态度往往导致父母和专业人员之间的关系恶劣。

Sonnenschein(1981)描述背离友谊关系的专家态度。她检查若干对良好的伙伴关系产生障碍的态度和途径。

◇父母成了有害的患者。把父母只当作是需要帮助的行尸走肉的专职人员犯了严重的错误。教师需要父母，而他们必须提供的正如父母需要教师一样。

◇专业的距离。人类服务中的大多专职人员多少形成专业的距离，避免与患者纠缠过多。例如，保持客观性和可信性，但在专业名义中的疏远和冷淡阻碍了众多父母—教师的关系。父母必须相信专职人员由衷地关心他们(Murray，1990)。

◇父母成了病人。某些专职人员做出有个丧失能力的儿童其父母也需要治疗的不正确的假设。Roos(1978)写到，"我突然从专家的身份降到'变成病人的父母'"，某些专职人员认为有缺陷儿童的父母在情绪上失调从而会有一些心理障碍。

◇父母成为儿童病情的负责人。有些父母确实感觉对于丧失能力的儿童，自己要负责任，而专职人员也会这样认为。良好的父母—专家关系聚焦于解决合作问题而不是追究责任。

◇认为父母缺乏头脑。对父母的信息和建议无动于衷。认为父母太偏向或太笨没法做有用的观察。有些专职人员承认父母接近所需要的信息，但争论父母不能够或不应当在他们所不知情的情况下做任何决定。

◇父母是自己的对手。有些教师每当与父母打交道时，会预期最坏的情况出现。那种态度一部分是由因过去与不讲理的父母不愉快的来往造成的。但这样会对新的关系多少有消极的影响。

◇教师给父母贴标签。像对待他们所教的学生一样，有些专职人员似乎急于给父母贴标签。如果父母不同意寻求另一种意见；如果他们拒绝教师的建议；如果父母不顾测验证明而坚持有些事对孩子不合适，他们都会被称为焦虑不安。相信父母的感知觉正确无误的专职人员不多见，然而父母往往确实知道真相。

当然，概括专业人员的行为，就像对待父母一样，我们必须慎重行事。许多教师不用这样消极的方式去对待父母。不过，在某种程度上，教师和其他特殊教育专家的所作所为就是这样，父母感觉受到威胁、混乱或不友好是可以理解的。但是抵触良好父母—教师关系的工作因素不能全部归咎于专业人员的渎职，有些父母就是不讲理。

父母的态度和行为也促进了消极的相互作用。要告诉父母他们的孩子确实是有残缺者谈何容易。有些父母就要知道不容怀疑的真理；另外的父母要听到使他们宽慰的信息。专业人员以最大的警惕小心地选择他们的言语。然而，还是把父母惹恼了。有些父母不肯推己恕人，更不理解专业人员所处的尴尬地位。他们可能拿专业人员出气甚至与家属和朋友讨论专业人员"十足缺乏人性"等问题(Turnbull, 1983, p.19)。

有些父母长期以来为他们的子女争取教育服务。服务到手以后，小孩就会得到适当的教育，父母继续他们的溺爱直到为了一点小事把专业人员变成自己的主要对手。就像一位妈妈所说的，"多年来我勉强过日子。现在我为了毫无价值的小事儿成为一位年轻的小伙子。我不喜欢这些事情。我不再做侵略性的、爱生气的人"。这在父母和专业人员之间产生劳而无益的相互作用(Bronieki 和 Turnbull, 1987, p.10)。

检查在父母和教师之间引起摩擦因素的目的不是要决定谁是谁非，而是要鉴别我们能改变和促进服务的因素。有些专家承认专业人员某些行为可能不利于与父母保持生产性关系。这些专家们站在较高的立场去改善他们的行动并取得能提供这种关系的利益。或者教师最重要的第一步是避免对特殊儿童父母的判断并待之以礼。难道这不是教师们也愿意受到的待遇吗？

清除有效的父母—教师相互作用的障碍

父母和教师之间消极的相互作用与对彼此的任务和责任缺乏了解有关。近几年来，若干研究"特殊总体"都引起了国家的注意。在制定策略时，我们强调基于互相尊重和参与的父母—教师伙伴关系的重要性（Bronicki 和 Turnbull，1987）。尽管许多事情有助于父母在他们特殊儿童教育中付出更大的力量，负主要责任的"特殊总体"有三：父母、教育家和立法者。

父母：改革的拥护者

拥护者是一位为他人的案件发言的辩护人。多年来特殊儿童的父母扮演了这一角色，但近年来，他们给人以感人的有效性。为丧失能力儿童组织的第一个父母集团是始自 1921 年的全国跛足儿童协会。成立于 1950 年的全国迟钝公民协会和成立于 1948 年的联邦大脑麻痹协会是两个全国性的父母组织集团。其大部分职责是为他们的儿童需要谋取公共福利。美国丧失学习能力者协会（LDA），是另一个由大部分父母组成的集团，是一个从事教育改革的工具。按我们在第一章和第二章中所见到的，父母担负着把案件提到立法部门的责任而立法机关制定迟钝儿童接受教育的权利。

父母本身在特殊教育中，就比任何"特殊总体"都担负着更大的责任。他们已经组成有效的组织，成为许许多多教育改革的推动者。作为个人来说，他们正在了解有关儿童的教育需要和良好的父母—教师伙伴关系的潜在利益。

教育家：争取更大的影响

教育家们已经认识到课堂教师扩展传统职务去满足丧失能力儿童特殊需要的必要性。这种扩展的任务要求比传授三 RS（语文、写作、算术）更新的教学概念。特殊教育专家们现在认识到自我的、社会的、职业的和娱乐的技能对于丧失能力学生活动的成功有关键性的作用。教师现在对发展和能使丧失能力的儿童得到某种成功的职能技术赋予最高的优先权。

落实这个新颖的优先权在课堂外面含有施用的意义，而教师必须开始在校外寻求助力与支援。父母要把教育服务扩展到家庭社区和必要的资源之中。教师可以从父母提供的信息中获得益处。

父母不仅仅报告关于子女行为的改变，还可以做更多的事情。他们能述说子女所需要学习的技能是什么，而且还可以叙述他们已掌握了哪一种技能。父母能与教师共同提供儿童在家中所需技能的额外练习甚至教他们子女新的技能。研究报告指出父母在家中教他们的子女有助于这些有缺陷儿童的发展（例如，Schumaker 和 Sherman，1978；Snell 和 Beckman－Brindley，1984；Wedel 和 Fowler，1984；Wolery，1979）。早期干预有缺陷者和有风险的学前儿童的积极成果的研究工作，对教师与父母携手合作的研究工作也有帮助（例如，Bailey 和 Wolery，1984；Odom 和 Karnes，1988；Smith 和 Strain，1984）。

简而言之，教育家们正在抛弃关于父母不应过多地干预教育方案等陈腐观念。教师们现在认识到父母是有力而又必要的同盟（Kroth，1978）。只有通过良好的父母—教师的伙伴关系，每个人的目标，教师的、父母的和儿童的才能完成。

立法者：有关介入的法令

按我们已经看到的，公法 94—192 和相应的州法指令父母应介入丧失能力儿童的教育。联邦法律为父母——专职人员关于自由的和适宜的教育、分派工作、测试、就业和方案计划的相互作用提供法定的指标。此外，如果父母认为他们的儿童需要未能被满足，他们可以根据相关法律提出诉讼。尽管有些教育家开始把公法 94—142 看成是"父母的法律"并感觉受到威胁，但大多数人认为它标志着健全的教育实践，并欢迎父母介入参与。

总体来说，我们能将特殊教育专家与丧失能力儿童的父母良好的工作兴趣归诸 3 个有关的因素：

1. 许多父母愿意介入工作。

2. 研究与实践说服许多教育专家，如果他们得到了父母的帮助和参与工作，他们的有效成果就显著地增加了。

3. 法律要求这样做。

儿童能力的丧失对父母和家庭的影响

特殊教育专家通常保持与特殊儿童的父母相互联系的主要原因有二：（1）获得有助于教师做好教育工作的信息和建议；（2）为父母协助他们的儿童在课堂外工作准备信息和辅导。愿意寻求和准备辅导的教师必须善于与父母有效地交往。当教育家了解和尊重特殊儿童父母面临的责任与挑战时，良好的交往更可能实现。

> 我想要的就是一个婴儿。现在我却得了大夫的预约、精神治疗的预约、外科手术和医药账单、勉强的婚姻、没有自由的时间。当你有一个有缺陷的儿童时，你不仅要对付这个孩子，而且要面对他是一个有缺陷者的事实。你必须适应一整套新生活的方式。他真的很可怜。
> （Simon，1987，p. 15）

父母对丧失能力儿童的反应

关于父母对丧失能力儿童的降生以及对这些儿童有学习问题或生理残缺的发现的反应已经写了许许多多。回顾一些描述父母对缺陷儿童降生的反应的文章时，Blacher（1984）发现有一个建议，适应有三个阶段：首先，父母据说要经历一段由震惊、否认和不相信的情绪危机期间；其次这段起始的反应包括一段由愤怒、内疚、失望、惭愧、降低自尊、对儿童抵制过度保护等等变性的情绪瓦解期间；最终，推测父母终于接损伤疾儿童。

毫无疑问，缺陷儿童的出生或对丧失能力儿童的发现是有损伤性的事件 (Turnbull 和 Turnbull，1985)。许多丧失能力儿童的父母体验类似的反应和情绪变化需要经过一个适应过程。研究人员试图通过他们的感受去工作(Eden-Piercy，Blacher 和 Eyman，1986；Eeatherstone，1980)。但我们看到硬把适应阶段当作计划或进行家庭服务的依据有两个问题：首先，假设所有父母必须经过类似阶段的序列是容易的而那段时间在适应中是重要的变量。实际上，父母对缺陷儿童的出生反应不一(Allen 和 Affleck，1985)。对某些父母来说，一年一年地过去了，但他们对孩子还感到不舒服；据其他的报道，得了一个丧失能力的孩子实际上加强了父母的生活或婚姻的压力(Schell，1981；Weiss 和 Weiss，1976)，每个父母在适应上都表现得不同。一个共同的现象是几乎所有父母在他们适应过程中能有敏感而热诚的朋友和专职人员来帮助他们(Schlesinger 和 Meadow，1976；Turnhull，1983)。我们第二个预感是适应的不同阶段有不同的病态出现，而专职人员可能错误地假设这是由于父母的方式不一而造成的。如 Roos(1978)注意到某些教育家假定所有缺陷儿童的家长需要咨询。

> 许多父母可能按照描述很好的阶段模式进行反应。但把这个模式强加给所有父母身上就危险了。那些反应形式不同者很可能被错判为"不正常的人"。通过"阶段"速度较慢的父母可能认为适应缓慢。而那些显示不同序列情绪的人们可能被认为正在回归。(Allen 和 Affleck，1985，p. 201)

如 Farber(1975)所指出的，把丧失能力儿童的父母当作心理学中的怪物是错误的；他们和正常儿童的父母同多异少。养育任何儿童是产生情绪反应而要求适应的可怕挑战。缺陷儿童的父母与非缺陷儿童的父母相同，有时必须在财力、体力、情绪和婚姻紧张的压力下生活。不过，丧失能力儿童的父母必须应付额外的任务，寻求特殊的服务解决他们儿童的需要。

Blackrtone(1981)，他本身是一个丧失能力儿童的父亲，举例说明特殊儿童的父母往往怎样被其他父母不同地看待。

> 正常儿童的父母每月不参加 PTA 会，而他们的行为认为是正常的。如果特殊儿童的父母每月不参加 PTA 会，他们就会被说成是麻木不仁，难以接近。
>
> 一对有正常儿童的父母离婚，他们被说成是水火不容。而一对有

特殊儿童的父母离婚，就被说成是这孩子毁了这桩婚姻。

正常儿童的父母听到因为他们的孩子阅读有困难，他们在家中给她补习就可以了。特殊儿童的父母所听的是如果他们在家中不给她补课她就不学习。(pp. 29—30)

特殊父母的多种任务

当父母是可怕的责任，丧失能力儿童的父母更是面临更大的责任。不是缺陷儿童父母的教育家不能体会 24 小时当特殊父母的苦恼。然而他们应当试着体会一下这些父母必须完成的艰难任务。Heward 等(1979)描述了特殊儿童父母今天仍在继续面临的 7 种主要挑战：

1. 教学。虽然所有父母是他们子女的第一任老师，大多非残缺的儿童用不着他们父母试着教他们就学会了许多技能。不过，丧失能力的儿童往往不能自然地或像非残缺伙伴那样独立地获得许多重要的技能。除系统地教技术以外，有些父母要教儿童必须会使用特殊的装备，如助听器、拐杖、轮椅和能适应的餐具。

2. 咨询。所有父母在他们帮助儿童改变情绪、感情和态度时就如同顾问。但除了帮助解决儿童成长的痛苦外，丧失能力儿童的父母还必须应付儿童在他的无助时所产生的情感，"当我长大时我还会耳聋吗?"、"我不能再到外边玩耍了——他们老笑话我"、"为什么我不能像别的孩子那样去游泳?"。在特殊儿童如何看待自己的问题上，父母担着重要的任务。他们既能帮助孩子成为一个充满信心，试图掌握许多新事物的积极的、性格开朗的儿童，也能把他带成一个对己对人带着消极态度的、后退的儿童。

3. 善于克制的行为。即使所有儿童时时表现出丧失能力儿童不适应的行为的广度与严重性，这样就会要求父母用更有系统和特殊的处理。有些父母必须学会善于克制行为以便和儿童保持良好的关系(Snell 和 Beckman—Brindley，1984)。

4. 对非残缺的同胞尽父母的责任。非残缺的儿童深受有一个有特殊需要的弟兄或姐妹的影响(Powell 和 Ogle，1985；Wilson，Blacher 和 Baker，1989)。残缺儿童的兄弟姐妹往往对他们同胞的残缺非常关注：关于残缺起因的懵懂和对他们的影响、对他们朋友反应的不安、被冷淡的感觉或被要求对残缺的同胞做的事太多了(Dyson，Edgar 和 Crnie，1989)。

5. 保持夫妻之间的关系。有一个丧失能力的儿童往往在丈夫与妻子之间发生紧张的关系(Frey，Greenberg 和 Fewell，1989)，特殊的紧张能从争吵孩子的残缺是谁的过错，到对孩子的行为应期待什么的不统一，甚至到在残缺孩子身上花了那么多的时间、金钱与能力以至彼此之间什么也没落下(Cohen，

Agosta，Cohen 和 Warren，1989）。

6. 教育有影响的其他人士。祖父母、姑夫和叔伯、邻居甚至校车司机全都可能对丧失能力的儿童发展有重要的影响。非残缺儿童的父母能期待他们的儿童合理地接受其他有影响的人士的某种处理，丧失能力儿童的父母却知道他们无需依靠适宜的交互反应。丧失能力儿童的父母必须尽可能地保证别人和他们儿童的交互作用能有助于适宜行为的获得与保持。Schulz（1978）描述她对任何凝视她有唐氏综合征的儿子的反应，她盯着这个人的眼睛说："你似乎对我儿子有兴趣。你愿意认识他吗?"，通常会结束了他人的凝视，而且会开创机会去提供信息或建立友谊。

7. 把学校和社区连在一起。尽管公法 94－142 申明丧失能力儿童父母的特殊权利，它还申明了某些责任。尽管在教育过程中某些介入是所有父母盼望得到的，对特殊父母来说是必须得到的。他们需要获得特殊知识（如了解标准参照测验是什么），并学习特殊技能（如有效地参加 IEP 计划会议）。此外，丧失能力儿童的父母往往要考虑其他父母不必考虑的事情。例如，所有父母可能关注是否有运动场，而坐轮椅儿童的父母还必须关注运动场的其他条件。

我们正确地说这七方面是所有父母必须应付的。但考虑父母的条件，至少有两种理由：首先，特殊的父母实际上与其他父母同多异少；其次，它着重指出丧失能力的儿童能严重影响当父母的工作的关键方面。这种分析有助于我们了解残缺儿童父母面临的责任，并确认教师和其他专职人员为父母提供服务的特殊方面。

了解儿童的无能如何影响家庭成员的另一种方式是检查儿童在不同年龄的特殊需要可能发生的影响。Turnbull 等（1986）描述父母和非残缺同胞在四个生命周期阶段面临可能的争论和关注事项。表 11-1 列出他们的分析结果。Wikler（1986）的研究支持在残缺儿童生命周期不同阶段父母和同胞面临不同挑战的概念。Wikler 对 60 个家庭的研究发现，在青春期开始时和成人期开始时家庭有较为紧张的局面。

对丧失能力儿童的疏忽

对丧失能力儿童的疏忽频繁地发生，这是令人震惊的。美国保护儿童协会1987 年报告了逾 200 万儿童的案件。人们认为真实的案例远高于此数。因为大多儿童疏忽事件从不予以报告，专家们认为真实事件的数目是报告数字的两倍（Straus，Gelles 和 Steimmetz，1980），没办法了解这一问题的真实范围。估计数字相差悬殊，但 Harrison 和 Edwards（1983）相信至少有 20％的儿童可能身体上、性生活上或情绪上被疏忽。

尽管父母对丧失能力儿童疏忽事例还是一个未知数，Kurtz 和 Kurtz

(1987)陈述"与日俱增的证明在虐待儿童和残缺儿童之间建立一个令人信服的联系"(p. 216)。Zirpoli(1987)发现丧失能力儿童不仅被过分地在儿童疏忽样例中描述,而且很可能他们长期地被疏忽。

> 鉴于有绞痛的儿童可能在有限的时间内增加家庭的紧张,患大脑麻痹或其他任何长期或永久缺陷者必给家庭带来潜伏而长期的危机。结果,残缺的儿童不仅有被疏忽的较大风险,并且要较长时间地被疏忽。如此看来,毫无疑问,残缺儿童在被疏忽儿童样本数字上不成比例(p. 44)。

如某些研究(Fontana,1971;Milner 和 Wimberley,1980),所建议的儿童的残缺情况是她被疏忽的原因吗?或在其他正常儿童中疏忽会导致无能吗(Brandwein,1973;Elmer,1977)?

> 在众多病例中,问儿童是否因残缺而被疏忽,或因被疏忽而成残缺,与鸡或蛋哪一个先发生的陈词滥调如出一辙。我们确实知道:有些儿童被疏忽因为他们是残缺者;而有些儿童因为被疏忽所以才成为有残缺的人。(Morgan,1987,p. 35)

不过,在大多事例中说仅仅因为儿童的残缺才引出疏忽就错了。研究人员已作出结论,疏忽的起因不是单纯的,而是无数变量的复杂交互作用的产物,其中只有一个与儿童的特征有关(Kurtz 和 Kurtz,1987;Zirpoli,1987,1990)。在众多因素中发现,与儿童疏忽相关较高的少量因素是父母在儿童时代自身的疏忽、嗜酒吸毒、失业、贫困和婚姻不幸。但要重申,万勿强调这些因素,只有任何一个单独引起儿童疏忽,例如,家庭收入越低,儿童疏忽发生的可能性就越大这是真的。但许多家境贫困的儿童得到抚爱和养育的照顾。同样,大多丧失能力儿童的父母设置了充满爱的养育环境。

全体社会需要增加对于儿童疏忽问题的了解,但特别在与儿童和家庭共同工作的专职人员中间需要更大。因为教师一年中大部分时间每天看着儿童成长,他们在鉴定和报告可疑的疏忽事件中处于最重要的地位。诚然,许多州立法律要求怀疑儿童被父母疏忽的公民去揭发报告。不这样去做通常被认为犯了轻罪,而忠心耿耿报告嫌疑案件的人可免除公民或罪犯责任。报告应在地方儿童福利部登记。所有的教育家应熟悉他们本州儿童法律并应学习如何识别儿童疏忽。

> 教育家必须情愿参与工作。遗憾的是,他们和其他专职人员经常不愿当儿童被疏忽时填写报告表。诚然,甚至不填写姓名时也很难报告儿童被疏忽。不过,必须考虑不报告嫌疑滥用可能的后果。(Zirpoli;1987,p. 46)

表 11-1A 父母和同胞在丧失能力的人不同生命周期阶段可能遇到的问题

生命周期 阶段	父 母	同 胞
儿童初期 0—5 岁	获得准确的诊断，通知同胞与亲属寻找服务所，寻求解决特殊情况的方法，为制定决策说明个人思想对烙印争议的讲话识别特殊情况积极的贡献	对同胞的需要减少父母照顾的时间与能力，对减少照顾的情感与忌妒，对特殊情况误解的有关的恐惧
学龄 6—12 岁	执行家庭功能建立例行工作 对教育参与工作 调整情绪 澄清对班级安置主流对特殊的问题参加 IEP 会议 寻找社区资源所安排课外活动	任何身体保健需要分配责任 最老的女同胞可能面临风险 为休闲与娱乐限定家庭资源 通知朋友与教师 可能关注卓越的年轻同胞 分入同校主要班级的争议问题 关于特殊情况基础信息的需要

表 11-1B 父母和同胞在丧失能力的人不同生命周期阶段可能遇到的问题

生命周期 阶段	父 母	同 胞
青年时期 13—21 岁	对特殊情况可能的长期性的情绪调整性行为出现的鉴别问题对可能的伙伴隔离和排斥的讲话 为事业/职业发展作计划安排休闲时间活动 应对青春期生理和情绪的变化 计划中等教育的变化	与同胞的过分鉴别对人民中差异的更大理解 特殊情况对事业选择的影响 应对可能的污辱和困扰 参加同胞训练方案对同胞支援集体的机会
成人时期 21 岁—	计划可能的保护需要为适当的成人住所需要讲话 为任何成人依靠牵连调整情绪 为特殊情况个人参与家庭以外社会机会需要讲话 介绍参加事业选择或职业方案	对财政支援责任可能的争论 关于遗传性牵连的顾虑的讲话 给人介绍特殊情况对于事业/生活选择信息的需要 说清同胞辩护的任务可能的监护责任争论

父母—教师的交往

与父母正规的双向交往是有效的父母—教师伙伴关系的基础。父母与教师之间缺乏公开的、诚心的交往，不能取得众多积极的成果。父母与教师之间最常用的交往方法有三：会议、书面通讯和打电话。

父母—教师的会议

虽然父母—教师会议就像休息和家庭作业对学校那样普通常见并且一直和

我们在一起，会议始终没有为交往收获它们应当取得的有效成果。父母会议往往开得僵硬、郑重其事，教师的焦急使父母担心在会中他们将听到坏消息。实际上，Bensky 等(1980)发现教师把与父母的交往列为工作紧张的主要来源。幸运的是，承认父母在他们的儿童教育中扮演关键的角色和 IEP 计划会议中产生的父母大力参加学校工作已经加强了父母—教师交往技能，父母和教师正在学习在更有生产性的方式中加强彼此对话的技能。

在面对面的会议中，父母和教师能交换信息并协调他们的努力，使他们在家中和在校中帮助特殊儿童。会议不应只定于学年开始和结束时召开，而应有规律地安排时间表。特殊教育专家应把父母—教师会议看成是联合计划和评估引入教学方案的方法。

为会议做准备事项

准备是有效的父母—教师会议的关键。Stephens，Blackhurst 和 Magliocca (1982)建议，为会议树立特殊的目标，评定学生的累积进步，随着表示具体成就的图表准备学生工作的样例，并为会议准备一个议事日程。计划会议日程之后，教师可以审查提出微妙问题的备选方式，或者从旁人对于她讲话的方式和举止取得反馈(Roberds—Baxter，1984)。

主持会议

父母—教师会议应在儿童的课堂里举行。因为，(1)教师在熟悉的环境中感觉踏实；(2)教师易于接近学生的档案与教材；(3)课堂本身可以提醒教师学生所做的事情；(4)课堂同它的书桌、椅子和教材提醒教师和父母会议的宗旨是他们共同关心的问题：如何改善儿童的教育方案(Bennett 和 Hensen，1977)。不过，在他们的课堂里主持父母会议时，教师不要错误地躲在隔离他们和父母之间的书桌后面，或请父母坐在学生的小型椅子上面。

Stephen 和 Wolf(1980)为父母—教师会议推荐四步议事日程：

1. 建立和睦关系。建立互相信任以及对教师真心关注学生的信任是开好父母—教师会议的关键。应当用几分钟简谈一些中肯的问题。教师可以从肯定儿童或家庭的某些事情谈起，而回避有关天气和交通的应酬话语。

2. 获得信息。父母可给教师提供改善教学的重要信息。教师应使用但不能简单用"是"或"否"回答自由质问，例如，"最近小菲提到校中哪些活动?"要比问"小菲告诉你在校中做什么了吗?"好一些。前一种问法鼓励父母提供较多的信息——老师试着建立谈话机会，而不是主持一节"问答法"课程。贯穿会议日程，教师应对父母的发言表示真诚的兴趣，回避把持会谈，切忌使用判断、恫吓或设置文字上交往路障的评语(见表 11-2)。

表 11-2　专业人员在与父母相互交往中应避免的交往路障

说教性：	"你应当……" "你应该……" "它是你的责任"
讲课性：	"我告诉你……" "你想到了吗……?" "这些天里的一天……"
判断性/批评性：	"你错啦……" "你的问题之一是……" "那是一件错误……"
窥探性的：	"为什么?" "怎么样?" "什么时候" "谁?"
过早的提供答案：	"这是你干的……" "我建议……"
威胁性的：	"如果你做我就要……" "除非你听我的忠告……"
命令性：	"你必须……" "你应当……" "你必应……"
安慰性/谅解性：	"你还将是这么好……" "你不知道更好的……"
诊断性/分析性：	"你正好完成这个阶段……" "你那样行事为人是因为……"
嘲笑性/挖苦性	"你以为你把它弄坏了……" "人生就是一桶笑话……"
陈词滥调/废话过多：	"你晓得……" "我的意思是……" "那才好玩呢……" "远了去啦……"

3. 提供信息。教师应用简洁明了(jargon-free)的言语向父母提供有关他们儿童的具体信息。教师应拿出一部分学校作业的样例和学生成绩资料——已经学了些什么和下一步需要学的是什么。当学生的进步没有达到所期待的目标时，父母和教师应共同寻求改善之路。

4. 总结和跟踪。会议应把会中所谈的总结下来再结束。教师应把会中同意的策略评论一番，并指出双方协助落实的那些策略以及应跟踪研究的活动。有些教师用复写纸复制会议记录，使父母也保留一份所讨论的和所同意的记录。

书面通讯

尽管在父母—教师会议中可以取得许多成果，他们所需要的时间指出会议并非保持父母—教师交往的唯一渠道。在一件研究 217 名特殊儿童父母的报告中，Ammer 和 Littleton(1983)发现大多数父母(69％)愿意得到从校方寄来的正规信息的信件。有些教师经常用书面通讯与父母保持联系。尽管大多学校每逢评分期间给父母寄的分数报告表也是书面通讯的一种形式，但是，它的罕用性和标准版式局限了交往方法的用途。

许多教师正规地向学生家长和他们的学生寄送"快乐的书写物"，详细说明学生取得的积极成就，并给父母在家中表扬儿童的机会，以及和课堂保持相应的活动。

Schumaker，Hovell 和 Sherman(1977)对三个有严重课业和行为问题的初中男生使用每天报告卡系统(图 11-2)。不同的教师为 6 个不同班级的每一学生在卡上记分。父母根据教师对他们儿童的学校作业所评的等级准备奖励(如，小吃、看电视、上床前额外半小时的游戏时间)。3 名学生遵守班规和作业成绩均得到改善。

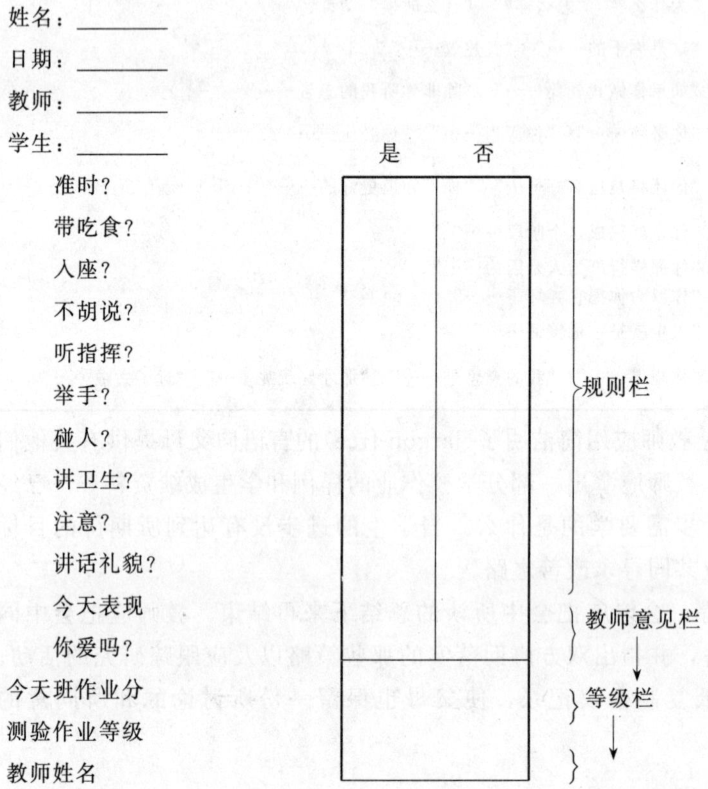

图 11-2　每日报告表

双向的父母—教师交往系统可以由学生在学校家庭之间携带的报告格式表建立起来。格式表应易于使用和阅读，带有可判断或可核对答案的空格。这样相互报告系统可每天或每周使用一次，以所包含的行为为转移。若干研究报告已经表明，这些双向交往方案能改善学生在校和在家的作业情况(Dickerson，Spellman，Larsen 和 Tyler，1973；Lmber 和 Rothstein，1979)。

与此相同，家—校合同是父母根据学生完成课堂作业给予临时奖品的行为合同。例如，每完成一页阅读作业，学生就可以挣 25 分美金去买一架飞机模型(Heward 和 Dardig，1978)。家—校合同用父母控制的奖品，建立于父母对孩子的成就之上，并包括教师和父母共同支援孩子的学习的积极方案之中。

　　班级新闻信息某些教师用以增加父母—教师交往的另一种方法。尽管拼凑一张班级新闻信要求大量工作，在许多事例中，还是值得努力的事。大多教师有油印机，1～3 页的每月新闻信能让不参加会议的家长得到因内容过长不能用电话传达的信息。新闻信也是承认那些参加不同活动父母的巧妙方式了。把编制新闻信办成一个班级设计，教师能录用学生撰写的故事和新闻项目并能产生一个为全班的愉快学习活动。

　　即使与父母不用正规的或相互的交往方式，学校手册和为描述政策和程序、鉴定人员、介绍父母的警告等等特殊宗旨而免费发出的新闻广告等等，也是用文字资料对父母提供信息的其他方法（Jensen 和 Potter，1990）。

打电话

　　打一个简单愉快的电话是和学生父母保持交往的漂亮方法。常规的电话联系就谈儿童的积极成果，让父母和教师分享儿童的成功并相互认识彼此的贡献。教师应在常规的基础上拨出部分时间使每个儿童的父母每隔两三周可以收到一次电话。当然，教师需要找出父母便于接电话的时间。记载电话日志有助于保持打电话时间表并提醒教师任何该跟踪的事项。

　　另一种方式是教师可以利用打电话组织一个全班电话"谱"。用这种系统，教师只给两三位父母打电话，接电话的父母再转告两三位父母，这样辗转通知下去。电话谱是把信息传达给所有与本班有关父母的有效方式。而电话谱也是父母积极参与方案的一条途径，而且可以得知其他父母某些信息。

　　Hewarel 和 Chapman（1981）利用每日电话通讯记录加强父母—教师交往。一位主要教丧失能力学生班的教师在一架自动电话回答器上记录简短的信息。父母能从晚 5 点到翌日 7 点一周 5 夜打电话并听到下面的记录信息：

　　　　晚上好！今天孩子们很努力。我们讨论交通问题，谈到飞机场和
　　各式各样的飞机，他们很高兴。明天的拼音字是 train，t-r-a-i-n；
　　plane，p-l-a-n-e；truck，t-r-u-c-k；automobile，a-u-t-o-m-o-b-i-l-e；和
　　ship，s-h-i-p。谢谢你打电话来。（p. 13）

　　电话记录信息有许多方式可用以促进父母—教师交往。这样的信息已经用来提供全校的和课堂与课堂之间的信息、好新闻（如："本月杰出公民"）、和在家中与儿童工作的建议（Heward，Heron，Gardner 和 Prayzer，1991；Minner，Beane 和 Prater，1986；Test，Cooke，Welss. Heward 和 Heron，1986）。打电话的父母也能给老师留信息（如，在家中如何进行教学方案的问题和报告），使这种系统变成双向的交往。

父母的参与

如第二章所讨论的，必须对每个丧失能力的儿童设计个别教育方案（IEP）。公法 94～142 的这项要求旨在使每个儿童接受满足他的个别需要的教育服务。父母被邀为 IEP 计划组的成员，尽管他们可以签字声明他们不愿参加而弃权。

IEP 会议在父母和学校人员之间起到交往工具的作用，使他们能按平等身份共同决定儿童的需要是什么，用什么样的服务才能满足他们的需要，而期待的成果又是什么。（联邦注册，1981，p.5462）

很明显，目的在于父母成为制定决策的积极人物。按 Turnbull 和 Turnbull(1982)所说，关于父母应分担关于他们子女教育方案权利和责任的信念以两个不一定对人人有效的假设为基础：

1. 父母愿意参加制定教育决策，而且当机会到手后对决策有所利用；

2. 参加会议，计划他们儿童的 IEP 可使父母成为决策制定人。（p.116）

不过，Turnbull 和 Turnbull 指出，概括父母所谈的，他们希望对参加 IEP 会议的特殊教育家的观察不一定支持这两个假设。在对 32 个丧失能力的学前儿童母亲的面谈中，Winton 和 Turnbull(1981)发现，当要求把理想的学前儿童特征排列等级时，母亲认为父母的参与是最不重要的因素；对母亲来说最重要的因素是有能力的专家教师。Lusthaus，Lusthaus 和 Gibbs(1981)汇编了郊区 8 所小学中班自给自足课堂 98 名注册生父母的问卷结果。多一半父母说他们愿意在提供信息的前提下参加 IEP 计划会议，大多数对让专家们制定大多决策表示满意，不过，当决策涉及对他们子女应保持什么样的记录，准备什么医药服务，或他们的儿童是否要转到其他学校时，多数父母愿意对决策有控制权。Polifka(1981)从父母调查表中总结：父母确实愿意在 IEP 计划会中担任积极的任务。

研究报告支持我们前面所说的：我们不应依赖我们"假设"对所有丧失能力儿童的父母都是真实的判断（概括）。再者，我们必须用理解的眼光去检查这个研究报告，多年来，就从来没要求父母参加他们儿童的教育工作（在某些事例中他们就不愿意参加）或实际上就没要求他们这样做，那就怪不得父母对到底要求他们参加多少以及实际上他们应当贡献多少在感觉上混淆不清。

关于在 IEP 会议期间确实发生什么的研究就更确定了。参加 IEP 会议的父母（大多是母亲）来自不同的地区，他们的参与水平参差不齐，少到 50％以下，高到 95％(Singer 和 Butler，1987)。许多研究发现父母参与的水平消极者多于积极者(Goldstein，Strickland，Turnbull 和 Curry，1980；Lynch 和 Stein，

1982；Scanlon，Arick 和 Phelps，1981；Vaughn，Bos，Harrell 和 Lasky，1988）。全国公民教育委员会（1979）调查了近 2300 名来自全美各地的父母；比半数略多一些（52％）的父母指出他们在儿童的 IEP 会议之前已完全写好了。Goldstein 等人（1980）观察了为小学轻微无能学生的 IEP 会议，并发现相似的结果：平均会议只有 36 分钟，主要由特殊教师向父母解释已经写好的 IEP。在另一研究中，对 47 次 IEP 会议的观察显示下列结果：（1）只在 6 次会议中，父母双双参加会议，仅由母亲一人参加所有其他会议；（2）在 28 次会议中由特殊教育教师向父母解释已经完成的 IEP；（3）大约有三分之一父母的反应是消极的（如，点点头）；（4）平均会议历时仅 25 分钟（Vace 等等，1985）。

尽管这些结果看起来令人沮丧，它们并非必然如此。父母们已经晓得了他们的子女所接受的特殊服务是什么，而被动语态的"可以"意味着对 IEP 会议的满意状态（Polifka，1981）。再者，许多父母确实利用 IEP 会议的机会对他们子女的教育方案有了更多的投入。在最近的 IEP 会议中，一位轻微迟钝儿童的母亲问，为什么教她的儿子逐字标注史前动物的名称。父母问教师当他的小孩长大成人他们期待他干什么工作。教师回答他们还真未考虑孩子工作的机会问题，因为他刚 10 岁。对教师来说，10 岁似乎很年轻，对父母来说，10 岁意味着他的正式教育已完成一半，父母在参加会议的同时把与成人独立生活有关的目标详细说清楚（报告时间、阅读与生存有关的文字、性教育），这与老师提供的传统课程大不相同。通过分别评估资料为儿童规定生活目标以及特殊问题，所有参与会议的父母创立了一门令人满意的课程（Turnbull，1983，p. 22）。

父母和专家们的共同工作已提高父母参加 IEP 集体会议的水平。由 Dardig 和 Heward（1981b）发展起来的决策制定程序是识别每一集体成员投入的技术。Turnbull，Strickland 和 Brantley（1982）描述父母学习 IEP 内容以及如何更积极地参加发展的集体训练分会。在 Goldstein 和 Turnbull（1982）调查的一项革新策略中，学校顾问与父母参加 IEP 会议并作为拥护人介绍与会的父母、澄清专门术语、向父母说明问题、颂扬父母的贡献并总结会中制定的决策。顾问们并未接受正式训练，只给它们一张列出他们五项职能的说明书。伴以顾问—拥护人的父母作出更大的贡献。Turnbull 等等（1986）为促进父母的参与，建议学校工作人员在 IEP 会议之前和之中应采取的 45 个详细步骤，一条建议是关于谁将参加会议、何时何地召开会议、父母大概要谈什么特殊问题等等，要设法打听父母的爱好。Turnbull 等等为取得会前信息还制定了一张特殊的表格。

作为教师的父母

所有的父母要为他们子女的众多技术的学习负责任。但我们已经指出，大多数子女从父母学得的事物并非系统教学程序的结果。相反，子女获得许多重要技能是每日父母与儿童之间相互交流的自然结果。不过，对某些丧失能力的儿童来说，引起每天例常的家居生活并不能提供足够的练习与反馈教他们重要的技能。许多父母为了补充课堂学术教学，系统地教他们儿童所需要的自助和日常生活技能或提供家庭补课时间。

教育家们不同意在教丧失能力儿童时由父母当老师。有些专职人员列举各种理由为什么父母不应当是自己子女的导师：父母不掌握有效导师所要求的技能；家庭教师很可能令父母和儿童双方产生挫折；大多教师没时间去指引和支援父母的苦心；家庭辅导可能让孩子没有休息时间（Barsch，1969；Kronick，1969；Lerner，1976）。在个别情况中，每一条考虑都可能成为立法问题。

其他的观点——父母能成为他们子女的有效教师，由众多研究报告父母成功地在家教他们子女和父母参与设计所支持（Barbetta 和 Dasta，1990）。曾经参加这些家庭—教学方案设计的大多父母认为，这对父母和儿童双方都是积极的经验。

在父母愿意在家辅导他们子女的大多事例中，他们能而且应当帮助去做。在正确的领导下，基于家庭的父母教学加固了儿童的教育方案并使儿童和父母双方享受愉快。不过，对专职人员来说，仔细检查父母辅导到什么程度才是至关重要的。并非所有父母愿意在家教他们的子女或有时间学习和运用必要的教学技能，而且专职人员千万不要把那种情况解释成为父母对他们子女不够关心的标志。

还有父母教学可能辅助不良的其他环境：

◇如果父母不同意儿童应当予以辅导教学；

◇如果家中没有现成可用的安静、无骚扰的地方；

◇如果家庭教学可能导致忽略其他家庭成员的需要；

◇如果父母认为辅导浪费时间，如果错过或缩短辅导时间父母觉得内疚；

◇如果辅导时间剥夺儿童与其他儿童交友或发展必要的社会技能的机会（Maddux 和 Cummings，1983，p. 31）。

评论父母在家教严重残缺儿童的适当性质，Hawkins 和 Hawkins（1981）写道：

训练和促进父母每天完成少量教学任务确实合适。这些应当具有大多下列特征：（1）它们是简短的，通常要求每件不超过三四分钟；（2）它们最终对父母的价值是明显的（自己穿衣服或者是不堆积木）；（3）它们几乎自动地融合每天例行的工作，不要求特殊的、显著的训练"时间"（自己洗澡，最基本的通讯台训练）；（4）它们是不能仅在学校随时完成的任务或是因为机会不经常出现或不在（清晨起床，上厕

所)，或因如果它要达到目标训练必须在机会适当出现的时候(进餐时间的行为，与家庭适当散步)。(pp. 17—18)

Bristor(1987)和 Thusston(1989)描述教师能用以帮助愿意在家辅导他们儿童父母的技术。Lovitt(1977，1982)为父母指导提供四项指导方针：

1. 为指导时间制订每天的特殊时间表。

2. 时间要短。每天简短的 5～10 分的时间远比可能产生挫折或倾向于全部略过的 30～40 分的时间更有效。

3. 对儿童的保持连贯性反应。Lovitt 认为父母在始终如一的、实事求是的方式中反应他们儿童的错误是至关重要的。表扬儿童的成功反应(在儿童的适当的教学水平时的材料和活动是最必需的)和针对错误用连贯的、不带情绪的反应(如"让我们共同把这个字再念一遍")，当家庭指导不当时父母能避免可能发生的挫折和消极的结果。

4. 保持一份记录。父母就像一位课堂教师，如果不保持记录的话永远不会知道他的教学效果。如果主观意见是唯一的评估基础，每日的记录可使父母和儿童看到非常细微的进步。大多儿童，丧失能力的或正常的，在教学的引导中，确实都能进步。一份记载进步的记录，或许能为父母提供一种机会用新的和积极的眼光去看他们的儿童。

父母教育集团

为人父母的教育并不新奇，早从 19 世纪就有为人父母制定的教育方案。但在丧失能力儿童教育之中，作为父母大量参加的结果，父母制定并提供了许多新方案。父母教育集团能有许多服务宗旨，从新学校政策主持的仅仅一次的信息传播，到父母编写教学材料在家中使用的"写它并用它"的创作室(例如，数学事实练习游戏)，直到在 IEP 计划中或儿童行为管理中多次时间方案的参加。兹将若干父母教育集团的讲话题目列于表 11-3 之中。

表 11-3　父母教育集团的部分讲题

1. 自助(穿衣，刷牙等)	10. 家中娱乐和体育活动
2. 休闲活动	11. 丧失能力儿童的园艺活动
3. 参加 IEP 会议	12. 为轮椅改装家庭
4. 暑期阅读方案	13. 无能儿童父母的社区资源
5. 教你的儿童学负责和组织	14. 饮食和进餐行为
6. 与伙伴交朋友	15. 为盲童改装家庭
7. 准备家庭假期	16. 买东西的技能
8. 制定并落实家庭规则	17. 如何选择和训练保姆
9. 家中保安	18. 制家庭带书架的阅览桌

19. 烹饪技能	28. 父亲自身的方案
20. 讲话活动和游戏	29. 组织早晨活动
21. 家—校来往系统(书信电话)	30. 家庭防火和脱身
22. 自行车安全设备	31. 协助你的无能儿童交朋友
23. 解释测验结果	32. 设立父母经管资源室
24. 应付同胞斗争	33. 为儿童找暑期零活方案
25. 在家给儿童阅读	34. 接受和使用修复装备
26. 很好地应付重要人物	35. 为儿童未来作准备
27. 对祖父母的教育方案	36. 发展父母对父母的互助集团

在关于父母参加计划以及每当有可能时，实际领导父母集团重要性的父母教育文献中存在着连贯性的一致意见(Heward 等，1979；Kroth，1981；Turnbull 等，1986)，Heward 等(1979)推荐开放式和封闭式的需要评估程序以确定父母从父母教育方案愿意得到什么。一个开放式评估由下列问题组成：

1. 对我的儿童来说最好的家庭时间是当我们_____

2. 永远忘不了我的孩子和我_____的时间

3. 当我带孩子去商店时，我考虑他将_____

4. 人们想我的孩子不能去_____

5. 给我的孩子定决策时我忧虑的是_____

6. 有时我想我的孩子永远不_____

7. 我的孩子在房前房后特别困难，当他_____

8. 我拥抱我的孩子，当他_____

9. 有个特殊儿童最难办的事是_____

10. 我希望我知道更多的是关于_____

父母对开放式问题的反应可以为需要或欣赏什么样的父母训练方案提供大量的信息。

封闭式的需要评价要求父母在一张可能性评价表上指出他们喜欢学习的项目。例如，父母可能被要求在下列任何项目前写一个核对号表示对某事有问题和两个核对号表示他的主要关心的事。

_____睡眠时间的行为	_____家庭杂务
_____进餐行为	_____工作时行为
_____与同胞的相互反应	_____休闲活动
_____个人卫生(穿衣，上厕所)	_____工作技能
_____与陌生人的反应	_____研究习惯

_____对父母要求的屈从　　　　_____交朋友

_____对异性的反应　　　　_____为未来做计划

Bailey 和 Simeonsson(1988a)编制"家庭需要调查表"，由分为六个类别的 35 个项目组成(例如，对信息的需要、支援、财务需要、家务功能)。由于他们已经取得不同的反应轮廓，他们要求母亲和父亲分别完成需要调查表。Bailey 和 Simeonsson 还建议家庭需要全盘评估的混合开放式问题。他们简单地要求父母用一张纸列出他们"五项家庭的最大需要"。Turnbull 等等(1986)制定一个综合的需要评估方法—"家庭信息爱好清单"，用以计划和——列举父母教育和父母参与方案的基础。按需要评估问卷的检查结果，父母和专职人员可以共同计划符合于父母的真实需要的父母教育集团。

父母参与多少工作?

有时专职人员难于接受新观念，特别像对积极成果大有助益的父母参与观念。但教师和其他为特殊儿童提供特殊教育的每位成员对父母参与不应有片面看法。有时对参加家庭处理方案或父母教育集团的父母要求时间与能力，如果父母不能满足教师的期望在家庭成员中引起紧张或内疚(犯罪)(Doemberg，1978；Winton 和 Turnbull，1981)，要求对残缺儿童给予帮助的时间可能使其他家庭成员消耗太多的时间与注意(Kroth，1981；Turnbull 和 Turnbull，1983)。

Kroth(1981)和他的同事为父母参与编制一个模式指南，承认父母有大量的贡献也有从特殊教育接受服务的需要。模式假定不是所有父母需要专职人员必须提供的一切事物，而且不应期待父母准备一切事物，能反映真相的模式试图给父母在决定他们需要什么服务和他们能为专职人员或其他父母提供什么服务之间画上等号。如图 11-4 所说明的，模式的上半部分假定专职人员有某些与父母为帮助他们儿童应当了解的信息、知识和技能。模式的下半部分假定父母有能协助专职人员更有效地帮助儿童学习的信息、知识和技能。

与无能儿童的父母合作的指导方针

没有单一途径或整套技术是有效的，甚或适合每一位父母。不过，下列的建议对专职人员来说是他们与父母相互交往有价值的指导方针。

◇切勿假定你比父母对于儿童的需要以及如何满足那些需要知道的还多。如果你有了这个假设，你就犯了错误，而更坏的是，你将不会获得有意义的信息。

◇说白话、日常口语。用教育方言无助于与父母在专业上来往(为那件事或任何旁人)。Lovitt(1982)是我们必须"抛掉行话"的坚定信仰者，从学生的

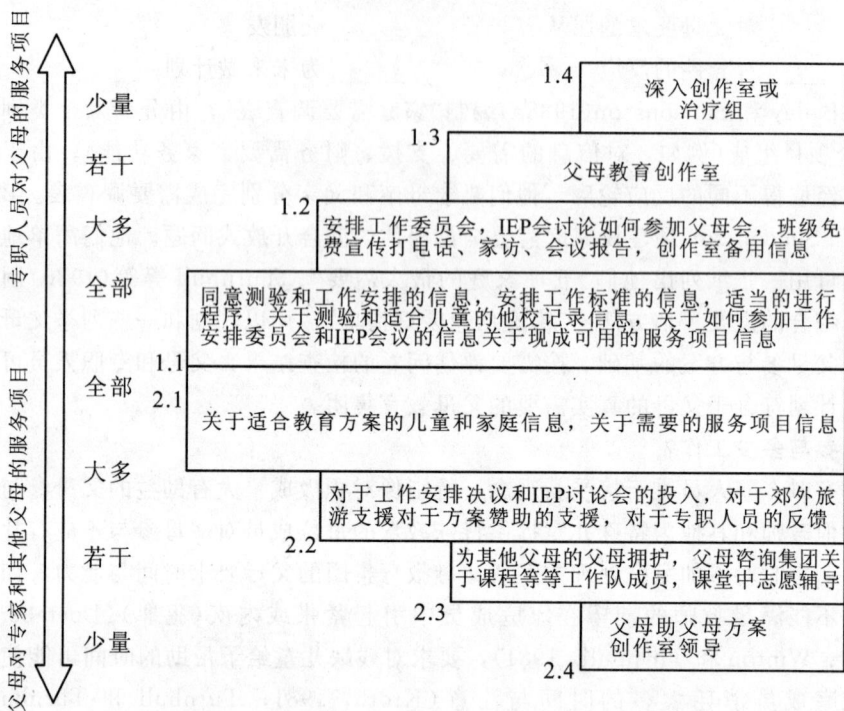

图 11-4　为父母参加公立学校工作的反映真相的模式

正式文件夹中给我们下列的样本：

　　　　由于前庭基础的缺陷，文艺作品表现失动症。他有一侧性、本体
　　感受的感觉运动机能障碍。视觉缺陷已出现。他最好用右手但他的左
　　手在动觉和本体感觉中更准确。在前庭受刺激时，眼球震动降低。运
　　动计划活动对他困难。（p. 303）

　　这样的描述对艺术教师和父母毫无用处。把现代文艺能做什么说清楚，比
说清楚他需要学什么要好得多。

　　◇不要让关于丧失能力儿童的概论牵着你走。如果你真关心爸爸或妈妈感
觉或需要什么，不要假设父母在 x、y 或 z 阶段，所以需要 a、b 或 c。

　　◇不要对父母采取手势或被父母吓住。不，你不能真正体会有残缺儿童的
父母像个什么，除非你有一位残缺孩子。但作为受过专业训练的教师来说，你
知道一大套方法帮助丧失能力的儿童去学习；你每天教孩子做这一套工作。毫
不客气地贡献你所有知识和技能，并欢迎父母的投入。

　　◇保持对孩子的主要关心。如果你是一个孩子的教师，你和父母同心协力
去改善孩子的教育方案，在那个岗位上你不是结婚顾问或治疗专家。如果父母
有需要，你可以介绍父母去见一位受过专业训练和合格的专家提供非特殊教育

服务项目。

◇帮助父母为现实的乐观主义而奋斗。丧失能力的儿童和他们的父母从悲伤或贬低无能重要性的专家那里无所受益。专家们应帮助父母为他们的孩子分析病情而做准备（Turnbull 等，1986）。

◇从父母能取得成功的事情开始。对众多父母来说参与他们儿童的教育方案是新经验。不要惩罚愿意在家帮助他们儿童的父母，以复杂的教材、费事的教学方法和深夜辅导的沉重的课程表从而导致失败。从简单的事情着手使父母感觉有所收获。

◇不要怕说，"我不知道"。有时父母问你不能回答的问题或你无法提供的需要项目。说声"我不知道"蛮好！真正专家的标志是知道你需要帮助的时候，而父母将对你更加爱戴（Giangreco，Cloninger，Mueller，Yuan 和 Ashworth，1990）。

结论：未来的趋势

我们能假定特殊教育家们将继续发展与丧失能力儿童的家庭合作的更好方式。这些艰难的尝试很可能与日俱增地受 Syracuse 大学人类政策中心（1987）提供的价值所驱使：（1）家庭应接受必须的支援以保护他们在家的儿童；（2）家庭服务应支援全家；（3）家庭支援应扩大到对他们接受的服务和支援予以家庭控制。因此，我们预测，家庭保护和家庭授权日益成为与残缺儿童家庭工作的目标。家庭中心的服务是根据儿童是家庭系统的一支而对（系统一支的）儿童的有效的改造，没有对全家（整个系统）的帮助是难以奏效的（Cohen 等，1989）。对家庭授权的基本原理是对家庭主要的和最有效的社会机构，家庭不能更换。父母应当保持对他们的家庭管理负责任。专家的职务是以他们是家庭领导的身份协助父母的信念为基础（Callister，Mitchell 和 Talley，1986）：

专家们和父母们是为发展和为丧失能力儿童的家庭准备广泛的支援服务而工作的。方案正在逐步落实帮助父母为将来有效的工作做计划、发展解决问题的技能、并获得财政计划的本领、对付紧张画面、寻找并运用社区服务和找时间休闲并享受生活、指定少数的重点范围。除此之外，在许多社区中发展和准备缓期执行的顾虑已成为主要的争议。简略地解释，缓期的顾虑是对丧失能力的个人暂时的关怀，宗旨在于给父母和保护人减轻痛苦（Salisbury 和 Intaglia，1986）。许多严重缺残儿童的父母把可靠的、高质量的、延缓的关怀看成是他们最迫切的压迫需要（Grant 和 McGrath，1990；Rimmevman，1989）。幸运的是，由于父母支援集团和有关专家的共同努力，缓期服务已越来越成为全国可用的服务项目。

父母在儿童生活中是最重要的成人。优良的教师应成为下一个最重要的成人。共同工作，父母和教师能够弥补这个差别。

第十二章　早期干预

◇测量早期干预方案有什么非常困难?

◇个别教育计划与个别家庭服务计划之间的关键性是什么?

◇基于发展的课程为何不能永远适应于发展中表现迟缓的年幼儿童?

◇为什么各科训练对有效的早期干预非常重要?

◇我们如何能在儿童致残以前提供早期干预服务?

　　从出生到学龄时期，大多数儿童会有体验现象的学习。大多数儿童会出现有序的、可预测的生长和发展；他们学习动作、交往和玩耍，这些都是可预测的。随着他们控制环境能力的增长，他们独立的水平也跟着增长。儿童正常发展的速度和样式与大多数丧失能力儿童所经历的截然不同。对于他们要掌握的基本技能，他们非残缺的伙伴可以自然而然地获得。众多学前儿童都需要有计划的教学。不过在关键的前几年中，众多丧失能力的儿童错过了机遇。

　　前几年，忧虑儿童缺陷发展的父母往往听到这样的话"不用着急。等一等，再看一看，她很可能会好起来的"。结果，众多有残缺的儿童在早年时期越来越落后于他们非残缺的伙伴。直到最近，教育家们才相信早期鉴定与干预的重要性。20 年前，对丧失能力的婴儿与学前儿童是没有特殊教育方案的。童年早期的特殊教育已经成为所有教育研究中成长最快的部分。实际上，现在每位特殊教育专家承认早期干预服务不仅适用于丧失能力的婴儿和学前儿童，而且也发展到了幼儿。老实说，发展早期干预的有效系统已经成为全国性的优先事业。

早期干预的重要性

　　Skeels 和 Dye(1939)报道了最早的有关早期干预重要性的研究。由于孤儿院缺少房间，分别将 13 个月和 16 个月大的两名"没希望的"女婴从孤儿院转到智力落后成年妇女看守所。"年轻的小女婴是可怜的小动物。她们流眼泪、流鼻涕；皮肤粗糙像纤维、而头发没颜色；她们瘦弱不堪；身高不足，而且肌肉缺乏弹性或反应。她们每天都会悲伤并且反应有些迟钝"(Skeels，1966，p.5)。在她们转院的时候，两个女婴的 IQ 约在 35~46 之间，被分到智力落后范围之内。在她们和年长妇女生活了 6 个月之后，女孩的 IQ 分别为 77 和 87，再过几个月之后，二者 IQ 都在 90 中间。这样长期的智力测验并非普通程序，只因为她们有例外的安排，两个儿童得到了密切的观察。

　　得知女孩惊人的发展之后，Skeels 和 Dye 探索可能的起因。他们得知儿童获得数量异常的注意与刺激。看守人员为女孩购买玩具和书籍，看守所的妇女不断地和她们玩耍谈话。Skeels 和 Dye 说服州领导允许他们做最异常的实验。他们另外选择 13 名 1 岁～2 岁的儿童。除两名儿童外全部都是智力落后儿童(平均 IQ64 分),由于该州现行立法限制,全都不准收养。实验被分为两组;实验组的儿童从无刺激的孤儿院离开,住在收容所的智力落后十几岁女孩的住处,接受她们一对一的照顾。教每个青年"妈妈"如何的照顾婴儿,如如何去抱、喂养、谈话和刺激儿童。此外,儿童还参加该收容所两年的幼儿园教育方案;对照组 3 岁以下的 12 名儿童留在孤儿院内。在这个对照组的儿童接受适当的医药保健服务但不给予个别照顾。开始时,对照组儿童 IQ 平均分 80,只有两名被鉴定为智力落后。两年以后,两组儿童重做测验,实验组平均增长27.5IQ 分,13 名儿童中有 11 名儿童是达合格收养的标准而被良好家庭所收养;而留住孤儿院对照组中的儿童平均 IQ 分却降低了 26 分。

25 年后,Skeels(1966)找到了原始研究中的所有儿童。他所发现的比原来报名的 IQ 分数给人留下了更深刻的印象。实验组中的 13 名儿童,有 11 名结婚了并生下了儿童。人人智力正常,只有一对夫妇离婚了。实验的平均教育水平是 12 年级,而其中有 4 人上了大学。所有的人不是家庭制造者就是家外雇佣人员,范围从专业和商业工作到家庭服务(指两个未被收养者)。留守孤儿院的 12 名儿童的生活比较消极。有 4 人到 1965 年还在收容所中,除一名非收容所中的被试外,全部从事非技能性的劳动工作。对照组中的平均教育水平是 3年级。Skeels(1966)以下列文字总结了他的跟踪研究:

> 似乎明显的是,在当代条件之下,仍有无数婴儿,生理构造与潜能是以在正规范围之内发展良好,除非出现适当的干预,仍有变成落后和社会无用之才的可能。根据本研究的结果以及近 20 年来其他出版物的建议,目前有充分可用的知识去设计干预的方案以应对贫穷、社会文化和婚姻破裂的蹂躏……本研究尚未解决的问题可以形成众多研究设计的基础。如果这 12 名对照组儿童的悲惨命运能引起一个阻止他人同样命运的发生的研究,那么他们就没白活。(p. 109)

尽管 Skeels 和 Dye 的研究可以被批判为缺乏严密的实验方法论,但它对智力固定不变、再怎么努力也无能为力的信念是个主要挑战。这个经典研究可以成为众多对早期干预效果研究的基础或因素。

Kirk(1958)报道了另一个被引述的研究,把早期干预的重要意义推上了高潮。这个研究用两年时间测量了 43 名智力落后儿童受社会和认知发展学前训练的影响(IQ 全距在 40 至 85 之间)。实验组的 15 名儿童住在收容所并参加幼儿学校的活动,另外 28 名儿童住在家中并参加学前教育方案。控制组的儿童包括 12 名住在收容所和 26 名住在家中的儿童,他们并未接受学前训练。结果表明,接受早期干预儿童 IQ 分数的增长在 10 和 30 分点之间,控制组儿童的

IQ 分数有所下降。两组之间的分数差异几年之间保持不变。

密尔沃基设计是有关早期干预的另一个被广泛引用的研究工作（Garber 和 Heber，1973）；Heber 和 Garber，1971；Strickland，1971）。设计的目标是通过父母教育和婴儿刺激方案减少智力落后事件。由于他们的妈妈智力水平和贫困条件，儿童被认为有落后发展的高度潜伏性。IQ70 分或还低一些的妈妈和他们有高度风险的儿童被选为被试。妈妈接受保护儿童的训练并被教以如何与她们的儿童相互沟通和进行刺激。自年龄 6 个月以前开始，儿童还参加由受过训练的教师主持的婴儿刺激方案。到 3 岁半时，实验组儿童比未参加方案的控制组儿童在 IQ 测验上平均高出 33 个百分点。

此研究被群众媒介称为"密尔沃基奇迹"，这个研究证明母亲教育和早期婴儿刺激方案能减少文化—家属智力落后事件的影响。不过，密尔沃基设计及其研究方法也受过批判。例如，Page（1972）质问样本和测验偏向是否得到适当的控制。尽管如此，按 Garber 和 Heber（1973）指出。

尽管婴儿测验有困难，当现代标准测验数据与学习作业和语言测验的成绩共同考虑时，实验组在认知发展水平上比较优越。此外，我们第一批儿童现在公立学校就读，尚无人被分派到落后班。（p. 114）

在文字上，有千百个研究试图决定早期干预对生活条件较差而有缺陷儿童的影响。White，Bush 和 Casto（1986）发现对 52 篇过去 94％的文献评论样本总结：早期干预对有缺陷的、冒风险的和生活条件较差的儿童产生直接的实质性的利益，其中包括改善他们的认知、语言、社会情结和运动的增长以及对父母和同胞关系和活动的适应。在分析早期干预的长期效果时，Lazar 和 Darling-ton（1982）汇集 12 篇对社会经济条件较差、并参加学前方案儿童的跟踪研究的资料。在跟踪研究时期，参加学前方案的儿童在 3 年级～12 年级就读。早期干预儿童被编入特殊教育班者较少（14％对 29％），而降班重读一学年者也较少（26％对 37％）。

虽然关于早期干预长期效果报道的结果一般是令人鼓舞的，但是无数研究方法问题使这种研究在健全的科学方式中进行得极为困难（Bricker，1986；Dunst，1986；Strain 和 Smith，1986）。这些问题体现在：选择有意义的和可靠的成果测量存在困难；在有缺陷的儿童中，他们缺陷的发展结果相差悬殊；早期干预方案在课程焦点、教学策略、期间长度和强度上存在千差万别；以及制止某些儿童参加早期干预的关切事项迫使他们可以形成控制组进行比较等（Bailey 和 Wolery，1984；Casto，1988；Guralnick，1988）。

在调查早期干预对有缺陷的学前儿童效果的 74 件研究文献的亚分析中，Casto 和 Mastropieri（1986）总结表明：早期干预产生了积极的效果；而且时间越长，干预方案越完备，效果越好。不过，他们没有发现对大多过去文献评论所支持的两个结论，他们对早期干预开始越早而不是更晚效果愈大的结论没有明证，而且他们不同意过去评论家所做的父母参加水平越高效果越大的结论。Casto 和 Mastropieri 的论文受到其他早期干预研究专家的严厉批评。其他专家声称亚分析有概念上和方法上的种种缺点（例如，Dunst 和 Snyder，1986；Struin 和 Smith，1986）。

大多数教育家认为早期干预和学前服务对于有缺陷的儿童以及他们的家庭二者有下列优点：

◇协助儿童在身体发展、认知发展、语言发展和讲话发展、社交才干和自助技能等方面有所增长。

◇协助儿童阻止次要的残缺情况的发展。

◇减少家庭紧张，并协助父母和家庭支援丧失能力年幼儿童的发展。

◇减少依靠社会和国家设立的收容机构的可能性。

◇减轻对特殊教育服务或儿童达到学龄期时被安排入特殊课堂的需要。

此外，还可证明早期干预可为社会节省高级教育水平和晚年生活所需要的社会服务的开支。由于对晚年可能需要的特殊服务发展问题的补救和阻止，儿童所需要的全部服务的费用可能要少一些。Wood(1981)报告从出生到开始干预直到 18 岁累积特殊服务花费总数平均为 37273 美元。这个总数与直到 6 岁才开始干预花费的 46816 美元到 53340 美元相比，还是较低的。

早期儿童特殊教育的立法历史

为丧失能力的幼年儿童早期干预服务的发展和落实立法曾由联邦立法予以援助。为残疾学前儿童专写的第一部联邦法律，《残疾儿童的早期儿童援助法》（公法 90－538）于 1968 年通过。这条法案创立了"残疾儿童的早期教育方案（Handieupped Chililren's Eanly Education Program-Hceep)"，宗旨在于为出生到 8 岁残疾儿童编制早期干预方案。往往 Hceep 被称为"第一运气网"(First Chence Network)，从 1969 年开始给 24 个方案总共资助了 100 万美元；到 1985 年，在所有 50 个州和美国准州里有 173 个不同的第一运气网方案；到 1987 年，有 500 多个教育方案得到资助。

HCEEP 模范设计联合发展了成千的早期儿童特殊教育印刷品和视听产品，如筛选和评估方法、课程指南、父母训练教材等。众多产品由商业出版社购买和销售。经过严格评判并证明值得复制的 HCEEP 指导模范演示设计能申请超额资助去帮助外地其他单位成立类似的方案。

开门红(Head Start)

1972 年，开门红(全国性的方案从 1965 年开始为家庭收入低微的儿童提供学前教育服务)由法律指定为丧失能力儿童至少保留 10％的注册额数。到 1977 年，开门红方案的全体注册儿童的 13％费用来自全国有残缺的儿童，总数达 36133 人("HEW 报导"，1978)。

丧失能力者的教育法(公法 94－142)

公法 94－142，1975 年的丧失能力者的教育法授权所有丧失能力的学龄儿童有自由、适当的公立教育，还包括一部分学前特殊教育。如果州立法律或实践已为该年龄儿童集体提供了普通的公立教育，那么这条法律要求所有 3～5 岁丧失能力儿童接受特殊教育服务。可促进其他的州开始为有残缺的学前儿童提供方案。公法 94－142 包括鼓励拨款方案，为丧失能力儿童建立或改善学前教育方案。学前鼓励款项的分配以州内所鉴定的儿童数目为主(Cohen，Semmes 和 Guralnick，1979)。尽管起草公法 94－142 的专职人员、父母和立法人员明确签署了早期儿童特殊教育的概念，但鼓励款项方案是不充实的。1980～1981 学年中，仅 16 州为满 3～5 岁儿童提供特殊教育服务；另外 22 州为 4～5 岁丧失能力的学前儿童提供服务(美国审计长，1981)。

早期儿童特殊教育的联邦法令(公法 99－457)

1975 年以来，国会颁布三项法案，重新授权并修改公法 94－142 法案的第二项。公法 99－457，1986 年的残缺者的教育法修正案，关于丧失能力学前儿童教育包含两项主要条款。该法通过之前，国会估计州政府为 70％左右的 3 岁～5 岁残缺儿童在公法 94－142 的志愿条款之下服务；有 31 州和准州未为该年龄集体至少部分儿童要求特殊教育(Koppelman，1986)。因为从出生到 3 周岁的婴儿和学步小孩，系统的早期干预服务在许多州中已经很少见或不存在，所以公法 99－457 为 3 岁～5 岁儿童包括受托管的学前部分，并为婴儿和学龄儿童以及他们的家庭建立款项方案。

3 岁～5 岁儿童的学前服务

公法 99－457 要求各州为所有 3 岁～5 岁丧失能力的儿童提供学前服务。管理这些方案的规定除某些州例外之外，与公法 94－142 那些规定类似：

1. 为了接受服务，在现有的无能类别之下(例如，智力落后、缺乏学习能力)儿童无须申请鉴定和报告。

2. 个别教育计划必须包括一部分父母的教学或信息。

3. 地方教育机构可以挑选使用不同传达服务(以家庭为基础，以中心为基础或联合方案)，而上课日期和学年长度可随意选择。

4. 学前特殊教育方案必须由州教育机构掌管，不过，来自其他机构的服务可订立合同以满足全体服务的条件。

到 1991 年，每州要展示为所有 3 岁～5 岁丧失能力儿童提供自由的、适当的教育明证。未能遵照条款进行者将不能得到为学前服务设立的所有联邦基金，而任何接受服务的该年龄儿童不能贴上旨在接受公法 94－142 条款州立基金的儿童的标签。

对婴儿和学步小孩的早期干预

在公法 99－457 通过时，第二项主要改变是为有缺陷的婴儿和学步小孩以及他们的家庭发展并落实准备各州的早期干预鼓励资金。这条法律把"有缺陷的婴儿和学步小孩"界定为需要早期干预服务的从出生～2 周岁的个人，因为他们：

(a)按下列一项或多项范畴中适当的诊断工具和程序测量分类：认知发展、身体发展、语言和讲话发展、心理和社会发展或自助技能正在体验发展的迟缓。

(b)具有高度可能性产生发展迟缓的身体或智力情况。由各州自行决定，从出生到两周岁的人如果没有接受过早期干预服务确有实际迟缓危险的人也应包括在内。

为了接受鼓励赞助基金，一州必须为所有正在体验发育迟缓或者有"确认的风险"婴儿和学步小孩提供服务（部分 D，上半部）。每州为发育迟缓所下的定义必须覆盖公法 94－142 包括的所有无能类别。"确认的风险"是诊断出来的具有高度可能性产生发育迟缓的身体和医药情况，如唐氏综合征和其他与智力落后关联的染色体变异、脑或脊髓伤残、感觉损伤、胎儿的酒精综合征和产期获得的免疫缺陷综合征（艾滋病 AIDS）等。尽管具有"生物学或环境风险"的婴儿和学步小孩并不要求这样去做，各州还可以把他们包括在由公法 99－457 资助的早期干预方案中。婴儿和学步小孩被认为有生物学上的风险是因为已发现的健康因素在某些儿童中已产生发育迟缓，例如显著的早产和出生重量不足以及依靠化学药品的妈妈所生下的婴儿。年幼儿童被认为在环境上有发育失常的风险，是由于出生于极端经济贫困或情感贫困的家庭。

个别化的家庭服务计划

公法 99－457 表现在教育服务重点上的主要改变。它与关于儿童学习和发展的现代研究和理解相一致。立法并未把儿童看作孤立的服务接受者（Meisels 和 Provence，1989）。取而代之的是，立法按照"个别化的家庭服务计划（IF-SP）"规定了家庭中心早期干预服务。IFSP 由包括儿童父母和家庭在内的训练队发展起来，每个 IFSP 必须包含以下各项：

◇儿童在认知、讲话、语言、社交心理、运动和自助技能的现在功能水平的说明书。

◇有关儿童发展的家庭力量和需要的说明。

◇儿童和家庭可取得的主要期待成果，包括标准、程序和评估进步时间的说明书。

◇为了满足儿童和家庭需要，包括次数、强度和送达服务方法，关于特殊早期干预必要的论述。

◇为服务的开始和期待的持续时间所设计的日期。

◇负责落实计划与婴儿、学步小孩或家庭需要最直接有关的专业经手人的姓名。

◇为了支援早期干预（婴儿）服务成功地转入学前方案要采取的步骤。

IFSP 必须每年与家庭在 6 个月的间隔中作一次评价。由于已认识到对丧失能力婴儿来说时间的重要性，如果父母同意的话，在 IFSP 尚未完成以前，法律准许早期干预提前开始。"IFSP 有效地重新界定接受服务人是家庭成员（而非儿童自己）"（Krauss，1990，p. 388）。下列是 IFSP 已经定为家庭目标的项目样例：

家庭将寻找关于儿童情况的阅读资料。

祖母将学习管理儿童的技术。

爸爸将欣然学习儿童能参加的简单活动。

父母将和医生订立两个月的医疗预约。

家庭将把儿童发展目标纳入家庭日常的生活活动。

工作人员将准备不断发展的父母教育方案，母亲将为她自己增加时间。

展延照顾：每月准备 5 天，20 小时。

父母在儿童满 8 周后用相互交流动作扶助儿童每天爬行每次 10 呎。

母亲每天用 10 分钟与儿童用词语、卡片讲话玩耍。（Bailey，Winton，Rouse 和 Turnbull，1990，p. 18）

公法 99－457 的颁布使社会认识到早期干预对于正在体验残缺的儿童和对那些在未来有发展迟缓实际风险的儿童的重要性。但在早期干预服务开始之前，儿童必须予以鉴定。

对有残缺的和有风险的婴儿与学前儿童的鉴定

早期儿童专家之间一致同意，早期干预越早越好。多年来在哈佛大学的学前设计院主持非残缺婴儿和学前儿童发展的专家 Burton White 认为，从 8 个月～3 岁这段时间里，婴儿的认知和社会发展至关重要。讨论非残缺儿童的发展和学习时，White（1975）说"儿童到 2 岁时，父母才开始注意他的教育发展问题已经太晚了"(p. 4)。

Smith 和 Strain(1984)证明研究工作支持在有残缺的儿童生活中，干预开始得越早越好。如果前几年的生活对于非残缺儿童最为重要，对有残缺儿童来说，每过一月，所冒的风险比非残缺的同龄伙伴更为严重。Hayden 和 Pious(1979)同意某些干预可能需要在生前就开始：

> 简而言之，干预永远不会太早，而且……从我们现有的基本资料
> 来看，似乎很清楚紧急需要的干预早在儿童出生以前就应开始。儿童
> 一经临盆，工作就必须变到改善之中，抛掉预防永远是干预的其次选
> 择……出生即开始干预并不太早。(p. 273)

出生前的风险因素

我们今天比以往对残缺儿童出生可能性的增加情况所知更详。例如，我们知道某些无能儿童的家庭历史应使我们谨防类似的风险可能发生在任何未来儿童的身上。我们知道妊娠期间的营养不良可能产生严重的问题，包含婴儿的发育落后。我们还知道怀孕期间的疾病，特别是风疹，能引起新生婴儿严重地丧失能力。其他孕期有风险的象征包括下列各项：

◇早产婴儿有染色体的异常现象

◇怀孕期间的饮酒或用药

◇母亲的年龄超过 35 岁。尽管大于 35 岁的母亲仅有 79%生育婴儿，她们所生婴儿患唐氏综合症者多于 33%。

◇父母中间有两个或更多的先天畸形

◇母亲的智力落后

◇母亲缺乏副性特征(Secondary Sex Chouacteristics)

◇母亲有若干流产的历史

在广泛的遗传建议之中，随着对这些情况的理解，许多父母在更多信息的基础上，对生育儿童问题定能做出更美好的决策。同样，更完善的产前保护能减少早产和过轻婴儿的事件。二者都与缺陷的频发密切关联。

我们知道孕妇用药、饮酒能对胎儿产生发育迟缓和其他缺陷等等毁灭性的影响。由于怀孕期过分饮酒引起的胎儿酒精综合征(Fetal Alcohol Syndrome, FAS)往往产生严重的身体缺陷和发育迟缓。孕期用药，特别是可卡因和 Crack，已流行成风并在经济与教育阶层比比皆是(Williams 和 Howared，1990)。Miller (1989)报道，通过文字检查，医院发现 17%的妇女在怀孕期间服用可卡因。自从报道服用非法物质几乎肯定要生出残疾儿童以来，这样的数字一样是令人震惊的。诚然，Fyank 等(1988)发现他们面谈的孕妇有 24%在尿检后被发现隐瞒了服用可卡因的事实。在新生婴儿身上执行尿检的医院发现

10%～15%有可卡因的阳性结果(Miller，1989)，然而新生婴儿尿中呈现的可卡因仅仅指明可卡因是在产前 48 小时之内服用的。可卡因暴露婴儿发育不良的信号，例如急促呼吸和高音的哭声，并且它们往往表示对保育人员无力反应或对安慰毫无所知(Williams 和 Howard，1990)。

不过，即使在大众认识中，产前注意和早期教育进步有 10 倍之多，要在 20 世纪减少大多残缺的可能性几乎难以实现。因此，有效的早期干预方案的需要仍将是我们继续挑战的内容。

筛选

按一般规律，缺陷情况越严重，病情越能早日发现。在接生室里，医疗人员能鉴别某些无能，包括畸形小头、裂腭和其他身体畸形以及大多唐氏综合征的病例。出生后几天之内对新生者血液和尿液的分析，能检查在 4～12 周内，如果不处理新陈代谢的失常，即将产生智力落后。在前几周内，其他生理特征如昏迷、麻痹、抽搐或迅速增长的头部尺寸都能标志可能的缺陷情况(Parmelee 和 Michaelis，1971)。第一个月内，各种关键性行为发展的迟缓能告诉受过训练的观察人员，婴儿有发展为残缺者的风险。

有些缺陷，像丧失学习能力或中等智力落后，直到入学而他的学科作业显然落后于他的同学才显示出来。即使在那些个案里，如果儿童在具有资深专业教职员的学校中注册，很可能在早期就发现学习问题或迟缓情况。

即使许多已制成的测量可以筛选高度危险的婴儿和儿童，然而会用这套测量工具的人尚不普遍。一个全国的杰作是 1967 年社会安全修正案的措施——《早期和周期筛选、诊断和处理》(Early and Periodie Screening，Diognosis and Treatment，EPSDT)。自 1972 年以来，要求建立 EPSDT，促进儿童健康问题的早期鉴定，同时把家庭收入微薄的儿童与医疗和其他有关服务联系起来。但 EPSDT 却受到了批评，一方面是因为没有让应得到服务的儿童得到服务；另一方面因为没有尽力地提供更多的信息(Margolis 和 Meisels，1987)。不过，往最好里去说，EPSDT 授权只筛选接受医疗补助方案的儿童；联邦或国家政府并未向其他儿童推荐这种方案。

尽管如此，对有缺陷和有危险婴儿的早期鉴定却有令人鼓舞的发展。例如，犹他州立大学的 SKI* 1＋1 设计与犹他州立卫生部联合发展全州范围检查听力损伤的筛选程序(Finch，1985)。这套程序包括对犹他州出生证版式的修订加入与丧失听力关联的标志。这套设计和每一名丧失听力的本州婴儿进行跟踪家访协调起来。

在美国所有医院接生室所采用的筛选程序几乎都是 Apgar 量表，对新生婴儿 5 项生理测量的迅速测评(见图 12-1A《Apgar 量表》)。该量表指出胎儿出生时期的窒息程度(出生过程中缺氧的情况)。另一个广泛使用的筛选程序是对新生儿血样和尿样的分析以检查新陈代谢之异常现象,如产生智力落后的 PKU。许多医院还例行分析新生儿的血液和尿液以检查药品和其他毒素的出现。

为了筛选发育迟缓,使用最广泛的工具是丹佛发展筛选测验(Denver Developmental Screening Teect,DDST)(Frankenburg,Dodds 和 Fandal,1975)。DDST 可在15到20分钟之内做完并可用于2周~6岁儿童的身上。它可评估4种发展范围:大量的运动,语言,精细的运动适应以及个人和社会等107种技能。每一测验项目由指针在分数表上指出正常发展儿童在某一年龄能完成哪项技能的25%、50%、75%和90%。每一项目允许儿童试验3次,当儿童不能完成同龄儿童所能完成的90%的技能时就被认为是迟缓儿童。如果儿童的作业达到包括两个或更多个迟缓项目的两个发展范围,就被认为是不正常的。于是儿童要被介绍去做进一步的能力详细评估。

最近出版的丹佛Ⅱ是在代表科罗拉多横断面的2000多儿童作业基础上修改的标准化的 DDST(Franknburg,Dodds,Archer,Shapiro 和 Bresnick,1990)。丹佛Ⅱ在下列几种方式中不同于 DDST:(1)测验项目增到125—大多新项目属于语言发展范围之中;(2)删除或修正已被证明难于执行和解释的DDST 项目;(3)在来自不同少数民族的、母性教育的和居住地区的儿童作业中有显著差别的项目,在丹佛Ⅱ技术手册中都已得到鉴定,从而诊断得以决定迟缓是否应归于社会—文化之差别;(4)测验已按美国儿科研究所推荐的保健家访时间表加以修订。每一项目上的儿童作业用"及格"或"不及格"来记分,在与那些儿童作业比较中是否代表"优良"、"尚可"、"可疑"或"迟缓"的作业。

有许多其他筛选测量表是现成可用的 Battelle 发展目录筛选测验(Newborg,Skock,Wnek,Guidubaldi 和 Suinlcki,1969)适用于从出生到满8岁的儿童。Battelle 的测验程序适用于不同的无能儿童。若干量表是以描述婴儿和年幼儿童的正常运动发展、适应行为、语言和个人—社会行为的 Gesell 发展时间表为基础。评价2~30个月婴儿发展的 Bayley 婴儿发展量表(Bayley,1969)是 Gesell 时间表的修订本。

APGAR 量表

Apgar 量表是筛选新生婴儿的测验,1952年由麻醉学家 Virginia Apgar 医师编制。主要测婴儿临盆时期体验的产前窒息(缺氧)程度。该筛选法实际上测量了在美国医院中100%的出生婴儿。按俄亥俄州哥伦比亚儿童医院近代生物学主任 Frank Bowen 所说,"每次接产应有一位主要兴趣在新生儿身上的人",那就是这位护士,主持 Apgar 量表的护士麻醉师,或小儿专家。

主持人在 5 种生理测量上测验：心律、呼吸、刺激反应、肌肉弹性和皮肤颜色（见样本评定格式图形式）。在每次测量上，儿童给 0 分、1 分或 2 分。评分格式描述每次测量的特殊象征使结果尽可能地客观。

如果新生儿在出生 60 秒后第一次测量中得了低分，接生室人员马上采取复苏行动。医护人员的职务是帮助婴儿从母亲的身体转移到外在世界时建立起良好的呼吸。这第一次的测验测量婴儿在出生过程中如何呼吸。

出生 5 分钟之后，再次使用量表。在那一点上，0～3 分（出自可能的 10 分）指明严重的窒息；4～6 分表明中等窒息；而 7～10 分表明轻微的窒息。按 Bowen 医师所说，"所有生产都假设多少有些紧张情况"。5 分钟的分数测量任何复苏手术取得的成功。再次注意的是，低分可能表示要继续对儿童采取复苏行动。

Bowen 医师说："5 分钟得了 6 分或更少的分数就值得跟踪研究，以便决定问题的起因以及它的长期后果"。Apgar 量表已经指明鉴定有高度风险婴儿的途径，那些婴儿发展以后问题的机遇大于正常发展机遇的婴儿。研究工作已经表示出生时期的缺氧导致神经损伤，而 5 分钟的 Apgar 分数与最终的神经结局密切关联。

尽管大多新生者是用受孕重量和年龄来评价并因某些特别的异常现象被筛除，Apgar 量表是当代唯一普遍使用的筛选有高度风险婴儿的测验。

图 A

			60 秒	5 分钟
心律	不在	(0)		
	少于 100	(1)		
	100—140	(2)	1	2
呼吸情况	呼吸暂停	(0)		
	短不正常	(1)		
	强烈的哭和吸气	(2)	1	1
对导管刺激的反应	无反应	(0)		
	作怪相	(1)		
	咳嗽或打喷嚏	(2)	1	2
肌肉弹性	不结实	(0)		
	四肢有些弯曲	(1)		
	弯曲扩张伸长	(2)	1	2
皮肤颜色	苍白发蓝	(0)		
	身体粉红四肢发蓝	(1)		
	全身粉红	(2)	0	7
总计			4	8

图 12-1　Apgar 评价量表

也以 Gesell 量表为基础的发展筛选目录(Knobloch，Pasamanick 和 Sher-ard，1966)是为儿科医师用以评估 1～18 个月之间儿童的发展迟缓而设计的量表。Brazelon 新生婴儿评估量表(Brazelton，1973)是对新生者更详尽的评估量表。

不过，这些测量或实践没有一个对筛选所有婴儿增加任何真实的系统助力。大多州和地方筛选方案针对较大儿童，特别是那些即将入学的儿童。在他们早年时期，只筛选一次是不适宜的。从出生到 6 岁发展筛选应在多种场合进行，并应每年进行筛选(Banley 和 Wolery，1989)，并且筛选包括的多方面信息来源是关键性问题(Meisels 和 Provence，1989)。例如，对 268 名丧失能力青年和同样数目控制组中未丧失能力学生的纵向研究发现，从出生到 3 岁儿童中，在特殊教育的晚期复杂情况中父母的特征如母性的教育水平，比发展筛选量表上现成可用的儿童评价变量是更为准确的指标(Kochanek，Kabacoff 和 Lipsitt，1990，1990)。与此相反，同一研究结果指明，在 4 岁～17 岁时，儿童中心的测量，如发展的能力，在今后的问题中是起论断的作用。Kochanek 等等(1990)总结如下：

仅仅集中研究从出生至 3 岁发展迟缓或有害的医疗事件的早期鉴定模式就被判断为是有残缺的儿童是不合适的。这样的模式鉴定幼儿已形成的情况时，最终它们只能鉴定全部有缺陷婴儿总体的一小部分。(p.535)

鉴定高度危险婴儿和年幼儿童往往依靠与他们打交道的成人经验与关注。他们中间的主要者是儿科专家和护士、社会工作者、日托护理人员、学前教师，而最重要的人是父母。研究结果指出，母亲对他们学前儿童发展水平的估计与专家们用标准量表测得的结果高度相关(Gradel，Thompson 和 Sheehan，1981)。

并非所有被筛选鉴定为有高度危险的儿童必将成为丧失能力的儿童。有些儿童从未接受过任何特殊帮助，仍能长大成人过着正常的生活。早期筛选的目标是在缺陷夺走儿童全部未来之前把它尽可能地挖出来。对那些接受鉴定的来说，筛选只是头一步，下一步是对发展的所有关键范围进行详尽的评价。

评估

早期儿童特殊教育的评估应完成三个有关目标(Mcloughlin 和 Lewis，1990)。首先，评估应决定是否有缺陷；其次，评估期间搜集的信息应显示儿童需要的特殊性质、所要求的服务以及教学的目标；第三，系统的评价有助于控制早期干预方案和评定方案产生的效果。对年幼儿童的评估应以若干标准为方针(Bailey 和 Wolery，1989；Meloughlin 和 Lewis，1990；Meisels 和 Pro-vence，1989)：

◇评估应在儿童生活的自然环境中并且以不受威胁的方式中进行（Bailey 和 Wolery，1984）。

◇为了准确地决定儿童的能力，直接观察是必要的。核对表和评估量表为了寻找强度和弱度的普遍范围虽然够用，但通常不能针对界定那些范围的特殊行为（Halle 和 Sindelar，1982）。

◇评估应多次进行。根据一次测验或观察就决定不能存在或不存在是危险的。年幼儿童的行为是千变万化的，不管评估如何精细，出错的结论比比皆是。所以，我们一定不能根据一次评估就下结论。

◇服务的合格程度不应该根据单一或有限的标准而定，而应该由取得多方面信息的评估过程来决定。例如，Meisels 和 Provence（1989）描述一个有唐氏综合征的 5 个月大的婴儿，被早期干预机构用 Bayley 和 Vineland 量表去决定合格程度，他得了中等的分数。由于该机构用了多重合格标准（包括 Down 综合征诊断法，一种已形成风险的情况），不管测验分数是否在正常范围，儿童和他的家庭都接受了服务。

◇应实行多重训练纪律的评估。评估开始之前，多重纪律评价队的成员要共同决定他们各自的任务。任务分配的重叠有助于弥补评估过程的漏洞（Rose 和 Logan，1982）。

◇评估过程应包含父母与家庭。在规定有意义的教学目标时，从父母面谈所获得的信息对父母儿童交互作用观察结果至关重要。获得来自父母的信息是取得完全评估所必需的。由于在大多早期干预方案中父母担负着关键性的任务，因此他们在全部评价过程中作为一名积极助手的合作和参与是必要的（Winton，1986；Winton 和 Bailey，1988）。

Vineent 和她的同事编制了《非学校环境中儿童发展的父母任务表》。此表是有助于父母和家庭鉴定重要的技能（Vineent 等，1983）。

◇如果必须的话，测验项目和执行程序应加以修改，这样可迫使丧失能力的儿童展示他的能力。Bailey 和 Wolery（1989）建议："执行标准程序之后，评估者应跟着改变儿童的测验限度"（p.61）。例如，改变测验项目的呈现方式（或用手势重复呈现），甚或帮助儿童做部分的反应，比仅得零分就进行下一项目可以获得有关儿童当前功能水平更有用处的信息。尽管这种建议违背了执行标准测验的既定规则，但关于儿童能力的获得以及它在既定适当的教学目标中的用途往往比测验分数的计算更为重要（Mclean 和 Snyder－Mclean，1978）。有不同种类的评价方法是可用的，包括正式的标准测量和非正式的核对表以及观察的等评定量表。Bailey 和 Wolery（1989）描述了在智力发展、听力知觉或情感和社交发展中鉴定和评价迟缓或反常进展的正常评估工具。

随着为丧失能力儿童越来越多干预方案的开始，非正式观察核对表，评定等量表以及其他评估方法相应增加。其中大多数量表由联邦模式方案或由地方年幼残缺儿童中心资助发展。一般说来，评价工具试图在六种关键领域中测量儿童的发展：

◇认知发展包括注意、知觉、记忆、文字技能和概念学习的进展。众多进展是用儿童在其范围中的作业表现评估的。

◇运动发展包括粗壮运动技能（像打滚儿、爬行、走路、游泳）和精细运动技能（像眼手协调、抚摸、拿握）。

◇语言发展是环境所有交往的发展，包括儿童用手势，微笑或动作反应非语言的能力以及讲话语言（发音、文字、短语、句子等）的获得。

◇自助技能包括吃东西、穿衣服以及没有他人帮助的上厕所。

◇玩耍技能包括用玩具与其他儿童参加比赛，以及表演戏曲或幻想角色的玩耍。

◇个人—社交技能包括儿童对成人和其他儿童的社交反应以及当孤单时管理她自己行为的技能。

一般说来，这6个方面分成特定的、可观察的任务。换句话说，大多儿童在这种秩序中学习它们。有时每一任务与特定的年龄连在一起，该年龄的儿童应该能够正常地完成这项任务。这种安排允许观察者发现显著的迟缓或差距以及在有高度风险的儿童发展中发现其他罕见的类型。

若干评价方法均有特殊部分测验儿童感觉敏度（特别是听觉和视觉）。还有许多方法也试图测量儿童对文化学习的准备程度、与早期阅读和算术技能有关的特别任务。还有的测验设计测量为入学的准备。例如为入幼儿园和一年级的BRIGANCEK 筛选（Briganee，1982）和为大都市的准备测验（Narss 和 McGau-vran，1986），准备测验通常包括评估儿童的阅读前和算术前的技能以及社会—情绪的发展、粗大和精细的运动作业和普通的认知发展。

越来越多的早期干预方案从完全以发展为基础的评价转移到与基于课程评价共同合作。每一基于课程的评估项目在方案的课程中能直接与一项技能挂钩，从而为测验、教学和进展评估之间提供了直接的联系。但是，像 Notari 和 Bricker（1990）所指明的，"虽然在理论上很吸引人，实际上许多基于课程的评价是从标准测验上的项目移植过来，因此减低它们对干预方案的中肯性"（p.118）。

旨在促进评价、干预和评估之间联系的实际性的基于课程的评价测验方法是《评价和方案系统：对婴儿和年幼儿童（EPS—I）》（Bricker，Gentry 和 Bailey）。为1个月～6岁儿童设计的 EPS—I 被分成6个领域：精细的运动、粗大的运动、自我照顾、认知、社交—来往和社会。每一项领域按婴儿和年幼儿童独立活动必需的有关行为和技能分组。EPS－I包含的所有技能满足五项教学特征：

1. 它们是起作用的，在其中它们增加儿童应对日常环境的要求。
2. 它们是普通的，对丧失能力的婴儿和儿童允许调整。
3. 它们易于把教师与父母在学校和家庭之间结合起来。
4. 它们是可观察和可测量的，对作业的进展能以客观的方法去决定的。
5. 它们包括近期目标和远期目标，不是按典型的发展序列来分类的。

评估信息的准确性和有效性并不只靠使用方法的类别而定。观察者的经验与训练、观察的次数、观察儿童的环境以及资料的诠释都在影响评估的可靠度。

DuBose(1981)发现评估严重丧失能力儿童有特殊困难。因为可用以评估严重残缺儿童的可靠工具过于缺乏。专职人员往往必须采用标准测验并设计非正规的任务。DuBose警告，当必须采用测验时，他们必须谨慎行事并要小心解释结果。专职人员必须知道为什么要用特殊测验，要找的问题是什么，儿童的测验结果所表明的是什么。

筛选和评价中的错误可引起危险。一方面，儿童能力本已丧失但却鉴定不出来可能需要的服务，从而使他们的问题可能每况愈下；另一方面，能力并未丧失的儿童却被鉴定为丧失能力的儿童。对特殊教育来说，丧失能力幼年儿童的鉴定和评价将是困难而极为重要的方面。

早期童年特殊教育方案

早期干预服务通常在儿童家中，在中心里或二者环境结合进行。

家庭的方案

顾名思义，家庭方案重点依靠父母的训练与合作。父母对他们的残缺儿童承担主要的抚养者和教师的责任。父母训练通常由正规家访的教师或训练人员领导。教师当作顾问，评价干预的成就，而且要常规地评估儿童的进展。家访人员(往往被称为家庭教师或家庭顾问)在某些方案中是经过特殊训练的辅助专职人员。他们一周可以数次来访，他们有时将儿童在家中的评估结果带回去，由其他专职人员建议方案中的修改事项。

最出名的家庭方案可能是全国证实的联用(Portage Progect)设计(Shearer和Shearer，1972)。这是由威斯康星南部中心23所学校专区联合操作，联用设计已产生了自己的评价教材和教学活动—《早期教育联用指南》。这个方案以450项行为为基础，按发展排好序列，并分成自助、认知、社交、语言和运动技能五个部分。一位设计教师每周正规地家访一次，检查儿童上周进展情况，布置下周的活动，给父母演示如何与儿童进行活动，观察父母与儿童交流沟通情况并按需要提供建议和忠告，总结方案止于何处和指示父母下周应做什么记录。联用设计在全国成百的地区进行使用（Shearer 和 Snider，1981）。关于联用设计成果的评论文章陈述，在轻微的迟缓儿童中有促进发展的明证（Sturm-ey 和 Crisp，1986）。

华盛顿大学的相互影响的家庭系统模式（Transactional Family Systems Modee，TFSM）为从出生到 2 岁严重缺陷或医疗上易受损伤的婴儿和家庭提供家庭的干预（Hedlun，1989）。方案的主要目标是在父母和他们的婴儿之间培养积极的相互交流。TFSM 的家访人员协助父母感受他们婴儿的行为，并配合婴儿的需要调整他们的相互交流。磁带录像帮助父母学习他们婴儿用身体语言表示巧妙暗示的重要性。父母一旦感受到他们婴儿的行为暗示，家访人员协助他们调整自己相应的来往方式。父母在与他们婴儿的相互影响中得到指导的练习和鼓励。TFSM 工作人员注重进展的点滴增长。TFSM 方案的最终目标是给父母以胜任感，并协助他们看到他们的儿童尽管无能，但在治疗中，他们正是在不断发展的。

以家庭为基础的早期干预方案对家庭，特别是家里有残缺儿童的家庭，有若干优点。首先，家庭是儿童自然生活的环境，父母已经是儿童的第一位教师。家庭其他成员（兄妹甚或是祖父母）比教学和社会接触二者有更多的机会与儿童相互影响。其他人物在儿童生长和发展中也能起重要的作用。其次，家庭学习活动和教材更可能自然和适宜。父母比教育人员能有更多的时间陪孩子。此外，积极参与协助儿童学习和发展的父母，比对他们似乎无力帮助他们缺陷儿童感觉失败的父母明显强得多。第三，在人口稀少的地区，家庭方案允许儿童在家接受详尽的教育而不影响家庭的生活。家庭方案还能减少家庭开支。家里无须为设备和儿童往返中心的交通费用而花费大笔金钱（Bailey 和 Bricker，1985）。

家庭方案并非十全十美。由于方案强调父母的责任，然而并非所有家庭的父母都能有效地完成任务，并非所有的父母都能或情愿花费教育他们子女的时间，有些试着去做但却没有成效。早期儿童特殊教育方案必须更有效地为广大的家庭——特别是单身的、十几岁的、与妈妈同住的年幼儿童服务。许多这样的婴儿和学前儿童由于他们生活的贫困因此有发育迟缓的风险，而且父母天天与生存现实的斗争不可能有应付早期干预方案所要求的精力（Turnball 等，1986），此外，由于父母（通常是母亲）是主要的服务准备者，因此家庭方案中的儿童可能得不到像他们在中心方案所得到的服务那样广泛，在那里他们能被各式各样的专职人员所照顾(不过,应当注意到像理疗家、职业治疗者或讲话治疗者能由家庭提供)。另一缺点是家庭方案的儿童得不到与伙伴相互交往的充分机会。

基于中心的方案

基于中心的方案是在家庭外面的特殊教育环境中提供早期干预服务。这种环境可能是综合医院的一部分、特殊的日托中心或一所学前学校。有些儿童可能参加了为不同程度和类型的无能儿童提供广泛服务特殊设计的发展中心或训练中心的活动。一个方案的环境是在纽约市屋顶上特殊建设的室外游戏场(Jones,1977)。不论他们在哪里,这些中心提供许多来自不同领域的专职人员和辅助专职人员的联合服务。

大多数中心的教育方案鼓励社会交互作用。有些方案试图把残缺儿童与非残缺儿童在日托幼儿园或学前课堂中联合起来。有些儿童每周日在中心上大半天或整天的课。其他儿童可以上小半天课,但大多数中心希望每一儿童至少每周上一天课。父母有时充当课堂助理或被要求作为儿童的主要教师。少数方案允许父母与其他专职人员共同工作,或当他们的儿童在中心其他地方时接受训练。实际上,HCEEP模式和大多为丧失能力年幼儿童有效的方案承认包括父母的绝对需要,并且他们欢迎父母参与方案各个方面的工作。

一个比较成功的中心方案是由西雅图华盛顿大学的模范残缺儿童学前中心设计的。在那里,各种各样丧失能力儿童参加若干高度专业化方案之一:婴儿学习方案、交往失常课堂、丧失能力儿童与正常儿童联合的学前教育方案以及严重丧失能力学前儿童的方案。尽管所有方案强调父母参与,但大多数儿童的直接教学是在中心上课。教学由严格的应用行为分析组成:精细筛选与开始评价、教学行为目标、精细的教学计划以及每日评价进步情况。与大多中心情况相同,课程聚焦于发展的关键范围:粗大和精细的运动、交往、自助、社会行为以及学前技能等。由于主要大学的面积大,中心的教职员工人数多并能在教学、语言和交往失常、心理学以及医疗各方面提供众多不同专家的服务,到1985年,该模范学前的校外设计,已经在示范模式的同样成分中协助了47个其他方案场所(Assael,1985)。

Carousel学前方案是与南佛罗里达大学联合举办的基于中心的早期儿童方案。Carousel方案管理是兼收残缺与非残缺的学前课堂。一个为4~5岁具有严重行为异常问题的儿童服务,一个为未来有发展成为严重行为问题风险的儿童服务。二者的课堂各为16名儿童准备正规学前课程,其中一半是同龄非残缺的伙伴。课堂教师在同一教学活动中为残缺或有风险的学生和非残缺学生工作。为了保证从过渡到结合限制最小的环境中,Carousel教职员给儿童的新学校的教师和助教准备了跟踪方案和在职培训。

中心方案一般有若干优势是在家庭方案中难以建立的。一个重要的优势是可以获得来自不同领域专家队伍服务的机会（教育、理疗和职业治疗、讲话和语言病理学、医疗等）。他们观察每一儿童，在干预和持续评价中共同合作。有些特殊教育家觉得能在中心方案中提供细微教案和有关服务，对于严重丧失能力的儿童至关重要（Rose 和 Calhoun，1990）。许多中心举行正规会议（或者一月一次）。会中那些凡与儿童有关者坐下来讨论儿童的进展、儿童对所用策略的反应以及为儿童新的或修改的目标。与残缺的和非残缺的伙伴的接触使中心方案对某些儿童特别有吸引力。参与中心方案的父母们从与他们的儿童工作的专家们和中心里其他的儿童父母们获得支援。

中心方案的缺点有路费、中心本身的开支和保修费以及父母参与较少的可能性。

家庭—中心联合方案

许多早期干预方案将中心活动与家庭访问联合起来。有若干中心方案一周五天，一天用几小时来照顾儿童。但由于年幼残缺儿童一天要求更多小时的干预，许多方案将中心各类专职人员精心细致的帮助与家中父母持续注意和照顾结合一起。把干预从中心带到家庭明显地提供了两类方案的众多优点，而弥补了他们的某些缺点。

家庭—中心方案的良好样例是伊利诺斯大学设计的 PEECH（Precise Early Education of Children with Handicaps，缺陷儿童早期精确教育），为 3 岁或年龄较大轻微到中等丧失能力儿童设计的方案，PEECH 把 10 名无能和 5 名非无能儿童课堂教育结合一起。干预人员和父母的集体包括课堂教师、助理专职人员、心理学家、讲话—语言病理学家和社会工作者各一人。儿童每天在班中大、小组别和个别活动中花费 2 或 3 个小时。父母参加所有干预阶段，包括制定政策参与工作、设计为父母提供收费图书馆和收费玩具图书馆以及父母新闻通讯。设计的最终目标是尽可能地把丧失能力的年幼儿童成功地并入正常班级中去。在 1985 年，根据报告有 22 所平行集体使用 PEECH 方案的组成结构（Assael，1985）。

Charlotte 圆圈设计是为严重或完全丧失能力的婴儿和学步小孩设计的家庭和中心早期干预方案（Rose 和 Calhoun，1990）。该设计以儿童行为与父母行为相互影响回报的社会交互作用模式为基础。因而以"圆圈"为设计的名称。某些健康照顾（如管筒喂食和吸气引液）给正常婴儿—父母沟通交流带来特殊挑战。专职人员对这些问题连带的行为往往毫无反应。Charlotte 圆圈设计试图鉴别并增加备选的积极行为的次数，以便使父母愿意继续与他们的儿童相互交往(Rose 和 Calhoun，1990；Rose Calhoun 和 Ladage，1989)。

中心部分设计的课堂教学通常从早 9 时～10 时上课。父母可为他们的儿童在一周 3 天中或一周 5 天中注册。家庭或全家服务承担每月的家庭访问，家访包括家庭评价和设计，教学技术的演示以及提供信息和其他支援事项。在正规家访之间，按需要提供个别评议会，并与父母及全家进行协商。

在为丧失能力婴儿和学步小孩服务的 67 份 HCEEP 模式方案的调查中，Karnes 和 Stayton(1988)发现 70％的方案提供家庭—中心联合的选择权，13％只提供基于家庭的服务，而 12％只提供基于中心的服务。不过，实际上，大多数儿童(52％)确实在中心接受服务，21％的儿童在家中接受全部服务，而15％的儿童参加家庭—中心联合方案。家庭—中心教育方案很可能是最好的选择。事实上，他们确实是好处多于坏处：慎重安排的序列课程、强大的父母参与队伍、明确的目标和经常举行进展评估、尽可能地把无能儿童归并入非无能儿童班中以及来自若干领域专家组成的教职员队伍。

早期儿童特殊教育方案课程

众多早期儿童特殊教育方案采用以发展为基础的课程。换句话说，非残缺儿童在感觉运动发展、语言、社会技能、学术准备等等技能的典型进展以序列的教学目标和评价儿童进步为基础。基于发展的早期干预方案在下列五项目标的指导下有助于丧失能力的年幼儿童的学习：

1. 补习——在儿童的发展中，不论是语言、运动技能、自助或其他领域，它可以弥补儿童发育的迟缓。

2. 教学基本进程——注意、感知觉、感觉运动、语言、社会技能和记忆。

3. 教学发展的作业——在全部领域中的技能(运动、语言、自助、社会)，在紧密贴近正常儿童学习技能的序列中。

4. 教学心理构造——自我意识、创造性、动机和认知，这种训练有助于增强未来的学习。

5. 教学学术前的技能——阅读前的，数量的概念(也就是早期算术)、自然研究、美术、舞蹈等等。

当然，这些宗旨并不互相排斥。全部是用正常的发展作为衡量每一儿童个别需要与进展的码尺。换句话说，就是试图将一门课程按正常儿童无须特殊训练即可发展的进程或技能教给有残缺的儿童，或者试图测量儿童已经学会的所有技能，然后只教所遗漏的技能。在两种事例中，最终目标是协助儿童发展成有同龄正常儿童所能掌握技能的行为。

发展的课程对所有丧失能力的幼年儿童来说并非最为适宜。Bailey 和

Wolery(1984)提醒我们：

> 早期干预课程的宗旨是促进儿童的发展进程并扩大独立的功能。对某些儿童(例如，轻微和中度残缺儿童)的重点应放在促进发展进程上。对残缺较重的儿童，重点应在加大独立生活上(p.17)。

对残缺较为严重或感官上受到损伤的学前儿童，发展课程所建议的目标可能不适宜。基于机能的课程主要能在与他们的环境交互作用中马上生效。这种课程可能较为适当。例如，小乐5岁，在许多方面丧失能力，如不能自己穿衣服。由于自己穿衣服是促进独立功能的机能技术，在基于机能的课程中，它可以被选为小乐的适宜目标。仔细地评价决定小乐在穿衣服中不能完成什么特定步骤，然后在那些步骤中直接教学。相比之下，抓住物体、粗大和精细动作等技能要在穿衣服之前学会。

早期儿童特殊教育专家们无须在严格发展的机能方法之间进行选择。丧失能力儿童的早期干预方案采用两种方法的联合途径。方案把发展的正常序列当作课程的一般指南，但运用机能的需要为每一儿童选择特殊的教学目标。

发展丧失能力学前儿童的语言

学习他们社会的语言是儿童重要的发展任务。大多数儿童无须正式学习就可以有效地讲话或交往。到他们入学的时候大多儿童基本上掌握了他们当地的语言。但丧失能力的儿童往往不能像他们非残缺的小伙伴那样自发地毫不费劲儿地获得语言(Barney和Landis，1987)。而且当残缺儿童落后于他们伙伴的同时，他们语言的缺陷使他们的社会和学术发展变得更困难了。丧失能力的学前儿童需要天天在语言运用和发展方面受到指导和活动。

两位语言专家Eileen Allen和Jane Rieke和他们大多数的同事相同，她们相信学前儿童教师必须整天地用策略帮助儿童发展语言技能。在整个方案的全过程中教师都必须这样做。她们还相信语言干预成功的基本测量应当是儿童能讲话。研究指出，儿童讲得越多，儿童就讲得越好(Hart和Risley，1975；Rieke，Lynch和Soltman，1977)。K.E.Allen(1980a)说，优秀的教师为保证有效的干预语言迟缓的儿童要做三件事：

1.他们在有助于促进语言的方式中布置环境；准备有趣味的学习中心(积木，管理家务，演戏，生产和管理材料)；比较儿童发起的和教师组织的活动；表达儿童欣赏的材料和活动。

2.他们运用与儿童的交流，为的是扩大与每一个语言受损儿童有效的交往，并运用每一个教学的机会。

3.为了使儿童有所进展，方案能有效果，他们要监测环境安排的适宜性；监测他们自己的行为；监测他们的儿童。

　　为了在全部学校中系统地促进和发展运用语言，两个教师使用的模式或方法是"偶然的教学模式（Hart 和 Risley，1968，1975)和祈求式模式程序（Roger-Warren 和 Warren，1980；Warren，McQuarter 和 Rogers－Warren，1984)"。偶然的教学模式的基本特征是当儿童要老师做什么事的时候（如帮助、表扬、信息、食品或饮料），老师趁机去让他们使用语言。换句话说，每当儿童发起与教师交流时，教师抓住这个机会使儿童得到可能的最好的语言。Allen（1980b)提供一个由 Hart 描述的偶然教学的样例：

　　　　一个语言迟缓的 4 岁女孩站在手持变色围裙的教师面前。教师说："你需要干什么？"(教师随说随着把围裙放在儿童身上并未预期小孩需要什么)。

　　　　如果儿童不回答，教师告诉她并给她一个提示："它是一件围裙。你能说'围裙'吗？"，如果儿童说"围裙"，教师一边把围裙系在儿童身上一边夸她："你说对啦，它是一条围裙，我把它系在你的身上。"，教师的末一句话示范出下一个文字的行为，"系我的围裙"，教师再一次期待儿童已经学会说"围裙"。

　　　　如果儿童不说出"围裙"，教师把围裙系上。此时，教师不加任何评语。教师反复叙述或给儿童施加压力。如果每段情节简单愉快，儿童会经常与教师保持联系，从而，教师有多次偶然教学的机会。如果教师强迫儿童，这样偶然学习的机会就失掉了。有些儿童可能学会躲避教师，他们只简单地不干；其他儿童可能学不适当的方式方法，如嘀嘀咕咕和哭着喊着得到他们所要的东西。

　　经过这样反复的交流，儿童知道语言的重要性，它能帮助他们得到所有的东西，而当他们说和要听到对他们感兴趣的东西时教师只有静听。在偶然教学中一个重要的指示是保持交流简单愉快，以使教师得到更多的机会。儿童应永远不被审问或永远不处于被迫做某些事情的地位（K. E. Allen，1980a)。

　　Warren 和 Gazdag（1990)把偶然教学和祈求式模式技术结合到一个环境教学方法中去，教两个发展迟缓的 3 岁小孩在自然游戏中学习不同的语言形式。作者在两个相辅相成的技术之间描述他们的差别：

　　　　两种方法之间的差别集中在谁（训练者或儿童）发起了教学的交流。用祈求式模式，教师扮演推进者的角色，用"祈求"目标反应发起交流，典型地讯问关于儿童参与的事件或活动探查目标的问题。在偶然教学程序中，儿童或用语言或非语言的发起交流，然后训练者用促进更详尽的反应详述目标反应的真实情况。(p.70)

　　表 12-1 指出，用偶然式和祈求式模式技术的教学情节的样例。两种方法

大体相同。两者都把教师看成是(1)儿童语言的观察人和记录人；(2)敏感而志愿的倾听者；(3)通过不同的反馈帮助儿童进步的反应者(K. E. Allen，1980a)。

发展学前活动细目表

　　为丧失能力儿童从事学前教育方案的教师，要把 2～3 小时的方案排列到满足每个儿童学习需要的细目表中。这种做法正面临着挑战。

表 12-1　用祈求模式和偶然教学程序进行语言训练/提示情节的样例

	样例 1	样例 2
祈求式	情节：儿童用勺留豆子倒在锅里。 教师："你在做什么?"(目标探索问题) 儿童：未回答。 教师："告诉我"(祈求)。 儿童："豆子。" 教师："说倒豆子。"(模式) 儿童："倒豆子。" 教师："对了，你往锅里倒豆子。" （言语承认＋扩张）	情节：教师让每个儿童吹一次水泡。 教师：(把吹管放在儿童嘴上)"你要做什么?"(探索目标问题) 儿童："水泡。" 教师："吹水泡。"(模式) 儿童："吹水泡。" 教师："对! 你要吹水泡，吹吧。" （语言承认＋扩张＋现场活动）
偶然教学	情节：做布丁活动，受试儿童眼看着教师让伙伴搅布丁。 儿童："让我搅!"(儿童发起)并拿勺子。 教师："搅布丁。"(模式) 儿童："搅布丁。" 教师："对了，你也在搅布丁。" （语言承认＋扩张＋现场)活动	情节：教师和受试儿童共同在类似的样式中洗碟子。 儿童："洗。"(儿童用动作—动词开始，部分目标反应) 教师："洗什么?"(详尽的问题) 儿童："洗。"(错误的反应) 教师："洗什么?"(详尽的问题) 儿童："洗杯子。" 教师："对了，我们在洗杯子。" （语言承认＋扩张）

　　细目表应当包括一对一教学和集体教学两种方式，为学生每天准备多种学习机会，并允许一种活动到另一活动易于转移的可能性。简而言之，细目表在保持管理性和灵活性之际，应当为丰富教学准备框架。此外，如何把活动安排到结合的方案之中，在残缺和非残缺儿童之间对交流的认识与类型(Burstein，1986；Strain，1981)以及儿童从方案中所获利益都有重大的影响(O'connell，1986)。

　　Lund 和 Bos(1981)建议教师用基本活动和估计所需时间开始计划学前细目表。表 12-2 表示众多学前方案一般使用的组成部分。构造细目表的下一步是填入每一活动每天大约所花的时间，把组成部分排成序列，制订儿童参加个别教学和集体教学的课程表以及指定教学人员（教师，助教和志愿者）。

课堂本身的物质安排必须支援所计划的活动。Lund 和 Bos（1981）为设立学前课堂提出下列的建议：

◇把个别工作地点活动放在一处，远离交通胡同路口，鼓励参与行为。

◇准备稳固的范围，如活动的长桌和地毯，在那里各种集体方案可以进行。

◇把这张活动长桌放在接近储藏室的地方以便取得现成可用的材料。

◇把经常使用的资料放在一处以便取用（例如，折叠黑板，个别方案教材）。

◇把所有储藏处所加以标志或颜色密码，以便助理人员或志愿工作者易于找到所需要的资料。

◇安排器材和类别处所，以便学生易于从一种活动转到另一种活动中。对各种工作处所可以使用图画和颜色编成代号。

◇为学生准备存衣橱或小杂物间以便学生知道存放衣服的地方。如前所述，增加图画标志，帮助学生区分他们的存衣橱。

谁能予以协助？

医生和其他保健专职人员

防止儿童丧失能力和鉴定、估计以及尽早干预儿童特殊需要等等活动的成功要求广泛专职人员的训练和测验。现代为早期儿童服务的"最佳实践"指导方针是有关服务项目贯通实施方案的方法。其中父母和专职人员在估计需要、发展 IFSP、准备服务以及评价成果中共同合作（McDonnell 和 Hardman，1988）。

表 12-2　计划学前细目表时应考虑的典型活动

估计需用时间	组成部分
	循环—每天或每周内容变换的公开练习，相互影响的游戏—学生与伙伴用教师编制的教材和活动的游戏场所，例如，以课题为中心的戏剧表演、木匠活儿、盖厨房、搭积木。 运动—室内或室外的壮力运动活动，也可包括理疗/职业治疗练习。 快餐—果汁（天然糖），牛奶、玉米花、干果等等。 浴室—按集体所定时间或两个人如厕时间。 活动桌—学生在一张或数张桌上工作。

估计需用时间	组成部分
	活动——一般集中于精细运动和学术前作业。 小组——学生在小组中参加个别和集体方案；活动内容不一，但通常集中于社会交往和学术前作业。 故事—简单画册、示范用的法兰绒板，手上/指上木偶剧。 音乐—表演唱、手指游戏、击节拍乐队。 休息/娱乐—淡灯光、垫子、听轻音乐、娱乐练习。 折曲空闲时间—上述任何活动或特殊练习（郊外、旅游、特殊、客人等）可认计划的时间；天天变换的活动。 特殊需要疗法—讲话/语言治疗、职业治疗、理疗、适应体育。

专职人员阻止某些能力丧失的机会像产科医生一样重要。因为他能预测可能的众多情况。如果已发现了显著的风险，产科医生能检查家庭历史并建议遗传方面的问题。因为他和待产母亲在妊娠期间见过数面。他能监测任何可能发生的问题，如果需要，医生能完成或介绍她去做堕胎手术。这样可以保证减小临盆风险问题。在接生室中，医生对可能的接生创伤的考虑能有助于阻止早期问题。

在同样方式中，儿科大夫（或家庭医生）有机会看护出生不久的婴儿，然后在未满月之前给予他常规的看护。她对 Apgar 等评定的注意和对婴儿产后的直接检查能阻止问题发生或鉴别出有高风险的婴儿。大多数中等或严重的无能儿童在产期或产后不久可以识别出来。儿科大夫的任务是很关键的。其他情况，如父母疏忽或滥用药物也可能在医生面前暴露无遗。与此原因相同，护士能在发现家中可能有导致无能的情况中有莫大的作用。

在比较后，其他保健专职人员也有助于鉴定、评估或处理能导致无能的特殊问题。一位眼科医生能发现早期视觉问题，而且他或一位佩镜师能为儿童配一副校正眼镜。一位耳科医生能评估儿童的听觉，如有听力丧失情况，他能为儿童佩戴助听器或开其他处理药方。

早期干预中的其他专家

早期干预为医院的新生婴儿和他们的家属提供服务。需要特殊保健的低体重儿童和其他有风险的新生儿住在未满一月的加强保健的单位之中（Neonatal Intensive Care Units，NICU）。NICU 目前包括各式各样的专职人员，如为有特殊需要的婴儿提供医疗保健的专家、提供经常进行医药辅助的护士、帮助父母和家庭解决情绪和财务问题的社会工作者和心理学家以及促进父母与婴儿之间交流的婴儿教育专家（Flynn 和 Mclollum，1989）。

心理学家能评价儿童的社交情绪技能和认知发展水平。心理学家往往参加儿童的启蒙评价并经常主持标准测验。心理学教职人员往往为参加集体测验的儿童设计工作。尽管学校的心理学工作者受过传统的训练。他们为学龄学生准备标准评估表并对课堂教师进行咨询。当公立学校提供更多的早期儿童特殊教育服务时，他们参加丧失能力儿童的学前教育方案的机会也相应增加（Widerstorm，Mowder 和 Willis，1989）。

由于大部分轻微无能儿童的根源在社会和文化因素之中，因此，一位社会工作者能在协助儿童获得很多需要的服务中成为中介助手。某些家庭工作者往往也是社会工作者，这些家庭往往是社会经济低微区域的家庭。个别工作者能观察出将来有行为问题的年幼儿童并介绍他们去接受评估。此后，社会工作者也可以协助解释、检验或评价以家庭为基础的干预进展。

一位语言病理学家几乎是每个干预团队的重要组成部分。语言专家通常评估每个被指定接受服务的儿童，并且为许多儿童设计干预计划。

对于具有身体多重残缺的儿童，理疗医生是很重要的。理疗家能阻止肌肉进一步衰退，他还能教儿童协调粗细两种运动。与此同时，职业治疗者为具有多重严重损伤的儿童干预方案作出贡献。他们在运动—自助技能和适应器材的运用中提供教学。

在正规学前和日托中心的教师以及其他教职人员可能是第一批鉴定某些问题迟缓的工作者，如轻微的感觉损伤，社交情绪问题或语言问题等等。及时地介绍接受特殊教育服务往往能使这些轻微损伤的儿童在他们显著地落后于他们伙伴之前得到他们所需要的帮助。越来越多丧失能力儿童与正规学前儿童结合在一起，在这些环境中，教师和助理专职人员甚至成为更关键的人物。在扶助残缺儿童转入正规学前和幼儿园中，教师负有重要的责任。

不论在家庭方案中还是在中心方案中，服务的实际落实往往是特殊教师的本分。特殊教师必须全面掌握儿童的教学目标和目的、教学策略和活动以及儿童每天的进展知识。这位教师必须在观察、分析、选择和排列学习任务中受过良好的训练，这样能使儿童克服迟缓而不至于越来越落后。这位教师必须充满想象力并且愿意尝试新生事物，而且他要有足够的忍耐力将一经开始的方案进行到底。他不仅能引起儿童的学习动机和强化儿童的学习，而且能把儿童方案中其他所有的学员联系到一起。在家庭的方案中，家庭教师或采访者必须能训练父母使他们能担起教育他们子女的主要责任。即使在中心方案中，大部分中心的父母培训工作都落在特殊教师肩上。父母在所有重要人物中是最重要的人物了。

在所有需要参与早期干预工作的人中，父母是最重要的人物。父母具有足够多的信息就能避免众多的风险发生,如怀孕前、产前而且在让儿童经年累月地遭受无人照管之前。机遇凑巧的话,父母能在决定他们子女的教育需要与目标发挥重要的作用,而且经过指导和训练后,父母能在家中甚至在学校中教他们的子女。

如此说来,为丧失能力的年幼儿童最成功的干预方案一定要使父母参与进来。父母在为缺陷儿童早期干预方案中是承担方案顾问成员之一。他们提供给其他成员信息。其他成员包括消费者、教职人员、主任教师、征兵人员、课程编制者、顾问、评价职员以及考试人员和记录人员。

父母是他们子女日常行为的观察员。通常他们比其他任何人员更知道儿童需要什么,而且他们能协助教育家制定符合实际的教学目标。他们能报道外人永远看不到的家中发生的事件。例如,儿童对家中其他成员的反应如何。他们能在家中监测并报告他们子女的进展情况。简而言之,他们能在每一阶段有助于完善他们子女的教育方案,如评估、设计、课堂活动和测量等。许多父母甚至在课堂中如同教师、教师助手、志愿者或其他教职成员。

大多数干预方案认为,家庭是最好的和最自然的学习环境并且认为父母是最好的教师,甚至中心重点依靠父母把中心方案带入家庭。但在我们把父母包括在方案的工作中,我们应注意下列的警告:

> 早期儿童时代专职人员,在他们热衷于取得他们全部重要的早期发展成果时,一定不要把父母推到烧焦的位置,早期儿童时代,专职人员将把儿童转到新的方案中去。当儿童达到学龄时,他们的任务即将结束。但家庭仅仅是终身教育的开始。对于早期儿童时代方案,取得发展成果同样重要的任务是为家庭做好长期托运的准备。家庭必须学会用步子量好他们的未来,变得从容一些并从容地应付每个人的需要。他们必须懂得担负一个特殊儿童需要的责任并不是一阵子的努力。它更像是马拉松长跑,以慢而稳的步调取得胜利(Weyhing, 1983)。(Turnbull 等, 1986, p. 93)

最后,Macombo-3 设计编制的课程《HCEEP 早期方案在 Macomb 伊利诺爱》中,作者提醒我们必须记住,早期儿童时代被认为是儿童有趣味的时期,并对于有幸为他们工作的成人来说,即使为儿童编写的课程企图演示使他们和他们家庭生活困难的行为和情况,请不要忘记游戏的重要性、与这些年幼儿童相互交往中的快乐和情绪上的幸福。我们作为年幼残缺儿童工作的专职人员,有时对于我们任务的重要性过于严肃,以致任何幽默的成分在我们和儿童及他们家庭工作中都荡然无存了。

我们作为早期儿童时代特殊教育领域中的专职人员,我们的使命是掌握使我们自己过得快乐的艺术并协助把它逐渐注入与我们共同工作的年幼儿童和他们的家庭中去。

早期儿童时代一生只有一次……

让我们重视它吧！（Hutinger，Marshall 和 Mc Cartan，1983，前言）

第十三章　过渡到成年阶段

◇学校的特殊教育专家对无能成人的成功和失败应担负责任吗?

◇相同的服务,例如致力于辅助无能成人的支援职工方案如何也能在终身
　活动中限制他参加活动?

◇社会为严重无能人士在社区中工作投入不断需要的资源有意义吗?

◇十年之内将有任何大型的、由政府管理的公共机构吗? 二十年之内? 应
　当这样做吗?

◇为什么生活的质量必须成为特殊教育最终成果的测度?

当丧失能力的青年离开学校而转入成年世界时会遇到什么样的事情？特殊教育方案的毕业生找得到工作吗？他们住在什么地方？丧失能力成人的社交、娱乐、休闲活动比大多非残缺公民的前景和经历如何？丧失能力的成人怎样看待他们自己的生活？他们快乐吗？特殊教育方案如何为他们从学龄儿童准备适应并成功地结合到成人社会中去？协助丧失能力的成人寻找到有意义的工作、住房，或使用社区娱乐中心最适宜和有效的方案是什么？特殊教育如何把它的目标和服务与其他人类服务机构相联系，如职业教育和复原培训如何与住宅服务以及社区娱乐方案相互联系起来？众多特殊教育专职人员把探索和解答这些问题看作是他们最优先的工作。

若干毕业生的跟踪研究与某些丧失能力的人的调查是有启发的。关于第二特殊教育方案，与最近毕业生职业情况的结果是相对一致的——大约 60％～70％的人离开公立学校后找到了工作；不过工作通常是零活儿（兼职的、非全日的），而且工资较低。如同这些结果令人沮丧的情况一样，严重丧失能力的人寻找竞争性的工作就更暗淡渺茫了。总之，美国民权委员会（1983）估计全体丧失能力成人大约有 50％～75％的人找不到工作。

当然，能力的丧失何止就影响一个人找到工作的可能性？丧失能力的成人在生活中要面临众多的障碍，他们怎样使用社区的娱乐场所以及他们的社交机会又怎么样？与他们非残缺的伙伴不同，数目不均的无能成人毕业后还继续与他们的父母同住一处。Louis Harris 等（1986）主持的调查向美国国会报告：56％丧失能力的美国人说他们的残缺使他们在社区中不能移动、不能参加文化或体育活动以及在家外不能与朋友社交来往。

这些研究成果有助于教育家们聚焦于已经在特殊教育中出现的或者说主要的问题——从学校转入成人社会生活。特殊教育专家们不能再满足于显示与学校有关的作业进步成就的评价资料。他们必须同样地努力工作以保证学生在校时期所接受的教育有助于他们适应并成功地转入成人社会。

在本章中，我们审查 3 项生活主要范围（就业、换房、娱乐和休闲的机会），在其中特殊教育专家和其他人类服务专职人员共同工作以帮助丧失能力的成人在社会中过着有报酬的生活。

就 业

工作可以定义为用一个人的生理和心理能力去完成某些生产。我们的社会以工作道德为基础；我们对于工作和有贡献的人予以崇高的评价。除提供工资外，工作为社会交互作用提供机遇并在指定领域中提供使用和扩大技能的机会。工作产生对他人的尊重，而且它能成为骄傲的来源(Terkel, 1974)。

所有年轻成人关于他们的生活要干什么，都面临重要的问题(上大学还是读技术学校，当瓦匠还是当会计)。但对于非无能人士来说，困难只在从若干选择中挑一个罢了。与此相反，丧失能力的成人也往往没有选择机会。就是有的话，他们也没有多少选择的余地。如果丧失能力的人只有有限的技能，职业选择就减少了。在大多数情况中，由于他们的残缺，他们选择的机会更加小了，更不用说，由于众多雇主对于丧失能力者的偏见和误解，因此他们的机会又进一步减少了。对于大多数丧失能力的成人来说，获得一份工作是复原的主要目标。

在众多第二特殊教育方案毕业生的雇用情况跟踪研究中，最详尽的是由Hasazi, Gordon 和 Roe(1985)主持的。他们面试了在 1979～1983 年之间从 9 所佛蒙特学校专区第二特殊教育方案的毕业生。研究人员发现只有在面试时的 55%通过的学生找到工作，而其中只有三分之二的人有整天的工作。佛蒙特最近的研究，比较离校后丧失和未丧失能力青年的工作情况，产生同样的结果(Hasazi, Johnson, Hasazi, Gordon 对 Hull, 1989)。一年之后，在职的未丧失能力与丧失能力青年比数是 82%对 63%；再过一年，两组在职的比数是 85%对 62%。

对 234 名年轻成人离开科罗拉多第二特殊教育方案 4 年后的调查发现，69%的人有工作，其中只有三分之一的人从事整天的工作(Mithaug, Horiuchi 和 Fanning, 1985)。对中学时期被列为丧失学习能力的年轻成人的研究发现，他们的使用率比以往所有特殊教育学生总体多少要高一些。Zigmond 和 Thornton(1985)报告的使用率是 74%，而 Scuccimarra 和 Speece(1990)发现从华盛顿 D. C. 大都市学校系统随机抽取的 65 个样本中的 78%的学生，在(其中 41 名是丧失学习能力的学生)离校后被雇用了两年。尽管 Scuecimarra 和 Speece 研究中的使用率比得上全国和当地同龄学生的数字，但他们发现同样的财政不稳定和过去所发现的依靠父母的情况(例如，Mithaug 等，1985)。许多人的收入在贫困水平盘旋，83%与父母住在一起，而且四分之一的人对他们的生活不满意。

在弗吉尼亚，关于工作情况和社会结合问题，对离开 4 所公立学校特殊教育方案 300 名智力落后青年人父母的面谈显示，58％的失业率，四分之三的被雇用者每月收入低于 500 美元(Wehman，Kregel 和 Seyfarth，1985a)。对弗吉尼亚研究的 117 名中等、严重或完全智力落后的青年人的分析表示，只有 25 人有工作(78.6％的失业率)；那些人中，14 人在社区工作有收入，而 11 人在保护(Sheltered)车间中工作(Wehman，Kregel 和 Seyfarth，1985b)；那些工作人员中只有 8 人每月收入多于 100 美元。

竞争的(比赛的)工作

从事竞争工作的人由雇主评价完成的工作，与非无能的同事在结合的环境中共同工作，而收入是联邦所规定的最低工资或多一些(Rusch 等，在印刷中)。Wehman 和 Hill(1985)进一步确定真正从事竞争工作的人不拿任何补助工资。尽管轻微丧失能力的年轻成人的失业率比一般总体高一些，许多公立学校特殊教育方案的毕业生在社会中确实找到有报酬的工作。在华盛顿 15 个校区对 827 名自公立学校特殊教育方案毕业或因年龄过大不能满足及格条件而离校的丧失学习能力或行为异常的年轻成人跟踪研究得知，其中 634 名(77％)的青年人离校之后仍然工作了一年(Will，1986)；不过，那些有工作者仅 27％挣最低的工资或多一些。这些结果以及以前所提的跟踪研究指出为丧失能力成人真正从事竞争工作的机会，在大多数的情况中已经受到了极端的限制。

实际上，所有研究丧失能力的儿童从学校转入成人生活的特殊教育专家们全都相信，只有通过公立学校课程显著的改革和学校与成人职业教育服务密切合作才能使丧失能力的年轻成人在竞争工作中有前途(Bellamy 和 Horner，1987；Clark 和 Kolstoe，1990；Rusch 等，Wehman，Kregel 和 Barcus，1985)。

支援的工作

对有缺陷的成人，特别是那些严重丧失智力和身体能力的成人来说，能干活和能挣工资的机会几乎在本国不存在，只有 39％智力落后和有发展无能的成人在 1987 年工作而挣钱。而该组 77％的人在隔离的设备中工作，如保护车间和工作活动中心(Lakin，Hill，Chen 和 Stephens，1989)。尽管许多研究指出，严重丧失能力的人当得到系统的训练和在工作现场的支援时，他们能学习有意义的职业工作，找不到工作却继续存在(Bellamy 等，1979；Gold，1976；Rusch，1990)。一个新型的旨在辅助历史上失业或围于设备环境的严重丧失能力者的就职机会出现了。支援的工作能使严重丧失能力的人在结合的工作环境中成功地参加工作。

支援工作或支援工作运动承认，许多严重丧失能力的人要求前进，往往要求有力的支援去学习并掌握工作。把支援工作纳入公法 99－506，1986 年的复原法修正案导致全国联邦辅助支援工作方案的激增。

修正案规定了竞争的工作在结合的工作环境中对严重残缺者尚未实现或已经中断的意义。从而，认为合格参加竞争工作者是那些在工作中没有支援就不能独立操作并要求在他们工作时对这些支援服务持续进行的人们。这些条款也规定接受支援的工人最低可以工作 20 小时。（Rusch，1990，p.9）

支援工作的类型

支援工作包括 4 种类型并广泛地在支援工作文献中予以报道：

◇个人的安排

◇工作组成安插模式

◇可动员的工人集体

◇承包的模式

尽管其他支援工作模式也曾被使用过（Kregel 和 Wehman，Nisbet 和 Hagner，1988），但在 27 个州中，参加多于 1400 项支援工作方案的 25000 人的 90％的人士由这种模式之中的一种来服务（Wehman 等，1989）。表 13-1 表示在 8 个州中接受 96 种方案支援工作服务的 1550 个人的工作结果是评价研究的部分结果（Kregel，Wenman 和 Banks，1989）。不同类型和程度的丧失能力的人在收入中获得显著的增长，而且个人安插模式产生了最高的每小时和每月的工资。

Wehman 和 Kregel（1985）描述由 4 种成分组成支援工作的"个人安插模式"：

1. 对工种安排的内容多样的途径

2. 集中的工地训练和拥护

3. 持续对病号作业的监控

4. 对长期工种保留和跟踪的系统方法

支援工作专家是制作有效支援工作方案的关键人物。支援工作专家，有时被称为（job coach）工作教练，这是一位在非营利工作安插方案中的成人服务方案中的教练。有时也在第二特殊教育方案中基于社区的专职人员。表 13-2 区别支援工作专家在每一支援工作模式成分中主要的活动与责任。专家的时间约有三分之二花在工地上，指明病人的工作方向，训练病人专门工作技能，并帮助病人与雇主、领导和非残缺同事们的来往（Rehder，1986）。专家另外三分之一的时间花在与病人父母的工作上。他为病人计划行为干预方案，并在有关工作领域中，如运输、财务管理和修饰技能中训练病人。

表 13-1　不同丧失能力者参加支援工作的工资收入和

参加不同工作模式的个人收入表(人数＝1550)

丧失能力的主要种类	每小时的工资	每周的工作时数	支援工作前每月收入	支援工作时每月收入	改变的百分数
严重的/完全的智力落后	＄3.09	22.7	＄45	＄286	536
中等的智力落后	3.30	26.8	55	372	576
轻微的智力落后	3.15	26.5	95	361	280
两可的智力落后	3.27	27.6	80	392	390
长期的智力疾病	3.74	28.0	102	454	345
身体和感官的丧失能力	4.28	29.6	87	556	539
个人的安插	3.68	26.5	80	424	430
成组的安插	3.25	28.7	67	301	349
一起工作的集体	2.32	27.6	96	253	164
承包模式(小本经营)	1.30	25.4	46	149	224

表 13-2　Wehman 和 Krege(1985)建议的支援工作专家在每一支援工作模式部分的活动

组成部分	活　动
工科安插	结构性的努力为病人寻找工作并把病人的体力与工种的需要配合起来 计划运输的安排前/或进行旅行训练 积极地约请父母参与为病人鉴定适宜的工种 与社会安全行政部门来往联系
工地培训和支援	培训人员为改善病人工作成果提供行为技能培训 培训人员在工作基地提供必需的社会技能培训 在辅导病人中培训人员与雇主和工作伙伴进行工作
进行中的监控	关于病人的进展提供来自雇主正规的书面反馈 利用与病人有关的工作速度、熟练程度、需要的行为记录作为工作人员的辅助资料 落实同期的病人与父母满意的访问表
跟踪和保留	落实计划的努力减少管理人员在工地的干预 用打电话的方式向雇主提供跟踪报告并按需要造访工作基地 按需要关于管理人员的接近情况通知雇主 如果必要的话帮助病人重找地点或新工作

尽管所有支援工作中的病人都按需要继续接受支援和服务，但都是以支援工作专家提供的直接工作现场辅导，才能完成新雇员所安排的任务（Kregel，Hill 和 Bank，1989；Wehman，Hill，Brooke，Pendleton 和 Britt，1985）。

Wehman 和 Hill 等（1985）报道了 167 名成人，他们被安插在支援工作模式中 252 个专职和兼职有偿工作，病人年龄从 18 岁～66 岁平均 IQ 分数是49 分。

绝大多数（86％）在工作时间接受政府的财政补贴。实际上，81％的人被安排工作前年薪低于 200 美元，这标志着这些人被干预之前表示的经济独立水平。71％的人与父母或家庭同居一处而 90％的人在被安插开始时缺乏使用公共交通工具的技能。（p. 275）

表 13-3 由 Wehman 和 Hill 等（1985）报道的工作结果量数，大多数的工作在登记水平最低工资位置上，分派给 100 多个不同的雇员，主要代表服务职业，如旅馆，餐厅和医院的清洁和保管工作等。研究中 167 人的平均工作是19 个月。在报告的时期，72 名病人在被雇期间。更令人惊喜的是作者注意到他们的病人第一年受聘时间比全国旅馆和餐厅协会（1983）发现的 2300 多非残缺者的受聘时间长。他们还指出，参加支援工作方案的每个病人在 19 个月所得工资的平均总数 525.5 美元，相比于参加成人白天工作更令人喜悦。当把病人收入总数和所付的收入所得税一起来算时，这样的比较就特别令人高兴了。

表 13-3　参加支援工作方案人员主要工作收入

安排的数目（测量的中点 IQ＝49）	
1. 1978 年 10 月～1984 年 12 月安排的病人数目	167
2. 当前工作的病人数目	72
3. 安排的总数	252
雇用的时间	
1. 研究总体雇用的平均月数	19 个月
2. 劳动市场第一年雇用的平均时间	
（全体病人三分之二在竞争工作中保留六个多月）	
货币结果	
1. 病人收入累积工资	＄1069309
2. 病人所付累积税款	＄245941
成本费用	
1. 每病人平均职员参与小时	1.95
2. 每病人平均费用	＄5255
3. 每安排的平均费用	＄3483

注＊非残缺合作工人在相似或同等工业中存留的平均时间长度＝五个月

在支援工作组成安排模式中，丧失能力的 8 人小组在正常的商业或工业中，用特殊的训练或工作支援进行工作。工作支援代替传统的工作，而提供许多与非残缺工作人员结合工作的利益。总之，他为了长期工作的成功提供所需要的不断前进的支援。

Rhodes 和 Valenta(1985)报告 6 名严重丧失能力者在工作中产生的工作的初步结果。他们与华盛顿 Redmond 的自然控制公司订立工作合同。公司创立独立的生产线雇用严重丧失能力的人。自然控制在 Redmand 设备内雇用 900 人生产生物医学装备。他们主要生产降低心房纤维性颤动器。该公司成立了名为"万亿工作服务"的非营利组织，为严重丧失能力的工人提供所需要的工作训练和不断前进的支援。已成为生产线的工人制作降低心房纤维性颤动器的部件，如胸垫和金属盔甲。尽可能地按公司其他工人制作的同类型的产品选择工作任务。尽管合法雇用责任由支援组织(亿万)来承担，工人由自然控制来监督，直到工人的三个月生产率的平均数达到其他自然控制工人生产率的 65%。到那时，这个工人才能被雇为自然控制的工人。工人所得工资与他的生产率相称。训练和监督程序用行为模式衡量，工人的工资与工作任务分析和特殊工作技能的直接教学、工作环境的物质和社会的安排相结合，以督促进步的工作率(Bellamy 等，1979)。

一年来，所有工人的生产率皆达到或超过其他 50% 自然工人生产率。一年之中全体方案工人所挣工资总数为 20207 美元，包括工人所付的联邦所得税 2425 美元。第一年连同方案前 5 个月的大部分成本为方案所付的公开成本总数是 15945 美元。关于对非残缺工人的交互影响，Rhodes 和 Valenta(1985)报道：

在装配车间中，经理和管理人员经常报告工人每天的接触情况。这些情况都是在工作环境和休息、午餐时发生的。据称，接触是势不可当的积极热情。在公司主办的活动如野餐、晚宴和舞会中以及经理和工人之间私人发起的活动中社交来往频频发生(p.15)。不过，在他们的总结中，作者警告：方案发展者和工业经理仔细考虑这个备选方案时，需要保证工人不要与其他工作社区隔离开来(很像公立学校的"残缺派")。在提供支援训练干预时、在向低生产率讲话时以及保证对改换工作要求的适应性时，他们必须保证平衡，无损于正规工业环境的优点(p.18)。

支援工作的集体模式围绕着小而目的单纯的营业组织而成，如维修建筑物或广场。与模式相同，可动员的工作集体包括在结合的社区工作环境中，对一小组受支援的雇用人员不断地进行监督。总经理可以负责寻找并协调 3~8 人的若干小集体的工作，每一集体由支援工作专家来监督。可动员的工作集体的组织就像非营利的合作社；由于他们的雇员工作达不到全部生产水平，因此组织招致的额外费用由公家基金担负。这种费用通常是在毫无实际工作或补偿的活动中心支援工作集体的雇员所需要的。

Johason 和 Rusch(1990)发现支援工作专家直接训练的实际小时数目并未降低群体的加班时间。这种现象就像在个人安排中所发现的那样。他们建议把群体和可动员的工作集体销售给雇主并承诺支援工作专家将永远相随，以增加不必要的监督的可能性并阻止独立工人的发展。

承包模式利用社区中存在的商业机会为残缺人士建立商店提供支援工作。商店雇用少数严重丧失能力的人和若干没有残缺的雇工。承包模式的一个样本是 Townsen 港面包公司，华盛顿 Townsend 港一个商业面包烘房。

另一种支援工作的形式是有结构的工作模式。这个由俄勒岗大学特殊训练方案编制的模式，在小型工业车间环境中操作并靠收入给工人开工资(Boles，Bellamy，Horner 和 Mank，1984)。这个模式提供复杂零件的集中训练和承包生产。电子零件装备和链锯装配是两项已经成功地教给严重丧失能力工人的任务，从而他们能比在传统车间挣得更多的工资。少数非残缺工人也可以被雇用，以结合工作环境而增加全盘生产。

学习工作时的独立和适应能力

竞争的和支援的工作环境的复杂性要求丧失能力的人使用广泛的职业技能。考虑下列工作或就测量名单所包括的众多行为，用它们评价丧失能力工人的独立作业。

作业测量

1. 独立的工作。
2. 完成所有指定的任务。
3. 持续不断地增加工作任务。
4. 达到公司工作质量标准。
5. 达到公司工作作业率标准。
6. 遵守公司生产程序。
7. 保持良好的出勤和守时纪律。
8. 保护工具和资料。
9. 保持仪表整洁。

适应性测量

1. 为工作任务领取或归还材料。
2. 按工作要求调整作业率。
3. 安全生产。

4. 遵守时间表。

5. 正常安排时间。

6. 能调整例行工作的改变。

7. 独立地解决有关工作的问题。

社会技能测量

1. 遵守指挥。

2. 接受批评。

3. 当必要时寻求辅导。

4. 与同行工人相处得来。

5. 适当地与顾客交互往来。

(Lagomarcino，Hughes 和 Rnsch，1989，p. 143)

大多上列测量要取得高分，雇工在工作现场必须展示相当程度的独立性和适应性。成功的雇工独立解决次要问题（例如，开工前就能清除堵塞的工作环境）而不去麻烦他们的领导。成功的雇工对工作现场象征改变要求和刺激非常敏感，他们能相应地调整他们的作业。

"工作辅导"的传统方法是，依靠公司以外的机构，按照雇主的标准和期待，直接教导工作目标的任务和社会技能。每当被支援的生产下降，工作上成功作业的标准变样，或进行着的工作发生其他问题时，雇用的专家相应地提供更多的训练的干预。Mithaug，Martin，Agran 和 Rusch（1988）指出这种方法滋生了对工作辅导员更多的依靠性，不利于被支援的雇工学习如何在进行着的工作上解决问题并为他自己的经营管理承担责任。

关于严重丧失能力者必须在工作现场教以独立生存的信念，已在支援的职业专门人员中获得广泛的共识。Hughes，Rusch 和 Curl（1990）建议在工作环境中鉴定能用以促进独立作业的自然刺激。例如，钟声或汽笛声可以象征到工作场地；工人伙伴停止工作并离开工作场地可以是休息的信号；而脏盘子的增多应当是增加洗碟率的线索。工作专家的任务从训练雇员如何完成不同职业和社会技能扩展到被支援的雇工如何独立地反应在工作现场自然发生的刺激。当自然发生的刺激不足以引起所希望的行为时，受支援的雇工能教以独立地反应人造的刺激，例如，用画图描绘在多重步骤工作中个别的进程（Wilson，Schepis 和 Mason－Main，1987）。

共同工作者的重要性

社会的交互作用是工作场地的自然特征。社会交互作用为任何丧失能力者或未丧失能力者提供支援的重要来源，并与工作成就和工作满意密切相联（Nisbet 和 Hagner，1988）。由于他们在工作环境中始终如一地出现，共同工作者能成为丧失能力的工人自然支援的有力来源(Rusch 和 Minch，1988)。
Rusch Hughes McNair 和 Wilson(1990)把共同工作者解释为在被支援的工人
附近工作的，从事相同或相似的任务，和像被支援工人一样在同一区域休息或
吃饭的工人。作者描述了共同工作者对受支援工人的 6 种不同的有利的事物
(表 13-4)。Rusch，Johnson 和 Hughes(1990)发现未丧失能力的工作者来帮助
受支援的工人。不过在活动工作中，受支援的工人很少受到共同工作者的影
响。结合资料表示，在活动工作的受支援的工人的收入比那些在个别或成组安
插的工人显著地偏低。这些结果引出了同事们是否应继续被认为接受支援工作
的模式问题(Kregel 等，1989)。

在典型的受支援工作方案中，工作专家给丧失能力的工人提供直接的训
练。这种训练是对受支援工人支援和辅导的主要来源。而现在，受支援工人不
再对训练有太多的依靠了(Curl，1990；Hughes 等，1990)。首先，工作指导
的到达和出现能扰乱自然工作环境。其次，受支援的工人在他的工作指导面前
可能操作异常。第三，工作专家难以感受超越时间的工作的变化要求并准备与
那些改变的训练与支援。第四，利用职业专家提供训练所用的成本比利用共同
工作者自然交互作用要高而效果要低。第五，最重要的是，被支援的工人可能
过去依靠工作指导，从而错过发展独立性与适应性的机会。一位有技能的工作
者能提供信息，回答问题，演示工作任务，按需要准备辅导和重复教学，对作
业加以社会表扬和反馈以及为受支援的工人加入工地的社会组织充当重要联
络端。

尽管有些非丧失能力的共同工作者自然而然地提供支援。在工地的观察者
指出某些正式的训练通常是必需的。它能迫使共同工作者对丧失能力的工人的
"帮助"，能有效地保持成功的工作。例如，某一研究发现，共同工作者在职业
训练中典型地教了 100 多个小时(Curl，Lignugaris，Kraft，Pawley 和
Salzberg，1988)——这样一个次数很可能使新雇用的丧失能力的工人不知所
措。最近，为共同工作者的训练编制了若干方法。共同工作者能在下达命令
时，教以如何准备支援。在休息时或工作前后的 15～20 分钟的上课时间，
Curl(1990)编制一套共同工作者学习使用四步程序的简单方案。在其中他们进
行教学，演示工作任务，观察被支援的工人完成相同的任务以及根据受训者的
作业予以表扬并评价反馈。

受保护的职业

受保护的车间(Sheltered Workshop)是丧失能力的成人最普遍的职业环境
类型。1966 年美国有 885 所有执照的保护车间，为 47000 病人服务。到 1975
年，车间数目增加了一倍，为 117000 病人服务(Victor，1976)。不过，

Whitehead(1979)报道多于六百万丧失能力的成人尚未接受任何种类的职业服务。尽管所有病人的半数是智力落后者，但保护车间可为各式各样残缺情况和不同程度的丧失能力者服务。保护车间可按一到三种方案类型分类：为社区中竞争职业提供评估和训练(一般指的是过渡车间)，延长或长期的职业以及工作活动。

许多保护车间在同一建筑内提供过渡与延长的两种职业情况。过渡车间继续将他们的病人安置在车间外面的竞争职业中。延长车间使严重丧失能力者在保护车间工作。美国劳工部的工资和计时司要求延长保护车间工作者至少挣最低工资的50%；他们可以按小时或工作件数获得工资。

所有保护车间至少有两个共同成分。第一，他们提供复原工作、培训和专职工作；第二，为了为病人准备有意义的工作，保护车间必须经商，保护车间(特别是为他们的病人力图准备稳定的、有意义的、支付工资的工作)一般从事三种冒险商业：承包、主要生产或回收废料。

承包是大多数车间工作的主要来源。承包是保护车间在特定时间内为原定的价格将要完成的特定工作(例如，安装和包装某一公司的产品)。大多数保护车间有一个或更多的专业工作人员。他们被称为承包商或承包采购人。他们的唯一工作就是在社区内与商业和工业取得工作并订立合同。承包工作并不像慈善事业或社会服务那样自然来到保护车间。车间必须为每件工作竞争。因此必须要慎重考虑付予工人的工资，而且要考虑所需要的器材和训练的费用以及生产的速率，企业的一般开支等等。

主要生产包括完整产品的设计、生产、销售和装运。假设成功的产品正在生产中，主要生产胜过承包的优点是当他们在合同之间，车间没有停工期的问题。他们能更直接地计划他们的训练和劳工要求。不过，大多保护车间既缺乏职员也没有装备来处理主要生产的更复杂的商业风险问题。

在回收废料的操作中，车间购买或搜集材料，执行回收的操作，然后销售回收的产品。许多保护车间已证明回收获得成功。因为他们需要很多劳工，一般开支不多，而且通常能无限期地持续操作。

另外一种保护工作环境叫做工作活动中心。工作活动中心为丧失能力过于严重而在大多其他环境不能生产工作的人员提供活动方案。复原和训练集中围绕一件任务。工作的间隔可以简短，或只有一小时，与其他活动相间——如社交技能训练、自动技能、家务技能、社区技能以及娱乐等等。据估计约有10万丧失能力的成人利用成人日间方案。其中40000人没有挣得工资的机会(Will，1986)。其余60000人平均每天可挣1.00美元，或一年可挣288美元。

保护车间的问题

保护车间和工作活动中心最近受到强烈的批评。保护车间的理论宗旨是在特殊有关工作的技能中训练工人，以便能使他们获得竞争性的工作。不过，从来就没有保护车间的工人被安插到社会中去。从 1977 年～1987 年，保护车间只有 10% 的工人被安排到社会工作中去（美国国会，1987；美国劳工部，1979）。许多已被安排的人却没有长久地拥有他们的工作（Brickey，Campbell 和 Browning，1985）。与此对比，全体受支援的工人约有 50% 在安排之后一年中与非残缺共同工作者并肩工作并且仍在挣工资交赋税（Rusch，1990）。

有些专业人员相信，保护车间毕业生不景气的竞争记录除了指出丧失能力者真实的雇用潜力外，更能说明保护车间内在的局限性。Whitehood(1979)争论，在社会中获得竞争性工作者只有那些不需要技能训练的人。Rusch 和 Schutz(1981)总结：保护车间"训练往往由模糊的教导监督和偶尔对留守工作岗位的催促"组成(p. 287)。在智力落后成人的车间中主持 9000 小时的观察之后，Turner(1983)发现，"一般人在车间团体中只花他或她的一半时间实际在生产线上工作"(p. 153)。Turner 发现，从事工作的行为极大地依据转包合同的作用性为转移，而且当没有现成的转包工作时，工人们减低他们的生产率以调节时间。

Nisbert 和 Vincent(1986)在保护和社区的工作环境中比较中等和严重智力落后工人的行为。他们发现在保护环境中的不适当的行为（如敌对、爱挑衅、不活动、自我刺激）比在社区工作环境中高 8.8 倍。

> 在保护环境中，不活动占不适当行为的 61%，而在非保护环境中，只占 3%。有意义工作的缺乏或工作的不到位通通是由于获得合同的困难，一部分归因于不活动性而不是因为丧失能力的工人无能（Nisbet 和 Vincent，1986，p. 26)

Brown 等(1984)批评说，在保护车间和工作活动中心缺乏真实的工作。

> 成千上万的工人……圈于活动中心和保护车间。在那里他们年复一年地被要求去完成模拟的工作。在过程中，他们被无条件地拒绝接近真实的工作世界。(p. 266)

尽管受支援的工作概念比较新颖，但在不同的经济形势下，城市和乡村两方面支援的各种工作模式产生了明确结果。这结果引起我们同 Wehman，Hill 等(1985)一样有关长期保护工作的适当性的怀疑。

> 这份报告所指出的是众多智力落后者比现在的雇工更能从事竞争性的工作。……此外，我们的资料提出关于为能从竞争性工作获得经济和社会利益的、被标为智力落后者的长期保护车间工作和工作活动中心雇工的适

当性问题。明确地说，一个人可以合情合理地问：如果他们能在适宜的支援情况中从事竞争性的工作，为什么应当把众多的人安排在成人活动中心和保护车间里面。(p. 279)

从学校转入工作

丧失能力的青年从学校转入成人生活体验到的问题，已经引起特殊教育专家、父母和立法机关成员的注意。负责全美 50 册残缺学生教育的国家教育机构在 1986 年的调查报告中指出，在 35 道不同的题目中，职业训练和转移是在职训练的最优先的题目（与最小限制环境问题紧密相联）(Mclaughlin，Smith-Davis 和 Burke，1986)。第二课程的题目与第四位相联。仅在 4 年前，当同一调查在进行时，职业训练由各州列在第八等级，而第二课程根本没有提出。当 163 名严重丧失能力的中学生父母被询问，在他们的子女毕业后的 5～10 年之间最需要什么样的成人服务时，他们把提供有意义工作的安全职业排在第一位 (McDonnell，Wilcox，Boles 和 Bellmy，1985)。

国会也明白丧失能力青年人面临的困难。公法 98－199 的大部分，1983 年缺陷儿童教育的修正案，包括基金支持改善第二特殊教育方案和转移服务的显著工作。自公法 98－199 通过以来，美国教育部(U. S. Depantment of Education)特殊教育和复原服务司，(Otliee of speaine Education and Rehabilitation Sevices，OSERS)已将从学校转入工作作为主要的优先地位。OSERS 提供一个转入模式，包含三个服务水平，使每一水平概念化为第二特殊教育课程和成人职业之间的一道桥梁(Will，1985)。三个水平按照丧失能力者成功地从学校转入工作所需要的服务性质与范围分类。第一水平是不需要特殊转入服务的学生。从适当的第二特殊教育课程毕业时，这些青年人将获得社区中非残缺者现成可用的普通职业(例如，职业安排机构)。第二水平是为辅助丧失能力者取得竞争性的、独立的职业而设计的复原计划。如果严重丧失能力的人欣赏有意义的、发工资的工作。转移服务的第三水平必须由进行的雇工服务组成。各种受支援的雇工模式就是转移服务在这一水平的样例。

转移模式

众多学校—工作的模式已发展起来。它们全都强调工作与课程相结合的重要性。父母的参与和支持以及一份书面的个人转移计划来引导全部过程 (Hasazi 和 Clark，1988)。尽管为特殊教育的学生和丧失能力成人的职业复原服务的工作研究和职业训练方案在各州已存在很久，但学校与社区之间的系统合作以及来往尚未具体地表现出来。

Wehman，Kregel 和 Barcus(1985)为学校—工作的转移划分了三个阶段：

中学课程，转移计划过程和在有意义的职业中的安插工作（图 13-1）。Wehman，Kregel 和 Barcus 认为良好的中学课程有三个重要的特征：第一，课程必须注重能发生作用的技能。也就是说，学生必须学习在当地职业场所真正需要和可运用的职业技能；第二，以学校为基础的教学必须尽可能地结合现实。对丧失能力的学生必须授予足够的机会，让他的学习与非残缺的工人和伙伴在结合的工作场所必需的人际来往技能以便从事有效的工作；第三，为严重丧失能力的学生的社区教学必须从 12 岁时开始并持续进行直到学生接近毕业时期。当在社区工作场地上，学生必须得到像具体工作技能、方法一样的直接教学以便增加生产率。

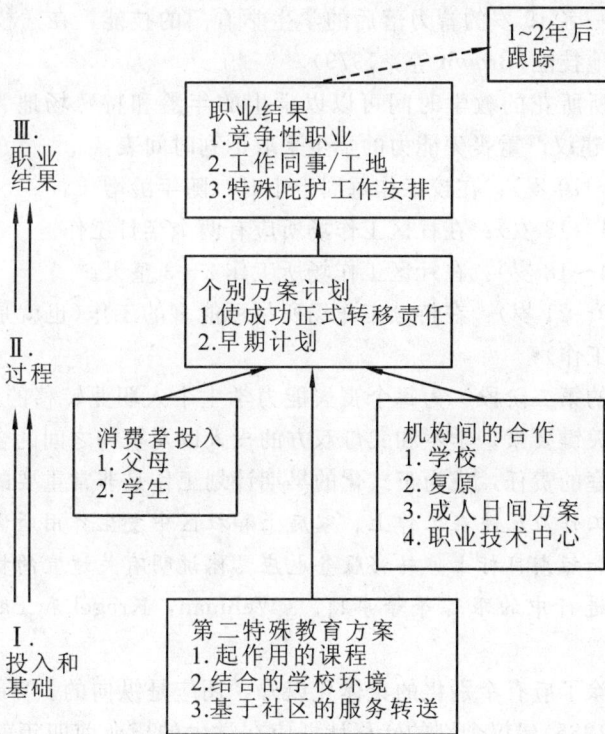

图 13-1　辅助丧失能力学生成功地自学校转入工作三个步骤

只要有可能，必须在社区中训练学生工作，这不仅使他们面临社区和工作的期待，而且使未来的雇主知道他们的潜在能力而把他们当作可靠的雇工。（Wehman Kregrel 和 Bareus，1985，p.29）

发展严重丧失能力儿童的职业意识和职业技能应自早年开始。当然，这并不意味着把 6 岁儿童就放到工作场所去训练。不过，适当的职业目标应在每一年龄水平加以选择（Freagon 等，1986；Wehman，1983）。例如，小学生可以借课堂值日责任选择不同工作,例如浇花儿、擦黑板或到办公室取信。丧失能力的年幼儿童也可以参观丧失能力成人工作的社区工作场所。此外,工作技能的评价与教学,可以与特殊教育初期学龄的学生通过提供技能练习(如,计数、包装、遵守指令)以及与社区内各种工作有关的职业共同完成(Scott, Ebbert 和 Price, 1986)。特殊教育中班学生应在社区工作现场开始工作或参观。教师可用在校教学的大量时间致力于有关的工作技能的发展,如及时完成工作、坚守工作岗位以及运用人际联络技能等(Egan Fredericks 和 Hendrickson, 1985; Sulzbacher, Haines, Peterson 和 Swatman, 1987)。中学生应花费加倍的时间在社区工作现场接受教学,例如,Test, Grossi 和 Keul(1988)描述在竞争的工作环境中教一名 19 岁的智力落后的学生学看门的技能,在学校里教师也要注意孩子的其他技能(Brown 等, 1979)。

在工作场所所花的教学时间可以以学生的年龄和特殊场地为转移,Freagon 等(1986)建议严重丧失能力的学生采取下列时间表:

◇初小(6～10 岁):在校工作每周半小时,随年龄增长。

◇高小(11～13 岁):在社区工作场所应有两个半日工作。

◇初中(14～18 岁):在社区工作场所工作 2～3 整天。

◇高中(19～21 岁):在持续工作场所尽可能多的工作(也就是,年幼成人离校后承当的工作)

转移模式的第二阶段,为每个丧失能力学生个人职业转移的发展与落实,是转移过程的关键要素。学生和父母双方的投入以及机构之间的合作对识别学校、社区和家庭的责任,成为正式化的早期计划工作是非常重要的。

> 计划工作应反映在工作上、家庭上和社区中发生作用所需要的技能的年度目标和短期目标上。转移服务也应具体说明有关适宜的机构、工作安排和工作进行中的跟踪等等事项。(Wehman, Kregel 和 Baucus, 1985, p.30)

转移计划除了应有个别化的集体化以外,还应是纵向的。Wehman, Kregel 和 Barcus(1985)建议个别的转移计划应在学生的毕业前四年就写出来,而且该计划按需要至少每年检查和修改一次,直到成人已经成功地适应了职业安排。当丧失能力的学生到 16 岁时,转移计划必须包括在 IEP 的部分之中。毕业后,如果成人由职业复原来服务,转移计划能充作个人书面复原计划的组成部分,或个别复原或服务计划的一部分(如,可发展的丧失能力者的县政府方案)。书写完整的转移计划保证父母知道社区内现成可用的成人服务和职业选择机会,改善成人服务对毕业学生随时可用,以及一套可以沿用的程序和时间表提供学校和成人服务人员的机会(Rusch 等, 1987)。

转移模式的第三阶段：多重就业选择。如果学校到工作的转移工作是要产生有意义的成果，那么，我们就必须要准备。不幸的是，众多社区为丧失能力的成人并未准备真正的就业选择，或许为轻微或中等丧失能力者准备传统的木工工作和为严重丧失能力者准备成人活动中心。但这些人往往没有机会去做有意义的挣钱工作。不过，按我们已经看到的特殊教育专家和职业复原专家正在发展为丧失能力的成人真正就业选择范围，特别是在竞争性的和受支援的职业领域之中。在众多社区和雇主落实这些就业的备选模式之际，一个成功和富有意义的从学校到成人工作世界的转移将对丧失能力的青年成为现实。

居住的抉择

一个人怎样生活，大部分以一个人住在哪儿为转移。一个人住在哪儿影响他在哪儿能找到工作。什么样的社区服务和资源现成可用？他的朋友将是谁？休闲和娱乐将有什么机会？在社区中自我感觉和地方感觉将发展到什么程度？不久以前智力落后者如果不和他的家庭住在一起，唯一的住处是一个大型的、州政府操作的机构。尽管他对社会没做不好的事，但这个机构被认为是他的最佳住所。他们别无选择——根本没有什么居住抉择。

今天，大多数社区为丧失能力的成人准备了各式各样的居住选择。以社区为基础的居住服务意味着丧失能力的成人可以住在更正常化的环境之中。智力落后和丧失能力的成人有三种居住选择（群居家庭，照顾家庭以及半独立的单元生活），在高度构造的和典型分隔的公立机构里完全独立生活，完成所能的生活安排的连续统一体。不过，首先我们要考虑，在大型公立机构中智力落后患者的人数。

公立机构

智力落后患者居住设备的全国普查报告如下：

◇1988 年，有 91582 智力落后患者住在 296 所大型居住设备中。

◇尽管一所"机构"被限定有 16 名或多一些的居住者，但仍有平均 309 人住在美国 296 所机构之中。

◇住在机构中的 80％的人被列为严重或完全智力落后。

◇居住人对日常生活技能的限制有高度优势。（例如，只有 10％的人能用电话；仅有 7％的人不需要帮助，能用私人或公共交通工具围绕社区旅游），参加社区生活的相当潜力仍很明显（例如，24％能用盆浴或淋浴；30％的人能独立穿衣服；66％的人能自己喂饭）。

◇仅有 25％的机构住者做些挣钱的工作。

◇保持机构中智力落后者一个人的平均日用开支是 157.77 美元，每年

57200 美元。（White 等，1989）

国家为智力落后者提供的居住机构已经受到专业工作人员（如见，Blatt，1976；Blatt 和 Kaplan，1966）和法庭两方面的批评（例如，Homeward Bound 对 Hissom Memorial Couten，1988；Wyatt 对 Stickrey，1972）。理由是机构不能提供他们居住人所需要的照顾和教育服务。按照标准化的原则，大多数专业工作人员认为现在大型居住机构即使提供了人道照顾和良好的教育方案，但机构对丧失能力者的居住来说根本不是适宜的地方。

不过，住在机构中智力落后者的家庭与专职工作人员对机构的反应不一样。对 284 名住在 40 所不同机构的住民父母或近亲的调查发现，88％的人认为机构为他们家中智力落后成员提供了所需要的服务和照顾（Spreat，Telles，Conroy，Feinstein 和 Colom batto，1985）。回答问卷的 87％的人认为机构的工作人员很好。当问到他们是否愿意他们的家属从机构中迁出转入以社区为基础的群居家庭时，60％的回答者表示反对这样的搬迁，只有 23％的人同意这样的转移。当问到在什么样的条件下他们才同意他们的家属搬到群居家庭时，58％的人说他们永远不会同意这样的搬迁。

不过，这些结果应按回答者对智力落后者在社区中生活和工作能力的估计，以及按回答者对以社区为基础的居住抉择的知识来理解。只有半数相信他们的亲属能学习和别人相处；只有 21％的人相信他们的亲属能学习并为挣钱而工作；61％的人认为群居家庭只对轻微智力落后者适宜；而有 13％的人强烈同意这样的说法。"我对群居家庭和到大型机构知道得很多"。有趣的是，有些研究已经发现一个家庭从大型机构转入小型机构以社区为基础的住所之后，父母的观点发生了戏剧性的转变（Bradlock 和 Heller，1985；Conroy 和 Bradley，1985）。

智力落后者搬出大型收容所而住进较小的、以社区为基础的生活环境中，增加了往日住在公立机构者生活正常化的程度。离开公立机构可以改变有关病人的人生观和价值观。以往 25 年里它已成为了现实。这个运动证明住在大型公立机构里的智力落后者人数在下降，从 1967 年约 195000 人次的高度降到 1989 年的大约 81000 人次（Arnado 等，1990）。1967 年所有住在机构的智力落后者的 85％，到 1988 年只有 34％还留在机构之中。

在总结 1982 年，他们的 MR/DO 居住系统的全国人口普查的结果时，Hill，Lakin 和 Bruininks（1984）预测：

每年以继续减少 6000 居民速率的公立设施（收容所机构）正在被为严重和完全残缺者服务的社区为基础的方案来替代……这种措施（联邦和州提出的加速脱离收容所制度的规定），再加上研究和明证，无疑将持续发展适当的照顾是以社区为基础的照顾。而且这样的概念对严重和完全落后者比对轻微或非落后者便为确切。尽管脱离收容所制度的正式策略并不咄咄逼人。无数纵向的明证指出,通过以往数年这一方案的持续发展,到21世纪之时,这一目的基本实现。(p. 249)

群居家庭

小型的、以社区为基础的五六个居民的群居家庭是美国为智力落后成人迅速发展最多的居住模式,最后公布群居家庭的计数总数是 1982 年调查报告所显示的 15700 人住在 35579 群居家庭中(Hill 和 Lakin,1986)。到 1988 年,约有 80800 智力落后和丧失发展能力者住在群居家庭中(Amado 等,1990)。搬出州立收容所的居民大多数住进了群居家庭。

群居家庭为小组住民提供家庭式生活方式,通常 3～6 人。虽然有些居民有其他残缺,但大多群居家庭为智力落后成人服务。群居家庭依宗旨而变化。有些主要以居住为宗旨并代表为他们的居民永久的安排。在这类群居家庭中,教育方案围绕着发展自我照顾和日常生活技能、建立人际关系、以及学习娱乐技能和利用休闲时间的技能。在白天,大多居民在群居家庭外面,在社区或保护车间工作。

其他群居家庭较多的是重返社会训练所(Halfway Home)。他们主要的机能是为丧失能力的人训练比较能独立的生活情况,就像监管的单元住所一样。这些过渡的群居家庭典型地为刚刚离开收容所的人服务,渡过收容所和社区之间的生活。

群居家庭有两个关键方面使它们成为收容所更适于正常生活的地方:它们的容量和它们的位置(Woens Berger,1972)。大多数的人在典型的家庭大小集体中成长起来,在那里有私人注意、照顾和隐居的机会。当然,许多收容所一般是收容室中 40 张床的大众生活安排。不管照看人员如何努力工作,也不能说是正常化。把群居家庭的居民人数减少,就能有更大的类似家庭气氛的机会。容量大小也直接与邻居同化群居家庭成员进入社区内部正常的例行活动的能力有关。这是正常化的关键要素。确实如此,有若干迹象指出,群居家庭较小比较大的居民有更好的生活质量(Rotegard,Hill 和 Bruininks,1983)。

尽管关于群居家庭容量影响的研究尚缺乏决定性的结论,但社区居住方案的操作人员不断地讲,三四个人的居住环境大有可能把他们的居民并入社区之中(Cooke,1981)。Bronston(1980)他们提出了 4 条支持小型居住环境的争议:(1)群众和家庭并不会因比大家庭还大引起过分的注意;(2)群居家庭不同人物数目越小,邻居同化他们的可能性越大;(3)大组趋向于自我满足,性格内向从而拒绝外来活动而不加入社区;(4)在多于 6 人或 8 人的家中,做家务的父母和顾问不再能与个别组中成员正确联系。

群居家庭的位置与它本身物质特征也是居民提供正常化生活方式能力的关键要素。群居家庭必须位于社区之内，在居住区中，不在商业地带区中。必须在居民便于购物、上学、去教堂、公共车站和娱乐场所的地方。换句话说，群居家庭必须位于我们任何人能生活的居住区域，而且它必须看着像个住家，而与本街其他住宅没有任何明显的不同。房屋前一定没有"某某街为落后者的群居家庭"等标识。

Janicki 和 Zigman(1984)研究纽约州 386 所小型群居家庭的位置与设计特征。他们发现，家庭展示各式各样的形式与构造，位于所有居住邻里形式之中，而在商业和娱乐场所附近(例如，三分之二的居民距离街道把角儿铺子和汽车站或地铁车站都在四分之一里以内)。Janick 和 Zigman 总结说，在他们研究中的家庭是"按它们的构造方面来看是标准的家庭式的住所。还因为是这样，他们有助于把居住方案在邻里之内切实地结合起来。如果真是这样，于是我们就能假设这些方面与他们的居住者也与社会结合一起"(p. 300)。

Wolfensberger 和 Thomas(1983)为评估服务环境符合不同正常化标准编制了一种方法，称为"服务系统的方案分析"(Pogram Analyses of Service Systems，PASS)。评估程序为量化的等级评定。Pieper 和 Cappuccilli(1980)在PASS 的基础上，提出下列一套问题作为鉴定某居住环境是否适宜的方法。如果这些问题全部或大部分答对时，群居家庭即被认为合乎标准。

◇居民选择在家中居住吗？

◇环境的类型经常由居民的年龄组成来决定吗？

◇居民与其他和他们自己的年龄相上下的人居住吗？

◇这所家庭位于邻舍住宅区之中吗？

◇居民看着与其他住在周围的人相似吗？

◇能合理地期待住区中的人被同化到社区吗？

◇社区的资源与设施便于居民使用吗？

◇居民有机会买这所房吗？

◇地区的管理员对居民的作风适当吗？

◇居民受到鼓励去做他们能为自己要做的事吗？

◇居民受到鼓励使用社区的资源吗？

◇居民拥有适于他们年龄的私人所有物受到鼓励吗？

◇居民权全部受到承认吗？

◇居民接受足够的训练和辅导帮助他们自己独立地成长和发展吗？

我要住在这个家庭里吗？这里是最后的测验。如果这个住区对你要住在这里是足够适当的，它很可能是一所为有特殊需要的人安排的适当住所。我们应当要求安排那些与大多非丧失能力者居住条件类似的特殊需要者住在这里。

通常全国似乎每天都有新型群居家庭成立。可是，他们仍有很多障碍。许多社区迟迟不肯在他们的邻里之中接受群居家庭。大多机构、服务集体和个人在开始（或企图开始）为丧失能力的人筹办群居家庭时即遭到严厉的拒绝（Gelman EPP，Downing，Twark 和 Eyerly，1989）。他们确信智力落后者危险或疯狂，对邻居儿童影响恶劣，或小区之内如果设立群居家庭，房地产价值即将跌落，邻里社团多次有效地拒杜绝了群居家庭申办成立。

寄养家庭

当某一家庭对某无关人士长期开设家庭时，即用了寄养家庭这一名词。尽管多年来寄养家庭曾被用为儿童提供临时居住服务的家庭照顾（通常是法院的收容所）的场所。现在越来越多的家庭开始为残缺成人分出他们部分房屋居住，为他们的新家庭成员提供吃住。寄养家庭接收适度财政补偿以做回报。

对丧失能力的成人来说，住在寄养家庭中能有无数优点。智力落后者可以不与真正住在收费的群居家庭同住的办事人员打交道，而作为一名主要的户籍与房东或经租的人一同居住。居住人每天可以参加并分享正常家庭的活动，接受对他持续成长和发展特别关心人士的个别注意，并发展亲密的人际关系。作为家庭成员的一员，丧失能力的成人有更多的机会与一般社区人士相互来往。Hill 等（1989）在他们小型群居家庭和寄养家庭的调查中发现，80％寄养家庭的惠助人士把丧失能力的住房人看作家庭的主要成员。与此对比，群居家庭的工作人员更可能把丧失能力者看作是受训练的人或朋友。

公寓生活

公寓生活为丧失能力的成人比群居家庭提供更多与社区结合的机会。群居家庭的住民从根本上与残缺人士相互联系时，在一套公寓生活安排中（假定公寓是正规的综合公寓）与非残缺人的交互作用可能性要更大一些。有些专业人员相信，只有所有丧失能力者住在私人家庭式公寓时与社区结合才能成功——即使小型群居家庭也好于机构化。Bronston（1980）建议公寓居住方式能满足所有丧失能力的成人操作居住的需要。为丧失能力的成人有三种最普通的公寓生活：公寓集体、合住的公寓和最大独立公寓。

公寓集体由小量居住丧失能力者的公寓房间和为管理人员或工作人员提供的附近另一套公寓组成。由于它在不同房间中住民所需要的管理数量和程度存在大量的灵活性，公寓集体是可使用的安排方式。虽然有些居住人可能需要关于购物、做饭甚至穿衣服等等事物的直接帮助，而其他居住人只需要有限的服务或建议和提醒。公寓集体中有些房间也由促进社会结合的非残缺人士居住。

合住的公寓由一名残缺者和一名非残缺者合住。尽管这种安排有时是永久性的，大多合住公寓是用以作为走向独立生活的垫脚石。住进公寓的屋友往往是不付房费的志愿者。

2 名～4 名丧失能力的成人通常共同习惯住最大的公寓。这些成人具有天天照顾他们自己的日常生活技能和他们公寓所需要帮助的人。每周一次或两次的督察访问，可以帮助住房人解决他们的特殊问题。

Salend 和 Giek(1988)访问 25 名房主关于他们把房租给智力落后者的经验。大多数房主陈述有关缺乏独立生活技能、不能保持公寓整洁以及为琐屑小事极端依靠房主的问题。作者为智力落后成人促进公寓生活安排了成功推荐指导路线。若干教智力落后成人学习管理家务和其他独立生活技能的课程和训练方案可得到使用(Bauman 和 Wata，1977；Crnic 和 Pym1979；Vogelsberg 等等，1980)。

居住服务的成果与问题

群居家庭运动早年时期，许多人可能想到小型社区住所只对轻微或中等智力落后技能高超者有益。但 Hill 等(1989)在他们全国的群居家庭的代表调查中发现，41％的居住人是严重或完全智力落后者。由 Hauber 等(1984)主持的全国关于居住调查发现，就是将近一半的居住在半独立公寓者也是患严重或完全智力落后者。这些资料支持使严重丧失能力者住在的社区为基础的概念是合理的。但那些从大型公立机构转入小型社区住所者的经验如何？他们的生活质量有所改进吗？

已知社区居住方案的复杂性和多样性，以及在决定生活质量和发展进程中起作用的许多因素，要用科学的方式回答这些重要问题几乎是不可能的。然而若干研究指出，居民自公立机构转入群居家庭的普遍积极成果。最全面的一个研究是由 Conroy 和 Bradley(1985)报告的，他们在 5 年间监视 176 名从宾夕法尼亚 Pennhurst 州立学校和医院脱离公立收容所而被安排到社区住所的智力落后者的适应情况。住在社区者的适应行为比留在原收容所那些人的适应行为好上 10 倍之多。

Corroy 和 Bradley 还与家庭以及能讲话的居民在脱离收容所前后面谈。当仍在收容所时，居民对收容所中的生活表示快乐和满意。然而，这些人被安排到社区生活环境后再与他们面谈时，他们说在社区中活得更快乐而不愿意搬回收容所去。

Laxson 和 Lakin(1989)检查了包括 1358 名自大型州立收容所搬入小型(15 或更少一些人)社区居住安排者的 18 份研究工作。他们发现，在所有 8 个实验组与对比组中和 10 个纵向研究自收容所转入社区的 5 个研究中，不论在全盘适应行为还是在基本自我帮助和家庭范围的行为上都有统计检验的显著进展。所有 18 份研究表明搬入社区的集体后多少都有所改善。Larson 和 Lakin (1989)总结如下：

> 把无害于社会的人收进收容所只能维护那种经验对他们增添明确的利益。然而，在关于脱离收容所运动的争论中，客观的资料(根据我们曾经检查的研究)指出，不论对社区或收容环境有关的相当利益都应起显著的作用……于是，一个人必须总结现成并不支持人们公立收容生活中获得较大的利益的研究。实际上，这个研究建议，那些利益对脱离公众收容所而住进小型基于社区环境中的人们存在持续不变的自然增长。(p.330)

像这些令人鼓舞的结果一样，我们知道把丧失能力的人单纯地放在像群聚家庭一样小型的社区住所之中，并会不自动地产生正常化的、适应性的生活方式。那些为丧失能力成人计划并落实基于社区居住服务的责任者面临许多问题和挑战。Bercovici(1983)在她对加里弗尼亚各种群居环境生活的观察基础上总结如下：

> 为众多落后人士社区安排的环境在性质上是收容所。这种情况的一个明显事实是，这些落后人士比在州立医院中他们生存的大多方面并无更多的控制能力。依靠、被动和不能自作决定是若干继续缺乏自治机会的行为结果。(p.189)

另一种必须解决的问题是所谓的"重新定位的综合征"(Cochran，Sran 和 Varano，1977)或"转移休克"(Coffman 和 Harris，1980)。刚刚脱离收容所的人需要社区人士的支持。在脱离收容所运动的初期落后人士并不能完全适应新生活。幸运的是，我们现在很少听到居民刚住进社区就被罪犯司法系统拘留的可怕事件发生。

准备为真正能满足个人需要的居住挑选的灵活系统是面临的挑战。大多专职工作人员同意，没有一种居住环境对所有丧失能力成人是最好的，我们需要一个挑选的过程。但从限制最大到限制最小的居住挑选的连续服务方法也不是没有问题。典型的居住选择并不保证在一种选择到下一个选择之间没有间隙，也不承认有其他可能的间隙，或者适于某些人更革新的备选出现(Cooke，1981)。还有服务模式通常假设，某些迁入居住服务系统者受到限制的极端是必须获得迁入最小限制安排的权力。

> 这个模式的根本哲学原理与其他领域的民权决定并不完全一致。20 世纪 60 年代最高法院规定，黑人有权坐在公共汽车的前面并在邻近学校上学，仅以他们的公民权利为基础而并不是他们必须取得的权力。但对于"在发展上丧失能力"者来说，我们已经说过你必须取得住在结合环境中的

权力。在我们授予你这个权力之前你必须好自为之。这确切是不平等待遇的基本形成。(Hitzing，1980，p.84)

为丧失能力成人居住提供服务，若干创新的模式(以居住安排必须适应病人的需要为基础)已经发展起来(Apolloni 和 Cooke，1981；Hitzing，1980；Proveneal，1980)。

任何居住选择的重要问题是争取、训练和维持有能力的办事人员。居住环境中直接保护人员必须担任这个需求的任务。他们往往充当家庭成员、朋友、顾问和个人教师，全部在日间工作。训练居住教职员的成员从一个方案到另一个方案变化很大。比较成功的居住服务方案把大量的工作放在人员训练上面，使它受托管理并向前进行。大多训练目标不是理论的，而是实际的。他们强调救急、防火、营养、睦邻友好、行为控制、日常生活技能的教学等等(Cooke，1981)。

Wetgel 和 Hoschouer(1984)提供一个他们称为居住教学社会的卓越方案发展和教职员工训练模式。他们模式的中心概念是自然发生的。每天的活动是教导社区方案的居民需要学习和把握日常生活和人际关系技能最适当和有效的机会。例如，Gardner 和 Heward(1991)运用在群居家庭中一个严重和多方面丧失能力者与其他居民和教职员之间自然发生的交互影响的机会去教他交往与会话技能(如：指自己、正确的距离、一次只提一个问题)。不过，利用这样自然发生教与学的时机时，群居家庭，工作人员和其他居住服务准备人员必须记住，住所主要是大多人的家庭，而不是学校或训练中心。

娱乐和休闲

丧失能力的人必须被人帮助找到自我满足的生活方式，而娱乐和愉快的使用，休闲时间是达到这一目标的主要方法。我们许多人认为我们娱乐和参加休闲活动是理所当然的。我们毕生学习如何玩耍或欣赏个人喜好的技巧。但适当的娱乐和休闲时间的活动对众多丧失能力的人并不是凭空降来，它们在某些社区中不是现成可用的。

要使用社区娱乐设备，一个人必须有交通工具，玩游戏的体力和技巧，而且通常要有愿意和能陪你玩的朋友。这三个变量不管是单独的还是合在一起的，往往一起工作限制了丧失能力的成人参加娱乐和休闲活动。交通工具不是现成可用的。她的残缺不允许她游泳、打保龄球或网球，她没有会玩这套技能和兴趣的朋友，也不便于交新朋友。这些问题，把住在社区的成人大多娱乐和休闲活动分隔开了，"不过是受到障碍的"户外活动而已。

准备年龄相配的和其他正常化的娱乐和休闲时间活动是延伸对丧失能力成

人的重要方面。特殊教育专家必须理解在丧失能力儿童的课程中包括对娱乐和休闲训练的重要性(Bigge，1991；Peterson 和 Gunn，1984)。专职人员也必须理解为无业的丧失能力成人举办休闲活动的重要性(Fain，1986)；他们所谓的休闲活动往往是由看电视、听音乐以及孤立于社会的消磨断断续续的时间组成。(Shannon，1985)。正如 Bigge(1991)所说：

> 选择是最关键的要素。没有选择，活动仅仅成为任务而不是提供休闲的控制因素。如果电视是唯一的选择，选择等于零。因此，借着休闲教育我们知道先发展特殊关联的技能。(p. 429)

Bigge 描述无数比赛、爱好、工艺和设计能成为适合丧失能力者值得争取的对象。她建议若干领域包括养豚鼠(天竺鼠)、音乐欣赏与研究、照明、玩纸牌和自然研究。为聋盲的年轻成人适应休闲活动也有所建议，例如，用永久的触觉提示法(如，把纺织品贴在弹球机的橡皮板上)，适当地稳住材料，扩大用材料提供的视觉或听觉投入(如，用大号印刷品，低视觉游戏卡)以及简化任务的要求(如，在弹球机上抬起前腿，从而减低球到橡皮板的速度)(Hamre-Nietudski，Nictupski，Sandvig，Sandvig 和 Ayres，1984)。

骑马很受生理和智力残缺者喜爱。这项活动被称为马术治疗或医疗的马术。骑马给丧失能力的人以游戏的刺激，同时促进他们的运动机能、社交技能以及骄傲和自重的感觉。1967 年成立于英格兰，而当前与众多国家集团有联系的全国马术残疾人协会编制了训练方案，练习以及能使任何种类残疾者骑马能适用的器材。

学习适宜的休闲技能对严重丧失能力的成人特别重要。大多严重丧失能力者时间充裕，往往从事于不适当的行为如晃身、摆手或稀奇古怪地歌唱(Wehman 和 Schleien，1981)。若干杰出的研究工作已经公诸于世，其中年龄相配的休闲技能已经教给中等的和严重的落后成人(Johnso 和 Bailey，1977；Nietupski 和 Svoboda，1982；Schien Kierman 和 Welman，1981)。Schleien，Wehman 和 Kierman(1981)成功地教会了 3 名严重和多重丧失能力的成人掷标枪。而 Hill，Wehman 和 Horst(1982)教一组有严重障碍组的年轻成人玩弹球机。在另一组研究中，4 个严重和完全智力落后的 12 岁的年轻人学习跳基础舞蹈步伐(Lagomarcino，Reid，lvancic 和 Faw，1984)。

医疗的娱乐

医疗的娱乐为了干预某些生理、情绪和社会行为，使用娱乐服务去修改那种行为并促进个人生长与发展。

许多社区备有医疗和娱乐方案。例如，辛辛那提娱乐委员会的医疗娱乐部全年为丧失能力的儿童与成人提供娱乐活动的全部细目表，包括舞蹈、骑自行车、游泳、垒球、网球、英式足球、高尔夫球、钓鱼、野营和长途徒步旅行等。仅仅是为智力落后、身体无能、孤独症、学习障碍和行为及情绪问题的公民就提供了若干活动。辛辛那提方案的目的之一是帮助丧失能力者加入娱乐大团体，也就是说，尽可能地参加与非残缺者结合在一起的活动。为了帮助工作人员评估和监视每位参与者达到目标的进展情况，医疗的娱乐部编制了5个水平的活动：

◇水平Ⅰ，由需要1：1或1：2教职员对参加人的比例者方案组成。垫子活动（如翻筋斗）、音乐、工艺手工和野营用以帮助参加人增长他们的感觉运动和自助技能。

◇水平Ⅱ，是为具有基本技能（如跑、掷、或打）以及在集体活动中能开始行使职责者的方案。队组运动如排球和垒球，但重点在队中的交互作用，而不是在于特殊的规则或技能。

◇水平Ⅲ，假设是队组工作，重点转移到学习如何打这场球或把活动做好（例如，学习如何在保龄球中把比分扳平和保持高分）。在水平Ⅲ中主要目的是增进技能。

◇水平Ⅳ，活动是在正规社区设施中心进行并由那些设施的正规教职员而不是由医疗的娱乐专家来主持。不过，丧失能力的病人仍然参加分隔的组队。

◇水平Ⅴ，丧失能力者参加娱乐方案是辛辛那提为社区每一成员提供的活动。来自医疗娱乐部的教职员监督并跟踪这些主流工作，与正规娱乐教职人员像正规课堂教师工作方式相同，帮助丧失能力学生结合到正规教室之中。

首要的目标：较好的生活质量

众多丧失能力的成人的问题是不能被我们社会接受为正式成员。在这一方面，我们已经说明进展情况，通贯全书我们已经讨论了诉讼和立法为丧失能力者所作的证言，但我们要走的路还有很长。法庭可以颁布法令，而法律可以要求，但没有一方面能改变人们对丧失能力者的感情和对待的方式。丧失能力者往往是"似乎身在社区中但不是社区的"（Birenbaum，1986，p. 145）。正如O'Conner（1983）所说，"没有任何明证……到目前为止公众对正常化的支援智力落后的人会受到欢迎"。（p. 192）

缺陷歧视

大多丧失能力的成人相信，与社会结合的最大障碍并非是不可逾越的鸿沟，而是由非丧失能力者对他们的区别对待。正如种族歧视和性别歧视一类名词对种族集团和妇女的偏见和区别对待一样，杜撰的缺陷歧视这个名词形容对丧失能力者的偏见反应。那些反应并非以个人的质量或成就为基础，而丧失能力者的无能必定是这样反应。

缺陷歧视根据个人的、专职人员的和社会的水平不同而生。Biklen 和 Bogdan(1976)在个人关系中描述缺陷歧视的样例如下。

首先，在丧失能力者的方面有一种假设的消极倾向。例如，一位在生理上丧失能力的妇人，突然微笑一阵，告诉我们她遇到一个男人对她讲，"那太好了，你还能笑。天晓得，你没什么可快乐的事。"

其次，对怜悯有强烈的偏好，你可能听说过，"那件事偏巧发生在她身上，这真是一场悲剧。她要为它受好多罪"。或有时有的人告诉我们，"你牺牲你的生命去帮助可怜的灵魂真是太好了"。或者，"天哪，你必定是忍耐地去对待它们"。

第三，未丧失能力的人过于紧张地对待丧失能力的人。他们不能承认丧失能力者像其他人具有同样情绪、需要以及兴趣。这种态度反映在啰嗦不断的问题上："聋子像个什么?"，"在轮椅上他毕竟是难于掌握某事吧"，以及"你真的希望有一天你能怎么样?"

第四，丧失能力的人往往被当作儿童看待。例如从故事片中注意到，智力落后和生理残缺者经常被以"小名"(第一个名字)："Joey"，"Eharley"，和"Walter"。当他们更适宜叫全名时，以及对儿童谨慎地谈话时，我们对丧失能力的成人时常叫出小名儿。

第五是回避。一个无能者往往意味着回避、冷淡以及特殊的注意。"对不起，我现在必须走"，我们有时间就一起走吧!(但不是现在就走也没有确定时间)以及"我喜欢跟你谈但我必须走了"一类的话。这些话仅仅是在偶尔相遇时一遍又一遍地说起。

第六，我们通通在残缺幽默中成长起来。"你听见关于那个把闹钟扔到窗外的轻度低能者的故事了吗?"，"有一个用锯把手杖锯短的小矮人……"，"两个耳聋兄弟彼此作买卖……而一个商人走进铺子来"等等。

第七，丧失能力者经常发现他们自己被人议论，好像他们没在场或不能为他们自己发言。在类似的情况中，未丧失能力的人有时在他们面前谈论丧失能力的人，好像他们是物体而不是人。

如此看来，在人际关系的名义上，如果你被戴上"残疾人"的标签，缺陷歧视就是你的最大包袱。它是一个没有胜利的情况。你并不是简简单单的普通人士。

只有当丧失能力的男人或女人被允许做个简单的普通人(可成功也可失败)，正常化才能成为现实。只有到那时，丧失能力的人才能享受无缺陷的公民的生活质量。

生活的质量

毫无疑问，在众多丧失能力人的生活中已经有了明显的进步。昔日住在收容所的很多人现在住进真正的家庭之中。很多人没有机会去学习工作技能，因此他们每天去工作而每周带支票回家。但住在社区寓所并在结合的环境有一份真正的工作，并不能自认为活在更好的生活之中（Bellamy Newton，Le Baron和 Horner，在印刷中；Landesman，1986）。

在邻里居住区中，住在小型群居家庭的年轻人很少或从来不能选择吃饭或睡觉时间，而唯一的"朋友"就是那位每周在他去商店买东西时给他发工资的管理人员。这样的生活质量是什么？人生质量的测度之一就是他能选择的广度（Meyer，1986）。我们所做的选择表明我们的身份有显著的重要作用——从日常琐事，如吃什么穿什么，到重大事件的选择，如住在哪儿或干什么工作（O'Brien，1987）。不过，在居住方案中为人们制定选择的机会"都不列在一般日常例行公事之内"（Bercovici，1983，p.42）。一篇比较 24 名智力落后者与同住群居家庭的 42 名非智力落后成人在每日选择和制定选择机会的研究发现，群居家庭的居民关于日常生活基本事项有较少的选择机会（例如，看什么电视节目，是否打电话）（Kishi，Teelucksingh，Zollers，Park－Lee 和 Meyer，1988）。

由于一位妇人与同事没有建立社会关系，而在午饭时和工作休息时，她经常独坐，无聊的生活质量能评定多高的等级呢？最近社会交互作用在结合工作环境的方式研究中指出，这是一件太平常的戏剧化说明了。若干研究已经发现，在非丧失能力者与丧失能力者之间大部分接触包括工作成就，丧失能力的工人，很少包括性质良好的开玩笑或逗乐儿，而没有丧失能力者被他们合作工人当作朋友（例如，Lignugris，Kratt，Rule，Salzberg 和 Stowitscheck，1988；Rusch，Johnson 和 Hughes，1990；Shafer，Rice，Metzler 和 Haring，1989）。

许多支持者与专业人员现在认识到，对社区居住和工作环境中丧失能力者的"安置"是必要的步骤。但人类服务方案最重要的成果测度必须是改善生活质量。Schlock，Keith，Hoffman 和 Karan（1989）相信："生活质量成为人类服务中重要的问题而且可以代替脱离收容所运动、正常运动以及像 1990 的社区适应运动等问题"（p.25）。

这些作者建议一个生活质量客观测度。表 13-4 展示包括生活质量指数的 28 个标准参考问题。这些问题在三方面组织起来：一个人对环境的控制，社区中的干预事项和社会关系。这种评估生活质量方法与评估设施或方案水平如"服务系统方案分析"不同（Wolfensbeger 和 Thomas，1983）。作者的目标是

"发展能由复原工作人员去评估、监督和改善生活质量且易于使用的工具"
(p.27)。他们注意到"生活指标的质量"对生活和工作环境更为适用，而对生
活环境的全部类型进行概括根本办不到。

表 13-4　生活质量问卷

因素 1：环境的控制		因素 2：社区参与事项	因素 3：社会关系
1. 在你的卧室中有多少人睡觉？	16. 通常你如何开始工作？	14. 你的工作使你觉得满意吗？	7. 你的邻居们怎么样？他们待你如何？
2. 当你上床和起床时你能控制多少地方？	20. 你有保护人或管理人吗？	15. 你认为你的工作对你雇主重要吗？	4. 你如何喜欢这个镇？
3. 谁计划你的饮食？	22. 你有到你住房的钥匙吗？	17. 多少时间你用公共交通工具？（手边的公共汽车，出租车，城市公共汽车等）。	5. 你多久与邻居们或在院子里或在他们家里会谈？
8. 谁去买食品杂货？	23. 在你住房中有几间屋子上了锁，因而你不能进到里面去？		6. 你的住所如果有职员或家庭，或如果你与另一病号或保护人同住他们与你共同吃饭吗？
9. 在你的卧室中，谁选择装饰品？	24. 你能做你要做的事吗？	18. 你挣的钱够你开支你所需要的一切费用吗？	
11. 如果你有正规医生，谁给你选的医生？	26. 谁决定你如何花你的钱？	19. 你有朋友到你家来看你吗？	10. 你有任何爱好吗？
12. 如果你服药，谁递给你药品？	28. 朋友什么时候能去你家看你？	27. 你多久花费时间到城里参加娱乐活动？	21. 有危险或扰人行为问题的人与你同住吗？
13. 谁给你预约医生和牙医？			25. 目前你参加什么样的教育方案？

回答 28 个问题的每道问题以 1 到 3 点记分。个人生活指标质量能自 28(低)到 84(高)

自我拥护

在过去 25 年里，对丧失能力儿童和成人的拥护发生很大的效果。诚然，
拥护的努力大多数在教育、雇工机会和居住服务中发生许多异常的改变。对丧
失能力者的支援传统地由家庭成员、朋友、专业人员以及律师们着手进行。不
过，Bigge(1991)是专职人员和丧失能力者之一，他相信：

> 为丧失能力者"干点儿什么"的年代迅速地消失了。与日俱增地，我们
> 的社会把丧失能力者看做是组成社区的有贡献的一分子。联邦和州立法已
> 为丧失能力者提供和支援接近各行各业生活的平等权利……随着这些平等
> 权利的获得，下一步就是利用和保护这些权利的责任。现在，那些丧失能
> 力者不论是个人还是集体，应自称为自我拥护者。(p.493)

丧失能力者已开始坚持他们的合法权利。他们向丧失能力者不能为自己发

言的观点挑战，最明显的是身体损伤者的自我辩护，他们作为独立生活运动的一分子，在他们的疏通活动中发生巨大的影响。一个惊人而成功的例子是Galluolet 大学生们拒绝接受不懂美国手语的政府特派调查会长的预约。不过智力落后者并不参与自我拥护，或者因为许多人尚未发觉他们的权利已被侵犯或者因为他们缺乏在自然环境中为他们自己去辩护讲话的技能。

尽管丧失能力者申述他们自己的权利由自我拥护非常重要。关于如何教导自我拥护技能至今仍无人研究。由 Sievert，Cuvo 和 Davis(1988)主持的研究工作尚值得注意。他们教了 8 名不同轻微丧失能力的成人(智力落后，学习障碍，大脑麻痹，失语症者)去鉴别在近 200 种不同假设的剧情说明中包括 4 种一般范围：私人、社区、人类服务和消费者的 30 种特殊权利(例如，当选举时予以帮助的权利)中是否发生合法权利受到侵犯的情况。通过角色的表演，参与者学会纠正侵犯的三步办法(1)向侵犯他们的人直接坚持他们的权利；(2)如果该人不解决问题，向该人的领导申诉；(3)如果问题仍保持原状，寻求社区拥护机构的援助。向参与者发放手册描述每件合法权利以及纠正侵犯的步骤，参与者对自然环境中准确反应合法权利的模拟和描述，演示他们新学会的自我拥护技能的概括和坚持者例外。

前程遥远

一般说来，20 世纪 90 年代，大多丧失能力成人的生活质量远胜于往昔的人。更多丧失能力的成人不仅在社区结合的环境中生活、工作和玩耍，而且更多丧失能力的成人已经获得或正在学习能使他们享受那些环境利益的个人、社会、工作和休闲的技能。但是，更多丧失能力者并不意味着所有丧失能力者。而且个人的生活并非一样；他们感受喜乐和悲哀，成功和失败的具体经验均可能不同。前程依然遥远。

诚然，若干现在群居家庭中有他自己的卧室并于分隔的保护车间中挣钱工作的人，比他往日脱离公社制的吃住并干着没完没了的工业项目的收容所的人的生活质量，可能感觉到优胜得多。对往日不可接受的标准值得称赞的比较，就因此意味着今天生活质量相当优越是合理的吗？它对你我都够好吗？

第十四章　特殊教育的文化差异

◇ 学生的无能与文化背景如何互相影响？

◇ 文化多元主义，多重文化教育与用两种语言的特殊教育如何关联？

◇ 如果学生说、读或写英文的能力不能促进学校课程，有限的英文熟练由文化差异或由无能而成，这些有任何区别吗？

◇ 为来自不同文化或语言背景学生的评估和安排工作程序有什么不同？

◇ 教师为来自每一不同文化或语言背景的学生采用不同的教学方法吗？

◇"新世纪到来之时，40％的公立学校，学生将来自不同的种族背景，这是一种特点"（Ramires，1988，p. 45）。

◇"特殊学生的家庭和特殊教育家都是非常重要的。特殊教育家丰富的文化、民族、种族、宗教、地理、经济和社会情况以及语言和性别的差异必须予以重视"（Weintraub，1986，p. 2）。

◇"事实是，讲英语的学生可以学习另一种语言而获得大学学分，而讲少数民族语言的儿童因而丧失这种技能"（Ada，1986，p. 37）。

◇"许多黑人儿童的教师扎根于其他社区，经常缺乏机会去听他们学生的全部讲话。我怀疑有多少菲拉德尔菲亚——教师知道他们的黑人学生是打击乐的写作家。在美国，我怀疑有多少位教师理解富有文字创造力的和讲话流利的黑人小孩每天在操场上设计新的侮辱攻击、新的跳绳歌曲和新的喝采。即使他们确实听到过，他们能把它们与语言流畅联系起来吗？"（Delpit，1986，p. 383）。

这些范围广泛的观察对特殊教育家提出若干挑战。我们的公立学校系统毕竟是以平等教育机会为哲学基础的。丧失能力者的教育法案（公法 94—142）仅是落实平等教育机会众多步骤的一步。法院的裁决与立法除在学校中禁止对智力或体力丧失能力者的歧视外，在教育和雇用方面对种族、国籍、性别或不能讲英语等方面禁止歧视。特殊教育方案现在为难民和移民学生服务的学校提供财政支援和帮助，并为美国的本土学生在教育中提供自我决定的权利。

尽管有这些重要的努力，但为全体的平等教育机会仍未全部实现（Banks 和 Banks，正在印刷）。若干特殊儿童由于他们的种族、民族、社会阶级、或其他与众不同地方仍有歧视或接受不太适当的特殊教育。谈到这一点，我们并非意指隶属有制于大众文化或语言的集团是残缺的或无能的集体。我们社会的实质之一就是它的文化差别；我们的社会从众多的少数民族集团的贡献中获得利益。

　　少数民族的差异使我们国家富强并增加它的公民能察觉并解决个人和公众问题的方式与方法。这个差异还借着为全民提供更多机会去体验其他文化来使社会富足。从而他们可以成为更为充实的人。当个人能参加各式各样的少数民族文化时，他们就更能够从全人类经验中受到教育。
(Banks，1977，p. 7)

然而，尽管文化差异是我们社会的一股力量，作为少数集团的一分子也往往意味着歧视和误解，门户紧闭或降低期待。

关心的理由

为什么来自文化背景不同的学生值得特殊注意？首先，文化不同学生的作业落后于白人、主流的学生。由于少数民族学生的学业成绩如非洲美国人，拉丁美国人和土著美国人在低年级时与白人学生相似，但在校时间越长他们作业越趋落后(Banks，1989)，从而有理由考虑我们的教育系统在限定来自不同文化集体学生作业的任务。

其次，美国残缺学生的普遍形势指出，他们超乎比例数目的学生来自文化不同的背景(Salend，Michael 和 Taylor，1984)。Kamp 和 Chinn(1982)报道，全部美国特殊教育方案中，学生总体的三分之一来自多重文化背景。尽管黑人学生在全部学校总体中仅为 18％，但黑人学生多于 28％被鉴定为智力落后者。黑人学生在情绪失调或行为反常类别中多少还占多数，只是范围较小(Wolff 和 Harkins，1986)。Schildroth(1986)记载了聋人寄宿学校中黑人和拉丁学生持续增长的百分数，同时发现"白人和非拉丁学生的数目持续下降"(p. 100)。Cummins(1986)同意，尽管缺少"对拉丁儿童特有的内部管理资金"，当前对少数学生流行的诊断分类是"丧失学习能力"，而在学习无能班中的学生绝大多数是拉丁学生(p. 9)。

1973 年社会学家 Jane Mercer 报道的一篇大型加州学校专区的有影响的研究被引证为"民族和文化在决定儿童是否可以安排到特殊班中表现不公正"的角色的证据。如果是这样，他将接受什么类型的服务？Mercer 发现黑人和美国墨西哥儿童比英裔美国儿童更易于安排到可教育的智力落后班中；在学校专区中，全体学生中英裔美籍儿童只占 1.8％，与在 EMR 班中注册，黑人儿童占了 12.9％和美国墨西哥儿童占 18.6％形成对比(Mercer，1973a)。这些数字可以解释为，那时在特殊教育班中可以转入学校的大多数或全体安排之中，一个美国墨西哥儿童比一个英裔美国儿童接受 EMR 待遇容易 10 倍。不过，在特殊教育班中另一种族不平衡的研究多少表现不同的结果。Gottlieb，Agard，Kaufman 和 Semmel(1976)报道，尽管得克萨斯学校专区把许多儿童安排到"自己民族儿童过多"的 EMR 班中(p. 212)这种情况一般反映学校的整体种族构成而不是学校职员的偏见。

许多观察家主张，尽管文化不同的儿童对残缺学生来说在班中代表数目过大，而对方案中的天才儿童来说，代表数目相当不足。举例来说，Chinn 和 Mccormick(1986)指出，"来自少数文化的天才儿童具有在他们自己文化中培育的且具有价值的各式各样的才智，但往往在学校中被忽视了"，而且支持这种观察的事实是少数民族学生由普通学校 27％的总体组成，但只有 18％的学生被鉴定为天才儿童(p. 103)。

文化不同儿童构成特殊教育学生高的事实，在它本身并不成问题。具有特殊需要的学生不管他们少数民族背景如何，都应当在特殊教育方案中予以服务。然而，大量文化背景不同学生的出现给特殊教育家们引出若干重要的考虑事项：

◇ 评价和安排程序的适当性。被安排到特殊教育方案之前，学生是否接受公平的和多方面的评价？工作分派以儿童的文化特殊需要为基础，还是以他的背景价值判断为依据？有没有周期重新评价的机会以及在方案计划中有没有父母和学生参与的机会？文化不同的学生和丧失能力的学生是否包括在天才儿童的筛选之中？

◇ 适当的支援服务的准备。特殊的支援有助于来自文化背景不同学生的教育和适应；这样的服务既可由学校也可由其他机构来提供。

适当的特殊支援样例包括：(1)在课堂中用两种语言辅助非英语为母语的学生而在家中可送去译文通讯；(2)对教师的服务训练，对不同文化鼓励敏感性并扩大适当的教育计划；(3)对学生多重的少数民族教育，增加他们自己和其他背景的知识面并减少课堂中潜在的混淆和误解。

◇ 学校和文化背景之间的交互作用。学校一般要求或期待学生表现某些行为。例如，假设大多儿童学习对老师的教学有所反映，那么将对语言的奖励引起学习动机。然而，儿童深受早期家庭成员、邻居和朋友的影响。如果家庭和学校环境的期待和价值相差悬殊，儿童可能发生严重问题。许多儿童显露在"思想和行为上，适当地被校外的活动影响引起动机，然而在校内并不演示这些同样的行为……任何(许多)少数儿童与学校有关的问题似乎是隐形课程与文化准备之间矛盾的结果"(Chan 和 Rueda，1979，p. 427)。这些矛盾能干扰儿童的学习和行为，从而是特殊教育家理所当然关心的事项。

关于专门名词的注释

许多术语已应用于文化不同的总体成员身上。正如我们在本书其他章节所学到的，有效地运用标签相当困难。尽管标签有时用以鉴定有关因素，但他们很可能导致错误的或不确切的概论。这种不幸的结果在若干曾用来涉及来自不同文化背景儿童的术语中特别明显。

首先，少数集体这个名词似乎太直接了。它的用途典型地意味着在社会中组成可辨认的少数民族或种族集体(Fuchigami，1980)。然而，在本国众多社区或地区，"少数"组成突出的总体。在亚利桑那保留地底特律的一个黑人儿童，一个西班牙儿童或一个那伐鹤人(美国西南部的印第安人)儿童可以认为"少数"的一部分，仅仅针对全国人口而言，这种比较与儿童的直接环境毫无关系。现在，注册于美国25所最大公立学校系统的大多数学生来自文化不同的"少数"集体。除了提出这个集体的总体是少量以外，"少数集体"这个名词具有关于"权利、身份地位和待遇低于其他集体的消极的涵义"(Chinn和Kamp，1982，p.383)。例如，Brantliner和Guskin(1985)描述少数个人就像(1)在宪法中政治地位排除于显著和负有责任的人；(2)接受实物、服务和特权部分较低的人；(3)被占优势文化成员看成是异常和下等(或者，如被积极的看待，也是不同的和好玩儿)的人。尽管这样歧视结果和看法依然存在，但它们是不恰当的。

文化上受剥夺和文化上生活条件差一类的名词也被用以描述来自不同背景的儿童。尽管这些标签承认环境对于儿童教育和成就的影响，它们也不适当地暗示与大多数不同的环境或与广泛承认的集体不同的环境多少有些低下或贫乏。例如，一份报告在谈到南方城镇学前黑人儿童时用了"被剥夺"和"生活条件差"等名词。不过，这份报告还注意到儿童家庭的大多数至少在附近地带居住三代之久，而且在87个家庭中只有2家中途退出3年之久的研究和演示设计方案(Gray，Klaus，Miller和Forrester，1966)。这样的信息有力地暗示，在家庭和社区中有稳定的文化环境的存在。正如Sue(1981)所观察的，当代承认所有人继承一种文化背景以及文化尽可与白人中等阶级常规模式有所差别的事实，但它并不意味着异常、贫困或需要改造。

当谈到儿童背景异于寻常时，当需要评价、教学、参与或咨询的特殊方法时，我们赞成文化不同这个名词。这个名词并不意味着文化价值的判断而且未把文化不同与丧失能力等同起来。我们把文化集体中的成员看成是丰富经验的机会，而不是把它看成是不利的条件。

文化、文化多元论和多重文化教育

要帮助不同文化的特殊学生学业进步，课堂教师必须知道什么？与文化传统异乎寻常的学生共同工作是否需要评价和教学的特殊方法？如果课堂包括4种不同文化集体的学生，它是否意味着教师必须采用4种不同教学方法？在我们试图有意义地讨论这些重要问题之前，若干更为基本的问题必须予以回答。文化是什么？在特殊社会集体中的成员意味着什么？不同文化集体的成员彼此如何看待？在教导不同文化背景儿童相互作用时，学校的任务和责任是什么？

文化

要生存，社会集体必须适应于并修改它所生活的环境。文化可以被看成是社会集体用以生存已建立的知识、理想和技能（Bullivant，1989；Skinner，1969）。

> 文化由人类集体内部分享的信仰、符号和译释组合而成。现代大多社会科学家把文化看成主要由人类社会符号的、想象的和难以确定的方面组合而成。文化的本质并不是它的人工制品、工具或其他有形的文化要素而是集体成员如何解释、运用和看待它们（Banks，1989，p.7）。

如此看来，文化是由社会集体成员分享的"世界观点、价值、作风和超乎一切的语言"来决定（Hilliard，1980，p.585）。尽管如此，一个"门外汉"能学习说其他社会集体的语言或使用它的某些工具，这样的成就并不需要完全接近或了解这个集体的文化。尽管与一个特殊集体有关的语言、人工制品和其他事物有时代表它的文化，只有部分是正确的。例如，筷子是中国文化一个重要部分，但在它们中间和自己之间并不是文化：

> 举例来说，除非我们知道筷子的意义和知道如何使用，这些器具不过是一些木头、骨头或象牙。我们必须获得有它们的意义和它们是干什么用的知识和概念……如果我们是使用这些器具为社会集体的成员，我们将凭借文化知识晓得使用的规则。该组中的陌生人则必须看着使用筷子的行为或寻求教导……即使到了这一步，陌生人还不能立刻学会使用筷子的所有奥妙，而在发现用筷子吃饭显而易见的简单过程的礼貌和规矩之前，还必须长时间地与该社会集体相识（Bullivant，1989，p.33）。

分享一种特殊文化理想和价值的人们通常在相似的方式中去解释事件。尽管在特殊文化集体中的成员并不决定行为，成员们暴露（也就是，被社会化）相同的期待和后果在某种方式中去行事为人。结果，某种行为方式更可能成为事实（Banks，1989；Skinner，1974）。我们还要记住每一学生按照种族、少数民族、社会阶级、宗教、性别和特殊性表现同时也是多重集体的成员。这些集体的每一个对其施加不同程度的影响去解释和反应世界。

Garcia（1981）列出文化集体成员三种基本概念，给我们一种背景去考虑不同文化特殊学生的特殊需要。

1. 每个人需要隶属于或具有属于一个集体的意识。儿童的少数民族或文化集体提供一种价值和行为系统，并对于发展自我概念相当重要。集体成员应当有社会支持的力量而不是耻辱或焦虑不安。

2. 少数民族的成员集体既有类似之处也有区别。应当鼓励学生探讨不同集体的特征；教师能大力发展交叉文化的互相来往和理解（例如，学生可以讨论种族差异的社会的含义）。

3. 被隔离的人彼此之间易于发展迷信、偏见和老死不相往来等事情。当不同集体初次接触时易产生矛盾（学生自己可以考虑分隔和结合的后果。）

文化多元论

美国是一个由来自众多不同文化集体组成的社会，学校中的学生反映这个巨大差异。当组成社会的文化差异不仅被较多数社会全体成员互相尊重，而且当那些差异也被养成和受到鼓励时文化多元论就存在了。文化多元论从而被界限为：

> 在一个文化不同、具有显著差别的信仰、肤色，而且在众多个素中具有不同语言的人民国家边疆或框架之内，一种相互支援关系中平等共存的情况。

在文化多元论中，信仰作为积极价值是近代的概念。横贯美国大多发展"文化同化"是有价值的实践，这就是所谓"熔化锅理论"。在那方面，期待所有移民清洗他们本国语言和文化传统来换成全面适应的新"美国生活方式"。在第一次世界大战之后，由于考虑到某些移民可能支援他们祖国而反对美国，美国化的精细方案在学校、教堂和工作场所曾付诸实行（Kopan，1974）。

即使美国，作为单一民族国家的成员国，成为大文化的中心，美国内部显著和成长的小文化（文化中心之内的小文化）就是溶化锅未能完全成功的明证。正如 Banks（1989）所指出的，区别和承认不同的"小文化"与大文化（较大的文化核心）并不一样，这是重要的，因为"主流文化的价值、常规模式和特征经常被各种小文化所溶化，也被不同地解释和表达出来"（p.7）。然而，溶化锅的理论对我们的社会机构有莫大影响。评论同意企图创立单独文化社会不理想的结果之一是在学生中间对文化差异缺少容忍的教育系统。

> 美国对差异的不容忍反映在对"美国化外国人或那些被看成是文化上差异的人们"种族优越感的教育系统。

> 对儿童语言装成恶意的轻视是对儿童他本身和他表达的文化范围更广的轻蔑的一部分。不同文化的儿童被称为在文化上"被剥夺"。他们的语言和文化被认为是"不利的条件"。（Kobrick，1972，p.54）

不幸的是，来自文化背景不同于白人、中等阶级的美国人依然面临 Kobrick20 年前描述的由机构收容的歧视对待。然而我们有理由乐观。教育家们理解文化多元论的利益和需要，谈论理解和道德的矫正。这种理解的明证就是对多重文化教育与日俱增的重视。

多文化的教育

多文化的教育意针对学校中文化多元的实行而言。按 Grant 和 Sleeter (1989)所说：

> 不管学校是郊区全体白人学校还是城市多种族学校，多文化教育方法试图为全体儿童改革全部学校施教方案。改变课程和教学方案以便产生对不同文化的认识、接受和肯定。(p.53)

James·Banks(1989)是一位多文化教育方案的开发者和拥护者的领导人物。他认为这种方案有 4 个主要目标：

1. 增加全体学生的文学成就。多文化教育的主要假设是，如果使学校环境整体改变得与他们的文化和学习方式更为一致，那么来自不同种族学生的学业成绩就能有所增长。

2. 辅助全体学生对不同文化、种族、少数民族和宗教集体发展更为积极的态度。进入幼儿园的许多儿童对于人类有所误解、消极的信念和呆板的态度。如果学校不辅导学生对不同集体发展更为积极的态度，当他们长大成人时，他们倾向于消极。消减偏见的策略应从最小年级开始并应成为课程首尾一致的、从不间断的和结合一体的组成部分，而不是为了特殊节日或庆祝像"黑历史月"保留的一段特写参与镜头。

3. 协助来自罹难集体学生在他们克服学习困难中发展成功能力的信心并影响社会上的收容机构。凭借承认并授予他们亲眼看到他们自己文化的机会，而且凭借教导他们制定决策和社会活动的技能，学校能辅佐来自偏远地区学生，促进他们自尊自重的想法。

4. 辅助全体学生学习考虑其他集体的前景。学校中所教的大多概念、事件和问题来自主流的前景、白人、中等和上层阶级的男生。很少会给予他们机会去了解妇女、下层社会经济阶级、丧失能力人士和不同文化集体的事件。当我们从其他文化前景来观察我们自己时，我们对自己才有更全面的认识。

有些教育家错误地认为，仅仅向不同单位提倡研究不同集体的文化(如"美籍非洲人的科学贡献")或凭借周期地举行特殊文化事件认识会(如"西班牙文化周")，他们就把多重文化教育与学校课程结合起来了。这些活动是多文化教育重要的组成部分，但这些远远不够。多文化教育活动的领导们认为，要把概念与实践真正地结合起来，彻底改造学校是必要的。

当我问一位学校行政人员，在你们的学校专区为了落实多文化教育方案你们做了哪些工作时，他告诉我去年专区已经"完成了"多文化教育方案，目前开始另一改革事项，如改善学生的阅读分数。这位行政人员不仅误解了多文化教育的性质与范围，而且他还不懂如何帮助学生提高阅读分数……"（多文化教育的）主要目标是改造学校从而使来自不同文化、社会阶级、种族和少数民族集体的学生将在学校中亲身体验学习的平等机遇"。（Banks，1989，p. 20）

对不同文化集体若干具体问题的考虑

Elsie J. Smith，一位专门与不同文化背景人士工作的顾问，发现把下列语言铭记在心颇有益处："每个人与其他所有人士相似，既像某些其他人士，又与他人不同"（1981，p. 180）。当我们对具体文化集体考虑某些问题时，必须把这种观察记在心头。理解和尊重人与人之间以及个人内部差异的重要性不可过分强调。我们希望在我们讨论特殊教育广泛使用的特殊性的种类时，我们已把这一观点讲清楚了。例如，我们知道两名唐氏综合征的学生可能在学习能力、社会行为和性格特征方面表现不同。我们已经见到一名盲童可以流利地读盲文还可以弹一手好钢琴，然而另一盲童全然不能。与此相同，同文同种的两名学生在校功能可以完全不相同。

我们应当永远成为学生行为的客观观察家，避免基于种族或文化的刻板态度；尽管如此，对不同文化集体成员分享的典型价值和理想掉以轻心的教师可能不是故意地上一堂无效的课程，甚或触犯儿童使他烦恼。我们希望所表达的信息有助于教师和他人认出他们与不同文化集体成员的接近和交互作用，能尽量地发挥作用。理解和欣赏不同的文化在避免对儿童行为误解的大道上能起大的作用。

在这一点上我们不能过分强调：我们讨论每一文化集体都是极端异质性的。例如，当地美国人这个名词描述来自具有 200 多种语言的 500 多个部落（McDonald，1989）。美籍亚洲人甚或是差异更大的集体，来自很多的国家，讲 1000 多种语言和方言（Leung，1988）。

儿童继承专区文化背景的程度也是千变万化的。要记住，一个学生的文化集体恰好是影响他的价值和行为的集体：

例如，课堂中一个儿童不仅是美籍亚洲人，而且也是个男孩和中等阶级……从而他对现实的观点以及基于这种观点，他的行动要与那些中等阶级的美籍亚洲女孩或与一个低等阶级的美籍亚洲男孩有所不同。教师忽略考虑种族、社会阶级和性别结合的整体，有时将导致对学校中所发生的事件过分简单化，从而歪曲事实并发生误解。（Grant 和 Sleeter，1989，p. 49）

美籍非洲人和黑人

非洲血统的美国人目前在美国组成最大的少数民族集体——在 1990 年占总人口的 12.4%。而且美国的黑人人口迅速增长，约比白人人口增长率多一倍(美国统计摘要，1990)。Cruick Sbing(1986)认为丧失能力的黑人儿童是"加倍的残缺者……少数当中的少数"，而且发现若干广泛保持的不公平的态度："大脑麻痹黑人儿童……比白人同样残缺儿童获得同等医疗服务要难上加难"(p.18)。J. L. Johnson(1976)坚决主张黑人特殊儿童有某些特殊特征，从而教育家们除讨论情感之外还应落实有助于黑人特殊儿童完成重要目标的教学方案。

> 黑人残缺儿童的首要任务是掌握语言技能，减少自我毁灭行为，而且理解他必须成为改善他的社区的知识源泉。要这样做，黑人教育家必须开始掌握积极的适应技术成果如精确的教学技术……针对特殊的黑人儿童首要的任务是为他们准备允许日常生活正规化的适应行为，发挥潜在的创造能力，并提供一套在社区中允许最大独立的技术技能。(p.170)

关于非裔美国人分享的独特经验已经写过许多。Smith(1981)关于有时与学校中和其他环境的矛盾和误解纠缠一起的美籍黑人的不同文化和历史展望提供一种评论。按 Smith 的意见，许多黑人感觉行动比言语更响亮，夸夸其谈不值一文，白人用文字对话尔虞我诈。伟大的庄重与人类的缄默行为连接在一起；黑人花费更多时光观察旁人看"他们来自何方"。

白人教师和顾问在人与人的交往之间重视目光的接触。Smith 说，许多黑人会话之时始终不对目光。他们甚至参加其他活动同时依然注意交谈。Smith 联系讲到一个意外事件，教师因为一个黑人学生，在她讲游泳课程时低头不听而给予谴责；该生坚持她始终注意听讲。于是，教师告诉该生像其余女孩一样面对面地看着她。该生说，"我照办了"。"我知道下一件事她告诉我到水池外面来——她不喜欢我那样地看着她"(p.155)。相互交往还可以有其他类型。许多黑人在会话时不点他们的头或发出轻微"哼一哼"声，不会像白人那样表示他们倾听别人讲话(Hall，1976)。与学生和父母工作时，对语言和交谈敏感注意是重要的。不过，Smith 警告"过犹不及"，要注意黑人往往愤恨白人专职人员试用黑人俚语："任何过分表示了解黑人的人根本什么也不了解"(Smith，1981，p.169)。

美国的黑人家庭已经成为大量研究和解释的焦点。Norton(1983)描述黑人家庭主要为城市的集体，为了许多支援功能够依靠扩展的家庭并且说"尽管所有黑人家庭的四分之一可以列入中等收入范围之内，确有与日俱增的黑人家庭依然非常贫困。这些家庭的儿童越来越多地在与大多白人儿童隔离的世界中成长，甚或与更多特权阶级黑人儿童隔离开来"(p.192)。对众多黑人家庭来讲贫困和失业是生活中的事实。Sleeter 和 Grant(1986)，引用美国商业部的统计报道，黑人家庭的平均收入只有白人家庭平均收入的 59％。9 个黑人婴儿中有 4 个生活于贫困之中(Kappan 特殊报道，1990)。黑人婴儿的死亡率是白人婴儿死亡率二倍之高。而那些幸存的黑人婴儿患神经损伤者比白人婴儿几率高出 9 倍之多(Kappan 特殊报道，1990)。

Smith(1981)坚持主张黑人家庭基本上是完整的社会系统，为力量和生存的服务源泉——与黑人家庭是众多社会问题来源腐烂机构的观点恰恰相反。Smith 还向黑人家庭是母系氏族制的观点挑战。双亲俱在的黑人家庭在家庭单位之中关于掌权和制定决策的概念与白人家庭相似。许多黑人家庭包括住在家中的远房亲属时刻欢迎来访人士。到家来访的白人宾客关于隐私权可能有不同概念。当正在讨论儿童需要时如有祖父母、表兄弟、兄弟姐妹或他人在场时可能感觉不太自如。

非黑人专职人员可能对某些黑人父母对他们的特殊儿童的态度似乎不太熟悉。他们可能比白人少于倾向责备他们自己或对他们儿童的丧失能力或行为问题感觉内疚罪恶。应当指出的是，接迎方式的不同既与父母的经济和教育水平有关，也与他们的文化背景有关。对于黑人特殊儿童的特殊需要以促进交叉文化来往和父母参与尚有更多的工作等待完成(Olion，1988)。

在为数不多的探讨种族差异关于特殊性的一篇研究中，Schilit(1977)发现黑人和白人大学生关于智力落后一般具有相似的态度，但有两个值得注意的例外：黑人"更意识到持续在低社会经济环境中隐伏的危险以及发展对他们个人能发生什么影响"(p.190)，此外，他们对智力落后的人士就业的潜在性更抱悲观的态度。关于后者的发现，Schilit 推测由于失业的事件在整个黑人社区中一直很高，黑人大学生相信智力落后者找到就业机会难上加难。

"西班牙的"美国人

"西班牙的"意指文化传统依靠西班牙语言和拉丁文化不同种族和国家的人士而言(Fradd 和 Correa，1989)。过去 20 年来，美国籍的西班牙人口突飞猛涨，而且这种增长影射在未来年月还要继续增速。在美国学校里，西班牙的学生约占 K—12 注册总数的 15％。

实际上，在所有文化中，家庭在特殊西班牙的美国儿童的发展和社会化的初期具有重要的责任。Rivtra 和 Quintana Saylor(1977)关于传统的讲西班牙语言的家庭研究中阐述他们的观点：

首先，家庭被认为是最重要的社会单位，而个人的兴趣或志愿要以他们的家为转移，包括家庭中的每一成员与家长。负责供养家庭并为他们家里家外的行为承担责任的父亲具有独特的和负责的任务。为了在严肃而文雅气氛中执行他的男子气概(machismo)有很大程度的自由。母亲用她个人的兴趣辅佐她的丈夫和儿童。在家中,她有最大的影响而且有微妙的奉献。用大量个人的和物质的关系养育儿童。不过,儿童并非不负责任,这比学校和个人成就更重要。一旦丧失能力的情况扰乱这种系统,其纪录不堪设想。(p. 446)

男子气概的概念意指许多误解的课题曾在这种描述中出现。Ruiz(1981)警告要反对西班牙的性感角色是一致而僵化的假设。Ruiz解释强壮男子(macho)这个名词在西班牙人中是用以奉承的名词,标志着"体格力量、性吸引力、道德和潜力"(p. 191)。它不包含生理侵犯性、压制妇女、男女乱交或过度狂饮。西班牙人中间真实的男子气概附带"行为的尊严、恭敬待人、热爱家庭以及热爱儿童"等崇高的价值。(Ruiz,1981,p. 192)。

Grossman(1984)描述西班牙家庭,如"情绪和经济安全和支柱的源泉",借以"陶冶儿童相信,为集体的利益奉献而牺牲比个人扩张更为重要。儿童终于被高度地引起动机为他们的家庭、朋友和社区去做更有意义的事情。他们可能愿意为集体而工作"(p. 216)。由于他们尊重权威,有些西班牙父母"可能如公法94—142所描述的难以参加制定教育决策的过程"(p. 218)。他们对儿童所制定的决策可以表达同意即使他们不同意这个决策或根本不懂。其他西班牙父母可能唯恐签署像IEP一类的文件。

Caotanoda(1976)观察到众多墨西哥的美国儿童在合作集体设计上做得很好,他们并非被迫为个人得失而奋斗。他们可能不愿意求老师帮助;他们习惯于有家人反应他们非言语的行为,以便避免求助的困扰。一般说来,儿童与父母需要帮助时似乎找远房家人而不依靠他们认为与个人无关的学校或机关更好。不同的价值系统也可以影响儿童的课堂作业。许多非西班牙教师在学校中采取客观的、公正的态度,尽力公平和平等地对待学生;不过,西班牙儿童把它当作排斥的幌子,标志着教师对他们毫不关心。Castaneda(1976)建议:墨西哥的美国儿童教师与儿童发展亲密的个人关系,并利用儿童中心的加强社交力量的语言,如"我为你骄傲"或"你干得真棒"。

在传统的墨西哥的美国儿童社会中最独特的教学方式是制造模型。儿童学习"照老师的样子去做"并要与老师相同。从而教师要把个人轶事与儿童课堂外面活动关联起来,并愿意与他们互相交往至关重要。最有效的回报是师生之间建立更为亲密的关系。(p. 188)

Qiliz和Garcia(1986)报道西班牙学生贴上轻微智力落后或情绪失常标签的百分数有所下降。他们注意到"全体残缺西班牙人在两种相关语言类型中接受服务，丧失学习能力和讲话缺陷者"(p.10)。这种情况提高区别对待差异与特殊的重要性：评估程序应当"要求缺陷情况存在于首要语言之中，不仅仅是英语的缺陷……，如果缺陷仅存在英语之中，那就不算是丧失学习能力"(p.11)。

教师可能发现，从西班牙背景了解他们学生和父母的非语言行为至关重要。触摸的重要意义提供一种说明。Curt(1984)回忆她第一次从波多黎哥到东北的一所大学时，她被学生"互不接触肉身的奇怪、非接触文化"所震惊。与此对比，"拉丁人的接触的文化到了使人不能容忍的程度，而且往往使大多英国人感觉威胁和侮辱……如果两个年龄和社会身份相同的妇女相遇，在某些事例中拥抱、亲吻和互相摩擦上部分身躯。如果年龄和社会地位相同的男人相遇，要打后背、或者拥抱和握手"(p.22)。非西班牙教师虽然发现采用另一种文化的非言语行为可能不太相宜，师生和老师与父母之间的互相来往要采用不同意义的某些知识与接触，人际距离缄默，服装和仪表双管齐下。

美籍亚洲人

美籍华人约占美国人口的2%。而且在众多地区，亚洲后裔的特殊儿童组成庞大的，继续增长的人群。某些地区，显著的是夏威夷州，加里弗尼亚州和纽约州长久以来建立了亚洲美国人社区，而且在这些和众多其他州有大量的、新来到的亚洲人口。美国目前比历史上任何其他时期接受更多的难民和移民，而且许多是来自柬埔寨、韩国、老挝和越南等亚洲国家(Scholl,1986b)。不过，相当微薄的特殊教育方案已经建立起来，以适应美籍亚洲人学生的特殊需要。

Wakabayashi(1977)认为亚洲的美国人"在美国是最少受到承认的全国少数民族"(p.430)。而且注意到对亚裔美人有广泛的误解，把他们当作整体的集体，但实际上像中国、日本和越南这样的文化是彼此互不相同的。Leune(1988)提醒我们亚裔美人是由"不同的亚洲少数民族极端不同种类组成的，有时仅仅分担少数的地位"(p.86)。

教育受到高度的重视，而且被看做是上升运动的方法。多年来，在中国和其他亚洲国家，教师和学者受到尊重。对于深受他们传统文化影响的父母来说，为了他们孩子获得良好教育，任何牺牲贡献在所不辞。从儿童的观点来看，学术成就是对他的父母和家庭的贡献(Leune,1988)。这种哲学思想和工作理念，曾帮助众多亚裔美人学生在校中名列前茅。

不过，有些教育家认为，亚洲学生刻板的勤劳工作，成功和没有问题已经给他们一种"成功意象"，以致使众多人士难以相信任何亚洲的美国学生还需要特殊教育服务(Kim和Harh,1983；Yee,1988)。有残缺的亚洲美国学生以及他们家庭方面的文化差异与教育家的误解合二为一。这样使他们的鉴定和教学受到牵制。

某些亚裔美籍人口的成员可能不愿意为丧失能力的儿童或成人寻求特殊教育的服务。Sue(1981)发现亚洲的父母强调他们子女的责任由家庭单位承担，而变态或异常行为尽量由家庭内部来处理。这种对无能公众承认的压制可能意味着有许多看不到的无能美籍华人。在 Wakabayashi(1977)的观察中，众多美籍华人传统和经验赋予他们与"公众部分中存在的传达的媒介服务"往往不相容的价值和态度(p. 432)。其他观察家注意到承认物质问题比承认行为或心理困难对美籍华人来说更易于接受。这种倾向可能意味着在美籍华人中间，只有情绪或行为更严重失调的人士从学校、诊疗所和其他方案寻求帮助。

Brower(1983)观察有些亚洲的学生可能难于畅谈他们自己的成就、在班中提问或回答问题、或自愿表达自己的意见，唯恐他们炫耀自夸。还有，"烦扰或引起伤害或紧张的私人事件除了向家人或非常要好的朋友讨论外，通常不向任何人暴露"(p. 114)。Brower 建议，有些亚洲学生关于美国人的期待和价值可能需要教导使他们在教育和就业情况中能变成更直接和肯定。

"亚洲学生的教师必须应付的最辣手的事是缄默，它的原因是复杂的"，在大型的纽约市中学面试了教师和学生的 Fishman(1987，p. 85)观察时说了这句话。一名新来的学生在美国教室的要熟悉典型的对话方式可能相当困难，教师经常叫学生的第一名字(小名儿)，听取他们的意见，并想方设法了解个别学生的作业成绩。就像一个亚洲学生告诉 Fishman，她的许多同学"对教师有所畏惧，因为我们敬畏老师——把老师看做是上帝、慈母。"

或者由于许多亚洲人在家庭环境里解决特殊性的问题，关于教育丧失能力或天才亚洲的美国学生的具体方法文字未经编写。由 Jarry Arakawa(1981)，一位盲的美籍华人提供下列一段看法，可能有助于试图编写这种方法的教育家：丧失能力在亚洲意味着有了附加的性格特征，能暗中给家庭招致差耻。因此，丧失能力的亚洲青年少有开朗的性格而不愿意承担风险。在西洋文化中，个性值得称赞。在亚洲文化中，任何打碎同性的东西烦恼重重。而丧失能力的亚洲人自知与众不同。亚洲人的看法是减少残缺。着重在适应而尽可能地与大家做法相同。这甚至意味着反对歧视而避免法律行动。要找工作，你得锲而不舍。如果坐不上公共汽车，你说根本没关系。用户第一主义和辩护对丧失能力的亚洲人来说，简直难以理解。他避免在丧失能力下面画线而在上面集中公众注意。不这样做就不舒服。过去几年中，在亚洲社区中关于丧失能力的态度越来越西洋化。但基本价值依然存在：要做一个出名的成功者而胜过你丧失的能力。亚洲人要超越一切。他们要做佼佼者。(p. 1)

土生的美国人

据估计在美国约有 1500000 土生的美国后裔。土生美国人约有半数持续住在或靠近保留地；余者与普通人口住在一起，主要在城市地区（Little Soldier，1990）。许多联邦、国家、部落和本地机构给印第安的、爱斯基摩的或其他土生的后裔提供医药、教育和社会服务。在土生美国人口中间关于特殊性普遍形势的信息难以获得，但 Ramirez 和 Johnson（1988）报道，1986 年中多于 40000 接受特殊教育的美国印第安学生中丧失学习能力和语言损伤的种类多于 80%。

按当年注意到的，土生的美国人属于异质的集体。尽管众多土生的美国人分享了某些文化传统和世界观，Little Soldier（1990）曾指出，"部落差异的确存在，对印第安人来说接纳他们非常重要……根本没有单一的'印第安'文化。那伐鹤人（Navajos）在文化上与苏人（Siouxs 印第安人语群苏语组）的不同正如加拿大人与墨西哥人的不同（pp. 66～68）。"

许多土生的美国人更愿意吸收残疾人到家中或社区中来。实际上，非土生的专职人员往往感到在印第安保留地或在土生的阿拉斯加社区中为特殊儿童安排鉴定和服务方案感到困难（如果土生人不曾包括在计划和执行方案中更感到困难）。父母可能拒绝把他们和儿童迁移到可以评估和教育的遥远地方。

Anderson 和 Ellis（1980）建议，要了解土生的美国人的文化差别的第一步是欣赏个人与部落之间的关系。他们解释，"部落的整体是赋予部分意义的根源"。"花瓣本身毫无美态，但当它与花的其他部分放在一起时，包括花瓣的整体才能大放艳容……印第安人主要按他们的行为是否能使部落发扬光大来判断他们的价值"（pp. 113－114）。部落也影响土生美国人的观点知识和成就。与促进单一个人的了解和成就为学习模范的英国的和安哥拉的美国人观点不同，"部落的形式重视经过大多数社区成员工作以后的知识"（Parent，1985，p. 137）。

Stewart（1977）阐述众多土生的美国家庭收容有残缺儿童的性质，从而发现在某些印第安集体中非常难以估计耳聋的人口。耳聋的儿童经常成为牧羊人或学习社区中其他有用的职务。因为耳聋，他们不能在校中或班中注册上课。在众多集体中，有一个生来就丧失能力的儿童并不认为不幸或是悲剧；"假设儿童有他愿意怎样出生的选择权"（Stewart，1977，p. 439）。印第安语言也对特殊性表明客观的承认；Ute 印第安名词 n'kvat 译成"不能听所以不能讲话。"Stewart 认为这比古旧的英文名词"聋和哑"更有描述性。不过，这种认可的态度可能不涉及所有特殊儿童。若干观察家注意到具有明显身体残伤和抽搐的儿童往往使他们伙伴惊讶而受到戏弄。

土生的美国学生，特别是那些保留地或远方社区的学生，从学校过渡到独立和生产的成人期可能面临特殊的困难。Klennfeld(1987)在孤立的阿拉斯加村庄工作，在那里人们典型地通过群体狩猎、临时工作和政府辅助方案帮助他们自己生活。导致众多学生脱离中学教育和训练方案的情况，包括"(1)对学生和家庭成员缺乏系统的知识；(2)缺乏具有令个人满意的兼有土生和西洋生活方式混合的成人模范；(3)在小型、遥远乡村的成长世界和大型、现代机构的漠然冷淡之间的巨大脱节"(p.553)。为了适应大学和雇用机构的要求，为土生的学生举办中学后的特殊辅导方案，使他们获得广泛的和个人的指导，在减少退学率和促进学生的作业方面取得成功的效果。

Sisk(1987)在鉴定和为聪明天才土生的美国学生服务中讨论挑战事项。这个总体的差异性以及培养土生儿童的不同环境，已经成为发展天才学生难以克服的困难障碍。有些教育家已经发现，天才美国土生学生惯有尖锐的观察技能、视觉意识、解决问题和记忆的技能。在伙伴活动之中应注重解决问题的合作途径而不鼓励彼此竞争。"为了集体的利益，天才的美国印第安人不应成为统治支配者，而在影响其他伙伴中要表现独立性和好奇心"（Sisk，1987，p.234）。

大多关于促进丧失能力土生美国人生活的建议集中在健康、经济和社会发展广泛的问题上。Richardsm(1981)指出，美国的印第安人比其他的美国人收入低、寿命短，而且失业、酒精中毒、监禁和自杀率高。当然，这些问题值得教师注意。不过，在比较接近的水平上，研究人员为了促进对土生学生和他们家庭的个人交往与课堂教学，提供忠告如下（Pepper，1976；Richardson，1987）

◇ 用模范行动和期待行为，及不同语言去教导他们。

◇ 不要在班上儿童面前奖励或责怪。肃静、暗中交往通常是可取的。

◇ 用肯定的语气培养儿童的自我概念，如："你办得到。"甚至肯定一件工作的部分成就。

◇ 儿童之间社交和学业竞争可能引发问题；采用能像球队队员分担和共同工作的活动。

◇ 切莫过分强调有时间限制的测验和作业。许多土生人对时间和规则持灵活态度。

◇ 切莫期待目光相对。土生的小孩听讲课时专心注意地避免目光对视以示敬意。

◇ 在你的课堂或办公室中展示本地的图画或工艺品；采用描绘现实的和有尊严的土著人士。

◇ 美国的印第安人欣赏文明的握手。当向人致敬时，向他们倒杯咖啡或热水以示礼貌。

　　◇ 切忌带着优越感表示关心的言辞和概括，如"我有一个印第安的好朋友"或"你们爱斯基摩人信上帝吗？"

　　◇ 建议在商议的情况中接受和重述一位土生人的观点。要着重仔细聆听。通常间隔的缄默是可取的。

移居的学生

　　移居的学生是农村工作者的孩子，每年中典型地住在三个或四个不同的地区；他们通常是西班牙人，但也有黑人、白人、亚洲人和土生的美国人。移民的生活方式特征是艰苦的，往往从事低工资并且有损于身体的工作；居住条件恶劣；有限的保健医疗。这些因素连同移民儿童跟随他们家庭的农民大队的经验，以及企图适应不用他们土生语言典型的教育系统（大约 75％的移民讲西班牙语），使移居的学生在我们学校中成为"风险"最大的总体（Salend，1990）。

　　从美国估计的 800000 移民学生来推断，Baca 和 Harris（1988）建议，约有80000 移民学生需要特殊教育。然而，按 Perry（1984）所说，只有 8000 或 190的人接受特殊教育服务，相当于普通学龄总体的 10％。

　　与其他不同文化总体相同，当他们被联邦和政府立法托管和支援时（显著地公法 93—380），直到最近移民学生的教育需要曾广泛地被忽略了。现在实行的程序是支援对移民学生的鉴别以及帮助他们获得自由的、适当的公立教育方案。美国教育部掌管对移民学生的全国电子计算机信息档案、移民学生转移系统记录（Migrant Student Record，Transfer，System，MSRTS），帮助学校解决保持学生的健康、家庭和教育成就资料的困难任务。

　　Joyce King-Stoops（1980）为移民儿童的教师汇编了简明的工作指南。她的若干建议对具有特殊需要不同文化的学生也很实用。一条曾证明有用的策略是雇用有移民背景的中学或大学生（通常讲两种语言的）兼任课堂中年幼儿童的助教。这种措施促进儿童和助教双方的自我概念，有助于与父母的交往，而且，鼓励某些来自这种文化年轻成人考虑以教学为职业。另外，助教所挣的收入一般非常需要。King-Stoops 强调移民学生在学校中体验承认和成功的需要，建议用"能在合理时间中适当的和完成任务的短期工"（p. 23）。

　　发展优良的语言和阅读模范对学校成功和大多学生的雇用是先决条件。King-Stoops 设计了若干活动以促进儿童的聆听和讲话技能。移民儿童有时讲Pocbo，一种英文和西班牙文的混合文。教师应首先鼓励用聆听交往然后为儿童示范标准讲话模式。

　　儿童：It lunch time L 80 Walkando.

　　教师：那是午饭时间。现在我们大家去吃午饭。（King-Stoops，1980，

p. 29)。

为移民学生工作的教师们往往报道自尊自重的水平低(Salend 等，1984)。从移民生活方式遗留下来的灵活性、贫困和其他条件往往反向影响自我概念的发展是可以理解的。将移民生活方式教给所有的学生能减少移民学生时常体验的孤独感，还能增加他们自信和价值感。例如，教师可能把这些活动结合到课程中去(Salend，1990)：

◇ 让移民学生和他们的父母讨论他们的经验以及他们居住过的地方。

◇ 编制一个追踪家庭移民沿路的地图。

◇ 建立一个友谊系统，年长学生在全国旅游时给他们的移民同班学友写信。

◇ 讨论移民工作者对我们社会的重要性。

◇ 种植并收割一个班级花园。（p. 19）

评价文化不同的特殊儿童

在特殊教育中测验被广泛地使用。但当我们实际地为每种特殊性检查评价技术时，结果指出为特殊教育服务用以鉴定学生的测验方法并非精确的科学，有时不过是猜测的工作而已。当被评价的学生来自不同文化背景时，取得可靠的、准确的和无偏见的评价结果的可能性甚至微乎其微。Figueroa(1989)称当代对来自少数地区儿童的心理测验的实践为"随机的浑沌"，因为它充满了问题。

J. R. Brown(1982)讨论传统上对白人、讲英语的中等阶级儿童是标准的测验，可能对那些不同文化背景的儿童在不同方式中发生歧视的恶果：

1. 测验使用对某一集体比另一集体更为贴切的版式和题目。例如，测验可能要求儿童阅读为测量聆听能力而设计的有时间限制的文字任务等等。

2. 学前儿童比学龄儿童有更多不同数量的"测验知情"问题。例如，白人、中等阶级学龄儿童倾向于熟悉问和答版式、猜谜以及测验中的指点和命名的任务。当测量有残缺儿童时，不能假设具有同样程度的熟悉性。

3. 由测验题目反映的技能可能与残缺的和文化背景不同儿童所要求的技能关系不大……测验本身以及测验者不是在评估儿童的能力，而是在测量这类的儿童曾吸收了多少主流文化的范围。（p. 164）

因此有残缺的或天才儿童位置在特殊教育方案之中不单依靠测验分数。在过去广泛地认为，过分依靠 IQ 测验导致把来自文化背景不同的众多学生不适当地加以标号和位置工作；IQ 测验对文化不同学生的智力并不是公平的或完全的测量。

Hilliard(1975)在若干广泛使用的认知能力的测验中呼吁注意文化偏见的来源。这些测验基于错误的前提：每一来做测验的儿童具有相似的生活经验背景。Hilliard列举测验中潜在的不公平的样例如下：

在某一测验中，儿童必须熟悉这样的文字如 wasp, eaptain, bive casserole, cobbler 或 bydrant。在另一测验中，儿童必须知道从波士顿到伦敦的距离以及冰山为什么融化……为了得到正确的答案，儿童必须假设妇女柔弱并需要保护，警察永远是友好的，劳动法是公正的。这样检查人员如何进行区分？(p.22)

有些有趣的证明指出，在测验的情况中，儿童的作业严重地受到环境和考试人员的影响。Labov(1975)举出 8 岁叫 Leon 的黑人儿童言语行为的个案研究。当 Leon 在课堂中收到奖品放在桌上的白人面试者测试时，听他说："关于这件物品将你所知道的告诉我"，他的反应微不成声，大多时间缄默无言。这表现着 Leon 的机能在他的年龄水平之下或者有严重的交往失常或智力落后。然而，在另一场合中，Leon 被一黑人检查员面试，将他带到熟悉的邻居单元之中，随同 Leon 的最好朋友并带着土豆片等食品，席地而坐。在这种情景之下，Leon 流利谈话；他对这位长者和他的挚友讲了许许多多。此外，Labov 还完成了众多黑人儿童使用的非标准的英文语言分析并作出传统课堂测验和作业缺乏准确性的结论来："没有理由相信任何非标准的本地语言本身阻碍学习"(Labov，1975，p.127)。

尽管 Labov 的个案研究说明同一儿童对不同的考试人员有不同的反应，但不应假设教师或考试人员的种族、性别或年龄不可避免地影响儿童的作业。J. R. Brown(1982)检阅了若干关于检查员种族对于文化不同儿童的作业影响的研究，并作出当被白人、黑人或西班牙检查人员测验时，没有黑人和西班牙学生的分数偏高或偏低的普遍倾向。像"显示热情、负责、善于接纳而且坚定风格"的检查人员特征在鼓励儿童发挥他们最佳才华比种族或少数集体更为重要。"这并不排除少数民族或种族——而不考虑其他活动变量之间的关系。这样做很可能是毫无效益的"(J. R. Brown，1982，p.165)。

Mercer(1981)建议对儿童校外、家里和邻里的行为观察可能比鉴定能力和需要的正式测验更有价值，而且更重要的是帮助把丧失能力与智力落后的学生加以区别。如果一个儿童是"在聪明地应付非学术世界所需的技能，于是他可能忽略校中所要求的技能，但他毕竟不是一个智力落后者"(Mercer，1981，p.101)。Pent(1976)强调，详细描述行为包括前因与后果的重要性。在某些文化与环境中，高声讲话并非永远与强暴和侵略行为画等号。推推搡搡可能毫无敌意——它们可能是尊敬与热情的符号(Dent，1976)。在报道儿童的行为时切莫加以注释和价值的判断。

伴随着对行为的客观记录，当评价作业时，也应把儿童的社会和文化背景考虑在内。儿童的文化认为是正常的，学校可能当做反常或不可接受从而产生矛盾甚或惩罚。Gallimore，Boggs 和 Jordan(1974)列举若干夏威夷土生儿童关于测验和作业找其他儿童帮助而对教师似乎不予置理，这种行为被认为是欺骗和漫不经心。不过，对儿童的家庭和社区环境仔细观察，发现夏威夷儿童典型地一向成帮成派。对他们来说彼此照顾分担责任是正常的，而且他们往往互抄作业而不听从成人的教育。

Cox 和 Ramirez(1981)报道，对任何学生集体的学习作风不能妄加概论。众多黑人、西班牙人和其他文化不同的儿童比白人学生更倾向帮派，对社会环境更加敏感，对成人模范更积极反应。来自某些文化背景的学生可能在高度竞争的情况下或对非社会化的任务不能有效地学习。他们对测验可能不舒服而且可能对某些概念和材料的详细介绍毫无兴趣。

非鉴定性的评价要求以各种准确的信息为基础。测验儿童之前要与他们建立亲密的联系；要观察他们在校中、家里和旅游环境的行为；而且同他们的父母协商可能帮助教师和检查人员了解更详尽的文化差异，并减少将学生误置特殊教育方案的数目。熟悉儿童语言和文化背景的辅助专职人员或志愿者已被证明在众多测验情况中是有价值的助理(Mattes 和 Omark，1984)。

按 J. R. Biown(1982)所注意的，有限的使用语言与有限的智慧能力并非同义词；"某些文化不同的儿童在做测验时实际上是缄默的。检查人员需要采集儿童与其他儿童游戏时儿童语言的代表抽样"(P.170)。很明显，如果他来自不讲英语的家乡，英文的标准测验不太可能代表儿童能力的真实图画。"如儿童的主要言语是西班牙文、那伐鹤文(Navajo)或泰国文，唯一合理的英语测验是用第二语言去决定学生的功能"(Lewis 和 Doorlag，1991，p.361)。

公法 94－142 指明目的在于鉴别丧失能力儿童测量必须在儿童母语言中进行。不过，Figueron，Fradd 和 Correa(1989)指出，落实这条法律过程中一个严重的缺点：

　　　在法律与它的规定之间存在着奇怪的或者恶毒的畸形物。为实际的立法界限"母语言"为家乡语言时……规定界限"土生语言"为学校中学生使用的正常语言从而退化了法律的意义。大多讲两种语言的儿童迅速地学会英语口语。对他们来讲，公法 94－142 的规定排除任何主要语言支柱。按它所发生的，法律给来自土生语言家的西班牙儿童的特殊教育打上事先存在问题的烙印。(p.175)

不幸的是，当检查人员确实希望使用儿童的土生语言时，除了英语和把测验译成其他语言的翻译本或改编本外没有众多可用可靠的测验（Cummins，1989）。例如，Alzate(1978)检验，若干讲西班牙语言儿童对于英文测验作业的研究并总结说译文测验一般靠不住。De Avila(1976)指出，在西班牙人口中语言变化特大而且发现当墨西哥的美国儿童作为波多黎哥儿童改编的西班牙文测验时，他们的作业比公认的不公平英文测验还要糟。为了说明可能是不适当的译文产生的混淆时，De Avila 观察到讲西班牙语的儿童可能使用若干文字的任何一种来描述一个风筝。这依家庭原始国家为转移；Cometa，Buila，Voantin，Papalote 或 Chringa。因此，尽管测验译本和其他资料译成儿童土生语言在许多情况中有所助益，必须避免可能对讲不同文字的儿童造成错误的不正确译文。

在丧失学习和交往能力与只需要英文教学的儿童之间加以区分并非总是轻而易举的。然而，在特殊教育班中讲少数语言学生的数目居高不下的情况意味着，需要"既能帮助教师区分讲少数语言学生的特殊性"，又能在最小限制教育环境中提供差异的测验和安排工作的程序（教师教育处，1986，p.25）。

Ortiz 和 Yates(1988)推荐管理特殊教育方案中语言不同学生的合格条件工作安排和工作安排政策如下：

1. 估计学生的语言精练程度必须先于对任何其他领域中技能的评价。这些评价必须不仅对英文一门文字，而且必须包括学生土生语言的估计。

2. 要列为真正的残缺者，儿童必须在他的土生或掌握的语言中有所缺陷，而不仅仅在英语中。政策必须指明在土生语言中没有缺陷的学生不是一名残缺的学生。

3. 由于为英语精练有限学生缺乏标准化的评价工具，因此对讲两种语言的学生，评价程序和工具的改编本是必须的。不过，所有改编必须在学生的记录册中加以描述。

4. 必须承认讲少数语言的学生所得的分数往往大多数是能力指标最低的而不是最高的分数。由于种种原因，用第二语言的学习者得分要低于他们的潜能所能得到的。评估人员要对这种事实富有敏感性并把它与书面记录和制定决策结合起来是义不容辞的。

5. 特殊教育家、父母和正规教育家必须坚持评价只由精通学生主要语言的人员来主持。

6. 年度检查的传统概念往往对讲少数语言的学生不适宜。这些学生不断地增强他们的英语和他们土生语言的技能。原始评价的结果必须随之以经常跟踪评价的序列。

当儿童记录被审核和制定提供什么服务类型决策时，在安排工作过程中也会发生偏向和歧视。在某些教育家的意见中，儿童的种族，家庭的背景和经济环境——而不是真实的作业成绩和需要——不公平地影响他可能接受的标签以及他从正规课堂迁走的程度。

两种语言的特殊教育

国家教育统计中心估计，1980 年美国有 3000 万第一语言不讲英文的人民。到今天，大约有 1000 多万学龄儿童英语不够熟练(Limited English Proficieny LEP)，因为他们的第一语言不是英文。两种语言或少数语言儿童"面临自然讲话关系的两种语言[和]来自在与家庭成员交往中不用主要文化而功能地使用一种语言的家庭"(Mattes 和 Omark，1984，p.2)。某些学校专区提供两种语言的教育方案——"在部分或全部学校课程中为儿童或一组儿童使用两种语言作为教学的工具"(Cohen，1975，p.18)。两种语言的教育方案以学生的学术发展为他们的主要目标，也就是说，主要的宗旨并非就教英文本身，而是用他们掌握最好的语言将学校课程的基本技能、概念和知识教给 LEP 学生。

对于既在语言上有所不同又丧失能力的学生来说，他们在校成功的目标是特别富有挑战性的。他们不仅必须克服由他们的无能造成的困难，而且他们必须在用外文讲课而几乎不经常讲土生语言的环境中进行。针对这些儿童，两种语言的特殊教育方案是必需的。Baca 和 Cervantes(1989)给两种语言的特殊教育下的定义是：

> 伴随英语使用家乡语言和家乡文化是为学生个人设计的特殊教学的方案。两种语言的特殊教育考虑到儿童的语言和文化是适当教育建立的基础。两种语言特殊教育的主要宗旨是帮助每一个别学生发展学习的最大潜能。(p.18)

响应基于"要求，面临教导丧失能力儿童去学基本技能已感任务艰巨的特殊教育家们再学第二语言未免过分"的理由，对两种语言特殊教育加以反对，Baca 和 Cervantes(1989)认为：

> 如果理解儿童的文化和语言是建造适当教育的基础，基础技能的传递就可以大踏步地前进了……简而言之，在儿童已掌握的技能上发展是健全教育实践的基础。英国语言和安哥拉文化的技能实际上是附加的材料。(p.18)

大多两种语言的教育方案通常强调转化的方法或强调保持的方法。在转化的方案中，学生的第一语言和文化只在学校所需要的机能范围之内使用，直到为所有教学掌握应用的英文而后止。转化方案不教本国的阅读和写作。

某些教育家(如 Ada，1986；Cardenas，1986)坚持对于讲两种语言的儿童来说，过快地转化到英语是错误的，而学校教学应用本国语和英语二者同时进行。"语言的运用对于儿童的智力发展至关重要……宁可冒本国语言运用和交往能力不成熟限制的风险，我建议继续使用本国语言直到有完全把握掌握英国语言为止"(Cardenas，1986．p. 361)。尽管承认坚实的认知和语言技能的发展在第一语言中至关重要，Glenn(1986)指出"在儿童入学以前语言发展最关键的年月已经过去了……我们可以向难以对付一种语言的儿童表达两种语言以保持本国语言的永久性并调解原始文字的混乱"(p. 655)。

以保持为宗旨的两种语言方案鼓励儿童伴随英语的同时发展并保持本国语言(包括阅读和写作)和文化。Cummins(1989)强调鼓励儿童发展他们第一语言(LI)技能的重要性。他提出若干研究，建议不同语言学生文学成功的主要指标是把他们本国语言和文化与学校方案结合一起的程度。Cummins 说，即使不提供两种语言教育的地方，学校也能鼓励并促进儿童在他们第一语言中的技能与声望。他建议若干新西兰教育家鉴定的具体策略：

◇ 鼓励学生在学校周围使用他们的 LI。

◇ 为来自同一少数民族集体的学生彼此之间用他们的 LI 互相交往提供机会。

◇ 征求能用他们的 LI 辅导学生的人。

◇ 提供用各种语言编写的书籍。

◇ 在新闻信札和其他学校交往中收编各种语言的贺辞和信息。

◇ 提供两种语言的和多种文字的符号。

◇ 在校中展示各种文化的图片和实物。

◇ 创办收编学生的 LI 的研究单位。

◇ 鼓励学生用他们的 LI 为学校通讯和杂志贡献作品。

◇ 在开大会和其他法定学校活动时，聘请第二语言的学员使用他们的 LI。

目前，所有为两种文字教育提供支援的政府与联邦法律独宠的转化模式。然而，按 Baca 和 Cervantes(1989)指出的，如果他们愿意的话，法律并不阻挠学校专区提供保持方案。

两种语文教育的恢复模式寻求恢复学生祖先由于文化同化丧失或消减的语言和文化遗产。两种语文教育的扩大方案为只懂一种语言的集体设计教学一种新语言和文化方式，例如，某些学校专区目前提供用第二语言去教所有或大多课程的"immersion school 专门学校(?)"(最普通的用西班牙文和法文)。

关于教讲两种语言学生的最有效方法，教育家们议论纷纷。前美国教育部长 William J. Bennet(1986)曾写过：某些儿童"来自鼓励他们掌握英语的家庭；有些列入讲土生语言表示尊贵的同等集团。某些到达此地从他所讲的语言译成英文相当容易；其他所讲的语言错综复杂，与我们的语言完全不同"(p. 62)。Bennett 坚持在讲两种语言学生的具体方法应由地方选择，但他强烈争论："所有美国儿童需要尽早学习用英语讲话、阅读和写作"(p. 62)，有些专职人员和立法人员呼吁指定英文"为美国唯一正式的语言"(Glenn，1986)。不过，采用这样的政策可能给用学生土生的语言进行教学的学校带来挫折。

两种语言教育的研究尚未给方法论提供指导方针。不过，普遍同意儿童与教师、父母和伙伴相互交往是掌握英文最有效的途径。从事并讲述有趣经验的儿童，比局限于课堂听讲和教师纠正错误的儿童更可能掌握优良的英文技能。应尽力给讲两种语言的特殊儿童提供用语言探讨世界的不同机会。

教师对文化不同的特殊儿童的指导方针

那么，怎样教来自不同文化背景的特殊儿童？回到前面已经提过的问题：有四名来自不同文化背景的学生教师需要四种不同的教学方法吗？答案既是"不"，也是"是"。对第一个答案，我们系统的教学程序适用于所有文化背景的学生，这是我们的观点。对大部分来说，优良的教学就是优良的教学。诚然，当特殊学生有额外特殊的需要去适应新的或不同的文化或语言时，教师计划个别活动、清晰地布置要求、对作业直接强化和反馈就更加重要了。这些程序结合以帮助的和友好的态度能有助于促进文化不同的特殊儿童在校中的学习动机与学业成绩。但从定义上讲，有系统的教师是按个别学生作业的变化（或不变化）为转移的。因此，它能引起争论：有效的教师需要——不管学生的文化背景——班中有多少学生就要有多少种教学方法。

我们相信这种争论基本上是真实的。但它也要求知道文化和语言的差异如何影响儿童对教学的反应，那些效果是否保证不同的方法对教学发生影响的真实问题。因此，在系统教学的基本方法保持相同的时候，帮助来自文化背景不同的特殊儿童取得成功的教师必定是那些对他们学生的文化遗产与价值敏感而尊重的人们。教师要对他们的服务发生效果并不必须分担他的学生文化和土生语言，如果他忽略了那些差异，教师帮助学生在课堂中获得成就可能失败。

当发展适应来自文化背景不同的特殊儿童需要的服务时，教师应尽可能地取得儿童、家庭和文化集体的信息。一项有用的策略是与父母、以及熟悉儿童和她的特殊文化环境的其他人士面谈。下列的问题可能在一次面谈中所提出的问题之中：

◇ 文化集体的成员为何抛离他们的家乡？
◇ 文化集体的成员为何在当地社区中落户？
◇ 文化集体的成员感受贫困到什么程度？

◇ 典型的家庭有多少成员？

◇ 个别家庭成员分派到什么任务？

◇ 文化中有什么风俗、价值和信仰与要了解儿童的行为有关？

◇ 文化集体成员参加什么样的社会职责和休闲活动？

◇ 文化集体成员对教育有如何看法？

◇ 文化集体成员对有残缺人士如何看待？（Mattes 和 Omark，1984，pp. 43—45）

从这些问题所获得的信息可形成决定适宜而强化的活动基础。它还可以扩大教师对儿童在校行为的理解并促进与父母的交往。

文化不同的特殊儿童教师应当采取灵活的教学方式、建立积极的学习气氛、并运用各种方法适应个别学生的需要。抱着关心的态度、对行为仔细的评估和观察以及运用适当的资料和社会资源，教师能帮助来自不同文化或语言背景的特殊儿童在校取得圆满成功。

结论：国际的前景

本章主要焦点在于了解并适应从文化背景不同的少数民族来到美国的特殊儿童需要。特殊教育，与其他范畴一样，在全球范围内日益扩大也是值得注意的。多于世界人口总量 70% 的丧失能力者在发达国家中出现了（Marfo，1986）。

通过国际旅游、会议和刊物，美国教育家已经了解众多其他国家中特殊教育人士的路径以及将这些技术与他们自己教育方案结合一起的某些情况。例如，我们的正常化方法——将丧失能力的人士纳入他们自己的社区之中，是从斯堪的纳维亚的日耳曼语系的国家学来的。有时，当大多具有严重智力落后的美国人住在大型的、冷淡无情的公共机构中时，"丹麦的和瑞典的机构和社区居住所更像保持良好、舒适和愉快的住家"（Goldstein，1984，p. 80）。Educateur 教育家的概念——在患情绪异常儿童的教育和校中表演积极和不同角色的专职人员，起源于法国并在美国和加拿大广泛地采用。在日本学校中强调的法令、纪律以及学术曾吸引众多美国教育家的注意（Ohanian，1987）。其他的教育家们曾经研究荷兰人用以对待聋盲儿童的交往方法、苏联国家中用以诊断和处理丧失能力的方法以及澳大利亚和新西兰对讲非英语的土生儿童的阅读教学技术。

在世界发展地区，主要在非洲、亚洲和拉丁美洲曾经工作的美国特殊教育家数目日增也是国际前景的一个明证。他们在评价丧失能力的儿童、建立特殊教育方案以及培训教师和父母一类的工作中，扶助了主人翁国家的大量同事们。国际服务的机会可以通过政府机构加以安排，如和平大队、Fullbright 奖学金方案、国际发展机构、美国教育部教师交流方案、以及通过私人的、慈善的组织或宗教组织。

参考文献

Becker, W. C. , Engelmann, S. , Thomas, D. R. Teaching: Accurse in applied psychology. Chicago: Science Research Associates, 1971.

Berman, J. L. , Ford, R. Intelligence gence quotientsand intelligence loss in patients with phenylketonuria and some variant states. Journal of Pediatrics, 1970, 77, 764—770.

Blatt, B. Revolt of the idiots: A story. Glen Ridge, NJ: Exceptional Press, 1976.

Doll, E. A. Vineland Social Maturity Scale. Circle Pines, MN: American Guidance Service, 1965.

Gearheart, B. R. , Litton, F. W. The trainable retarded: A foundations approach. St. Louis, MO: C. V. Mosby, 1975.

Grossman, H. J. (Ed.). Manual on terminology and classification in mental retardation . Rev. ed. Washington, DC: American Association on Mental Deficiency, 1973.

Garber, H. , Heber, R. The Milwaukee Project: Early intervention as a technique to prevent mental retardation [Technical paper]. Storrs, CT: University of Connecticut, 1973.

Hayden, A. H. , Pious, C. G. The case for early intervention. In R. YorkE. Edager(Eds). Teaching the severely handicapped (Vol. 4) . Seattle: American Association for the Education of the Severely \ profoundly Handicapped, 1979, 267—287.

Hewett, F. M. , Forness, S. R. Education of exceptional learners (2nd ed.). Boston: Allyn & Bacon, 1977.

Hobbs, N. The futures of children . San Francisco: Jossey-Bass, 1975.

Itard, J. M. G. , (G. Humphrey, M. Humphrey, Eds. and Trans.) The wild boy of Aveyron. New York: Appleton-Century-Crofts, 1962.

Kolstoe, O. P. , Frey, R. A high school work-study program for mentally subnormal students. Carbondale: Southern Illinois Press, 1965.

Lindman, F. T. , Mclntyre, J. M. The mentally disabled and the law. Chicago: University of Chicago Press, 1961.

Madle, R. A. Alternative residential placements. In J. T. Neisworth & R. M. Smith(Eds.), 1978

Retardation: Issues, assessment, and intervention . New York: McGraw-Hill.

Mercer, J. R. Labelling the mentally retarded. Berkeley, CA: University of California Press, 1973.

Robinson, N. M. , Robinson, H. B. The mentally retarded child A psychological approach (2nd ed) New York: McGraw-Hill, 1976.

Mercer, J. R. The myth of 3% prevalence. In R. K. Eymon, C. E, 1973b.

Moyer, J. R. , Dardig, J. C. Practical task analysis for special educators. Teaching Exceptional Children, 1978, 11(1), 1—16.

Neisworth, J. T. , Smith, R. M. (Eds.). Retardation: Issues, assessment, and intervention. New York: McGraw-Hill, 1978. Iscoe, I. , Payne, S. Development of a revised scale for the functional classification of exceptional children. In E. P. Trapp & P. Himelstein(Eds.), Readings on the exceptional child. New York Appleton-Century-Crofts, 1972, 7—29.

Smith, R. M. , Neisworth, J. T. The exceptional child: A functional approach. New York: McGraw-Hill, 1975.

Wolfensberger, W. Normalization: The principle of normalization in human services. Toronto: Canada National Institute on Mental Retardation, 1972.

Wechsler, D. Manual for the Wechsler Intelligence Scale for Children-Revised. New York: Psychological Corp, 1974.

Ames, L. B. Learning disabilities: Time to check our roadmaps? Journal of Learning disabilities, 1977, 10, 328—330.

Balow, I. H. , Farr, R. , Hogan, T. P. et al. Metropolitan Achievement Tests: 1978 edition . New York: Psychological Corp, 1978.

Becker, W. C. , Engelmann, S. E. Technical report 1976 — 1. Eugene, OR: University of Oregon, 1976.

Clements, S. D. Minimal brain dysfunction in children (NINDS Monograph No. 3, Public Health Service Bulletin No. 1415) . Washington, DC: U. S. Department of Health, Education and Welfare, 1966.

Englemann, S. E. Sequencing cognitive and academic tasks. In R. D. Kneedler & S. G. Tarver(Eds.), Changing perspectives in special education (pp. 46－61). Columbus, OH: Merrill, 1977.

Hallahan, D, P. , Kauffman, J. M. Labels, categories, behaviors: ED, LD, and EMR reconsidered, The Journal of Special Education, 1977, 11, 139－149.

Hieronymus, A. N. , Lindquist, E. F. Iowa Tests of Basic Skills. Boston: Houghton Mifflin, 1978.

Howell, K. W. , Kaplan, J. S. , O' Connell, C. Y. Evaluating exceptional children: A task analysis approach. Columbus, OH: Merrill, 1979.

Haring, N, G. , Lovitt, T. C. , Eaton, M, D, . et al. The fourth R: Research in the classroom. Columbus, OH: Merril, 1978.

Kirk, S. A. Foreword to the first edition. In D. F. Moores. Educating the deaf: Psychology, principles and practices(2nd ed.). Boston: Houghton Mifflin, 1978.

Lovitt, T. C. The learning disabled. In N. G. Haring(Ed.), Behavior of exceptional children (2nd ed.) (pp. 155－191) . Columbus, OH: Merrill, 1978.

Lovitt, T. C. Applied behavior analysis and learning disabilities-Part 1: Characteristics of ABA, general recommendations and suggestions for practitioners. Journal of Learning Disabilities, 1975a, 8, 432－443.

Lovitt, T. C. Applied behavior analysis and learning disabilities-Part II: Specific research recommendations and suggestions for practitioners. Journal of Learning Disabilities, 1975b, 8, 504－518.

Mayhall, W. , Jenkins. J. Scheduling daily or less-than-daily instruction: implications for resource programs. Journal of Leaning Disabilities, 1977, 10, 150－163.

Myers, P. I. , Hammill, D. D. Learning disabilities: Basic concepts assessment practices, and instructional strategies (3rd ed.) . Austin, TX: PRO-ED, 1990.

Scranton, T. , Oowns, M. Elementary and secondary learning disabilities programs in the U. S. : A survey. Journal of Learning Disabilities, 1975, 8, 394－399

Spring, c. , Sandoval J. Food additives and hyperkinesis: A critical evaluation of the evidence. Journal of Learning Disabilities, 1976, 9, 560—569.

Wallace, G. , McLoughlin, J. A. Learning disabilities: Concepts and characteristics (2nd ed.). Columbus, OH: Merrill, 1979.

Burchard, J. D. , Harig, P. T. Behavior modification and juvenile delinquency. In H. Leitenberg(Ed.), Handbook of behavior modification and behavior therapy (pp. 405—452). Englewood Cliffs, NJ: Prentice-Hall, 1976.

Cavan, R. S. , Ferdinand, T. N. juvenile delinquency（3rd ed. ）. New York: J. B. Lippincott, 1975.

Heward, W. L. Dardig, J. C. Rossett, A. Working with parents of handicapped children, Columbus, OH: Merrill, 1979.

Kauffman, J. M. Characteristics of children's behavior disorders. Columbus, OH: Merrill, 1997.

Lovaas, O. L. , Newsom, C. D. Behavior modification with psychotic children. In H. Leitenberg(Ed.), Handbook of behavior Modification and behavior therapy Englewood Cliffs, NJ: Prentice-Hall, 1976, 303—360.

Lovaas, O. L. , Newsom, C. D. Behavior modification with psychotic children. In H. Leitenberg(Ed.), Handbook of behavior Modification and behavior therapy Englewood Cliffs, NJ: Prentice-Hall, 1976, 303—360.

Morse, W. C. The education of socially maladjusted and emotionally disturbed children. In W. M. Cruickshank & G. O. Johnson(Eds.), Education of exceptional children and youth（3rd ed.) Englewood Cliffs, NJ: Prentice-Hall, 1975, 557—608.

Morse, W. C. Worksheet on life-space interviewing for teachers. In N. Long, W. Morse, & R. Newman(Eds.), Conflict in the classroom. Belmont, CA: Wadsworth Publishing, 1976, 337—341.

Martin, B. Parent-child relations. In F. D. Horowitz（Ed.), Review of child development research（Vol. 4). Chicago: University of Chicago Press, 1975, 463—540.

Morse, W. C. , Cutler, R. L. , Fink, A. H.. Public school classes for the emotionally handicapped : A research analysis. Washington, DC: Council for Exceptional Children, 1964.

Quay, H. C. Classification in the treatment of delinquency and antisocial behavior. In N. Hobbs（Ed.), Issues the classification of children（Vol. 1) (pp. 377—392). San Francisco: Jossey-Bass, 1975.

Stephens, T. M. Teaching skills to children with learning and behavior disorder. Columbus, OH: Merrill, 1977

Wallace, G. , McLoughlin, J. A. Learning disabilities: Concepts and characteristics (2nd ed.). Columbus, OH: Merrill, 1979.

Rothman, E. P. Troubled teachers . New York: David McKay Co, 1977.

Sameroff, A. J. , Chandler, M. J. Reproductive risk and the continuum of caretaking casualty. In F. D. Horowitz(Ed.), Review of child development research (Vol. 4). Chicago: University of Chicago Press, 1975, 187—244.

Wood, F. H. , Zabel, R. H. Making sense of reports on the incidence of behavior disorders/emotional disturbance in school-aged popula-tions. Psychology in the Schools, 1978, 15, 45—51.

Boone, D. R. Our profession: Where are we? Journal of the American Speech and Hearing Association, 1977, 19, 3—6.

Hatlen, J. T. , Hatten, P. W. Natural language . Tucson, AZ: Commu-nication skill builders, 1975.

Haycock, G. S. The teaching of speech . Stoke-on-trent, England: Hill & Ainsworth, 1933.

Hewett, F. M. , Forness, S. R. Education of exceptional learners (2nd ed.). Boston: Allyn & Bacon, 1977.

Jonas, G. Stuttering: The disorder of many theories. New York: Farrar, Straus & Giroux, 1976.

McLean, J. E. , Snyder-McLean. L. K . A transactional approach to early language training. Columbus. OH: Merrill, 1978.

Renfrew, C. E. Speech disorders in children . Oxford, England: Perga-mon Press, 1972.

Van Riper, C. Speech correction: Principle and methods (5th ed.) Engle-wood Cliffs, NJ: Prentice-Hall, 1972.

Weiss, C. E. , Lillywhite, H. S. Communicative disorders: A handbook for prevention and early intervention . St. Louis, MO: C. V. Mosby, 1976.

Berg, F. S. Characteristics of the target population. In F. S. Berg, J. C. Blair, S. H. Viehweg, & A. Wilson-Vlotman, Educational audiology for the hard of hearing child (pp1—24). Orlando, FL: Grune Stratton, 1986.

Blair, J. , Peterson, M. , Viehweg, S. The effects of mild hearing loss on academic performance of young school-age children. Volta Review, 1985,

87, 87—93.

Boothroyd, A Speech perception and severe hearing loss. In M. Ross T. G. Giolas (Eds.), Auditory Management of hearing-impaired children (pp. 117—144). Baltimore, MD: University Park Press, 1978.

Clarke, B. , Leslie, P. Environmental alternatives for the hearing handicapped. In J. W. Schifani, R. M Anderson, S. J. Odle (Eds.), Implementing learning in the least restrictive environment: Handicapped children in the mainstream (pp. 199—240. Baltimore, MD: University Park Press, 1980.

Connor, L. E. Oralism in perspective. In D. M. Luterman(Ed.), Deafness in perspective (pp. 116—129). San Diego: College-Hill, 1986.

Davis, H. , Silverman, S. R. (Eds.) Hearing and deafness (3rd ed.) . New York: Holt, Rinehart Winston, 1970.

Geers, A. , Moog, J. Factors predictive of the development of literacy in profoundly hearing-impaired adolescents. The Volta Review, 1989, 91, 69—86.

Hewett, F. M. , Forness, S. R. Education of exceptional learners (2nd ed.). Boston: Allyn & Bacon, 1977.

Ireland, J. C. , Wray, D. , Flexer, C Hearing for success in the classroom. Teaching Exceptional Children, 1988, 20(2), 15—17.

Kluwin, T. N. , Moores, D. F. Mathematics achievement of hearing impaired adolescents in different placements. Exceptional Children, 1989, 55, 327—335.

Lane, H. L. Is there a "psychology of the deaf"? Exceptional Children, 1988, 55, 7—19.

Ling, D. Speech and the hearing-impaired child: Theory and practice. Washington, DC: The Alexander Graham Bell Association for the Deaf, 1976. .

Ling, D. Devices and procedures for auditory learning. The Volta Review, 1986, 88(5), 19—28.

Lowell, E. L. , Pollack, D. B. Remedial practices with the hearing impaired. In S. Dickson (Ed.), Communication disorders: Remedial Principles and practices. Glenview, Ⅱ: Scott, Foresman, 1974.

Luterman, D. M. (Ed.) . Deafness in perspective. San Diego: College-Hill, 1986.

Moores, D. F. Educating the deaf: Psychology, principles, and practices (3rd ed.). Boston: Houghton Mifflin, 1987.

Paul, P. V. , Quigley, S. P. Education and deafness. New York: Longman, 1990.

Reagan, T. The deaf as a linguistic minority: Educational considerations. Harvard Educational Review, 1985, 55, 265—277.

Ross, M. Review, overview, and other educational considerations. In M. Ross & L. W. Nober(Eds.), Educating hard of hearing children (pp. 102—116). Reston, VA: Council for Exceptional Children, 1981.

Ross, M. A perspective on amplification: Then and now. In D. M. Luterman(Ed.), Deafness in perspective (pp. 35—53). San Diego: College-Hill, 1986.

Zelski, R. F. K. , Zelski, T. What are assistive devices? Hearing Instruments, 1985, 36, 12.

Walker, L. A. A loss f or words: The story of deafness in a family. New York: Harper Row, 1986.

Chase, J. B. Application of assessment techniques to the totally blind. In P. J. Lazarus & S. S. Strichart(Eds.), Psychoeducational evaluation of children and adolescents with low-incidence handicaps (pp. 75 — 102). Orlando, FL: Grune & Stratton, 1986a.

Chase, J. B. Psychoeducational assessment of visually-impaired learners. In P. J. Lazarus & S. S, 1986b.

Corn, A. , Ryser, G. Access to print for students with low vision. Journal of Visual Impairment and Blindness, 1989, 83, 340—349

Corn, A. L. Low vision and visual efficiency. In G. T. 5choll(Ed.), Foundations of education for blind and visually handicapped children and youth: theory and practice (pp. 99 — 117). New York: American Foundation for the Blind, 1986.

Corn, A. L. Instruction in the use of vision for children and adults with low vision: A proposed program model. RE: view, 1989, 21, 26—38.

Ferrell, K. A. A second look at sensory aids in early childhood. Education of the Visually Handicapped, 1984, 16, 83—101.

Ferrell, K. A. Reach out and teach . New York: American Foundation for the Blind, 1985.

Ferrell, K. A. Infancy and early childhood. In G. T. Scholl(Ed.), Foundations of education for blind and visually handicapped children and youth: Theory and practice (pp. 119－135). New York: American Foundation for the Blind, 1986.

Hatlen, P. H. Priorities in education programs for visually handicapped children and youth. Division for the Visually Handicapped Newsletter, 1976, 8－11.

Hatlen, P. H. The role of the teacher of the visually impaired: A self-definition. Division for the Visually Handicapped Newsletter, 1978, 5.

Hill, E. W. , Jacobson, W. H. Controversial issues in orientation and mobility: Then and now. Education of the Visually Handicapped, 1985, 17, 59－70.

Koestler, F. The unseen minority: A social history of blindness in the U-nited States. New York: David McKay Co, 1976.

Lowenfeld, B. (Ed.). The visually handicapped child in school . New York: John Day, 1973.

Miller, D. Ophthalmology: The essentials . Boston: Houghton Mifflin, 1979.

Miller, W. H. The role of residential schools for the blind in educating visually impaired students. Journal of Visual Impairment and Blindness, 1985, 79, 160.

Scholl, G. T. (Ed.). Foundations of education for blind and visually handicapped children and youth: Theory and practice. New York: American Foundation for the Blind, 1986a.

Scholl, G. T. Multicultural considerations. In G. T. Scholl (Ed.), Foundations of education for blind and visually handicapped children and youth (pp. 165－182). New York: American Foundation for the Blind, 1986b.

Scholl, G. T. Appropriate education for visually handicapped students. Teaching Exceptional Children, 1987, 19(2), 33－36.

Swallow, R. M. , Conner, A. Aural reading. In S. S. Mangold(Ed.), A teacher's guide to the special educational needs of blind and visually handicapped children (pp. 119 － 135). New York: American Foundation for the Blind, 1982.

Ward, M. E. The visual system. In G. T. Scholl(Ed.), Foundations of education for blind and visually handicapped children and youth : Theory and practice (pp. 35—64). New York: American Foundation for the Blind, 1986.

Blackburn, J. A. Cerebral palsy. In M. L. Wolraich(Ed.), The practical assessment and management of children with disorders of development and learning. Chicago: Yearbook Publishers, 1987.

Bleck, E. E. Integrating the physically handicapped child. Journal of School Health, 1979, 49, 141—146.

Bleck, E. E. Orthopedic management of cerebral palsy—Clinics in developmental medicine No. 99/100. Philadelphia: J. B. Lippincott, 1987.

Byers, J. AIDS in children: Effects on neurological development and implications for the future. The Journal of Special Education, 1989, 23, 5—16.

Clark, B. Growing up gifted: Developing the potential of children at home and at school (3rd ed.). Columbus, OH: Merrill, 1988.

Cusick, B. Therapeutic management of sensorimotor and physical disabilities. In J. L. Bigge, Teaching individuals with multiple and physical disabilities (3rd ed.)(pp. 16—49). Columbus, OH: Merrill, 1991.

Epstein, L. G. , Sharer, L. R. , Goudsmit, J. Neurological and neuropathological features of human immunodeficiency virus infection in children. Annals of Neurology, 1988, 23, 19—23.

Gillham, B. (Ed.). Handicapping conditions in children. London Croom Helm, 1986.

Kleinberg, S. Educating the chronically ill child . Rockville, MD: Aspen, 1982.

Kleinberg, S. Facilitating the child's entry to school and coordinating school activities during hospitalization. In Home care for children with serious handicapping conditions (pp. 67—77). Washington, DC: Association for the care of Children's Health, 1984.

Kraemer, M. J. , Bierman, C. W. Asthma. In J. Umbreit(Ed.), Physical disabilities and health impairments (pp. 159 — 166) .Columbus, OH: Merrill, 1983.

Levin, J. , Scherfenberg, L. Selection and use of simple technology in home, school, work, and community settings. Minneapolis, MN: ABLENET, 1987.

Levine, M. N. Psychoeducational evaluation of children and adolescents with cerebral palsy. In P. J. Lazarus & S. S. Strichart (Eds.), Psychoeducational evaluation of children and adolescents with low-incidence handicaps (pp. 267—284). Orlando, FL: Grune & Stratton, 1986.

MacFadyen, J. T. Educated monkeys help the disabled to help themselves. Smithsonian, 1986, 17(7), 125—133.

Pieper, E. The teacher and the child with spina bifida (2nd ed.). Rockville, MD: Spina Bifida Association of America, 1983.

Rosen, C. D. , Gerring, J. P. Head trauma: Educational reintegration. San Diego: College-Hill, 1986.

Ross A. O. Psychological disorders of children . New York: McGraw-Hill, 1974.

Verhaaren, P. R. , Connor, F. P. Physical disabilities. In J. M. Kauffman D. P. Hallahan(Eds.), Handbook of special education. Englewood Cliffs, NJ: Prentice-Hall, 1981.

Tarnowski, K. J. , Drabman, R. S. Teaching intermittent self-catheterization to mentally retarded children. Research in Developmental Disabilities, 1987, 8, 521—529.

Wright, c. , Bigge, J. L. Avenues to physical participation. In J. L. Bigge, Teaching individuals with multiple and physical disabilities (3rd ed.) (pp. 132—174). Columbus, OH: Merrill, 1991.

Wright, c. , Momari, M. From toys to computers: Access for the physically disabled child . San Jose, CA: Wright, 1985.

Bannerman, D. J. , Sheldon, J. B. , Sherman, J. A. et al. Balancing the right to habilitation with the right to personal liberties: with rights of people with developmental disabilities to eat too many doughnuts and take a nap. Journal of Applied Behavior Analysis, 1990, 23, 79—89.

Bourland, G. , Jablonski, E. , Lockhart, D. Multiple-behavior comparison of group and individual instruction of persons with mental retardation. Mental Retardation, 1987, 26, 39—46.

Brown, F. Meaningful assessment of people with severe and profound handicaps. In M. E. Snell, (Ed.), Systematic instruction of persons with severe handicaps(3rd ed.)(pp. 39—63). Columbus, OH: Merrill, 1987.

Brown, L. , Long, E. , Udvari-Solner, A. , et al. The home school: Why students with severe disabilities must attend the schools of their brothers, sisters, friends, and neighbors. The Journal of The Association for Persons with Severe Handicaps, 1989a, 14, 1—7.

Bullis, M., Otos, M. Characteristics of programs for children with deaf-blindness: Results of a national survey. The Journal of The Association for Persons with Severe Handicaps, 1988, 13, 110—115.

Datillo, J., Mirenda, P. An application of a leisure preference assessment protocol for persons with severe handicaps. The Journal of The Association for Persons with Severe Handicaps, 1987, 12, 306—311

Downing, J., Eichinger, J. Instructional strategies for learners with dual sensory impairments in integrated settings. The Journal of The Association for Persons with Severe Handicaps, 1990, 15, 98—105.

Eichinger, J. Effects of goal structure on social interaction between elementary level nondisabled students and students with severe disabilities. Exceptional Children, 1990, 56, 408—417.

Forest, M., Lusthaus, E. Everyone belongs with the MAPS Action Planning System. Teaching Exceptional Children, 1990, 22(2), 32—35.

Fredericks, H. D., Baldwin, V. Individuals with sensory impairments: Who are they? How are they educated? In L. Goetz, D. Guess, K. Stremel-Campbell, (Eds,), Innovative program design for individuals with dual sensory impairments (pp. 3—14). Baltimore, MD: Paul H. Brookes, 1987.

Gast, D. L., Wolery, M. Severe maladaptive behaviors. In M. E. Snell (Ed.), Systematic instruction of persons with severe handicaps (3rd ed.) (pp. 300—332). Columbus, OH: Merrill, 1987.

Giangreco, M. F. Curriculum in inclusion-oriented schools: Trends, issues, challenges, and potential solutions. In S. Stainback & W. Stainback (Eds.). Teaching in the inclusive classroom: Curriculum design, adaptation and delivery. Baltimore, MD: Paul H. Brookes, 1991.

Halle, J. W., Gabler-Halle, D., Bemben, D, A. Effects of a peer mediated aerobic conditioning program on fitness measures with children who have moderate and severe disabilities, The Journal of The Association for Persons with Severe Handicaps, 1989, 14, 33—47.

LaVigna, G. W., Donnellan, A. M Alternatives to punishment solving behavior problems with nonaversive strategies. Los Angeles: Institute for Applied Behavior Analysis, 1987.

Ludlow, B. L., Sobsey, R. The school's role in educating severely handicapped students. Bloomington, IN: Phi Delta Kappa Educational Foundation, 1984.

Moon, M. S., Bunker, L. Recreation and motor skills programming. In M. E. Snell(Ed.), Systematic instruction of persons with severe handicap's (3rd ed.)(pp. 214—244). Columbus, OH: Merrill, 1987.

Rusch, F. Supported employment: Models, methods, and issues. Sycamore, IL: Sycamore Publishing, 1990.

Rusch, F. R. Chadsey-Rusch, J., Lago-marcino, T. Preparing students for employment. In M. E. Snell(Ed.), Systematic instruction of persons with severe handicaps (3rd ed.)(pp. 471—490). Columbus, OH: Merrill, 1987.

Sailor, W, Anderson. L., Halvorser T., The comprehensive local school: Regular education for all students with disabilities. Baltimore MD: Paul H. Brookes, 1989.

Sailor, W., Haring, K. Annual Report: Year 1. San Francisco State University Department of Special Education, California Research Institute on Placement of Students with Severe Disabilities, 1988.

Snell, M. E., Lewis, A. P., Houghton, A. Acquisition and maintenance of toothbrushing skills by students with cerebral palsy and mental retardation. The Journal of The Association for Persons with Severe Handicaps, 1989, 14, 216—226.

Sprague, J. R., Horner, R. H. Preventing challenging behaviors. Teaching Exceptional Children, 1990, 23(1), 13—15.

Stainback, S., Stainback, W. (Eds.) Teaching in the inclusive classroom: Curriculum design, adaptation and delivery. Baltimore, MD: Paul H. Brookes, 1991.

Thousand, J. S., Villa, R. A. Sharing expertise and responsibilities through teaching teams. In S. Stainback & W. Stainback(Eds.), Support networks for inclusive schooling: Interdependent integrated education (pp. 151—166). Baltimore, MD: Paul H. Brookes, 1990.

Wacker, D. P., Wiggins, B., Fowler, M Training students with profound or multiple handicaps to make requests via microswitches. Journal of Applied Behavior Analysis, 1988, 21, 331—343.

Wolery, M, Haring, T. G. Moderate, severe, and profound handicaps. In N. G. Haring & L McCormick(Eds.), Exceptional children and youth (5th ed.)(pp239—280). Columbus, OH: Merrill, 1990.

Benjamin, L. T. Leta Stetter Hollingworth: Psychologist, educator, feminist. [Special Issue] Roeper Review, 1990, 12, 145—151.

Blackburn, A. C. , Erickson, D. D Predictable crises of the gifted student. Journal of Counseling and Development, 1986, 64, 552—555.

Clark, B. The integrative education model. In J. S. Renzulli(Ed.), System and models for developing programs for the gifted and talented (pp. 57—91). Mansfield Center, CT: Creative Learning Press, 1986.

Clark, B. Growing up gifted: Developing the potential of children at home and at school (3rd ed.). Columbus, OH: Merrill, 1988.

Gallagher, J. J. Editorial: The public and professional perception of the emotional status of gifted children. [Special Issue], Journal for the Education of the Gifted, 1990, 13, 202—211.

Hansen, J. B. , Linden, K W, Selecting instruments for identifying gifted and talented students. Roeper Review, 1990, 13(1), 10—15.

Kaplan, S. The Grid: A model to construct differentiated curriculum for the gifted. In J Renzulli(Ed.), Systems and models for developing programs for the gifted and talented (pp. 182—193). Mansfield Center, CT: Creative Learning Press, 1986.

Maker, C. J. Providing programs for the gifted handicapped . Reston, V A: Council for Exceptional Children, 1977.

Naisbitt, J. , Aburdene, P. Megatrends 2000: Ten new directions for the 1990's. New York: William Morrow, 1990.

Ortiz, A. A. , Ramirez, B. A. (Eds.)Schools and the culturally diverse exceptional student: Promising practices and future directions. Reston, VA: Council for Exceptional Children, 1988.

Reis, S, M, Cellerino, M. Guiding gifted students through independent study. Teaching Exceptional Children, 1983, 15, 136—139.

Renzulli, J. S. The enrichment triad model: A guide for developing defensible programs for the gifted and talented. Weathersfield, CT: Creative Learning Press, 1977.

Renzulli, J. S. Systems and models for developing programs for the gifted and talented . Mansfield Center, CT: Creative Learning Press, 1986.

Silverman, L. K. What happen to the gifted girls? In C. J. Maker(Ed.), Critical issues in gifted education: Defensible programs for the gifted. Rockville, MD: Aspen, 1986.

Silverman, L. K. Gifted and talented. In E. L. Meyen & T. M. Skrtic (Eds.), Exceptional children and youth (3rd. ed.)(pp. 281—283) Denver: Love, 1988.

Stanley, J. C. An academic model for educating the mathematically talented. Gifted Child Quarterl, 1991, 35, 36—42.

Thorndike, R. L., Hagen, E. P., Sattler, J. M. Technical manual, The Stanford-Binet Intelligence Scale: Fourth edition . Chicago: Riverside Publishing, 1986.

Van Tassel-Baska, J. Acceleration. In C. J. Maker(Ed.), Critical issues in gifted education: Defensible programs for the gifted . Rockville, MD: Aspen, 1986.

Van Tassel-Baska, J. (Ed.). A practical guide to counseling the gifted in a school setting (2nd. ed.). Reston, VA: Council for Exceptional Children, 1990.

Allen, D. A., Affleck, G. Are we stereotyping parents? A postscript to Blacher. Mental Retardation, 1985, 23, 200—202

Bailey, D. B., Wolery, M. Teaching infants and preschoolers with handicaps . Columbus, OH: Merrill, 1984.

Bailey, D. B., Simeonsson, R. J. Family assessment in early intervention. Columbus, OH: Merrill, 1988a.

Bronicki, G. J., Turnbull, A. P. Family-professional interactions. In M. E. Snell(Ed.), Systematic instruction of persons with severe handicaps (3rd ed.)(pp. 9—35). Columbus, OH: Merrill, 1987.

Cohen, S., Agosta, J., Cohen, J., Supporting families of children with severe disabilities. The Journal of The Association for Persons with Severe Handicaps, 1989, 14, 155—162.

Goldstein, S., Strickland, B., Turnbull, A. P. An observational analysis of the IEP conference. Exceptional Children, 1980, 46 (4), 278—286. Turnbull, A. P., Turnbull, H. R., Parent involvement in the education of handicapped children: A critique. Mental Retardation, 1982, 20, 115—122.

Grant, G. , McGrath, M. Need for respite-care services for caregivers of persons with mental retardation. American Journal on Mental Retardation, 1990, 94, 638—648.

Heward, W. L. Teaching students to control their own behavior: A critical skill. Exceptional Teacher, 1979, 1, 3—5, 11.

Heward, W. L. , Heron, T. E. , Gardner, R. , III, Two strategies for improving students' writing skills. In G. Stoner, M. R. Shinn, & H. M. Walker(Eds.), Interventions for achievement and behavior problems (pp. 379—398. Silver Spring, MD: The National Association of School Psychologists, 1991.

Kroth. R. L. Parents: Powerful and necessary allies. Teaching Exceptional Children, 1978, 10, 88—90.

Kroth, R. L. Involvement with parents of behaviorally disordered adolescents. In G. Brown, R. L. Turnbull, A. P. , Strickland, B. , Brantley, J. C. Developing and implementing individualized education programs (2nd ed.). Columbus, OH: Merrill, 1981.

Kurtz, G. , Kurtz, P. D. Child abuse and neglect. In J. T. Neisworth & S. J. Bagnato, The young exceptional child: Early development and education (pp. 206—229). New York: Macmillan, 1987.

Polifka, J. C. Compliance with Public Law 94—142 and consumer satisfaction. Exceptional Children, 1981, 48, 250—253.

Roos, P. Parents of mentally retarded children—misunderstood and mistreated. In A. P. Snell, M. E. , & Beckman-Brindley, S. , 1984. Family involvement in intervention with children having severe handicaps. The Journal of The Association for Persons with Severe Handicaps, 1978, 9, 213—230.

Turnbull, H. R. Turnbull(Eds.), Parents speak out Views from the other side of the two-way mirror (pp. 12—27). Columbus, OH: Merrill.

Turnbull, A. P. Parent-professional interactions. In M. E. Snell (Ed.), Systematic instruction of the moderately and severely handicapped (2nd ed.) (pp. 18—43). Columbus, OH: Merrill, 1983.

Turner, J. Workshop society: Ethnographic observations in a work setting for retarded adults. In K. Kernan, M. Begab, & R Edgerton(Eds.), Environments and behavior: The adaptation of mentally retarded persons (pp. 147—171). Austin, TX: PROED, 1983.

Turnbull, K. , Bronicki, G. J. Children can teach other children. Teaching Exceptional Children, 1989, 21(3), 64—65.

Zirpoli, T. J. Child abuse and children with handicaps. Remedial and Special Education, 1987, 7(2), 39—48.

Allen, K. E. The language impaired child in the preschool: The role of the teacher. The Directive Teacher, 1980a, 2(3), 6—10.

Allen, K. E. Mainstreaming in early childhood education. Albany, NY: Delmar Pubs, 1980b.

Assael, D. (Ed.). Directory, 1984—85 edition: Handicapped Children's Early Education Program .Chapel Hill, NC: University of North Carolina, Technical Assistance Development System, 1985.

Bailey, D. B. , Wolery, M. Teaching infants and preschoolers with handicaps. Columbus, OH: Merrill, 1984.

Bailey, D. B. , Wolery, M. Assessing infants and preschoolers with handicaps. Columbus, OH: Merrill, 1989.

Bailey, D. B. , Winton, P. J. , Rouse, L. , Family goals in infant intervention: Analysis and issues. Journal of Early Intervention, 1990, 14, 15—26.

Frankenburg, W. K. , Dodds, J. , Archer, P. The Denver II-revision and restandardization of the DDST. Denver: University of Colorado School of Medicine, 1990.

Garber, H. , Heber, R. The Milwaukee Project: Early intervention as a technique to prevent mental retardation [Technical paper]. Storrs, CT: University of Connecticut, 1973.

Kochanek, T. T, Kabacoff, R. I. , Lipsitt, L. P. Early identification of developmentally disabled and at-risk preschool children. Exceptional Children, 1990, 56, 528—538.

Lund, K. A. , Bos, C. S. Orchestrating the preschool classroom: The daily schedule. Teaching Exceptional Children, 1981, 14, 120—125.

McLoughlin, J. A. , Lewis, R. B, Assessing special students (3rd ed.). Columbus, OH: Merrill, 1990.

McNutt, G. , Heller, G, Services for the learning disabled adolescent: A survey. Leaming Disability Quarterly, 1978, 1, 101—103.

Meisels, S, J. , Provence, S, Screening and assessment: Guidelines for identifying young disabled and developmentally vulnerable children and their families, Washington, DC: National Center for Clinical Infant Programs, 1989.

Miller, W. Obstetrical issues. Paper presented at Conference on Drugs, Alcohol, Pregnancy and Parenting: An Intervention Model, Spokane, WA, 1989.

Notari, A. R. , Bricker, D. D. The utility of a curriculum-based assessment instrument in the development of Individualized Education Plans for infants and young children. Journal of Early Intervention, 1990, 14, 117—132.

Rose, T. L. , Calhoun, M. L. The Charlotte Circle Project: A program for infants and toddlers with severe/profound disabilities. Journal of Early Intervention, 1990, 14, 175—185.

Rose, T. L. , Calhoun, M. L. , Ladage, Helping young children respond to caregivers. Teaching Exceptional Children, 1989, 21(4), 48—51.

Smith, B. J, Strain, P. S. The argument for early intervention . Reston, VA: ERlC Information Service Digest, ERlC Clearinghouse on Handicapped and Gifted Children, 1984.

Strain, P. S. , Smith, B. L. A counter-interpretation of early intervention effects: A response to Casto and Mastropieri. Exceptional Children, 1986, 53, 260—265.

Williams, B. F. , Howard, V. F. Cocaine exposed infants: Current findings and implications . Paper presented at the 16th Annual Convention of the Association for Behavior Analysis, Nashville, TN, 1990.

Winton, P. J. , Bailey, D. B. The family-focused interview: A collaborative mechanism for family assessment andgoal-setting. Journal of Early Intervention, 1988, 12, 195—207.

Hasazi, S, B. , Clark, G, M, Vocational preparation for high school students labeled mentally retarded: Employment as a graduation goal. Mental Retardation, 1988, 26, 343—349.

Lakin, K. C. , Hill, B. K. , Chen, T. Persons with mental retardation and related conditions in mental retardation facilities: Selected findings for the 1987 National Medical Expenditure Survey. Minneapolis: University of Minnesota, Center for Residential and Community Services, 1989.

Kregel, J., Wehman, P., Banks, P. D. The effects of consumer characteristics and type of employment model on individual outcomes in supported employment. Journal of Applied Behavior Analysis, 1989, 22, 407—415.

Wehman, P., Hill, M., Hill, J. W. Competitive employment for persons with mental retardation: A follow-up six years later. Mental Retardation, 1985, 23, 274—281.

Rusch, F. R., Johnson, J. R., Hughes, C. Analysis of co-worker involvement in relations to level of disability versus placement approach among supported employees. The Journal of The Association for Persons with Severe Handicaps, 1990, 15, 32—39.

Lagomarcino, T. R., Hughes, c., Rusch, F. R. Utilizing self-management to teach independence on the job. Education and Training of the Mentally Retarded, 1989, 24, 139—148.

Hughes, C., Rusch, F. R., Curl, R. M Extending individual competence, developing natural support and promoting social acceptance. In F. Rusch (Ed.), Supported employment: Models, methods, and issues (pp. 181—197. Sycamore, IL: Sycamore Publishing, 1990.

Rusch, F. R., Johnson, J. R., Hughes, C. Analysis of co-worker involvement in relations to level of disability versus placement approach among supported employees. The Journal of The Association for Persons with Severe Handicaps, 1990, 15, 32—39.

Amado, A. N., Lakin, K. C., Menke, J. M., 1990, chartbook of services for people with developmental disabilities. Minneapolis: University of Minnesota, Center for Residential and Community Services, 1990.

Gelman, S. R., Epp, D. J., Downing, R. H. Impact of group homes on the values of adjacent residential properties. Mental Retardation, 1989, 27, 127—134.

Lakin, K. C., Hill, B. K., Chen, T. Persons with mental retardation and related conditions in mental retardation facilities: Selected findings for the 1987 National Medical Expenditure Survey. Minneapolis: University of Minnesota, Center for Residential and Community Services, 1989.

Gardner, R., III, Heward, W. L. Case study: Improving the social interaction of a group home resident with severe and multiple disabilities. Behavioral Residential Treatment, 1991, 6, 39—50.

Bigge, J. L. Teaching individuals with Physical and multiple disabilities (3rd ed.). Columbus, OH: Merrill, 1991.

Kishi, G. , Teelucksingh, B. , Zollers, N. Daily decision-making in community residences: A social comparison of adults with and without mental retardation. American Journal on Mental Retardation, 1988, 92, 430—435.

Shafer, M. S. , Rice, M. L. , Metzler, H. M D. A survey of nondisabled employees' attitudes toward supported employees with mental retardation. The Journal of The Association for Persons with Severe Handiacaps, 1989, 14, 137—146.

Sievert, A. L. , Cuvo, A. J. , Davis, P. K. Training self-advocacy skills to adults with mild handicaps. J ournal of Applied Behavior Analysis, 1988, 21, 299—309.

Ramirez, B. A. Culturally and linguistically diverse children. Teaching Exceptional Children, 1988, 20(4), 45.

Delpit, L. D. Dilemmas of a progressive black educator. Harvard Educational Review, 1986, 56, 379—385 .

Banks, J. A. Multicultural education: Characteristics and goals. In J. A. Banks C. A. M. Banks(Eds.), Multicultural education: Issues and perspectives(pp. 2—26). Boston: Allyn & Bacon, 1989.

Chinn, P. C. , McCormick, L. Cultural diversity and exceptionality. In N. G. Haring & L. McCormick(Eds.), Exceptional children and youth (4th ed.)(pp. 95—117). Columbus, OH: Merrill, 1986.

Brantliner, E. A. , Guskin, S. L. Implications of social and cultural differences for special education with specific recommendations. Focus on Exceptional Children, 1985, 18, 1—12.

Bullivant B. M. Culture: Its nature and meaning for educators. In J. A. Banks & C. A. M. Banks (Eds.), Multicultural education: Issues and perspectives (pp. 27—45). Boston: Allyn & Bacon, 1989.

Grant, C. A. , Sleeter, C. E. Race, class, gender, exceptionality, and educational reform. In J. A, 1989.

McDonald, D. A special report of the education of Native Americans: "Stuck in the horizon" [Special Report insert]. Education Week, 1989, 7(4), 1—16.

Leung, E. K. Cultural and acultural commonalities and diversities among

Asian Americans: Identification and programming considerations. In A. A. Ortiz & B. A. Ramirez(Eds.), Schools and the culturally diverse exceptional student: Promising practices and future directions (pp. 86 — 95). Reston, VA: Council for Exceptional Children, 1988.

Sleeter, C. E. , Grant, C. A. Success for all students. Phi Delta Kappan, 1986, 68(4), 297—299.

Kappan Special Report. Children of poverty: The status of 12 million young Americans. Bloomington, IN: Phi Delta Kappan, 1990.

Olion, L. Enhancing the involvement of Black parents of adolescents with handicaps. In A. A. Ortiz & B. A. Ramirez(Eds.), Schools and the culturally diverse exceptional student: Promising practices and future directions (pp. 96 —103) Reston, VA: Council for Exceptional Children, 1988.

Yee, L. Y. Asian children. Teaching Exceptional Children, 1988, 20(4), 49—50.

Little Soldier, L. The education of Native American students: Where makes a difference. Equity & Excellence, 1990, 24(4), 66—69.

Sisk, D. Creative teaching of the gifted. New York: McGraw-Hill, 1987.

Salend, S. J. A migrant education guide for special educators. Teaching Exceptional Children, 1990, 22(2), 18—21.

Figueroa, R. A. Psychological testing of linguistic-minority students: Knowledge gaps and regulations. Exceptional Children, 1989, 56, 145—152.

Figueroa, R. A. , Fradd, S. H. , Correa, V. 1. Bilingual special education and this special issue. Exceptional Children, 1989, 56, 174—178.

Cummins, J. A theoretical framework for bilingual special education. Exceptional Children, 1989, 56, 111—119.

Baca, L. M. , Cervantes, H. T. The bilingual special education interface (2nd ed.). Columbus, OH: Merrill, 1989.

Cummins, J. A theoretical framework for bilingual special education. Exceptional Children, 1989, 56, 111—119.

Mattes, L. J. , Omark, D. R. Speech and language assessment for the bilingual handicapped . San Diego: College-Hill, 1984.

后 记

所有介绍入门的教科书都包含大量的信息。在这方面,我们的书与其他书籍相同。但我们希望你不仅获得关于特殊教育学者和特殊教育某些基本事实和信息。我们希望你检查自己对于丧失能力儿童和成人的态度以及与他们的关系。在本书的开端,我们介绍了构成我们对于特殊教育的个人观点的七条基本信念,我们愿意重述这些信念如下。

关于特殊教育我们个人的观点

◇ 我们相信丧失能力的人在尽可能正常化的环境和方案中——在学校、家庭、工作场所和社区中——具有基本的生存和全部参加的权利。这就是说,丧失能力的儿童和成人学习、生活、工作和休闲的环境和方案应在最大限度上与未丧失能力的人所参加的环境与方案相同。我们相信正常化的环境和方案明确的特征就是把残缺的和非残缺的参与者合并一起。

◇ 我们相信丧失能力的人具有按我们帮助他们所能取得的独立生存的权利。特殊教育的最终效果应以帮助丧失能力的学生在正常的环境中扩大他们独立的机能来衡量。没有比帮助丧失能力的儿童和成人学习如何运用自我管理和自我辩护的技能再重要的教学任务了。

◇ 我们相信特殊教育必须继续扩大它的努力去承认并对所有有特殊需要和特征的学习者予以适宜的反应——天才儿童、残缺的学前儿童、未来有学习风险的婴儿、来自不同文化背景的特殊儿童与丧失能力的成人。为了支持这种信念,我们为特残教育的每一重要的领域包括专章讨论。

◇ 我们相信专职人员长期以来忽略特殊儿童的父母和家庭的需要,从未理解他们是我们有共同目标的合作者,往往把他们当作病人、自己的敌手。我们相信有些特殊教育家过多地把父母当作为专职人员服务的人,而恰好反过来才是更正确的。我们相信我们长期以来忽略承认父母是儿童第一位,在许多情况中是最好的教师。我们相信学习与父母有效地工作是特殊教育家能获得的最重要的技能。我们曾用一整章来讨论父母—专职人员伙伴关系的重要性。

◇ 我们相信当特殊教育家把辅助专业中所有学科的投入和服务结合一起时,他们的劳动才能产生最大的效果。作为教育家,我们理解自己重要的责任是为个人的、社会的、职业的和文学的技能设计,并执行有效的教学。当我们在包括我们的心理学、医药学、社会学服务和职业复原同事们联合学科队伍之中共同工作取得更大成绩的时候，我们认为争论学科性的权力未免太愚蠢了！

◇ 我们认为，教师必须要求他们教学方法的有效性。特殊教育家要求恒久忍耐的信念是对特殊儿童和帮助他们学习的教师的损害。特殊教育家守株待兔地忍耐特殊儿童去学习。把他的止步不前归诸落后，丧失学习能力或其他的标行。相反，特殊教师应运用对儿童已教过的技能作业的直接观察，修改教学方案促进它的有效性。

◇ 尽管我们并不要求在你读完这门入门教科书之后你将晓得怎样去教特殊儿童，我们确实希望你将获得对于直接的、系统的教学方法的欣赏以及对于特殊教育家必须掌握的教学技能的理解。

◇ 最后，对于特殊儿童们的未来，我们基本上是乐观的。这就是说，我们对于他们的潜能存有十足的信心。他们能在社区中建立更完满、更独立的生活中取得成功。我们相信我们刚刚起步去发现改善教学的方法，增加学习，阻止缺残的情况，鼓励接受和为补偿能力的丧失发展专业技术。最后，我们对未来不作预示，然而我们确信我们能帮助特殊儿童在帮助他们自己方面发挥我们的全部力量。

专门职业的成员

我们请求你，未来的特殊教育家，把特殊教育当作专门职业，把你自己看作是一名专业人员。请把你自己看成是具有特殊技能和知识的人，你与缺乏你的专业训练的人有所不同。

你赞助和愿意帮助特殊儿童是值得表扬的。由于这样，你可能往往听过有人说，"你太好了"或"有耐心"，但愿意和赞助仅仅是个开端。特殊儿童所需要的莫过于不能忍耐的教师——不能忍耐守株待兔毫无进展，不能忍耐对他们学生的学习和发展毫无补益的方法、教材和政策。

教丧失能力的学生要求系统的教学方法，即是需求量很大的工作。请尽你所能为这件工作把自己准备好。从你的教师—教育方案中要求有关的、当天的信息和传递的实际经验。贯穿你的全部事业中继续你的教育与训练，凭借阅读专业刊物、参加在职训练的机会以及出席会议把自己高居于特殊教育持续发展之顶峰。百尺竿头再进一步，通过展示和出刊物与同事们把教学方法付诸实验并介绍你自己研究的成果。

特殊教育不是冷酷无情的事业，恰恰相反，特殊教育是提供与大多事业领域不能比拟的个人满意和感觉令人鼓舞和有动力的事业。

社区的成员

丧失能力的人在每日正规例行生活中享受成功的程度并不单纯依靠他的技能和能力。把丧失能力的人结合到当代社会中去，大部分依靠对特殊学习者缺乏知识或经验的公民的态度与活动。人民如何接待和支援他们不认识的集体呢？

社会控制谁进谁出，很像一位守门者让某些访者通过，但拒绝其他人士。对于特殊的人，社会的守门者可能曾是敦促父母把他们的孩子送入收容所的医生，或曾是拒绝有任何问题小孩来班上课的教师；它可能曾是标以"可训练的智力落后者"的学校心理学家，或是一位无意雇用丧失能力工人的雇主；它可能曾是一位社会工作人员，一位学校董事会成员，一位投票的选民。其中最惨的是，它可能曾是毫无信心关闭大门的父母。

社会如何看待丧失能力的人影响社会个别成员如何反应。社会的观点逐渐转向光明——他们正相信我们过去的排除政策是野蛮和不公平的。到处找不到比当前法庭案件和法律更好的变化。但要取得任何有意义的影响，我们在本书中介绍的每件事情至终必须转化为你们那些不选择特殊教育事业的人们的个人地位。丧失能力的人不同于非丧失能力的人，我们希望你所达到的结论是这样；必须把每一丧失能力的儿童和成人像一名个人看待，而不能把他看成是一类的成员或一个戴上标签的集团。

简而言之

把丧失能力的人首先看作是一个人，其次看他是一个丧失能力的人，这是把他结合到社会生活主流的一个重要步骤。但态度的改变并不能减少丧失能力的人。它所要做的是给我们一个新观点——更客观和更积极——允许我们把丧失能力看成是一套特殊的需要。把特殊的人看成是具有特殊需要的人，就让我们知道很多。如何去反映他们——而如何去反映，就是特殊教育的要素。